U0643495

山东省
标准地名诠释

淄博市卷

《山东省标准地名诠释》编纂委员会 编

山东城市出版传媒集团·济南出版社

《山东省标准地名诠释》

编纂委员会

主　　编　冯建国

副　主　编　于建波　张子龙

编　　委　（以姓氏笔画排序）

丁志强　王为民　王玉磊　王晓迪　付振民　庄茂军

刘兴宝　孙树光　张西涛　张屹卿　张兴军　张鲁宁

陈　芳　陈效忠　陈朝银　陈德鸿　徐希超　徐帮杰

黄贤峰　崔继泽

编辑部主任　孙凤文

编辑部成员　（以姓氏笔画排序）

马　瑞　王书清　王成明　王红艳　巩铁军　刘　玲

李成尧　杨　军　张义勇　张亚萍　张光耀　林　锋

赵文琛　倪　语　倪春雷　高洪祥

前　言

地名是重要的基础地理信息和社会公共信息，与经济社会发展、人们日常生产生活息息相关。编纂出版《山东省标准地名诠释》是地名管理服务工作的一项基础工程，对进一步推行山东省地名标准化，推广普及地名知识，适应改革开放和高质量发展的需要，以及国家和社会治理、经济发展、文化建设、国防外交等方面具有重要的意义和作用。

2014 年 7 月，国务院印发通知开展第二次全国地名普查。2015 年，国务院地名普查办印发《第二次全国地名普查成果转化规划（2015—2020 年）》（国地名普查办发〔2015〕6 号），山东省地名普查办依此制定了《山东省第二次全国地名普查成果转化规划（2016—2020 年）》（鲁地名普查办发〔2016〕4 号），部署开展成果转化相关工作，其中包括组织编制出版标准地名图、录、典、志等出版物。编纂出版《山东省标准地名诠释》是贯彻落实"边普查、边应用"指示要求，及时发布并推动第二次全国地名普查成果社会应用的重要举措，也是落实规划目标任务的重要内容。

《山东省标准地名诠释》编纂委员会按照公开出版的要求，在全省第二次全国地名普查成果数据基础上，进行成果的整理挖掘（包括资料收集、数据考证等），编辑出版《山东省标准地名诠释》，并将本书定位为第二次全国地名普查重要的省级成果，是一部以"地名"为主题的省级标准地名工具书。

本书在资料整理和编辑加工的过程中力求做到内容权威、文字精练、编写精心、编辑独到、设计新颖，以期达到当前编辑出版水平的先进行列。在词目释义编写上，本书着力突出"三个重点"（即地名基本要素、地名文化属性、地名所指代地理实体性质与特征），具备四个特点（即广、新、准、实）。其中，"广"即收词广泛，应录尽录，要涵盖重要地名类别及其主要地名；"新"即资料新、信息新，要充分利用地名普查最新成果，反映全省各地地名的新情况、发展建设取得的新成就；"准"即实事求是、表述准确、考证严谨，要求词目释文中的资料、数据翔实有据，表述准确、规范，做到地名拼写准确无误、词条诠释准确无误；"实"即具有实用性。在采词、释文内容和词目编排上都力求符合读者需要，便于读者使用，使之有较高的实用和收藏价值。

　　本次《山东省标准地名诠释》编纂得到多方面的支持，全省各级地名主管部门的领导和地名工作者，不辞辛苦，埋头于本书所需资料的搜集、整理，根据《山东省标准地名诠释》的编写要求，认真组织撰稿，力求做到精益求精。在此，我们对为本书的编纂、出版工作提供了帮助和支持的所有单位、领导和工作人员，表示诚挚的感谢。编纂出版《山东省标准地名诠释》工作任务重、涉及内容多、标准要求高，限于我们的人员专业水准和时间等因素，书中难免存在错误或不足，恳请广大读者批评指正。

凡　例

一、《山东省标准地名诠释》采收山东省 17 市 137 县（市、区）范围内，包括乡镇以上行政区划名称、主要的居民点和自然实体及主要社会、经济设施等重要地名词条，按照行政区域划分和地名类别特点分列 18 卷。

二、采收地名分为六个大类：

1. 政区类：包括山东省政区建制镇、乡、街道及以上全部行政区划单位；国家和省正式批准的各类经济功能区（含开发区、高新区、工业区、保税区、科技园区、新区等）；1949—2014 年间曾经设立而现已废置的地区行署、县级和乡级行政区，特指被撤销建制、被合并或拆分不继续使用原专名的情况。另，城乡社区是社会治理的基本单元，故也收录了部分建有综合服务中心且统一开展基本公共服务的社区名称。

2. 居民点类：具有地标意义或文化意义的住宅区；镇、乡人民政府驻地居民点；经省级以上人民政府或有关部门批准的"历史文化名村""传统村落"；具有明显特点的非镇、乡驻地的居民点（如：文化底蕴浓厚、存续历史悠久、人口数量多、占地面积广、重要历史事件发生地、名人故里、重要少数民族聚居地、交通要口、物资集散地、土特产品产地等）等。

3. 交通运输类：包括城市道路与城镇街巷、铁路、公路、航道、桥梁、车站、港口、机场等。城市道路收录市辖区城区内的快速路、主干道、次干道，县和县级市驻地城区主干道，及其他具有突出特色的一般街巷；铁路收录公开运营的国有铁路（含高铁、干线、支线和专用线）和地方铁路；公路收录省级以上普通公路、高速公路；桥梁和立交桥只收录规模大、历史久、有特色的；隧道只收录 500 米以上的及其他有特色的；港口只收年吞吐量在 10 万吨以上的；码头、船闸只收录大型的、特别重要的；渡口只收录正在使用的重要渡口。

4. 自然地理实体类：包括平原、盆地、山地、丘陵、沼泽、洞穴、河流、峡谷、三角洲、湖泊、陆地岛屿、瀑布、泉、海、海湾、海峡、海洋岛屿、半岛、岬角等。其中河流主要收录长度在 30 千米及以上的，以及具有航运价值的人工水道；湖泊主要收录面积在 3 平方千米及以上的。

5. 名胜古迹、纪念地和旅游地类：包括纪念地、重点文物保护单位、风景名胜区、重要景点和一般名胜古迹、自然保护区。其中纪念地收录市级及以上级别的；重点文物保护单位收录经过正式批准的市级（含）以上的；城市公园收录 AAA 级以上的；风景名胜区、自然保护区收录经过正式批准的国家和省级的词条。

6. 农业和水利类：包括农场、牧场、林场、渔场、水利枢纽、水库、灌区、渠道、堤防（海塘）等。其中水库收录库容 0.5 亿立方米以上的，灌区收录 3 平方千米以上的。

三、词目排列按分市与分类相结合的原则。即先将全部词目按市大类划分，大类下面分亚类，亚类下面再分小类。在同一亚类或小类词目中，先排全市性的大条目，再按区、县、街道、镇、乡的顺序排出市内条目。各市跨区县的条目在市本级单独排列。

四、本地名诠释资料截止日期为 2014 年 12 月 31 日，所选地名主要来源于第二次全国地名普查成果，主要兼顾反映普查成果和普查期间地名的存量情况，其中少量地名为非标准地名，此类地名需标准化处理，不作为判定标准名称的依据。

五、按照词条释文编写规则，本书相关词条中所列人口数做了技术处理，均为约数，不作为人口统计的依据。

六、本地名诠释中地名罗马字母拼写，遵从《中国地名汉语拼音字母拼写规则（汉语地名部分）》的规定。一般地名的专名与通名分写。专名和通名中的修饰、限定成分，单音节的与其相关部分连写，双音节和多音节的与其相关部分分写；通名已专名化的，按专名处理；居民点中的村名均不区分专名和通名，各音节连写。

地名用字的读音以普通话法定读音为主，同时适当考虑地方读音，如"崖"我省部分地区的地名中读"yái"，标准读音为"yá"；"垓"我省部分地区的地名中读"hǎi"，标准读音为"gāi"；"国"我省部分地区的地名中读"guī"，标准读音为"guó"；"郝"我省部分地区的地名中读"hè"，标准读音为"hǎo"，等等。

七、在每卷卷首，均有本卷地名的词目表。为方便读者检索，在每卷卷末，设有本卷地名的汉语拼音音序索引。

淄博市卷　目录

一　政区

淄博市

淄博市 370300
[Zībó Shì]

　　山东省辖地级市。北纬 35°55′—37°17′，东经 117°32′—118°31′。在省境中部。面积 5 965 平方千米。户籍人口 428.0 万。以汉族为主，还有回、满、蒙古、苗、朝鲜等民族。辖淄川、张店、博山、临淄、周村 5 区，桓台、高青、沂源 3 县。市人民政府驻张店区。西周为齐地。秦置临淄郡，治临淄。西汉改为齐郡。南朝宋元嘉五年（428）置贝丘县，治今淄川。隋开皇十六年（596）置淄州，治贝丘。十八年（598）改贝丘县为淄川县。隋末州废，唐复置，治淄川，今市境大部属之。元中统五年（1264）改淄州为淄州路，至元二年（1265）改为淄莱路，至元二十四年（1787）改为般阳路。明初为般阳府。洪武九年（1376）改为淄川州，洪武十二年（1379）废，后属济南府。清因之。1914 年属济南道。1925 年分属济南、淄青 2 道。1928 年属省。1945 年置淄博特区，"淄博"正式成为政区名称。后几经废置，1948 年复设，属鲁中南行政区。1949 年与华东财政经济办事处工矿部辖区合并为淄博工矿特区，属省。1950 年与清河专区合并为淄博专区。1953 年撤淄博专区，置淄博工矿区（地级）。1954 年淄博工矿区撤销，置省辖淄博市。1958 年与惠民专区合并为淄博专区，淄博市降为县级市。1961 年淄博专区撤销，淄博市复为省辖市。1969 年临淄县自昌潍专区划入，改置临淄区。1983 年桓台县自惠民地区划入。1989 年高青、沂源分别自惠民、临沂两地区划入后成今域。以淄川、博山两个县级政区名称首字组合而得名。南依沂蒙山区，北临鲁北平原，地势南高北低，南部及东西两翼山峦起伏，中部低陷向北倾伏，南北高差千余米。以胶济铁路为界，铁路南大部分为山区、丘陵，岩溶地貌发育；铁路北大部分为山前冲积平原和黄泛平原。境内最高峰鲁山主峰海拔 1 108.3 米，最低点马踏湖岸边海拔 7 米。年均气温 13.5℃，1 月平均气温 −2.0℃，7 月平均气温 27.5℃。年均降水量 629.5 毫米。年均无霜期 190~210 天。有黄河、小清河流经，发源于市域内的河流有沂河、淄河、孝妇河等。有煤、铁、铝土、耐火黏土和铜、钴、金、银等多种稀有贵重金属，并富含石油和天然气等矿产资源。有植物 164 种，动物 1 490 种。有省级自然保护区 2 个。森林覆盖率 36%。有国家级研究中心和技术中心 12 家、省级 231 家。有高等院校 8 所，中小学 506 所，图书馆 9 个，博物馆 21 个，知名文艺团体 3 个，体育场馆 10 个，三级以上医院 8 个。有国家级重点文物保护单位 18 个、省级文物保护单位 71 个。有省级爱国主义教育基地焦裕禄纪念馆等 12 个、市级爱国主义教育基地 49 个。有蹴鞠、五音戏、聊斋俚曲、周村芯子、陶瓷烧制技术等国家级非物质文化遗产 14 个，省级非物质文化遗产 54 个。有国家级历史文化名镇 1 个，省级历史文化名镇

2 个，国家级历史文化名村 2 个，国家级传统村落 3 个，省级传统村落 16 个。名胜古迹有临淄齐国故城、田齐墓群以及东周殉马坑、桐林田旺遗址、小庞遗址、蒲松龄故居、下崖洞、博山溶洞等。三次产业比例为 3.5∶55.9∶40.6。农业以种植小麦、玉米、棉花、蔬菜、花生等为主。工业以石油化工、医药、建材为主，是石油化工、医药、建材重要的生产基地，中国陶瓷名城，国家级新材料成果转化及产业化基地，国家火炬计划生物医药产业基地。服务业以商贸为主，金融保险、工业设计、软件和信息服务等现代服务业加快发展。境内有铁路 509.8 千米，公路 10 848 千米，高速 206 千米。胶济铁路、济青高速、205 国道、309 国道等过境。

旧地名

淄博专区（旧） 370000-U01
[Zībó Zhuānqū]

在山东省北部。山东省辖市。1958 年 10 月设立。1961 年 6 月撤销，分设为惠民专区与淄博市。

清河专区（旧） 370000-U02
[Qīnghé Zhuānqū]

在山东省北部。属山东省管辖。1949 年设立。1950 年 5 月撤销，与淄博工矿特区合并建立淄博专区。

淄博工矿特区（旧） 370000-U03
[Zībó Gōngkuàng Tèqū]

在山东省中部。属山东省管辖。1949 年 7 月设立。1950 年 5 月撤销，与清河专区合并建立淄博专区。

周村市（旧） 370000-U04
[Zhōucūn Shì]

在山东省北部。属淄博特区管辖。1945 年 9 月设立。1950 年 3 月撤销，并入长山县。

博山市（旧） 370000-U05
[Bóshān Shì]

在山东省中部。属淄博工矿特区管辖。1949 年 10 月设立。1950 年 5 月撤销，并入博山县。

张店市（旧） 370000-U06
[Zhāngdiàn Shì]

在山东省北部。1946 年 6 月建立，属鲁中行署淄博特区管辖。1948 年 3 月属鲁中南区淄博工矿特区管辖。1950 年 5 月撤销，并入桓台县。

张周市（旧） 370000-U07
[Zhāngzhōu Shì]

在山东省北部。1950 年 11 月设立，属淄博专区管辖。1953 年属淄博工矿特区管辖。1955 年 4 月撤销，分设张店区和周村区。

博山县（旧） 370000-U08
[Bóshān Xiàn]

在山东省中部。1734 年设置。1928 年属淄青道，道被撤销后属山东省；1945 年属淄博特区；1949 年属淄博工矿特区；1950 年隶属淄博专区。1958 年 11 月撤销，并入淄川区。

杨寨区（旧） 370000-U09
[Yángzhài Qū]

在山东省中部。属淄博市管辖。1955 年 4 月设立。1956 年 2 月撤销，并入淄川区。

昆仑区（旧） 370000-U10

[Kūnlún Qū]

在山东省中部。属淄博市管辖。1955年4月设立。1956年2月撤销。其工矿业地区分别划归博山区、洪山区，农村地区合并设立淄川区。

洪山区（旧） 370000-U11

[Hóngshān Qū]

在山东省中部。属淄博市管辖。1954年12月设立。1958年4月撤销，分别并入淄川区、博山区。

黑山区（旧） 370000-U12

[Hēishān Qū]

在山东省中部。属鲁中南行政区淄博特区管辖。1954年12月设立。1955年12月撤销，并入博山区。

淄川区

淄川区 370302

[Zīchuān Qū]

淄博市辖区。在市境中部。面积960平方千米。人口67.1万。以汉族为主，还有回、满、蒙古等族。辖4街道、9镇。区人民政府驻般阳路街道。1950年属淄博专区，1953年属淄博工矿区。1954年淄川县撤销，析置杨寨、洪山、昆仑三区，属淄博市。1955年昆仑等三区撤销，其非工矿区部分合并置淄川区。1957年洪山区并入。1958年撤销博山县，部分地划入。淄河、孝妇河、范阳河等由南向北流。有国家级科研单位4个、省级科研单位15个。有高等院校3个、中小学83所，图书馆1个，体育场馆469个，知名文艺团体33个，三级以上医院2个。有国家级文物保护单位6个、省级文物保护单位13个，省级爱国主义教育基地、纪

念地3个，国家级物质文化遗产4个、省级物质文化遗产9个，国家级非物质文化遗产聊斋俚曲、孟姜女传说、淄博陶瓷烧制技艺、鲁派内画4个，省级非物质文化遗产淄砚制作技艺、磁村花鼓、鬼谷子传说等9个。有国家AAAA级景区淄博聊斋城、潭溪山2个，省级风景名胜区留仙湖、杜坡山等7个。自1950年后，分段陆续拆除旧城墙，至1985年全部拆完，城区范围扩大。2013年升级改造鲁泰西路、通济街南段等城区道路，建成柳泉湿地公园。2014年进行般河改造。城区东部为教育、休闲游览区，有蒲松龄故居、聊斋城、淄博煤矿展览馆等；西部为商贸服务区，有服装城、水产市场、西关大集等；南部主要为居住区；北部有火车站、吉祥广场、装饰材料城等；中部老城区为政务、行政区。有柳泉广场、汇丰大厦、鸿泰大厦等标志性建筑物。三次产业比例为1.6：59.1：39.3。农业以种植小麦、玉米、杂粮、有机蔬菜为主，林果有山楂、梨、花椒、椿芽等。工业以建材冶金、机械制造、医药化工、纺织服装为主。服务业以旅游业为主。有省级开发区1个。有淄川火车站、淄川长途汽车站，有多条公交线路。

山东淄川经济开发区 370302-E01

[Shāndōng Zīchuān Jīngjì Kāifāqū]

在淄博市淄川区境西北部。东至淄川区城区，南至将军路街道、昆仑镇，西至周村区商家镇，北至双杨镇、周村区萌水镇。面积45平方千米。以所在政区命名。2002年经山东省政府批准建立。由区级政府管理。以建材、机械加工、医药化工、纺织服装为支柱产业。有北汽集团与山东唐骏欧铃汽车、中船重工、中国钢研等规模以上企业124家、世界500强企业5家。园区驻高校2所。有博士后科研工作站及分站5个，院士工作站4个，国家级研发

机构 2 家、省级高新技术企业 15 家，上市上柜企业 10 家。国道、高速、公路形成多重交通网络体系，通公交车。

般阳路街道 370302-A01
[Pānyánglù Jiēdào]

淄川区人民政府驻地。在区境西北部。面积 9 平方千米。人口 5.8 万。2000 年设立。以淄川古称般阳命名。2010 年对般阳路进行升级改造。2011 年实施般河西段综合改造工程、老旧小区改造、孝妇河治理、道路街巷升级建设。般河、孝妇河从境内穿过。有中小学 4 所，文化站 1 个，图书室 11 个，医疗卫生机构 13 个。有省级重点文物保护单位忠亲王祠和市级重点文物保护单位般阳故城遗址，省级爱国主义教育基地淄川区烈士陵园。东部有杜坡山景区，西南部为留仙湖景区。有柳泉广场、文化广场等标志性建筑物。有以山东省当代工笔画院为代表的工笔画产业。工业以造纸、包装印刷、纺织服装、蓄电池、机械制造等为主。服务业以商贸流通、餐饮服务为主。通公交车。

松龄路街道 370302-A02
[Sōnglínglù Jiēdào]

属淄川区管辖。在城区北部。面积 7 平方千米。人口 6.1 万。2000 年设立。以辖区内松龄路命名。先后实施城中村、老旧小区改造、孝妇河治理，街巷道路全部硬化升级。有中小学 5 所，综合文化站 1 个，图书馆（室）11 个，区重点医院 3 家。有国家级非物质文化遗产聊斋俚曲演唱和鼓子秧歌队等。有淄川立交桥、吉祥广场等标志性建筑物。工业生产外贸出口服装、陶瓷、刹车盘、耐火材料等产品。服务业以商贸服务业、房地产业为主，有果品批发、装饰材料等商贸市场，华阳街批发市场为省级商贸示范街区。通公交车。

钟楼街道 370302-A03
[Zhōnglóu Jiēdào]

属淄川区管辖。在区境西北部。面积 45 平方千米。人口 3.5 万。2006 年设立。因辖区有标志性建筑钟楼得名。先后实施城中村、老旧小区改造，孝妇河治理，街巷道路硬化升级等建设。孝妇河、范阳河、七星河从境内穿过，张相湖位于境内东部。有博士后科研工作站及分站 5 个，院士工作站 4 个，国家级研发机构 2，高等院校 2 个，中小学 5 所，医疗卫生机构 47 个。有省级文物保护单位苏秦墓、蒲鲁浑墓，市级文物保护单位唐梦赍墓、夏庄遗址等。农业以种植小麦、玉米、花生为主，畜牧业以养殖猪、牛、鸡、羊为主。服务业以商贸业、房地产业为主，有果品、蔬菜批发、劳务输出和餐饮服务、副食加工等。通公交车。

将军路街道 370302-A04
[Jiāngjūnlù Jiēdào]

属淄川区管辖。在区境西北部。面积 22 平方千米。人口 3.3 万。2010 年设立。因街道驻地在将军东路得名。2014 年推进南部新城区、鲁中新商城等的建设。孝妇河从境内穿过。有中小学 6 所，图书室 64 个，医疗卫生机构 2 个。有省级文物保护单位前来遗址、公孙遗址。有柳泉湿地公园、文峰山景区和宗树坤烈士陵园等。有淄川服装城、农业以种植小麦、玉米、蔬菜等和饲养猪、羊、家禽为主。工业以医用器材、耐火材料、硅酸铝纤维、铸造、机械加工为主。"山川"牌医用器材产品、"山川"商标分获中国名牌和中国驰名商标荣誉称号。有淄川长途汽车站，通公交车。

昆仑镇 370302-B01
[Kūnlún Zhèn]

淄川区辖镇。在区境西南部。面积 100

平方千米。人口 9.3 万。辖 5 居委会、44 村委会，有 44 自然村。镇人民政府驻小昆仑村。1949 年先后为淄川县昆仑乡、第四区，1950 年属淄博专区。1954 年为淄博市 3 个工矿区之一。1955 年改昆仑镇，属淄博专区。1956 年并入洪山区。1958 年洪山区撤销，属淄川区。后改公社。1982 年复置镇。2010 年原磁村镇和城南镇的 5 村 1 居并入。因境内昆仑山得名。孝妇河、范阳河从境内穿过，有昆仑山、大奎山、天台山、蒲笠顶山、三台山等。有中小学 9 所，国家级文物保护单位磁村窑址、省级文物保护单位洄村古楼，国家级非物质文化遗产陶瓷烧制技艺、省级非物质文化遗产磁村花鼓。农产小麦、玉米、高粱、蔬菜等。畜牧业以饲养猪、羊、家禽为主。工业以机械制造、日用陶瓷、医药化工、水泥、耐火材料为主，有陶瓷专业交易市场中国国瓷文化城。有张博铁路、205 国道、滨莱高速、省道泉王路过境，设张博铁路大昆仑站。

洪山镇 370302-B02
[Hóngshān Zhèn]

淄川区辖镇。在区境中部。面积 31 平方千米。人口 5.2 万。辖 7 居委会、18 村委会，有 16 自然村。镇人民政府驻太和社区。1949 年为洪山镇。1954 年属淄博市 3 个工矿区之一。1955 年称洪山区，1958 年 1 月撤销洪山区，并入淄川区。后改称洪山人民公社。1982 年置镇。原名大荒地。1904 年，德国侵略者在此开凿矿井，以附近山名设黉山炭矿局，并建专用铁路线设黉山站，此地遂用"黉山"之称取代"大荒地"。1937 年后黉山演变为洪山。般河流经，有五松山。有省级技术研究中心 2 个、市级技术研究中心 3 个，中小学 5 所，医院 2 个、卫生院（室）32 个。有国家级文物保护单位蒲松龄故居、淄博矿务局德

日建筑群，省级文物保护单位蒲家庄民俗建筑群，市级文物保护单位土峪天主教堂、北大井遗址等 5 个，纪念地淄博煤矿展览馆、马家庄南庙煤矿工人罢工旧址、华东野战军在淄川休整纪念地、中共淄博支部旧址等。有解庄蝴蝶舞、东省闹狮等民间艺术表演项目。有 AAAA 级景区聊斋城。农业以富硒农产品种植、肉牛养殖、富硒黄粉虫养殖等为主，乾生源养殖场被评为省政府菜篮子工程，由农业部颁发无公害产品标识。工业有机械加工、建材、化工、服装、耐火材等产业。服务业以旅游业、商贸业、房地产业为主，兼有果品、蔬菜批发和餐饮服务等。省道湖南公路过境，设洪山站。

罗村镇 370302-B03
[Luócūn Zhèn]

淄川区辖镇。在区境东北部。面积 70 平方千米。人口 5.6 万。辖 1 居委会、32 村委会，有 31 自然村。镇人民政府驻罗村。春秋时齐景公失马寻踪得于此，乃建反踪城。三国魏景初三年（239）为新沓县治。唐武德元年（618）建长白县城，后故城废，居民东移建村名罗家庄。1912 年后为淄川县东北路、第九区。1949 年先后为淄川县蟠龙区、第九区。1955 年为洪山区罗村办事处。1958 年为罗村乡。后改公社。1982 年建立罗村镇。因镇政府驻地村得名。地处丘陵和平原交界地带，漫泗河流经，南有黄山，北有围子山。有国家级工程研究中心 1 个，省级工程研究中心 3 个，中小学 6 所，图书室 32 个，卫生院 1 所。有省级非物质文化遗产淄砚制作工艺。农业种植小麦、玉米、杂粮、有机蔬菜等，畜牧业以饲养肉牛、猪为主。工业有耐火材料、纳米新材料、陶瓷、纺织、水泥等产业。特产道口咸菜、地方名吃千峪村豆腐干。省道湖田 - 南庄公路过境。

龙泉镇 370302-B04
[Lóngquán Zhèn]

淄川区辖镇。在区境西南部。面积40平方千米。人口4.2万。辖3居委会、16村委会，有21自然村。镇人民政府驻龙口村。1930年属淄川县三区，称龙泉镇。1943年10月为淄川县龙泉区。1949年为龙口乡。后改公社。1984年改置镇。以镇政府驻地村得名。般河流经，有座虎山、天台山。有中小学4所，图书室6个，卫生院1个。有省级文物保护单位渭一窑址。农业以富硒种植、养殖和加工业为主，有裕翔德农业示范园、金毫相农产品合作社、淄博久润生态示范园、天龙生态苑等10余家农业合作社，富硒农产品有玉米、小麦、花生、蔬菜、紫薯、核桃、樱桃、山鸡蛋等40余种。工业以新材料、建陶、化工、水泥、异型玻璃、强塑塑胶管件等为主。服务业有生态观光、近郊旅游、休闲娱乐、餐饮住宿等。省道湖田-南庄公路、泉王公路过境。

寨里镇 370302-B05
[Zhàilǐ Zhèn]

淄川区辖镇。在区境东北部。面积119.7平方千米。人口5.8万。辖3居委会、40村委会，有35自然村。镇人民政府驻寨里村。1946年属淄川县洪山区。1949年设寨里乡，改属淄川县佛村区、第二区。1955年撤淄川县，改属洪山区。1958年改建寨里人民公社。1984年改置镇，2010年黑旺镇并入。因镇人民政府驻地村得名。蓼河、漫泗河流经。有中小学8所，卫生院2个，广场9个。有国家级文物保护单位寨里窑址、北沈遗址。有黉山、天堂寨山等景点。农产品以富硒产业为主，有木瓜、香蕉、草莓、核桃、山楂、有机蔬菜、小米等。工业以化工、铸造、机械加工、建筑材料为主，有方大工程公司、宝塔焦化、莱钢锚链等企业。

服务业有特色采摘园、休闲观光、餐饮娱乐、民宿。省道胶王公路过境。

岭子镇 370302-B06
[Lǐngzi Zhèn]

淄川区辖镇。在区境西部。面积78平方千米。人口3.7万。辖2居委会、27村委会，有38自然村。镇人民政府驻岭子村。1949年为淄川县第五区张家乡，1956年为淄川区刘家乡，1958年改岭子人民公社，1984年改置岭子镇。1994年黄家峪乡并入。以镇政府驻地村命名。范阳河、青阳河流经，有冲山、宝山等。有中小学5所，卫生院1所，图书室15个。有省级文物保护单位青云寺、巩家坞窑址2个，地方民间艺术五音戏、吕剧。农业以种植业为主，粮食作物以小麦、玉米为主，经济作物有棉花、大豆、花生等，有核桃专业合作社。工业以新能源、新材料、煤炭、水泥等产业为主。有省道泉王路、胶王路过境，设岭子矿客运站。

西河镇 370302-B07
[Xīhé Zhèn]

淄川区辖镇。在区境东南部。面积131平方千米。人口5.1万。辖1居委会、62村委会，有59自然村。镇人民政府驻西河村。1956年6月，由博山区划归淄川区。是年9月设立西河镇。1958年9月建立西河人民公社。1984年6月复置镇。2010年张庄乡、东坪镇并入。以镇人民政府驻地村命名。有玉皇山、油篓寨、大劈山等。有中小学7所，卫生院3个。有省级文物保护单位西坡地窑址，锡器打造、木工技艺、西河煎饼制作等传统技艺，高跷、芯子、龙灯、舞狮、书画、剪纸等民间艺术。有摘星山、孟子山、苍龙峡、天师洞、雁门山水库等旅游景点。农业以林果、中草药种植为主，另产蔬菜、小麦、杂粮。工业以风力发电、纳米重钙粉生产、水晶玻璃工艺品、保温耐火材料、化工、加工制造为主。服务业以观光旅游、生态园采摘、农家乐、民宿服务业等为主。省道湖南公路过境，设西河客运站。

双杨镇 370302-B08
[Shuāngyáng Zhèn]

淄川区辖镇。在区境北部。面积52平方千米。人口8.8万。辖2居委会、36村委会，有36自然村。镇人民政府驻杨寨村。1949年后为淄川县商河区、第八区。1955年属淄博市杨寨区。1956年杨寨区撤销，并入淄川区。1958年成立杨寨公社。1963年分设杨寨、双沟2个公社。1984年4月，改设双沟、杨寨2个乡。1992年撤乡设镇。2006年杨寨镇与双沟镇合并为双杨镇，镇名由此而来。孝妇河、范阳河穿境而过，有王母山，梓橦山。有中小学6所，图书室23个，乡级医院2个，广场3个。有省级文物保护单位杨寨塔、高汝登墓，市级文物保护单位张至发墓、鬼谷洞遗址等。农产小麦、玉米、有机蔬菜，畜牧业以饲养生猪、家禽为主。工业以陶瓷产销、医药、化工、新材料为主，建有淄川建材城、中国财富陶瓷城等。服务业以陶瓷现代服务业投资和运营为主，有中国（淄博）陶瓷产业总部，是陶瓷品牌孵化、交易、研发设计、信息、文化传播平台。张博铁路、205国道、省道张店—博山公路过境。

太河镇 370302-B09
[Tàihé Zhèn]

淄川区辖镇。在区境东南部。面积269平方千米。人口5.9万。辖95村委会，有110个自然村。镇人民政府驻东同古村。1949年为太河、牟庄、下册、同古、马鹿、西峪、东石等7乡。1956年合并设太河乡。1958年改公社。1984年复设乡。2010年太

河乡、峨庄乡、淄河镇合并为太河镇。以原公社驻地村得名。淄河从境内穿过，有马鞍山、悬羊山等。有中小学9所，图书室60个，卫生院3个。有国家级文物保护单位齐长城遗址，省级文物保护单位、爱国主义教育基地马鞍山抗日遗址，市级文物保护单位莱芜故城遗址等。有中国传统古村落梦泉、上端士村，另有西股、西岛坪等9个省级传统古村落。有国家AAAA级景区潭溪山旅游区，AAA级景区梦泉生态旅游区、峨庄瀑布群、云明山古村落。支柱产业以生态旅游、矿泉水和生态农业为主，盛产池梨、核桃、樱桃、榛子、柿子、花椒、连翘等。畜牧业以饲养生猪、羊、牛及禽类为主。辛泰铁路过境，设西桐古、北牟、口头3个站。

旧地名

淄城镇（旧） 370302-U01
[Zīchéng Zhèn]

在淄川区西北部。淄川区辖镇。1956年2月设立。2000年6月撤销，分设般阳路、松龄路、商城路3个街道。

城南镇（旧） 370302-U02
[Chéngnán Zhèn]

在淄川区西北部。淄川区辖镇。1994年设立。2010年11月撤销，并入将军路街道和昆仑镇。

新兴乡（旧） 370302-U03
[Xīnxīng Xiāng]

在淄川区西部。淄川区辖乡。1956年10月设立。1958年9月撤销，并入岭子公社。

峪林乡（旧） 370302-U04

[Yùlín Xiāng]

在淄川区西部。淄川区辖乡。1956年10月设立。1958年9月撤销，并入岭子公社。

口头人民公社（旧） 370302-U05

[Kǒutóu Rénmíngōngshè]

在淄川区东南部。属淄川区管辖。1958年10月成立。1984年2月撤销，改设口头乡。

商城路街道（旧） 370302-U06

[Shāngchénglù Jiēdào]

在淄川区西北部。属淄川区管辖。2000年6月设立。2010年11月撤销，并入将军路街道。

社区

城一社区 370302-A01-J01

[Chéngyī Shèqū]

属般阳路街道管辖。在淄川区西北部。面积1.1平方千米。人口2 700。沿用原城一村专名。2001年成立。居民主要分布通济街西侧，有楼房13栋，现代建筑风格。驻有淄博第四中学、淄川农业银行、海通证券营业部等单位。通公交车。

城二社区 370302-A01-J02

[Chéng'èr Shèqū]

属般阳路街道管辖。在淄川区西北部。面积1.8平方千米。人口3 600。沿用原城二村专名。2001年成立。有楼房65栋，现代建筑风格。驻有淄川区政府、淄川区公安分局等单位。通公交车。

东关社区 370302-A01-J03

[Dōngguān Shèqū]

属般阳路街道管辖。在淄川区西北部。面积1.2平方千米。人口3 800。沿用原东关村名。2001年成立。有楼房44栋，现代建筑风格。驻有淄川区环保分局、淄川区水务局、淄川区委党校等单位。通公交车。

开河社区 370302-A01-J04

[Kāihé Shèqū]

属般阳路街道管辖。在淄川区西北部。面积1.5平方千米。人口2 100。沿用原开河村名。2001年成立。有楼房31栋，现代建筑风格。驻有淄川区财政局、淄川区政务中心、淄川区人社局等单位。通公交车。

后来社区 370302-A01-J05

[Hòulái Shèqū]

属般阳路街道管辖。在淄川区西北部。面积0.2平方千米。人口700。沿用原后来村名。2002年成立。有楼房18栋，现代建筑风格。有日托照料服务。通公交车。

窑头社区 370302-A01-J06

[Yáotóu Shèqū]

属般阳路街道管辖。在淄川区西北部。面积0.6平方千米。人口800。沿用原窑头村名。2002年成立。有楼房10栋，现代建筑风格。驻有淄川中学、金城建筑公司等单位。通公交车。

般阳社区 370302-A01-J07

[Pányáng Shèqū]

属般阳路街道管辖。在淄川区西北部。面积0.62平方千米。人口13 000。以古城般阳命名。2001年成立。有楼房143栋，现代建筑风格。驻有淄川区人社局、淄川区行政服务中心、般阳路派出所、般阳路街道司法所、般阳路街道食品药品监督管理所等单位。有老年日间照料服务。通公交车。2014年被评为省文明社区。

东升社区 370302-A01-J08
[Dōngshēng Shèqū]

属般阳路街道管辖。在淄川区西北部。面积0.6平方千米。人口5 200。以嘉言命名。2001年成立。有楼房67栋，现代建筑风格。驻有淄博师专附小、淄博理工学校、张广庆内画院、李梓源艺术中心等单位。通公交车。2014年被评为省文明社区。

般龙社区 370302-A01-J09
[Pánlóng Shèqū]

属般阳路街道管辖。在淄川区西北部。面积　平方千米。人口1 800。以般河形似巨龙命名。2001年成立。有楼房42栋，现代建筑风格。驻有淄川区广电局、淄川区城管局、淄博市第五人民医院等单位。有老年日间照料中心。通公交车。2013年、2014年被评为省文明社区。

城里社区 370302-A01-J10
[Chénglǐ Shèqū]

属般阳路街道管辖。在淄川区西北部。面积0.3平方千米。人口3 700。以在城里命名。2004年成立。有楼房59栋，现代风格建筑。驻有建设银行、淄博市住房公积金管理中心等单位。有老年人日间照料中心。通公交车。

杏花社区 370302-A01-J11
[Xìnghuā Shèqū]

属般阳路街道管辖。在淄川区西北部。面积0.35平方千米。人口4 800。以该地曾有杏林命名。2001年成立。有楼房58栋，现代建筑风格。驻有淄川区委党校、淄川区文化馆、淄川区科技馆、淄川区实验小学等单位。通公交车。

祥和社区 370302-A01-J12
[Xiánghé Shèqū]

属般阳路街道管辖。在淄川区西北部。面积0.28平方千米。人口9 900。以辖区内祥和生活区、祥和苑命名。2013年成立。有楼房86栋，现代建筑风格。驻有淄川区财政局、淄川区科学技术局、淄川区工业和信息化局、淄川区消防队等单位。有志愿服务。通公交车。

北关社区 370302-A02-J01
[Běiguān Shèqū]

属松龄路街道管辖。在淄川区西北部。面积0.5平方千米。人口2 300。沿用北关村名。2002年成立。有楼房39栋，现代建筑风格。驻有北关小学、淄川交警大队等单位。通公交车。2003年、2004年被评为省文明单位。

菜园社区 370302-A02-J02
[Càiyuán Shèqū]

属松龄路街道管辖。在淄川区西北部。面积0.89平方千米。人口2 100。沿用菜园村名。2002年成立。有楼房16栋，现代建筑风格。驻有浦发银行、淄川区工商局等单位。通公交车。

城张社区 370302-A02-J03
[Chéngzhāng Shèqū]

属松龄路街道管辖。在淄川区西北部。面积0.7平方千米。人口2 600。沿用城张村名。2002年成立。有楼房36栋，现代建筑风格。驻有城张幼儿园、川鹰酿造公司、淄川农行信用联社、淄川区中医院等单位。通公交车。

泉龙社区 370302-A02-J04

[Quánlóng Shèqū]

属松龄路街道管辖。在淄川区西北部。面积 0.7 平方千米。人口 1 100。沿用原泉龙村名。2002 年成立。有楼房 30 栋,现代建筑风格。驻有淄川区法院、淄川第二中学等单位。通公交车。2012 年、2014 年被评为省文明社区。

朱家社区 370302-A02-J05

[Zhūjiā Shèqū]

属松龄路街道管辖。在淄川区西北部。面积 1.24 平方千米。人口 1 200。沿用原朱家村名。2002 年成立。有楼房 17 栋,现代建筑风格。驻有北关小学第二分校等单位。通公交车。

城三社区 370302-A02-J06

[Chéngsān Shèqū]

属松龄路街道管辖。在淄川区西北部。面积 1.5 平方千米。人口 2 800。沿用原城三村名。2001 年成立。有楼房 38 栋,现代建筑风格。驻有淄川区疾病预防控制中心、淄川区实验中学等单位。通公交车。2014 年被评为省文明社区。

三里社区 370302-A02-J07

[Sānlǐ Shèqū]

属松龄路街道管辖。在淄川区西北部。面积 1.7 平方千米。人口 1 600。沿用原三里村名。2002 年成立。有楼房 26 栋,现代建筑风格。驻有山东新星集团、农信银行、淄川火车站等单位。通公交车。2009 年被评为省文明社区。

小李社区 370302-A02-J08

[Xiǎolǐ Shèqū]

属松龄路街道管辖。在淄川区西北部。面积 1.2 平方千米。人口 1 500。沿用原小李村名。2002 年成立。有楼房 2 栋,现代建筑风格,另有院落平房。驻有汇隆木业有限公司、道夫工贸有限公司等单位。通公交车。

小赵社区 370302-A02-J09

[Xiǎozhào Shèqū]

属松龄路街道管辖。在淄川区西北部。面积 0.4 平方千米。沿用原小赵村名。人口 800。2002 年成立。有楼房 1 栋,现代建筑风格,另有院落平房。通公交车。

柳泉社区 370302-A02-J10

[Liǔquán Shèqū]

属松龄路街道管辖。在淄川区西北部。面积 0.8 平方千米。人口 8 600。以蒲松龄名号"柳泉"命名。2001 年成立。有楼房 136 栋,现代建筑风格。通公交车。2007 年、2012 年被评为省文明社区。

雁阳社区 370302-A02-J11

[Yànyáng Shèqū]

属松龄路街道管辖。在淄川区西北部。面积 1.22 平方千米。人口 8 800。以雁阳路命名。2013 年成立。有楼房 86 栋,现代建筑风格。通公交车。

吉祥社区 370302-A02-J12

[Jíxiáng Shèqū]

属松龄路街道管辖。在淄川区西北部。面积 1.8 平方千米。人口 10 900。以吉祥路命名。2013 年成立。有楼房 84 栋,现代建筑风格。通公交车。

黄家铺社区 370302-A03-J01

[Huángjiāpù Shèqū]

属钟楼街道管辖。在淄川区西北部。

面积 0.8 平方千米。人口 1 400。沿用原黄家铺村名。2006 年成立。由楼房 71 栋，现代建筑风格。驻有中国银行、中国联通营业厅等单位。有老年日间照料中心、社区志愿服务等。通公交车。2012 年、2014 年被评为省文明社区。

夏庄社区 370302-A03-J02
[Xiàzhuāng Shèqū]

属钟楼街道管辖。在淄川区西北部。面积 1.4 平方千米。人口 1 900。沿用原夏庄村名。2006 年成立。有楼房 20 栋，现代建筑风格。驻有淄博泰林养殖场、淄川白荷黏合剂厂、钟楼街道第一小学等单位。通公交车。2014 年被评为省文明社区。

店子社区 370302-A03-J03
[Diànzi Shèqū]

属钟楼街道管辖。在淄川区西北部。面积 1.9 平方千米。人口 2 700。以高姓开设店铺得名。2006 年成立。有楼房 25 栋，现代建筑风格。驻有淄博卓胜经贸有限公司、淄博凯顺耐火材料有限公司、鲁泰纺织有限公司等单位。通公交车。

招村社区 370302-A03-J04
[Zhāocūn Shèqū]

属钟楼街道管辖。在淄川区西北部。面积 2.6 平方千米。人口 2 500。沿用原招村村名。2006 年成立。有楼房 5 栋，现代建筑风格。驻有山东金城荣基地产有限公司、淄博阿巴斯纺织材料有限公司等单位。通公交车。

贾村社区 370302-A03-J05
[Jiǎcūn Shèqū]

属钟楼街道管辖。在淄川区西北部。面积 3.4 平方千米。人口 3 400。沿用原贾村村名。2006 年成立。有楼房 30 栋，现代建筑风格。驻有贵宇化工厂、彤宇机械制造有限公司等单位。通公交车。

东谭社区 370302-A03-J06
[Dōngtán Shèqū]

属钟楼街道管辖。在淄川区西北部。面积 1.7 平方千米。人口 1 400。沿用原东谭村名。2006 年成立。有楼房 7 栋，现代建筑风格，另有院落平房。通公交车。

望娘沟社区 370302-A03-J07
[Wàngniánggōu Shèqū]

属钟楼街道管辖。在淄川区西北部。面积 0.5 平方千米。人口 900。沿用原望娘沟村名。2006 年成立。有楼房 7 栋，现代建筑风格，另有院落平房。驻有淄博老杨家木业、锦星化工有限公司、华舜器材等单位。通公交车。

井家河社区 370302-A03-J08
[Jǐngjiāhé Shèqū]

属钟楼街道管辖。在淄川区西北部。面积 2.0 平方千米。人口 1 400。沿用原井家河村名。2006 年成立。有楼房 60 栋，现代建筑风格，另有院落平房。驻有永仁商贸有限公司加油站、弘扬威德福油田设备有限公司等单位。通公交车。

下五社区 370302-A03-J09
[Xiàwǔ Shèqū]

属钟楼街道管辖。在淄川区西北部。面积 1.5 平方千米。人口 1 300。沿用原下五村名。2006 年成立。有楼房 86 栋，现代建筑风格，另有院落平房。驻有恒峰制衣有限公司、靓酷服装有限公司、海景制衣厂、奇威服饰有限公司等单位。通公交车。

北苏社区 370302-A03-J10

[Běisū Shèqū]

属钟楼街道管辖。在淄川区西北部。面积1.3平方千米。人口800。沿用原北苏村名。2006年成立。有楼房16栋,现代建筑风格,另有院落平房。驻有淄川国汇化工有限公司、淄博融通经贸有限公司、钟楼派出所等单位。通公交车。

双泉社区 370302-A03-J11

[Shuāngquán Shèqū]

属钟楼街道管辖。在淄川区西北部。面积3.0平方千米。人口1 200。沿用原双泉村名。2006年成立。有楼房5栋,现代建筑风格,另有院落平房。驻有淄博艺卓陶玻装饰材料有限公司、淄博德宝机械制造有限公司等单位。通公交车。

大邢社区 370302-A03-J12

[Dàxíng Shèqū]

属钟楼街道管辖。在淄川区西北部。面积3.2平方千米。人口2 100。沿用原大邢村名。2006年成立。有楼房2栋,现代建筑风格,另有院落平房。通公交车。

辛庄社区 370302-A03-J13

[Xīnzhuāng Shèqū]

属钟楼街道管辖。在淄川区西北部。面积0.5平方千米。人口800。沿用原辛庄村名。2006年成立。有楼房16栋,现代建筑风格,另有院落平房。驻有淄川大明工贸有限公司等单位。通公交车。

钟楼社区 370302-A03-J14

[Zhōnglóu Shèqū]

属钟楼街道管辖。在淄川区西北部。面积0.12平方千米。人口5 100。以当地建筑物钟楼得名。2002年成立。有楼房36栋,

现代建筑风格。通公交车。

白庙社区 370302-A03-J15

[Báimiào Shèqū]

属钟楼街道管辖。在淄川区西北部。面积1.3平方千米。人口1 000。沿用原白庙村名。2006年成立。有楼房30栋,现代建筑风格。驻有大明工贸有限公司等单位。通公交车。

东山社区 370302-A03-J16

[Dōngshān Shèqū]

属钟楼街道管辖。在淄川区西北部。面积0.7平方千米。人口500。沿用原东山村名。2006年成立。有楼房4栋,现代风格建筑。驻有淄博市公路管理局淄川分局等单位。有文化活动室,开展家长学校等活动。通公交车。

西山社区 370302-A03-J17

[Xīshān Shèqū]

属钟楼街道管辖。在淄川区西北部。面积1.5平方千米。人口800。沿用原西山村名。2006年设立。有楼房18栋,现代建筑风格。通公交车。

西谭社区 370302-A03-J18

[Xītán Shèqū]

属钟楼街道管辖。在淄川区西北部。面积1.6平方千米。人口1 100。沿用原西谭村名。2006年成立。有楼房7栋,现代建筑风格,另有院落平房。驻有淄博铸晟工贸有限公司等单位。通公交车。

高家社区 370302-A03-J19

[Gāojiā Shèqū]

属钟楼街道管辖。在淄川区西北部。面积0.6平方千米。人口500。沿用原高家庄村名。2006年成立。民居以院落平房为主。

驻有安鸿油田工程技术服务有限公司等单位。通公交车。

周家河社区 370302-A03-J20
[Zhōujiāhé Shèqū]

属钟楼街道管辖。在淄川区西北部。面积0.4平方千米，人口200。沿用原周家河村名。2006年成立。有楼房37栋，现代建筑风格。通公交车。

苗家窝社区 370302-A03-J21
[Miáojiāwō Shèqū]

属钟楼街道管辖。在淄川区西北部。面积3.3平方千米。人口1 400。沿用原苗家窝村名。2006年成立。有楼房58栋，现代建筑风格。开展"金钟小星星艺术节"、鼓号操表演等活动。通公交车。

上五社区 370302-A03-J22
[Shàngwǔ Shèqū]

属钟楼街道管辖。在淄川区西北部。面积1.6平方千米。人口900。沿用原上五村名。2006年成立。有楼房47栋，现代建筑风格。开展舞狮表演等活动。通公交车。

灵沼社区 370302-A03-J23
[Língzhǎo Shèqū]

属钟楼街道管辖。在淄川区西北部。面积1.6平方千米。人口1 400。沿用原灵沼村名。2006年设立。民居以院落平房为主。驻有淄博新力达换热设备有限公司、淄博恒丰铸刚有限公司、开发区第三小学等单位。通公交车。

前孟社区 370302-A03-J24
[Qiánmèng Shèqū]

属钟楼街道管辖。在淄川区西北部。面积0.4平方千米。人口200。沿用原前孟村名。2006年成立。以平房为主。驻有华信玩具有限公司等单位。通公交车。

后孟社区 370302-A03-J25
[Hòumèng Shèqū]

属钟楼街道管辖。在淄川区西北部。面积1.0平方千米，人口700。沿用原后孟村名。2006年成立。民居以院落平房为主。驻有新骏毛绒有限公司、春明防腐涂料厂等单位。开展腰鼓表演等活动。通公交车。

南苏社区 370302-A03-J26
[Nánsū Shèqū]

属钟楼街道管辖。在淄川区西北部。面积1.3平方千米，人口800。沿用原南苏村名。2006年成立。有楼房16栋，现代建筑风格，另有院落平房。驻有淄川般阳中学、淄川区医院西院区、鲁昊冶金机械有限公司、泰宝置业有限公司淄川分公司等单位。开展南苏社区舞龙表演等群众文艺活动。通公交车。

山张社区 370302-A03-J27
[Shānzhāng Shèqū]

属钟楼街道管辖。在淄川区西北部。面积1.8平方千米。人口600。沿用原山张庄村名。2006年成立。有楼房7栋，现代建筑风格，另有院落平房。驻有科瑞化工有限公司、齐辉包装、科超环保科技公司等单位。有幸福院。通公交车。

郝家社区 370302-A03-J28
[Hǎojiā Shèqū]

属钟楼街道管辖。在淄川区西北部。面积3.2平方千米。人口1 100。沿用原郝家庄村名。2006年成立。有楼房11栋，现代建筑风格，另有院落平房。驻有志合绿化工程有限公司、淄博师范高等专科学校等单位。通公交车。

王家社区 370302-A03-J29
[Wángjiā Shèqū]

属钟楼街道管辖。在淄川区西北部。面积1.7平方千米。人口600。沿用原王家庄村名。2006年成立。民居以院落平房为主。驻有美通电气有限公司等单位。有幸福院。通公交车。

长远社区 370302-A03-J30
[Chángyuǎn Shèqū]

属钟楼街道管辖。在淄川区西北部。面积1.5平方千米。人口600。沿用原长远村名。2006年成立。民居以院落平房为主。驻有淄博兰胜机械厂、淄博其悦机械厂等单位。通公交车。

西关一社区 370302-A04-J01
[Xīguānyī Shèqū]

属将军路街道管辖。在淄川区西北部。面积0.7平方千米。人口2 100。沿用原西关一村名。2001年成立。驻有工商行政管理局服装城管理所、山东光显光电科技有限公司等单位。有楼房13栋，现代建筑风格。有老年日间照料中心。通公交车。1990年起，连续8年被评为省文明单位。

西关二社区 370302-A04-J02
[Xīguān'èr Shèqū]

属将军路街道管辖。在淄川区西北部。面积1.0平方千米。人口3 300。沿用原西关二村名。2001年成立。社区内有南苑小区。有楼房34栋，现代建筑风格。驻有淄博市淄川华泰电器厂等单位。通公交车。

公义社区 370302-A04-J03
[Gōngyì Shèqū]

属将军路街道管辖。在淄川区西北部。面积1.0平方千米。人口2 900。沿用原公义村名。2002年成立。有楼房36栋，现代建筑风格，另有院落平房。驻有长城塑料制品厂、锦岳耐火纤维有限公司、正晟耐火材料有限公司等单位。通公交车。

慕王社区 370302-A04-J04
[Mùwáng Shèqū]

属将军路街道管辖。在淄川区西北部。面积0.7平方千米。人口1 700。沿用原慕王庄村名。2001年成立。有楼房27栋，现代建筑风格。驻有淄博鑫胜热电有限公司等单位。通公交车。

将军头社区 370302-A04-J05
[Jiāngjūntóu Shèqū]

属将军路街道管辖。在淄川区西北部。面积0.4平方千米。人口900。沿用原将军头村名。2002年成立。有楼房32栋，现代建筑风格。驻有淄博硒诺农业发展有限公司等单位。通公交车。

二里社区 370302-A04-J06
[Èrlǐ Shèqū]

属将军路街道管辖。在淄川区西北部。面积1.5平方千米。人口2 500。沿用原二里村名。2002年成立。有楼房17栋，现代建筑风格。驻有商城路小学、商城路小学附属幼儿园、农村商业银行等单位。有老年公寓。通公交车。

西关社区 370302-A04-J07
[Xīguān Shèqū]

属将军路街道管辖。在淄川区西北部。面积0.5平方千米。人口2 800。初称淄城公社酒厂居民管理区，后改称西关社区。1964年成立。有楼房10栋，现代建筑风格。驻有中海国际大酒店、交通银行等单位。有志愿者服务。通公交车。

西苑社区 370302-A04-J08
［Xīyuàn Shèqū］

属将军路街道管辖。在淄川区西北部。面积0.1平方千米。人口5 700。为便于对淄博啤酒厂四个家属生活区实施社区化管理，成立西苑社区。2003年成立。有楼房28栋，现代建筑风格。有社区困难职工帮扶站、红十字会服务站、志愿者服务。通公交车。

颐泽社区 370302-A04-J09
［Yízé Shèqū］

属将军路街道管辖。在淄川区西北部。面积0.3平方千米。取泽润美好之意命名。2011年成立。有楼房44栋，现代风格建筑。驻有淄博中祥泰富房地产有限公司等单位。通公交车。

昆仑社区 370302-B01-J01
［Kūnlún Shèqū］

昆仑镇人民政府驻地。在淄川区西部。面积1.5平方千米。人口2 700。以在昆仑镇中心位置而命名。1979年成立。有楼房39栋，现代建筑风格。驻有淄博焱德窑炉设备技术有限公司、淄博起帆机械有限公司等单位。通公交车。

昆山社区 370302-B01-J02
［Kūnshān Shèqū］

属昆仑镇管辖。在淄川区西部。面积12平方千米。人口2 900。以处于昆仑山下而得名。2000年成立。有楼房33栋，现代建筑风格。驻有昆山学校附属幼儿园等单位。通公交车。

舜天社区 370302-B01-J03
［Shùntiān Shèqū］

属昆仑镇管辖。在淄川区西南部。面积0.19平方千米。人口6 800。因舜天矿业有限公司得名。2006年成立。有楼房19栋，现代建筑风格。通公交车。

光正社区 370302-B01-J04
［Guāngzhèng Shèqū］

属昆仑镇管辖。在淄川区西南部。面积0.8平方千米。人口3 300。因淄博光正实业有限责任公司得名。2010年成立。有楼房41栋，现代建筑风格。驻有淄博光正实业有限责任公司、光正卫生院等单位。通公交车。

天晟社区 370302-B01-J05
［Tiānshèng Shèqū］

属昆仑镇管辖。在淄川区西南部。面积0.3平方千米。人口3 100。因山东天晟煤矿装备有限公司得名。2014年成立。民居以院落平房为主。通公交车。

太和社区 370302-B02-J01
［Tàihé Shèqū］

洪山镇政府驻地。在淄川区北部。面积0.45平方千米。人口1 500。沿用原太和村名。2001年成立。驻有洪山镇政府、淄博第十五中学、洪山中心幼儿园、鲁泰洪山小学、洪山镇卫生院等单位。通公交车。

洪山社区 370302-B02-J02
［Hóngshān Shèqū］

属洪山镇管辖。在淄川区北部。面积3.0平方千米。人口1 900。沿用原洪山村名。2001年成立。有楼房30栋，现代建筑风格。驻有淄矿集团、山东培益经贸有限公司、山东京银投资咨询有限公司等单位。通公交车。

大街社区 370302-B02-J03
[Dàjiē Shèqū]

属洪山镇管辖。在淄川区北部。面积0.2平方千米。人口7 900。以位于洪山大街得名。2001年成立。有楼房17栋，现代建筑风格，另有院落平房。驻有洪山卫生院等单位。通公交车。

洪铝社区 370302-B02-J04
[Hónglǚ Shèqū]

属洪山镇管辖。在淄川区北部。面积0.05平方千米。人口700。原洪山铝土矿移交到地方，故更名为洪铝社区。2006年成立。有楼房12栋，现代建筑风格。有老年人日间照料中心。通公交车。

北工社区 370302-B02-J05
[Běigōng Shèqū]

属洪山镇管辖。在淄川区北部。面积0.32平方千米。人口1 900。初以北大井煤矿职工及其家属在此安家形成聚落而名，后成立北工社区。1982年成立。有楼房110栋，现代建筑风格。有老年人日间照料中心。通公交车。

涧北社区 370302-B02-J06
[Jiànběi Shèqū]

属洪山镇管辖。在淄川区北部。面积平方千米。人口2 000。沿用原涧北村名。1986年成立。有楼房70栋，现代风格建筑。有老年人日间照料服务中心。通公交车。

中先社区 370302-B02-J07
[Zhōngxiān Shèqū]

属洪山镇管辖。在淄川区北部。面积0.6平方千米。人口6 900。因中舜公司、先河公司得名。2011年成立。有楼房66栋，现代建筑风格。驻有家家悦超市、淄博煤矿展览馆等单位。有老年人日间照料中心。通公交车。

骂桥社区 370302-B03-J01
[Diàoqiáo Shèqū]

属罗村镇管辖。在淄川区北部。面积0.03平方千米。人口600。因在罗村镇大骂桥村与小骂桥村之间得名。2006年成立。有楼房42栋，现代建筑风格。通公交车。

渭二社区 370302-B04-J01
[Wèi'èr Shèqū]

属龙泉镇管辖。在淄川区西南部。面积4.6平方千米。人口3 400。沿用原渭二村名。1991年成立。有楼房44栋，现代建筑风格。驻有柳泉消防器材有限公司、柳泉陶瓷有限公司等单位。有综合养老机构。通公交车。

广通社区 370302-B04-J02
[Guǎngtōng Shèqū]

属龙泉镇管辖。在淄川区西南部。面积0.15平方千米。人口4 100。以前途广博通顺之意命名。2002年成立。驻有龙泉镇中心幼儿园、广通公司医院等单位。有楼房38栋，现代建筑风格，另有院落平房。通公交车。

华龙社区 370302-B04-J03
[Huálóng Shèqū]

属龙泉镇管辖。在淄川区西南部。面积2.1平方千米。人口1 800。华光集团华龙陶瓷有限公司破产后成立，故名。2013年成立。有楼房8栋，现代建筑风格，另有院落平房。驻有淄博创艺模具有限公司等单位。有老年人日间照料服务中心。通公交车。

西坡社区 370302-B05-J01
[Xīpō Shèqū]

属寨里镇管辖。在淄川区东部。面积3.2平方千米。人口700。沿用原西坡村名。1993年成立。民居以院落平房为主。驻有胜旺石材加工厂、东郊加油站、淄博锚链厂等单位。通公交车。

簧阳社区 370302-B05-J02
[Hóngyáng Shèqū]

属寨里镇管辖。在淄川区北部。面积3平方千米。人口1 500。因社区在簧山南侧得名。2008年成立。有楼房32栋，现代建筑风格，另有院落平房。驻有簧阳中学、寨里镇退役军人服务站等单位。通公交车。

东苑社区 370302-B05-J03
[Dōngyuàn Shèqū]

属寨里镇管辖。在淄川区东部。面积11.0平方千米。人口1 600。因地处淄川东部得名。2005年成立。有楼房21栋，现代建筑风格。驻有淄博锚链有限公司、黑旺火车站等单位。社区内有老年人日间照料中心。通公交车。

宝山社区 370302-B06-J01
[Bǎoshān Shèqū]

属岭子镇管辖。在淄川区西北部。面积0.04平方千米。人口1 300。因在宝山附近而得名。1992年成立。有楼房17栋，现代建筑风格。驻有淄川区宝山水泥厂等单位。通公交车。

东泰社区 370302-B06-J02
[Dōngtài Shèqū]

属岭子镇管辖。在淄川区西北部。面积0.2平方千米。人口5 800。以山东东泰矿业有限公司得名。2010年成立。有楼房53栋，现代建筑风格，另有院落平房。驻有岭子镇西山学校等单位。通公交车。

西河社区 370302-B07-J01
[Xīhé Shèqū]

属西河镇管辖。在淄川区南部。面积0.25平方千米。人口800。原淄博矿务局西河煤矿家属委员会撤销后，转为西河社区。1975年成立。有楼房27栋，现代建筑风格，另有院落平房。有社区党群服务中心。通公交车。

宝塔社区 370302-B08-J01
[Bǎotǎ Shèqū]

属双杨镇管辖。在淄川区西北部。面积0.11平方千米。人口3 300。以附近有杨寨古塔得名。1994年成立。有楼房20栋，现代建筑风格。驻有双杨镇政府、杨寨卫生院、双杨法庭、杨寨中学等单位。通公交车。

双凤社区 370302-B08-J02
[Shuāngfèng Shèqū]

属双杨镇管辖。在淄川区西北部。面积0.4平方千米。人口4 600。以双沟和凤凰村名命名。1996年成立。有楼房32栋，现代建筑风格。驻有双沟卫生院、农业综合服务中心、双沟中心小学等单位。通公交车。

张店区

张店区 370303
[Zhāngdiàn Qū]

淄博市人民政府驻地。在市境中部。面积365平方千米。人口74.4万。以汉族为主，有回、满、蒙古、朝鲜、壮等民族。辖7街道、6镇。区人民政府驻马尚镇。

1950 年，淄博工矿特区与清河专区合并为淄博专区，撤销张店市，并入桓台县，张店为桓台县九区。1950 年，张店与周村合并为张周市，张店为张周市第二区。1955 年，淄博专区改为淄博市，撤销张周市，4 月，成立张店区。张店一名见于文字记载始于《金史》，古称黄桑店，黄桑店内有几家客店，其中有一张姓开设的客店曰张家店，因店主开店有方，生意兴隆，过往客商多住张家店，久而久之，黄桑店一名被张家店所代替，后演变为张店。有黑铁山、平山等，孝妇河、漫泗河、范阳河、猪龙河、玉龙河、涝淄河从境内穿过。有国家级科研单位 1 个、省级科研单位 13 个。有高等院校 1 个、中小学 93 个、图书馆 1 个、体育场馆 2 个、知名文艺团体 240 个、三级以上医院 2 个。有省级重点文物保护单位浮山驿遗址、彭家遗址、昌国故城 3 个，有国家级爱国主义教育基地、纪念地 1 个、省级爱国主义教育基地、纪念地 2 个，省级非物质文化遗产炉姑传说、赵培印面瘫膏药制作技艺、淄博花灯艺术 3 个，风景名胜区、景点有中国陶瓷馆、玉黛湖风景区。三次产业比例为 0.16：44.31：55.53。农业以种植玉米、小麦、谷子、高粱、大豆、地瓜、棉花、花生、大豆等为主。工业形成以建材、新材料、现代医药、精细化工、先进装备制造为主的工业结构，重点规划了搪玻璃化工设备产业聚集区、高档建陶产业聚集区、电子信息产业聚集区、功能玻璃、先进陶瓷等知识密集型产业集群。服务业以物流运输业为主，有良乡物流园、金泰物流园、淄博万隆物流园、天佳物流园等园区。有国家级开发区 1 个、省级开发区 1 个。有淄博市火车站、淄博市客运中心，通多条公交线路。

淄博高新技术产业开发区 370303-E01
[Zībó Gāoxīnjìshù Chǎnyè Kāifāqū]

在区境东北部。东临临淄区金陵镇，南接湖田街道、科苑街道，西连房镇镇，北以桓台县果里镇为界。面积 12 100 公顷。1992 年 11 月经国务院批准设立，由市级人民政府管理。是山东半岛国家自主创新示范区，持续推进"五个转变"，强化平台思维、生态思维、有解思维和法制化理念、市场化理念、专业化理念，实施高质量发展"六大赋能行动"，聚力在重大项目、产业攀登、双招双引和对外开放、科技创新、科创产业金融、城市品质活力提升等方面攻坚突破，新材料、生物医药、智能制造三个主导产业集群集聚壮大，加速向"发展高科技、培育新产业"转型升级，聚力打造电子信息、生物医药两个千亿级产业集群。拥有国家级企业技术中心和工程技术研究中心 5 家，国家级实验室 11 家，省级以上企业研发中心 43 家。建有博士后科研工作站、淄博博士创业园、留学人员创业园、大学科技园，入驻企业近 4 000 家，有韩国三星、美国百利高等世界性大公司。园区内道路顺直，注重内部交通线与外部交通线的紧密衔接，建成清晰、便捷的交通网，通公交车。

山东张店经济开发区 370303-E02
[Shāndōng Zhāngdiàn Jīngjìkāifāqū]

在区境东北部。东起于家村、中埠村、铁冶村，西至金岭铁矿铁路专用线，南起铁冶村行政村界，北至济青高速公路。面积 400 公顷。2006 年 3 月经省政府批准为省级开发区，由张店区政府管理。重点发展化工医药、机械加工业、纺织服装、非金属矿物制造业和黑色金属冶炼及压延加工业。主要有山东联创节能新材料股份有限公司、山东胜利钢管有限公司、金岭铁矿等入驻企业 40 余个。园区内道路顺直，注重内部交通线与外部交通线的紧密衔接，通公交车。

车站街道　370303-A01
［ Chēzhàn Jiēdào ］

属张店区管辖。在区境西南部。面积4平方千米。人口4.4万。以汉族为主，有回、满、蒙古、傣、畲族等民族。1982年设立。因淄博市的火车站、长途汽车站、市内公交站、火车站广场坐落于此而得名。猪龙河从境内穿过。有中小学3所，文化馆、图书馆11个，知名文艺团体5个，医疗卫生机构7个。是"乐毅伐齐"的古战场和"张店老店"的旧址。有淄博清真寺等标志性建筑物。工业以家具、汽配、钢铁、橡胶等产业为主。服务业以商业、物流业为主，有鲁中蔬菜批发市场、红星美凯龙家居广场、淄博汽配城、红星茶城等企业。有淄博站，通公交车。

公园街道　370303-A02
［ gōngyuán Jiēdào ］

属张店区管辖。在区境中部。面积3平方千米。人口4.3万。1982年设立。因辖区内有淄博人民公园而得名。1991年9月，淄博美食街竣工。2002年10月改造人民公园，2003年7月正式开园。2003年6月，淄博王府井广场正式建成。猪龙河从境内穿过。有中小学2所，文化馆、图书馆13个，知名文艺团体16个，医疗卫生机构13个。有国家级非物质文化遗产五音戏。有人民公园等景点。有淄博饭店、荣宝斋大厦、王府井广场等标志性建筑物。工业有高压速射钉、标准件、辛港制衣、化学镀镍、复合马路井盖加工等产业。服务业以商贸流转、集散为主，有齐赛电脑城、荣宝斋古玩城、中关村科技城等专业交易市场和商品集散地，另有创意动漫、软件开发、广告设计等新型商业业态。通公交车。

和平街道　370303-A03
［ Hépíng Jiēdào ］

属张店区管辖。在区境中部。面积3平方千米。人口3.9万。1995年设立。因辖区内有和平小区与太平社区而得名。2002年改造人民公园，2003年完成并开园。2003年建成淄博王府井广场。猪龙河从境内穿过。有中小学5所，文化馆、图书馆11个，博物馆1个，体育馆1个，知名文艺团体1个，医疗卫生机构24个。有曲艺、国画、书法、对联、灯谜、剪纸、风筝等地方特色民间艺术。有淄博市博物馆、淄博市陶瓷馆等标志性建筑物。经济以餐饮娱乐、休闲购物、家具及饰材销售行业为主，有鲁中家具城、银座家居、吉星装饰材料城为核心的饰材与家具集散中心，都来喜休闲商务会馆等休闲娱乐中心，乐天玛特、美达百货、金宝岛、美食街为核心的休闲购物中心。通公交车。

科苑街道　370303-A04
［ Kēyuàn Jiēdào ］

属张店区管辖。在区境西北部。面积7平方千米。人口11.2万。1995年设立。因辖区内科研单位和高新产业较为集中而得名。2013年对6条背街小巷进行整修。2014年建设了200平方米的城管服务大厅，对辖区内28条背街小巷开展提升改造工作。猪龙河、涝淄河从境内穿过。有市级科研单位4个，中小学6所，文化馆、图书馆2个，知名文艺团体27个，医疗卫生机构24个。有世纪大酒店、广电大厦、凯德广场等标志性建筑物。经济以高新材料研发为主，有中材高新材料股份有限公司、淄博市新材料研究所、淄博市农业技术推广中心等科研与技术开发机构。工业以塑料制品、机械加工为主。通公交车。

体育场街道 370303-A05

[Tǐyùchǎng Jiédào]

属张店区管辖。在区境东北部。面积8平方千米。人口8.0万。1982年设立。因境内原有市体育场得名。2007年始改造城市旧居住区，扩建商场东路，整治涝淄河，完成儿童公园升级改造。涝淄河从境内穿过。有中小学5所，文化馆、图书馆11个，知名文艺团体7个，医疗卫生机构15个。有地方民俗文化五音戏，民间传说有炉神姑传说、高柴女传说。初步形成了以机械、化工为主的工业体系，城市综合体、商住一体等新型商业业态发展迅速，佰腾数码广场、华润城市综合体等已相继落户境内。通公交车。

杏园街道 370303-A06

[Xìngyuán Jiédào]

属张店区管辖。在区境东部。面积34平方千米。人口5.8万。1995年设立。因靠近铁路边有杏园村的一片杏树园而得名。2007年改造扩建辖区东三路段。有中小学6所，文化馆、图书馆9个，体育场馆5个，知名文艺团体12个，医疗卫生机构5个。农业以高产林果、花卉苗木、中药材种植为主，粮食作物以小麦为主。畜牧业以养猪为主。工业以化工、医药产品为主，重点规划了齐隆公司、鲁华、新塑、万昌等大中型企业集群，淄博市东部化工区坐落在辖区东南部。建成了以良乡物流园、万隆物流中心、金建物流为龙头的物资配送集散地。有玉黛湖生态乡村庄园、动物园等大型游乐场所。通公交车。

四宝山街道 370303-A07

[Sìbǎoshān Jiédào]

属张店区管辖。在区境东北部。面积121平方千米，人口13.1万。2001年设立。因辖区内有四宝山（又名四角山）而得名。2001年火炬广场落成启用。2005年火炬公园全面落成。2012年西五路跨线桥工程竣工通车。潴龙河、涝淄河从境内穿过。有国家级科研单位国家工业陶瓷材料工程技术研究中心、省级科研单位山东省医药加速器工程技术研究中心等24个、市级科研单位淄博市日用陶瓷工程技术研究中心等136家，中小学17所，医疗卫生机构11个。标志性建筑物有火炬大厦、汇金大厦等。农业以种植小麦、玉米、小米、蔬菜为主。经济以新材料、生物医药、智能制造三大主导产业为主，正加速向"发展高科技、培育新产业"转型升级，聚力打造电子信息、生物医药两个千亿级产业集群。通公交车。

马尚镇 370303-B01

[Mǎshàng Zhèn]

张店区人民政府驻地。在区境西部。面积25平方千米。人口9.3万。以汉族为主，还有回等民族。辖17居委会、16村委会，有10自然村。镇人民政府驻回民新村。1956年设马尚乡。1958年改公社。1983年复设乡。1984年改置镇。因辖区内马尚庄而得名。猪龙河、孝妇河、玉龙河从境内穿过。有山东理工大学，中小学9所，图书馆2个，文化馆1个，医院4个，广场4个。有剪纸、刺绣、编织、扮玩、戏曲等地方特色民间艺术。九级村威风锣鼓被省文化厅评为优秀文化项目。农业以种植业为主，粮食作物主要有小麦、玉米，主要经济作物有蔬菜等，主要品种有芹菜、西红柿、白菜等。畜牧业以生猪、蛋鸡饲养为主。工业以机械加工、磨具制造为主，重点规划了大小套工业园区。房地产开发、商贸物流等新型商业发展迅速，淄博义乌小商品城、永旺淄博购物中心等大型商贸中心已相继落户境内。有公路通过。

南定镇 370303-B02

[Nándìng Zhèn]

张店区辖镇。在区境东南部。面积 27 平方千米。人口 10.1 万。辖 10 居委会, 13 村委会, 有 13 自然村。镇人民政府驻崔军村。清代属淄川县东北乡, 1912 年更名为崔军镇。1955 年归张店区, 1958 年改为张店区马庄人民公社, 1963 年改为崔军人民公社, 1983 年更名为崔军乡, 1984 年更名为南定镇。因辖区内有南定村而得名。猪龙河、漫泗河、范阳河从境内穿过, 有马庄山、南定山、蛤蟆山、东望山等。有中小学 2 所、卫生院 1 个、广场 2 个。有南定侵华日军营房旧址、后南定日本洋行旧址、南定火车站旧址、小董遗址、马庄券门等纪念地。农业主要种植小麦、玉米、谷子、大豆、花生、芝麻、中草药、棉花和北海道黄杨、大叶女贞、海棠、樱花、黄连木等经济苗木。畜牧业以猪、羊、家禽为主。推进新型铝材料产业、机械制造、汽贸产业、现代物流和观光旅游等产业发展。205 国道、309 国道、张博铁路过境。

沣水镇 370303-B03

[Fēngshuǐ Zhèn]

张店区辖镇。在区境东南部。面积 42 平方千米。人口 4.0 万。辖 21 村委会, 有 21 自然村。镇人民政府驻范王村。1954 年 9 月, 沣水镇划归张周市。1955 年 4 月划归张店区。1956 年 2 月, 沣水办事处划归淄川区。1958 年 9 月, 沣水 (大) 乡及湖田 (大) 乡的原商家、张赵、昌城三乡划归沣水人民公社。1965 年 5 月, 沣水公社划归张店区。1983 年 5 月改为沣水乡。1984 年 5 月改为沣水镇。因原驻地村沣水得名。猪龙河、涝淄河从境内穿过。有中小学 4 所, 图书室 13 个, 卫生院 1 个。有省级文物保护单位昌国故城遗址。有范王清代民居、范王宋宅等古建筑群, 梁鲁遗址、邹振岳故居等纪念地。农业以种植玉米、小麦、谷子、高粱、大豆、地瓜、棉花、花生、芝麻等和养殖牛、猪、鸡为主。工业以建材、化工机械制造等为主。服务业以现代物流、生态旅游为主。309 国道、省道湖田—南庄公路过境。

傅家镇 370303-B04

[Fùjiā Zhèn]

张店区辖镇。在区境西南部。面积 33 平方千米。人口 4.3 万。辖 4 居委会、19 村委会, 有 19 自然村。镇人民政府驻傅家村。历史上傅家镇一直属淄川县。1958 年 12 月将杨寨公社所辖原傅家镇的 18 个自然村划归张店区马庄公社。1960 年 8 月马庄公社撤销, 并入南定城市人民公社。1962 年 8 月, 南定公社撤销, 建立傅家公社。1983 年 5 月改社为乡。1993 年 12 月撤乡改镇, 更名为傅家镇。因镇政府驻地在傅家村而得名。有中小学 5 所, 图书室 23 个, 卫生院 1 个。有省级文物保护单位浮山驿遗址, 有傅永墓、刘川阳还金处、九圣阁等古迹。农业以种植业为主, 有现代都市农业园区农业合作社。工业以化工设备制造为主, 是全国搪玻璃制造业基地。205 国道、309 国道过境, 设淄博客运总站。

中埠镇 370303-B05

[Zhōngbù Zhèn]

张店区辖镇。在区境东北部。面积 20 平方千米。人口 2.1 万。辖 1 居委会、12 村委会, 有 12 自然村。镇人民政府驻铁冶村。1955 年 4 月划入张店区, 1956 年 10 月设立中埠乡, 1958 年 9 月属淄川区金岭公社, 1961 年 12 月属淄川区中埠公社, 1965 年 5 月划回张店区, 1983 年 9 月更名为中埠乡, 1984 年 4 月更名为中埠镇。因辖区内中埠村而得名。地处丘陵地带, 西高东低, 西为铁山山脉，东为平原，卧龙河从境内穿过。有中小学 2 所，医院 2 个。有市级文物保护单位边辛天主教堂、炉神姑庙，省级非物质文化遗产炉神姑的传说。农业主要种植玉米、小麦、蔬菜，养殖猪、奶牛等。工业初步形成以采矿、选矿，陶瓷化工为主的产业体系，重点规划了采矿选矿、化工等产业集群。服务业以物流业为主，境内有与胶济铁路线相连的铁路专用线，309 国道、济青高速公路过境。

房镇镇 370303-B06

[Fángzhèn Zhèn]

张店区辖镇。在区境西北部。面积 38 平方千米。人口 3.4 万。辖 2 居委会、24 村委会，有 24 自然村。镇人民政府驻天乙村。1956 年 3 月长山县撤销，与邹平县合并，将马尚区所辖马尚、房镇等 7 个乡合并为马尚、房镇、九级 3 个乡，房镇乡政府设在房镇。1958 年 10 月撤销房镇乡，成立房镇人民公社。同年 11 月，房镇公社由邹平县划归张店区。1983 年 5 月，房镇公社改为房镇乡。1994 年，房镇乡改为房镇镇。2001 年 4 月大张镇撤销，并入房镇镇。因原镇政府驻地房镇村得名。有中小学 3 所，图书馆 25 个，卫生院 1 个，广场 1 个。有省级文物保护单位彭家遗址。农业以种植业为主，粮食作物主要有小麦、玉米，蔬菜以黄瓜、西红柿、芹菜为主，畜牧业以养殖猪、羊、牛、鸡为主。工业初步形成了电子、化工为主的产业体系，有淄博科技工业园区。济青高速、滨博高速过境。

旧地名

大张镇（旧） 370303-U01

[Dàzhāng Zhèn]

在张店区北部。张店区辖镇。1995 年 1 月设立。2001 年 4 月撤销，并入科苑街道、房镇镇。

湖田镇（旧） 370303-U02

[Hútián Zhèn]

在张店区东部。张店区辖镇。1984 年 5 月设立。2010 年 11 月撤销，并入杏园街道。

石桥街道（旧） 370303-U03

[Shíqiáo Jiēdào]

在张店区东北部。属张店区管辖。2001 年 3 月设立。2010 年 11 月撤销，并入四宝山街道。

卫固镇（旧） 370303-U04

[Wèigù Zhèn]

在张店区东北部。张店区辖镇。1984 年 4 月设立。2010 年 11 月撤销，并入四宝山街道。

社区

兴学街东社区 370303-A01-J01

[Xīngxuéjiēdōng Shèqū]

属车站街道管辖。在张店区西南部。面积 0.3 平方千米。人口 5 600。因位于兴学街东段而得名。2001 年成立。有楼房 35 栋，现代建筑风格。驻有张店区交通局、张店区房管局、张店区煤炭局等单位。有志愿者服务，开展舞蹈、戏剧表演等活动。通公交车。

兴学街西社区 370303-A01-J02

[Xīngxuéjiēxī Shèqū]

属车站街道管辖。在张店区西南部。面积 0.4 平方千米。人口 6 800。因位于兴学街西段而得名。2001 年成立。有楼房 25 栋，现代建筑风格。有志愿者服务，开展舞蹈、戏剧表演等活动。通公交车。

新华社区 370303-A01-J03

[Xīnhuá Shèqū]

属车站街道管辖。在张店区西南部。面积 0.3 平方千米。人口 6 700。因辖区内主要是新华药厂宿舍而得名。2001 年成立。有楼房 28 栋，现代建筑风格。有志愿者服务，开展舞蹈、戏剧表演等活动。通公交车。

城南社区 370303-A01-J04

[Chéngnán Shèqū]

属车站街道管辖。在张店区西南部。面积 0.6 平方千米。人口 11 000。因位于老张店城区南部而得名。2000 年成立。有楼房 32 栋，现代建筑风格。有志愿者服务，开展舞蹈展演等活动。通公交车。

工盛社区 370303-A01-J05

[Gōngshèng Shèqū]

属车站街道管辖。在张店区西南部。面积 1.5 平方千米。人口 7 000。因辖区内有工盛街而得名。2001 年成立。有楼房 30 栋，现代建筑风格。有志愿者服务，开展舞蹈展演等活动。通公交车。

安乐街社区 370303-A01-J06

[Ānlèjiē Shèqū]

属车站街道管辖。在张店区西南部。面积 0.7 平方千米。人口 8 600。因辖区内有安乐街而得名。2001 年成立。有楼房 25 栋，现代建筑风格。驻有淄博邮政局等单位。有志愿者服务，开展舞蹈展演等活动。通公交车。

齐林家园社区 370303-A01-J07

[Qílínjiāyuán Shèqū]

属车站街道管辖。在张店区西南部。面积 1.6 平方千米。人口 9 500。因辖区内主要为齐林家园住宅区而得名。2006 年成立。有楼房 35 栋，现代建筑风格。有志愿者服务，开展舞蹈展演等活动。通公交车。

铁陆社区 370303-A01-J08

[Tiělù Shèqū]

属车站街道管辖。在张店区西南部。面积 0.34 平方千米。人口 5 800。因辖区主要为铁路宿舍而得名。2013 年成立。有楼房 25 栋，现代建筑风格。有志愿者服务，开展舞蹈展演等活动。通公交车。

商园社区 370303-A02-J01

[Shāngyuán Shèqū]

属公园街道管辖。在张店区中部。面积 0.48 平方千米。人口 16 000。因辖区内有淄博商厦而得名。2001 年成立。有楼房 25 栋，现代建筑风格。有志愿者服务，开展舞蹈展演等活动。通公交车。

沁园社区 370303-A02-J02

[Qìnyuán Shèqū]

属公园街道管辖。在张店区中部。面积 0.38 平方千米。人口 9 200。因毗邻淄博市人民公园，环境优美，取毛泽东主席诗词《沁园春·雪》中的"沁园"二字来命名。2001 年成立。有楼房 35 栋，现代建筑风格。有志愿者服务，开展舞蹈展演等活动。通公交车。

西苑社区 370303-A02-J03

[Xīyuàn Shèqū]

　　属公园街道管辖。面积0.4平方千米。人口7 600。因位于公园街道西边，以吉祥词语而得名。2001年成立。有楼房35栋，现代建筑风格。有志愿者服务，开展舞蹈展演等活动。通公交车。

金信园社区 370303-A02-J04

[Jīnxìnyuán Shèqū]

　　属公园街道管辖。在张店区中部。面积0.45平方千米。人口7 600。因辖区内有不少大型商场，信誉好，因此取名。2001年成立。有楼房45栋，现代建筑风格。有志愿者服务，开展舞蹈展演等活动。通公交车。

常青园社区 370303-A02-J05

[Chángqīngyuán Shèqū]

　　属公园街道管辖。在张店区中部。面积0.45平方千米。人口10 000。因邻近兰雁广场（市博物馆广场），绿化好、植物常青而起名。2001年成立。有楼房25栋，现代建筑风格。有志愿者服务，开展舞蹈展演等活动。通公交车。

齐赛园社区 370303-A02-J06

[Qísàiyuán Shèqū]

　　属公园街道管辖。在张店区中部。面积0.45平方千米。人口21 000。因辖区内有齐赛纺织品公司、齐赛科技大厦而得名。2001年成立。有楼房45栋，现代建筑风格。有志愿者服务。通公交车。

小西湖社区 370303-A02-J07

[Xiǎoxīhú Shèqū]

　　属公园街道管辖。在张店区中部。面积0.45平方千米。人口9 300。因紧邻小西湖公园而得名。2001年成立。有楼房25栋，现代建筑风格。有志愿者服务。通公交车。

和平社区 370303-A03-J01

[Hépíng Shèqū]

　　属和平街道管辖。在张店区中部。面积0.4平方千米。人口11 000。因辖区内主要居民区为和平小区而得名。2001年成立。有楼房35栋，现代建筑风格。驻有张店区人社局、和平派出所等单位。有志愿者服务，开展舞蹈展演等活动。通公交车。

城中社区 370303-A03-J02

[Chéngzhōng Shèqū]

　　属和平街道管辖。在张店区中部。面积0.33平方千米。人口7 500。因位于城区中部而得名。2001年成立。有楼房28栋，现代建筑风格。有志愿者服务，开展舞蹈展演等活动。通公交车。

城西社区 370303-A03-J03

[Chéngxī Shèqū]

　　属和平街道管辖。在张店区中部。面积0.6平方千米。人口8 100。因辖区内有城西新村而得名。2001年成立。有楼房30栋，现代建筑风格。驻有淄博市煤炭局、淄博市农业科学研究院、淄博市煤炭培训中心、淄博市环境保护局张店分局、张店区疾病防控中心、张店区人民法院等单位。有志愿者服务，开展舞蹈展演等活动。通公交车。

家具城社区 370303-A03-J04

[Jiājùchéng Shèqū]

　　属和平街道管辖。在张店区中部。面积0.18平方千米。人口3 500。因辖区内有当地最大的家具城而得名。2001年成立。有楼房20栋，现代建筑风格。驻有淄博市地方税务局张店分局、中国建设银行、中国邮政储蓄银行等单位。有志愿者服务，开展舞蹈展演等活动。通公交车。

桃园社区 370303-A03-J05

[Táoyuán Shèqū]

属和平街道管辖。在张店区中部。面积 0.5 平方千米。人口 11 000。因辖区内过去有一片桃花园而得名。2001 年成立。有楼房 35 栋，现代建筑风格。驻有淄博市公安局交警支队、张店区广播电视局等单位。有志愿者服务，开展舞蹈展演等活动。通公交车。

体坛社区 370303-A03-J06

[Tǐtán Shèqū]

属和平街道管辖。在张店区中部。面积 0.59 平方千米。人口 10 000。因毗邻市体育馆，原有体坛农贸市场而得名。2001 年成立。有楼房 35 栋，现代建筑风格。驻有淄博市国税局张店分局、淄博中源糖酒站等单位。有志愿者服务，开展舞蹈展演等活动。通公交车。

通济花园社区 370303-A03-J07

[Tōngjìhuāyuán Shèqū]

属和平街道管辖。在张店区中部。面积 0.36 平方千米。人口 3 100。因通济花园住宅区名称而得名。2006 年成立。有楼房 25 栋，现代建筑风格。驻有淄博交警支队张店大队等单位。有志愿者服务，开展舞蹈展演等活动。通公交车。

祥和社区 370303-A03-J08

[Xiánghé Shèqū]

属和平街道管辖。在张店区中部。面积 0.74 平方千米。人口 7 100。取创建和谐社区之意。2007 年成立。有楼房 45 栋，现代建筑风格。驻有张店区文化馆、张店区党员服务中心、张店区关工委等单位。有

志愿者服务，开展舞蹈展演等活动。通公交车。

佳和社区 370303-A03-J09

[Jiāhé Shèqū]

属和平街道管辖。在张店区中部。面积 0.55 平方千米。人口 5 800。取创造优秀和谐社区之意。2001 年成立。有楼房 35 栋，现代建筑风格。驻有张店区委党校、张店区林业局、张店区质量监督局等单位。有志愿者服务，开展舞蹈展演等活动。通公交车。

迎春苑社区 370303-A04-J01

[Yíngchūnyuàn Shèqū]

属科苑街道管辖。在张店区西北部。面积 1.5 平方千米。人口 20 000。因迎春苑住宅小区而得名。2001 年成立。有楼房 45 栋，现代建筑风格。驻有淄博市国税局、淄博市地税局、淄博广电局等单位。有志愿者服务。通公交车。

科技苑社区 370303-A04-J02

[Kējìyuàn Shèqū]

属科苑街道管辖。在张店区西北部。面积 0.96 平方千米。人口 20 000。因科技苑住宅小区而得名。2001 年成立。有楼房 35 栋，现代建筑风格。驻有中国人寿保险股份有限公司淄博分公司、中华联合保险股份有限公司淄博支公司等单位。有志愿者服务。通公交车。

瑞景苑社区 370303-A04-J03

[Ruìjǐngyuàn Shèqū]

属科苑街道管辖。在张店区西北部。面积 0.8 平方千米。人口 15 000。因瑞景苑住宅小区而得名。2001 年成立。有楼房 35 栋，现代建筑风格。有志愿者服务，开展舞蹈展演等活动。通公交车。

梅苑社区 370303-A04-J04

[Méiyuàn Shèqū]

　　属科苑街道管辖。在张店区西北部。面积 1.0 平方千米。人口 19 000。以吉祥词来命名。2001 年成立。有楼房 45 栋，现代建筑风格。有志愿者服务，开展舞蹈展演等活动。通公交车。

潘苑社区 370303-A04-J05

[Pānyuàn Shèqū]

　　属科苑街道管辖。在张店区西北部。面积 0.5 平方千米。人口 12 000。因由原潘南三居、潘南四居组成而得名。2001 年成立。有楼房 35 栋，现代建筑风格。有志愿者服务，开展舞蹈、戏剧表演等活动。通公交车。

欣苑社区 370303-A04-J06

[Xīnyuàn Shèqū]

　　属科苑街道管辖。在张店区西北部。面积 0.5 平方千米。人口 4 500。以吉祥词语命名。2001 年成立。有楼房 35 栋，现代建筑风格。驻有淄博市人民政府、《淄博日报》社、淄博市人民财产保险公司、淄博市粮食局、淄博市安全局、淄博市环保监测中心等单位。有志愿者服务，开展舞蹈、戏剧表演等活动。通公交车。

瑞苑社区 370303-A04-J07

[Ruìyuàn Shèqū]

　　属科苑街道管辖。在张店区西北部。面积 0.8 平方千米。人口 15 000。以祥瑞、吉祥意命名。2001 年成立。有楼房 40 栋，现代建筑风格。驻有淄博市广电医院、中国银行、招商银行、浦发银行、中信证券公司等单位。有志愿者服务，开展舞蹈展演等活动。通公交车。

泰苑社区 370303-A04-J08

[Tàiyuàn Shèqū]

　　属科苑街道管辖。在张店区西北部。面积 0.8 平方千米。人口 19 000。因齐泰花园小区得名。2001 年成立。有楼房 30 栋，现代建筑风格。驻有齐鲁证券公司、淄博市国土局、淄博市规划局、淄博市农业局、淄博市气象局、张店区军休所、河北军休所、淄博军分区二干所等单位。有志愿者服务，开展舞蹈展演等活动。通公交车。

丰苑社区 370303-A04-J09

[Fēngyuàn Shèqū]

　　属科苑街道管辖。在张店区西北部。面积 0.76 平方千米。人口 13 000。以吉祥词汇命名。2001 年成立。有楼房 28 栋，现代建筑风格。驻有淄博市交通警察支队车辆管理所等单位。有志愿者服务，开展舞蹈展演等活动。通公交车。

丽景苑社区 370303-A04-J10

[Lìjǐngyuàn Shèqū]

　　属科苑街道管辖。在张店区西北部。面积 1.0 平方千米。人口 10 000。因辖区内丽景苑小区得名。2001 年成立。有楼房 100 余栋，现代建筑风格。驻有淄博市工商行政管理局、淄博市总商会、中国石油天然气股份有限公司山东淄博销售分公司等单位。有志愿者服务。通公交车。2009 年被评为省文明社区。

黄金苑社区 370303-A04-J11

[Huángjīnyuàn Shèqū]

　　属科苑街道管辖。在张店区西北部。面积 0.34 平方千米。人口 20 000。因黄金国际小区而得名。2012 年成立。有楼房 36 栋，现代建筑风格。有志愿者服务，开展舞蹈展演等活动。通公交车。

莲池社区 370303-A04-J12
[Liánchí Shèqū]

属科苑街道管辖。在张店区西北部。面积1.0平方千米。人口3 000。以辖区内莲池庄得名。2012年成立。有楼房38栋，现代建筑风格。有志愿者服务，开展舞蹈展演等活动。通公交车。2009年被评为省文明社区。

河滨社区 370303-A05-J01
[Hébīn Shèqū]

属体育场街道管辖。在张店区东北部。面积0.25平方千米。人口7 600。因辖区内有河滨小区而得名。2001年成立。有楼房26栋，现代建筑风格。驻有淄博市煤气公司、淄博市公交公司、淄博市公路局、交通银行淄博分行、工商银行张店分行等单位。有志愿者服务，开展舞蹈展演等活动。通公交车。

河东社区 370303-A05-J02
[Hédōng Shèqū]

属体育场街道管辖。在张店区东北部。面积0.4平方千米。人口6 600。因社区位于涝淄河以东而得名。2001年成立。有楼房29栋，现代建筑风格。有志愿者服务，开展舞蹈展演等活动。通公交车。

商东社区 370303-A05-J03
[Shāngdōng Shèqū]

属体育场街道管辖。在张店区东北部。面积1.0平方千米。人口10 000。因社区北邻商场东路而得名。2001年成立。有楼房29栋，现代建筑风格。有志愿者服务，开展舞蹈展演等活动。通公交车。

人民东路社区 370303-A05-J04
[Rénmíndōnglù Shèqū]

属体育场街道管辖。在张店区东北部。面积0.4平方千米。人口5 000。因邻人民东路而得名。2001年成立。有楼房30栋，现代建筑风格。驻有淄博市公路局张店分局、淄博市残联、工商银行淄博分行、淄博市纺织行业协会等单位。有志愿者服务，开展舞蹈展演等活动。通公交车。

广场社区 370303-A05-J05
[Guǎngchǎng Shèqū]

属体育场街道管辖。在张店区东北部。面积0.8平方千米。人口7 500。因辖区内原有淄博市人民体育场而得名。2001年成立。有楼房35栋，现代建筑风格。驻有淄博市自来水公司、淄博市疾病预防控制中心等单位。有志愿者服务，开展舞蹈展演等活动。通公交车。

兴乔社区 370303-A05-J06
[Xīngqiáo Shèqū]

属体育场街道管辖。在张店区东北部。面积0.25平方千米。人口8 000。因与金乔社区相邻而得名。2001年成立。有楼房69栋，现代建筑风格。驻有淄博市技师学院东校区、淄博商厦分店等单位。有志愿者服务，开展舞蹈展演等活动。通公交车。2013年被评为省文明社区。

东苑社区 370303-A05-J07
[Dōngyuàn Shèqū]

属体育场街道管辖。在张店区东北部。面积0.2平方千米。人口8 000。因位于城区东部而得名。2001年成立。有楼房28栋，现代建筑风格。有志愿者服务，开展舞蹈展演等活动。通公交车。

银都花园社区 370303-A05-J08
[Yíndūhuāyuán Shèqū]

属体育场街道管辖。在张店区东北部。面积0.27平方千米。人口5 800。因辖区内有银都花园住宅区而得名。2001年成立。有楼房25栋,现代建筑风格。有志愿者服务,开展舞蹈展演等活动。通公交车。

柳毅社区 370303-A05-J09
[Liǔyì Shèqū]

属体育场街道管辖。在张店区东北部。面积0.45平方千米。人口6 300。因柳毅山而得名。2013年成立。有楼房25栋,现代建筑风格。有志愿者服务,开展舞蹈展演等活动。通公交车。

盛世园社区 370303-A05-J10
[Shèngshìyuán Shèqū]

属体育场街道管辖。在张店区东北部。面积0.5平方千米。人口6 700。因辖区内盛世新东城住宅区而得名。2013年成立。有楼房30栋,现代建筑风格。有志愿者服务,开展舞蹈展演等活动。通公交车。

华润社区 370303-A05-J11
[Huárùn Shèqū]

属体育场街道管辖。在张店区东北部。面积0.12平方千米。人口5 700。因华润置地(淄博)有限公司开发建设而得名。2014年成立。有楼房28栋,现代建筑风格。有志愿者服务,开展舞蹈展演等活动。通公交车。

杏园社区 370303-A06-J01
[Xìngyuán Shèqū]

属杏园街道管辖。在张店区东部。面积1.3平方千米。人口6 800。2001年成立。有楼房38栋,现代建筑风格。有志愿者服务,开展舞蹈展演等活动。通公交车。

保安社区 370303-A06-J02
[Bǎo'ān Shèqū]

属杏园街道管辖。在张店区东部。面积0.16平方千米。人口4 800。因保安庄而得名。2001年成立。有楼房20栋,现代建筑风格。有志愿者服务,开展舞蹈展演等活动。通公交车。

新华街社区 370303-A06-J03
[Xīnhuájiē Shèqū]

属杏园街道管辖。在张店区东部。面积1.8平方千米。人口4 900。因新华制药厂命名为新华街社区。2001年成立。有楼房25栋,现代建筑风格。有志愿者服务,开展舞蹈展演等活动。通公交车。

新道街社区 370303-A06-J04
[Xīndàojiē Shèqū]

属杏园街道管辖。在张店区东部。面积0.4平方千米。人口2 200。因邻新华街而得名。2001年成立。有楼房20栋,现代建筑风格。有志愿者服务。通公交车。

福昇社区 370303-A06-J05
[Fúshēng Shèqū]

属杏园街道管辖。在张店区东部。面积2.0平方千米。人口1 200。因邻福昇家园居民区而得名。2006年成立。有楼房23栋,现代建筑风格。有志愿者服务。通公交车。

福兴社区 370303-A06-J06
[Fúxīng Shèqū]

属杏园街道管辖。在张店区东部。面积2.0平方千米。人口5 400。取用吉祥用语。2009年成立。有楼房25栋,现代建筑风格。有志愿者服务。通公交车。

福连社区 370303-A06-J07
[Fúlián Shèqū]

属杏园街道管辖。在张店区东部。面积2.0平方千米。人口8 100。取用吉祥用语。2009 年成立。有楼房 35 栋，现代建筑风格。有志愿者服务，开展舞蹈展演等活动。通公交车。

李家社区 370303-A07-J01

[Lǐjiā Shèqū]

属四宝山街道管辖。在张店区东部。面积 1.1 平方千米。人口 1 200。村改居时沿用原村名。1997 年成立。有楼房 16 栋，中式现代建筑风格。通公交车。

闫桥社区 370303-A07-J02

[Yánqiáo Shèqū]

属四宝山街道管辖。在张店区东北部。面积 0.14 平方千米。人口 2 000。村改居时沿用原村名。2004 年成立。有楼房 30 栋，中式建筑风格。驻有新华医疗、华侨城小学、八音盒幼儿园等单位。开展新时代文明实践、爱国卫生教育等活动。通公交车。

小庄社区 370303-A07-J03

[Xiǎozhuāng Shèqū]

属四宝山街道管辖。在张店区东北部。面积 1.31 平方千米。人口 1 600。村改居时沿用原村名。2004 年成立。有楼房 15 栋，中式建筑风格。开展党员专题教育等活动。通公交车。

刘东社区 370303-A07-J04

[Liúdōng Shèqū]

属四宝山街道管辖。在张店区东北部。面积 0.6 平方千米。人口 700。村改居时沿用原村名。2004 年成立。有楼房 4 栋，中式建筑风格。驻有华光陶瓷等单位。开展党员专题教育等活动。通公交车。

刘西社区 370303-A07-J05

[Liúxī Shèqū]

属四宝山街道管辖。在张店区东北部。

面积 0.09 平方千米。人口 1 200。村改居时沿用原村名。2004 年成立。有楼房 15 栋，中式建筑风格。驻有山东农村商业银行等单位。开展文明实践等活动。通公交车。

南石社区 370303-A07-J06

[Nánshí Shèqū]

属四宝山街道管辖。在张店区东北部。面积 4.66 平方千米。人口 4 300。村改居时沿用原村名。2004 年成立。有楼房 150 栋，中式建筑风格。开展党员专题教育等活动。通公交车。

南营社区 370303-A07-J07

[Nányíng Shèqū]

属四宝山街道管辖。在张店区东北部。面积 1.0 平方千米。人口 2 000。村改居时沿用原村名。2004 年成立。有楼房 38 栋，中式建筑风格。驻有蓝海大饭店等单位。开展精神文明建设等活动。通公交车。

北营社区 370303-A07-J08

[Běiyíng Shèqū]

属四宝山街道管辖。在张店区东北部。面积 1.0 平方千米。人口 2 200。村改居时沿用原村名。2004 年成立。有楼房 26 栋，现代建筑风格。驻有崇正集团等单位。有志愿者服务、老年公寓，开展医疗知识讲座等活动。通公交车。2013 年被评为省文明社区。

王东社区 370303-A07-J09

[Wángdōng Shèqū]

属四宝山街道管辖。在张店区东北部。面积 0.39 平方千米。人口 1 500。村改居时沿用原村名。2004 年成立。有楼房 17 栋，现代建筑风格。驻有齐鲁石化腈纶厂、通威饲料、高新区交警大队、济青高速张店交警大队等单位。有志愿者服务、老年公寓，开展医疗知识讲座等活动。通公交车。

王南社区 370303-A07-J10
[Wángnán Shèqū]

属四宝山街道管辖。在张店区东北部。面积1.13平方千米。人口1 300。村改居时沿用原村名。2004年成立。有楼房16栋，中式建筑风格。驻有圣博置业、丰隆国梁、一诺房地产等单位。开展党员专题教育等活动。通公交车。

北苑社区 370303-A07-J11
[Běiyuàn Shèqū]

属四宝山街道管辖。在张店区东北部。面积0.36平方千米。人口1 200。村改居时沿用原村名。2004年成立。有楼房14栋，现代建筑风格。驻有绿洲生态园、振威电器等单位。开展新时代文明实践、精神文明建设等活动。通公交车。2006年被评为省文明社区。

魏家社区 370303-A07-J12
[Wèijiā Shèqū]

属四宝山街道管辖。在张店区东北部。面积2.0平方千米。人口2 100。村改居时沿用原村名。2004年成立。有楼房34栋，中式建筑风格。驻有淄博市传输局、淄博市联通公司等单位。有养老公寓、托管教育中心、志愿者服务，开展党员专题教育、舞蹈展演等活动。通公交车。2014年被评为省文明社区。

宝山社区 370303-A07-J13
[Bǎoshān Shèqū]

属四宝山街道管辖。在张店区东北部。面积18.0平方千米。人口9 900。因管辖范围主要为四宝山附近区域而得名。2012年成立。有楼房138栋，现代建筑风格。驻有世博高新医院、淄博市特教中心、淄博

热力有限公司等单位。通公交车。

双赢社区 370303-A07-J14
[Shuāngyíng Shèqū]

属四宝山街道管辖。在张店区东北部。面积1.5平方千米。人口9 200。因临近南营、北营社区，取谐音而得名。2012年成立。有楼房57栋，现代建筑风格。驻有淄博第十一中学、淄博市应急管理局等单位。有志愿者服务，开展文体活动。通公交车。

奥林社区 370303-A07-J15
[Àolín Shèqū]

属四宝山街道管辖。在张店区东北部。面积0.5平方千米。人口17 000。因辖区内有奥林新城小区而得名。2012年成立。有楼房140栋，现代建筑风格、别墅。驻有张店区农村商业银行、中德奥林双语幼儿园、淄博高新区圣博幼儿园、淄博市第五人民医院等单位。有志愿者服务，开展文体、共驻共建等活动。通公交车。

龙凤苑社区 370303-B01-J01
[Lóngfèngyuàn Shèqū]

属马尚镇管辖。在张店区西部。面积1.0平方千米。人口10 000。因辖区内有龙凤苑小区而得名。2006年成立。有楼房45栋，现代建筑风格。驻有淄博市第六人民医院等单位。有志愿者服务，开展舞蹈展演等活动。通公交车。

世纪花园社区 370303-B01-J02
[Shìjìhuāyuán Shèqū]

属马尚镇管辖。在张店区西部。面积1.04平方千米。人口24 000。因辖区内有世纪花园小区而得名。2004年成立。有楼房55栋，现代建筑风格。有志愿者服务，开展舞蹈展演等活动。通公交车。

凯瑞园社区 370303-B01-J03
[Kǎiruìyuán Shèqū]

属马尚镇管辖。在张店区西部。面积1.1平方千米。人口17 000。因辖区内有凯瑞园小区而得名。2004年成立。有楼房45栋，现代建筑风格。有志愿者服务，开展舞蹈展演等活动。通公交车。

学府花园社区 370303-B01-J04
[Xuéfǔhuāyuán Shèqū]

属马尚镇管辖。在张店区西部。面积2.0平方千米。人口25 000。因辖区内有学府花园小区而得名。2006年成立。有楼房80栋，现代建筑风格。有志愿者服务，开展舞蹈展演等活动。通公交车。

祥瑞花园社区 370303-B01-J05
[Xiángruìhuāyuán Shèqū]

属马尚镇管辖。在张店区西部。面积0.9平方千米。人口20 000。因辖区内有祥瑞花园小区而得名。2006年成立。有楼房60栋，现代建筑风格。有志愿者服务，开展舞蹈展演等活动。通公交车。

恒兴花园社区 370303-B01-J06
[Héngxīnghuāyuán Shèqū]

属马尚镇管辖。在张店区西部。面积0.44平方千米。人口12 000。因辖区内有恒兴花园小区而得名。2006年成立。有楼房50栋，现代建筑风格。有志愿者服务，开展舞蹈展演等活动。通公交车。

江南豪庭社区 370303-B01-J07
[Jiāngnánháotíng Shèqū]

属马尚镇管辖。在张店区西部。面积0.98平方千米。人口11 000。因辖区内主要有江南豪庭小区而得名。2006年成立。有楼房45栋，现代建筑风格。有志愿者服务，开展舞蹈展演等活动。通公交车。

尚文苑社区 370303-B01-J08
[Shàngwényuàn Shèqū]

属马尚镇管辖。在张店区西部。面积0.7平方千米。人口18 000。因辖区内有尚文苑小区而得名。2006年成立。有楼房45栋，现代建筑风格。有志愿者服务，开展舞蹈展演等活动。通公交车。

紫园社区 370303-B01-J09
[Zǐyuán Shèqū]

属马尚镇管辖。在张店区西部。面积1.3平方千米。人口19 000。因辖区内有紫园小区而得名。2011年成立。有楼房50栋，现代建筑风格。有志愿者服务，开展舞蹈展演等活动。通公交车。

博大花园社区 370303-B01-J10
[Bódàhuāyuán Shèqū]

属马尚镇管辖。在张店区西部。面积0.27平方千米。人口2 300。因辖区内有博大花园小区而得名。2011年成立。有楼房20栋，现代建筑风格。有志愿者服务，开展舞蹈展演等活动。通公交车。

龙泰苑社区 370303-B01-J11
[Lóngtàiyuàn Shèqū]

属马尚镇管辖。在张店区西部。面积0.3平方千米。人口11 000。因辖区内有龙泰苑小区而得名。2011年成立。有楼房38栋，现代建筑风格。有志愿者服务，开展舞蹈展演等活动。通公交车。

齐悦国际社区 370303-B01-J12
[Qíyuèguójì Shèqū]

属马尚镇管辖。在张店区西部。面积1.0平方千米。人口2 300。因辖区内主要居民区为齐悦花园而得名。2013年成立。有楼房55栋，现代建筑风格。有志愿者服务，开展舞蹈展演等活动。通公交车。

宇峰社区 370303-B02-J01
[Yǔfēng Shèqū]

属南定镇管辖。在张店区南部。面积0.05平方千米。人口2 800。寓意宇宙高峰，以此得名。2001年成立。有楼房35栋，现代建筑风格。有志愿者服务，开展舞蹈展演等活动。通公交车。

朝阳社区 370303-B02-J02
[Cháoyáng Shèqū]

属南定镇管辖。在张店区南部。面积3.0平方千米。人口12 000。因邻朝阳路而得名。2001年成立。有楼房55栋，现代建筑风格。有志愿者服务，开展舞蹈展演等活动。通公交车。

南山社区 370303-B02-J03
[Nánshān Shèqū]

属南定镇管辖。在张店区南部。面积0.12平方千米。人口2 300。因位于山峰南侧而得名。2011年成立。有楼房28栋，现代建筑风格。有志愿者服务，开展舞蹈展演等活动。通公交车。

五公里社区 370303-B02-J04
[Wǔgōng lǐ Shèqū]

属南定镇管辖。在张店区南部。面积5.0平方千米。人口35 000。因五公里火车站而得名。2001年成立。有楼房56栋，现代建筑风格。有志愿者服务，开展舞蹈展演等活动。通公交车。

鑫盛嘉园社区 370303-B04-J01
[Xīnshèngjiāyuán Shèqū]

属傅家镇管辖。在张店区西南部。面积0.96平方千米。人口15 000。因辖区内有鑫盛嘉园小区而得名。2011年成立。有楼房56栋，现代建筑风格。有志愿者服务，开展舞蹈展演等活动。通公交车。

南苑绿洲社区 370303-B04-J02
[Nányuànlǜzhōu Shèqū]

属傅家镇管辖。在张店区西南部。面积0.39平方千米。人口20 000。因辖区内有南苑绿洲小区而得名。2011年成立。有楼房36栋，现代建筑风格。有志愿者服务，开展舞蹈展演等活动。通公交车。

盛世康城社区 370303-B04-J03
[Shèngshìkāngchéng Shèqū]

属傅家镇管辖。在张店区西南部。面积0.43平方千米。人口13 000。因辖区内有盛世康城小区而得名。2011年成立。有楼房35栋，现代建筑风格。有志愿者服务，开展舞蹈展演等活动。通公交车。

远景花园社区 370303-B06-J01
[Yuǎnjǐnghuāyuán Shèqū]

属房镇镇管辖。在张店区西北部。面积0.44平方千米。人口6 500。因远景花园小区而得名。2008年成立。有楼房35栋，现代建筑风格。有志愿者服务，开展舞蹈展演等活动。通公交车。

颐丰花园社区 370303-B06-J02
[Yífēnghuāyuán Shèqū]

属房镇镇管辖。在张店区西北部。面积0.37平方千米。人口14 000。因辖区内主要居民区为颐丰花园小区而得名。2010年成立。有楼房55栋，现代建筑风格。有志愿者服务，开展舞蹈展演等活动。通公交车。

博山区

博山区 370304
[Bóshān Qū]

淄博市辖区。在市境南部。面积 698 平方千米。人口 45.0 万。以汉族为主，还要回、满等民族。辖 3 街道、7 镇。区人民政府驻城东街道。1945 析博山县城和近郊置博山市，博山县、博山市均属淄博特区。1950 年裁市入县，旋复置，称淄博市，博山县人民政府驻源泉，均属淄博专区。1954 年淄博市升为省辖市，原博山市地改置博山区，博山县划属昌潍专区。1958 年撤博山县，并入淄博市，其部分地划归博山区。《博山志稿》标注："辰巳山，县东南四十里，亦名博山。下有南博山庄，北博山庄。邑得名以此。"淄河、孝妇河、青阳河和牛角河从境内穿过，有神头、泉河头等泉，鲁山、黑山、明石崖、鞭皮顶、孟良寨、老猫头、梯子山等山。有省级工程技术研究中心 14 个，省级研究院（所）8 家。有高等院校山东万杰医学院，博山区实验中学等中小学 46 所，图书馆 1 个，体育场 6 个，知名文艺团体 32 个，三级以上医院 1 个。有国家级重点文物保护单位齐长城博山段、颜文姜祠 2 个，省级重点文物保护单位焦裕禄故居、炉神庙等 11 个，省级爱国主义教育基地焦裕禄纪念馆，国家级非物质文化遗产孟姜女的传说、鲁派内画、博山琉璃烧制技艺 3 个，省级非物质文化遗产博山锣鼓、聚乐村四四席等 12 个，博山溶洞风景区、南万山古瓷窑址、范公祠、清代诗人赵执信故居等名胜古迹。有 AAAA 级旅游景区原山国家森林公园、鲁山国家森林公园、开元溶洞，AAA 级旅游景区颜文姜祠、姚家峪生态旅游度假区、樵岭前风景区。有省级传统古村落西厢、南沙井等 14 个。以明园为城区中心，行政机关多位于广场北，繁华商业区在孝妇河以东，重工商业区位于孝妇河以西。有颜灵塔、淄博市工人文化宫、颜文姜雕像等标志性建筑物。三产比例为 3.3：56.1：40.6。农业以种植业为主，粮食作物以小麦、玉米为主，经济作物有桔梗、猕猴桃、草莓、蓝莓、板栗、桃等。有"颜山牌"有机农业集体商标，"池上桔梗""博山金银花""博山猕猴桃""博山草莓""博山韭菜"等 10 个有机农产品被认定为国家地理标志著名商标。工业以泵类、汽车部件、电机电器、陶瓷琉璃等为主导产业。陶瓷工业历史悠久，琉璃生产具有相当规模，有瓶、碗、烟壶、料珠、铺丝屏风和铺丝宫灯等特色产品。第三产业以贸易、房地产业、旅游业、金融业等为主。有省级经济开发区 1 个。有博山火车站、博山长途汽车站，有多条公交线路。

山东省博山经济开发区 370304-E01
[Shāndōng Shěng Bóshān Jīngjìkāifāqū]

在博山城区西部。东至白塔镇，南至山头街道，西至淄川区岭子镇，北至淄川区昆仑镇。规划面积 2 平方千米。因位于博山区，是山东省批准设立的省级经济开发区，故名。1992 年 12 月经省政府正式批准成立博山外向型工业区加工区，后更名为山东省博山经济开发区，由区级政府管理。有规模以上工业企业 329 家，上市挂牌企业 20 余家，拥有院士工作站 5 家，高新技术企业 28 家，省级以上研发机构 30 余家。有鲁商置业、金晶科技、佶缔纳士、银仕来、金晶集团、华成集团、龙泉管道、鲁桥新材料等重点企业。国道、省道、园区道路纵横交错，高速贯穿境内，与京沪、京福、济青高速公路南连北接，通公交车。

城东街道 370304-A01
[Chéngdōng Jiēdào]

博山区人民政府驻地。在博山区城区

东部。面积 18 平方千米。人口 7.9 万。1991 年设立。城区以孝妇河为界划分为两个街道，因处孝妇河以东，故名。20 世纪 90 年代开始城区楼房改造。21 世纪初对辖区内老旧小区实施改造。孝妇河、范河从境内穿过，倒流河、后峪河流经。有中小学 5 所，知名文艺团体 3 个，医疗卫生机构 2 个。有国家级文物保护单位齐长城峨嵋山段，省级文物保护单位范公祠、赵执信纪念馆、孙廷铨故居、中华民族解放先锋队博山县队部旧址、淄博工人文化宫建筑群，纪念地赵执信纪念馆。有淄博市工人文化宫、财富大厦等标志性建筑物。城市面貌呈现老工业城市和现代都市相融合的特点。经济以商业、服务业为主，银座商城、特信商城等大型购物商场及博山美食园、博山风味园等特色商业街分布在辖区内。通公交车。

城西街道 370304-A02
[Chéngxī Jiēdào]

属博山区管辖。在博山区城区西部。面积 7.3 平方千米。人口 6.9 万。1991 年设立。城区以孝妇河为界划分为两个街道，因处孝妇河以西，故名。孝妇河从境内穿过。有中小学 8 所，文化馆、图书馆 3 个，图书室 7 个，体育场馆 3 个，医疗卫生机构 10 个。有国家级文物保护单位齐长城凤凰山段、齐长城干贝峪段，有省级文物保护单位红门、炉神庙、原山玉皇宫、原山碧霞元君洞，省级非物质文化遗产博山锣鼓、鲁派内画。博山公园、中国博山陶瓷琉璃艺术馆、国家 AAAA 级景区原山国家森林公园在境内。有原山大厦、颜灵塔等标志性建筑物。经济以商业、服务业为主，有百姓商厦、淄博商厦等大型购物商场和西冶街商业步行街、鼓浪屿装饰材料城。工业产品有平板玻璃、减速机等。有博山火车站、博山客运站，通公交车。

山头街道 370304-A03
[Shāntóu Jiēdào]

属博山区管辖。在博山区城区东南部。面积 54 平方千米。人口 5.4 万。2010 年设立。以原驻地村山头村得名。先后建成陶琉国际商贸城、陶琉艺术大师村。孝妇河、白杨河、岳阳河、范河流经。有中小学 3 所，文化站 1 个，知名文艺团体 1 个，医疗卫生机构 23 个。有国家级文物保护单位颜文姜祠，省级文物保护单位赵执信墓、淄博美术陶瓷厂旧址。有颜文姜雕像等标志性建筑物。经济以陶瓷、机械、健身器材、机电印刷为主导产业，是山东省陶瓷工业主要产销地之一，辖区内有博山陶瓷琉璃大观园、淄博陶瓷琉璃工业园。文化旅游业较发达。通公交车。

域城镇 370304-B01
[Yùchéng Zhèn]

博山区辖镇。在区境西北部。面积 120 平方千米。人口 7.7 万。以汉族为主，还有回、土家、维吾尔等民族。辖 22 居委会、45 村委会，有 54 自然村。镇人民政府驻杨家庄。1958 年设钢铁公社。后改域城公社。1984 年改置镇。南朝在今博山城西北境侨置绎幕县，故取"封域之城"意，命治地为"域城"。石臼河、范阳河、牛角河流经。有高等院校山东万杰医学院。有中小学 13 所，医院 1 个。有省级文物保护单位孙氏墓园，重要名胜古迹白石洞明清建筑群、瑚山庙群。农业主要种植小麦、玉米，谷子、高粱、大豆等，兼植少量地瓜、花生。经济林以苹果、桃、花椒为主，兼种少量樱桃、杏等。工业发达，以机械制造、纺织服装、钛化工、陶瓷琉璃和新材料产业为主，代表产品有清水泵、潜水泵、真空泵、电机、减速机及内画刻瓷。服务业以旅游业为主，已建成姚家峪、白石洞、和尚房、瑚山为主要景点的旅游风景带。滨莱高速、205国道过境。

白塔镇 370304-B02
[Báitǎ Zhèn]

博山区辖镇。在区境北部。面积37平方千米。人口4.2万。以汉族为主，还有回、蒙古、满、苗、白、拉祜等民族。辖11居委会、9村委会，有20自然村。镇人民政府驻白塔社区。1962年由淄川区划归博山区，名海眼公社。1984年置镇。以原驻地村白塔得名。孝妇河流经境内。有市级工程技术研究中心7个，中小学4所，图书馆21个，文化馆3个，卫生院2个，体育馆3个，广场21个。有省级文物保护单位宋代南万山古瓷窑址，市级文物保护单位兴隆山碧霞元君祠、汉代墓群、大海眼钢叉楼、万山北寺、金地禅寺庙群，区级文物保护单位北万山窑神庙。农业主产小麦、玉米、蔬菜等。工业以冶金材料等新材料研发和汽车部件生产为主，并形成产业集群。服务业以小商品批发为主，沿张博路建成小商品批发市场、装饰材料市场、蔬菜批发市场、轴承机电市场等多个专业市场。有张博铁路、省道湖南公路过境。

八陡镇 370304-B03
[Bādǒu Zhèn]

博山区辖镇。在区境东南部。面积37平方千米。人口4.6万。辖6居委会、17村委会，有17自然村。镇人民政府驻虎头崖村。1949年设八陡镇。后改黑山公社、八陡公社。1981年复置镇，1992年福山镇并入。以原驻地八陡村得名。岳阳河流经境内。有中小学1所，图书馆18个，文化馆1个，卫生院1个，体育馆1个，公共绿地17个，广场18个。有国家级文物保护单位齐长城遗址，省级文物保护单位八陡瓷窑址，省级爱国主义教育基地北方功力党史国史教育展馆和原山集团艰苦奋斗纪念馆，重要名胜古迹苏家大院，景点如月湖湿地公园、黑山景区等。农业以种植小麦、玉米，特色养殖鹿、狐狸、鸽子等为主。工业以机械制造、陶瓷玻璃、新材料为主，出口产品生产企业100余家，拥有自营进出口权企业300余家，合资企业25家。服务业以商业、餐饮业为主。有张店-八陡铁路和省道博沂公路、临仲宫公路、湖南公路过境，设张店-八陡铁路终点站。

石马镇 370304-B04
[Shímǎ Zhèn]

博山区辖镇。在区境东南部。面积62平方千米。人口2.8万。辖14村委会，有15自然村。镇人民政府驻西石马村。1949年设东石马、西石马2乡。后2乡合并设石马公社。1984年改设乡。1992年改置镇。以驻地村命名。淄河石马支流自西向东流经境内，有五阳山、凤凰山、五凤山等。有中小学5所，卫生院1个，广场1个。有省级文物保护单位五阳山明清建筑群，名胜古迹五阳山摩崖石刻、颜文姜汲水泉、南坪石寨遗址、顺德夫人祠、五凤山庙群、蛟龙雾云洞庙群等。农业以有机农业、特色农业、生态农业为主，主产小麦、玉米，有食用菌、有机花椒、有机白莲藕和有机小杂粮等特色农产品。工业以化工、铸造、机械加工、耐火材料、玻璃制品为主。服务业以旅游业等为主，建有五阳湖生态旅游度假区。博沂公路过境。

池上镇 370304-B05
[Chíshàng Zhèn]

博山区辖镇。在区境东南部。面积157平方千米。人口2.3万。辖44村委会，有44自然村。镇人民政府驻东池村。1949年为池上乡。后改公社。1984年复置乡。1995年与李家乡合并为池上镇。因镇政府驻地得名。淄河李家、赵庄、郝峪、小峰4条支流流经境内。有中小学3所，图书馆1个，文化馆1个，卫生院1个。有重要名胜古迹赵庄战国古墓群、花林圣水寺、韩庄观音寺、八宝灵山寺，有刘德培起义军营居处、池上九道联合办事处旧址。有国家AAAA级景区鲁山国家森林公园、志公坪景区、拦住湾景区等景点。农业以种植林果、蔬菜、中草药、小麦、玉米、食用菌为主，产桔梗、双花、黄芩等中药材和板栗、池梨等，有金银花、茶叶、黑色有机食品三大特色产业基地，桔梗、绿茶、板栗、金银花、山楂、黑色食品等19个品种取得国家有机认证证书或有机转化证书。工业形成建筑安装、地毯加工、农产品加工、灯具制造、玻璃器皿、机械制造等多门类产业体系。旅游业以生态旅游、观光农业为主。省道仲宫-临朐公路过境。

博山镇 370304-B06
[Bóshān Zhèn]

博山区辖镇。在区境南部。面积135平方千米。人口4.5万。辖1居委会、37村委会，有34自然村。镇人民政府驻南博山村。20世纪50年代初设南博山乡。后改公社。1984年分设为南博山镇和下庄乡，1992年复并。2010年合并为博山镇。境内有辰巳山，又名博山，故名。淄河下庄支流、南博山支流和北博山支流流经全境，有辰巳山。有中小学5所，卫生院2个，广场1个。有市级文物保护单位刘家台中共博山县委旧址、辰巳山庙群、洪福山庙、邀兔三官庙群、笔架山庙群、任浚故居、九龙山庙群、谢家店辛泰铁路大桥，区级文物保护单位朱家庄三皇庙、南中村徐氏民居建筑群、郭庄东庵、任俊墓、砚台山庙群、马骏烈士故居、马骏烈士墓、下庄烈士陵园、丁香山炉姑庙旧址、上瓦泉村白衣殿、下庄玉皇庙、郭庄东村观音庙、石泉水渠。

农业以种植有机蔬菜、有机林果、有机金银花、有机草莓、有机黑木耳、有机蓝莓和薰衣草为主。工业以民爆器材、新型耐火材料、高档玻璃器皿、机械泵类、高档木器、五金铸造等为主。辛泰铁路、省道博沂公路过境，设南博山站。

源泉镇 370304-B07
[Yuánquán Zhèn]

博山区辖镇。在区境东南部。面积84平方千米。人口3.7万。辖28村委会，有20自然村。镇人民政府驻源泉村。1958年设源泉乡。后改公社。1984年改置镇。2010年与崮山镇合并为源泉镇。以驻地村得名。淄河从境内穿过。有中小学7所，卫生院2个，广场10个。有国家级文物保护单位齐长城西沟峪段、齐长城岳家北岭北山段，省级文物保护单位焦裕禄故居，市级文物保护单位泉河驼山石寨、开元溶洞石刻、源泉二郎山庙群、岳阳山明清建筑群、岳含珍祠、岳东第祠堂、王让墓、麻峪村东民居建筑群、岳东岳氏墓群、泉河头青龙山庙群，纪念地焦裕禄展览馆，重要名胜古迹国家AAAA级景区开元溶洞、泉河青龙洞景区。以农业和旅游业为主。农业主要有林果、蔬菜、中药材、水产养殖、畜牧养殖等，建有万亩猕猴桃园、千亩有机核桃园等农业示范园区，另有虹鳟鱼养殖基地。工业以机械加工、陶瓷、工业玻璃、乳制品为主。服务业以旅游业为主。有辛泰铁路、省道临仲公路过境，设源迁站。

旧地名

夏家庄镇（旧） 370304-U01
[Xiàjiāzhuāng Zhèn]

在博山区北部。博山区辖镇。1982年设立。2010年撤销，并入夏家庄街道。

崮山镇（旧）　370304-U02
[Gùshān Zhèn]

在博山区东南部。博山区辖镇。1992年设立。2010年撤销，并入源泉镇。

南博山镇（旧）　370304-U03
[Nánbóshān Zhèn]

在博山区东南部。博山区辖镇。1984年设立。2010年撤销，并入博山镇。

北博山镇（旧）　370304-U04
[Běibóshān Zhèn]

在博山区东南部。博山区辖镇。1992年设立。2010年撤销，并入博山镇。

社区

夏家庄社区　370304-A01-J01
[Xiàjiāzhuāng Shèqū]

属城东街道管辖。在博山区东北部。面积0.6平方千米。人口1 700。沿用原夏家庄名。2001年成立。有楼房34栋，现代简约建筑风格。驻有同汇机械有限公司、中山医院、淄博化学试剂厂等单位。有志愿者服务、日间照料中心，开展助老爱老等活动。通公交车。

安上社区　370304-A01-J02
[Ānshàng Shèqū]

属城东街道管辖。在博山区东北部。面积3.4平方千米。人口4 700。沿用原安上村名。2002年成立。有楼房30栋，现代简约建筑风格。驻有淄博强大集团等单位。有志愿者服务、老年公寓、日间照料站，开展义务劳动、秧歌表演等活动。通公交车。2005年被评为省文明社区。

北岭社区　370304-A01-J03
[Běilǐng Shèqū]

属城东街道管辖。在博山区东北部。面积0.1平方千米。人口4 900。因博山旧城之北有小丘陵名北岭，居民点以山为名。1996年成立。有楼房46栋，现代简约建筑风格。驻有博山区实验幼儿园、新华书店等单位。有志愿者服务、日间照料站，开展爱老助老、义务劳动等活动。通公交车。

城中社区　370304-A01-J04
[Chéngzhōng Shèqū]

属城东街道管辖。在博山区中部。面积0.3平方千米。人口4 800。因位于博山城区中部，故名。1996年成立。有楼房45栋，现代简约建筑风格。驻有博山区委政府、博山区法院、博山区检察院、博山区住建局、博山区财政局等单位。有志愿者服务、日间照料站，开展探访老人、合唱等活动。通公交车。

大街社区　370304-A01-J05
[Dàjiē Shèqū]

属城东街道管辖。在博山区南部。面积0.31平方千米。人口9 200。因社区内主要道路"大街"得名。1996年成立。有楼房89栋，现代简约建筑风格。驻有中国银行博山支行、中国移动博山分公司、博山中心路小学、博山人力资源劳动保障局、博山自来水公司、人保财险博山支公司等单位。有志愿者服务、日间照料站，开展清洁卫生、舞蹈展演等活动。通公交车。

东关社区　370304-A01-J06
[Dōngguān Shèqū]

属城东街道管辖。在博山区东部。面积0.4平方千米。人口6 100。因地处博山旧城关以东，故名东关。2005 年成立。有楼房 102 栋，现代简约建筑风格。驻有淄博颜建集团、赵执信纪念馆等单位。有志愿者服务、日间照料站，开展清洁卫生、探望老人等活动。通公交车。

峨嵋新村社区 370304-A01-J07
[Éméixīncūn Shèqū]

属城东街道管辖。在博山区南部。面积 0.34 平方千米。人口 8 700。因地处峨嵋山脚下，故名。2004 年成立。有楼房 75 栋，现代简约建筑风格。驻有淄博市工人文化宫、博山区体育竞技学校、博山区老年大学、博山区武装部等单位。有志愿者服务、日间照料站，开展法律宣传等活动。无公交车经过。

公平庄社区 370304-A01-J08
[Gōngpíngzhuāng Shèqū]

属城东街道管辖。在博山区东北部。面积 0.2 平方千米。人口 6 800。沿用原公平庄村名。1983 年成立。有楼房 60 栋，现代简约建筑风格。驻有博山区大明光电有限公司、博山药材公司、博山区食品药品监督管理局城东分所等单位。有志愿者服务、日间照料站，开展爱心回收等活动。无公交车经过。

后峪社区 370304-A01-J09
[Hòuyù Shèqū]

属城东街道管辖。在博山区东北部。面积 1.8 平方千米。人口 3 700，沿用原后峪村名。2002 年成立。有楼房 33 栋，现代简约建筑风格。驻有城东中心小学等单位。有志愿者服务、日间照料中心，开展探望老人、手工制作等活动。通公交车。

荆山社区 370304-A01-J10
[Jīngshān Shèqū]

属城东街道管辖。在博山区东部。面积 1.12 平方千米。人口 1 500。沿用原荆山村名。2002 年成立。有楼房 14 栋，现代简约建筑风格。驻有西冶工坊、淄博聚德泵业有限公司等单位。有志愿者服务、日间照料站，开展法律宣传、合唱等活动。通公交车。

良庄社区 370304-A01-J11
[Liángzhuāng Shèqū]

属城东街道管辖。在博山区东北部。面积 1.7 平方千米。人口 2 400。沿用原良庄村名。2002 年成立。有楼房 26 栋，现代简约建筑风格。驻有山东大通科技股份有限公司、淄博博山新颖传感器厂、淄博康贝医疗器械有限公司、博山恒嘉精细化工有限公司等单位。有志愿者服务、日间照料站，开展义务劳动、探望老人等活动。通公交车。2008 年被评为省文明社区。

珑山社区 370304-A01-J12
[Lóngshān Shèqū]

属城东街道管辖。在博山区东北部。面积 1.66 平方千米。人口 4 600。因珑山集团得名。2004 年成立。有楼房 53 栋，现代简约建筑风格。有志愿者服务、日间照料中心，开展探望老人、手工制作等活动。通公交车。

青龙山社区 370304-A01-J13
[Qīnglóngshān Shèqū]

属城东街道管辖。在博山区东北部。面积 0.51 平方千米。人口 12 100。因位于青龙山而得名。2010 年成立。有楼房 161 栋，现代简约建筑风格。驻有博山区中医院、博山区第六中学、博山区五岭路小学等单位。有志愿者服务、日间照料站，开展普法宣传等活动。通公交车。

三元社区 370304-A01-J14
[Sānyuán Shèqū]

属城东街道管辖。在博山区南部。面积0.09平方千米。人口400。沿用原三元村名。2001年成立。有楼房7栋，现代简约建筑风格。驻有淄博三元换热器有限公司、弘达彩印、泽富陶瓷厂等单位。有志愿者服务、日间照料站，开展义务劳动等活动。通公交车。

窝疃社区 370304-A01-J15
[Wōtuǎn Shèqū]

属城东街道管辖。在博山区东北部。面积0.9平方千米。人口1 400。沿用原窝疃村名。2002年成立。有楼房40栋，现代简约建筑风格。驻有博山通用水泵厂等单位。有志愿者服务、日间照料中心，开展爱心捐赠、合唱等活动。通公交车。

五龙社区 370304-A01-J16
[Wǔlóng Shèqū]

属城东街道管辖。在博山区东北部。面积1.2平方千米。人口5 700。沿用原五龙庄村名。2002年成立。有楼房73栋，现代简约建筑风格。驻有工陶耐火材料集团、旭硝子刚玉材料有限公司、淄博矿山机械铸造厂、银亮环保机械有限公司、永利工贸有限公司等单位。有志愿者服务、日间照料站，开展节目表演、义务募捐等活动。通公交车。

新泰山社区 370304-A01-J17
[Xīntàishān Shèqū]

属城东街道管辖。在博山区东南部。面积0.26平方千米。人口7 600。因老人去泰山路远进香不便，众人在峨嵋山东首建碧霞祠，俗称"新泰山"。居民点也以此为名。1987年成立。有楼房79栋，现代简约建筑风格。驻有博山区环保局、淄博市第一医院、仁济堂、农村商业银行等单位。有志愿者服务、日间照料站，开展法律宣传等活动。通公交车。

大辛社区 370304-A02-J01
[Dàxīn Shèqū]

属城西街道管辖。在博山区西部。面积0.2平方千米。人口3 600。清代末年，此地荒无人烟。胶济铁路张（店）博（山）支线通车后，邻庄村民相继迁来谋生。为提醒村人警惕，故名"小心庄"。1950年更名为大辛庄，后简称"大辛"。2001年成立。有楼房33栋，现代简约建筑风格。驻有城西街道办事处、淄博市政园林局等单位。有志愿者服务，开展探望老人等活动。通公交车。

白虎山社区 370304-A02-J02
[Báihǔshān Shèqū]

属城西街道管辖。在博山区北部。面积0.8平方千米。人口9 800。因白虎山而得名。2010年成立。有楼房120栋，现代简约建筑风格。驻有博山区医院、博山小学、博山区供销社、博山长途汽车站等单位。有志愿者服务，开展探望老人、舞蹈展演等活动。通公交车。2012年被评为省文明社区。

凤凰园社区 370304-A02-J03
[Fènghuángyuán Shèqū]

属城西街道管辖。在博山区西南部。面积0.2平方千米。人口11 100。因位于凤凰山，故名。2010年成立。有楼房110栋，现代简约建筑风格。有志愿者服务，开展法律宣传、义务募捐等活动。通公交车。

李家窑社区 370304-A02-J04
[Lǐjiāyáo Shèqū]

属城西街道管辖。在博山区西南部。面积1.8平方千米。人口2 200。沿用原李家窑村名。2001年成立。有楼房30栋，现代简约建筑风格。有志愿者服务，开展探访老人、舞蹈展演等活动。

柳杭社区 370304-A02-J05
[Liǔháng Shèqū]

属城西街道管辖。在博山区北部。面积0.1平方千米。人口1 000。沿用原柳杭村名。2001年成立。有楼房38栋，现代简约建筑风格。有志愿者服务、养老院，开展义务劳动等活动。通公交车。

双山社区 370304-A02-J06
[Shuāngshān Shèqū]

属城西街道管辖。在博山区西部。面积0.5平方千米。人口8 500。因位于双山得名。1996年成立。有楼房74栋，现代简约建筑风格。驻有金晶集团、淄博真空设备厂有限公司、博山区人力资源和社会保障服务中心、博山区实验小学等单位。有志愿者服务，开展法律宣传等活动。通公交车。

税务街社区 370304-A02-J07
[Shuìwùjiē Shèqū]

属城西街道管辖。在博山区北部。面积0.2平方千米。人口7 600。因过去曾设税务司于此，街道称税务街而得名。2004年成立。有楼房50栋，现代简约建筑风格。驻有淄博市博山区热力公司、博山区交通运输局、中国人寿保险股份有限公司淄博市博山区支公司等单位。有志愿者服务，开展探望老人等活动。通公交车。

太平社区 370304-A02-J08
[Tàipíng Shèqū]

属城西街道管辖。在博山区西部。面积0.04平方千米。人口1 600。沿用原太平庄村名。2001年成立。有楼房21栋，现代简约建筑风格。有志愿者服务，开展探望老人、合唱等活动。通公交车。

西冶街社区 370304-A02-J09
[Xīyějiē Shèqū]

属城西街道管辖。在博山区西部。面积0.4平方千米。人口6 400。因社区内主要道路西冶街得名。2005年成立。有楼房94栋，现代简约建筑风格。驻有博山区农村商业银行、博山人民公园、淄博矿务局双山医院、西冶街小学等单位。有志愿者服务，开展义务募捐等活动。通公交车。

新坦社区 370304-A02-J10
[Xīntǎn Shèqū]

属城西街道管辖。在博山区西部。面积0.1平方千米。人口6 700。古代名流士绅仿建古社稷坛，于此设祭。因位处城西北部，故名北坛，后改称新坦。1996年成立。有楼房56栋，现代简约建筑风格。有志愿者服务，开展探望老人、舞蹈展演等活动。通公交车。

龙泽园社区 370304-A02-J11
[Lóngzéyuán Shèqū]

属城西街道管辖。在博山区西南部。面积0.1平方千米。人口10 300。取龙之栖息润泽之意命名。2001年成立。有楼房128栋，现代简约建筑风格。驻有原山林场、山东陶瓷琉璃艺术馆、博山一中、博山区青少年宫、博山区妇女儿童活动中心等单位。有志愿者服务，开展法律宣讲等活动。通公交车。

大观园社区 370304-A03-J01
[Dàguānyuán Shèqū]

属山头街道管辖。在博山区南部。面积 0.2 平方千米。人口 6 000。因辖区内有博山陶瓷琉璃大观园而得名。2004 年成立。有楼房 29 栋，现代简约建筑风格。有志愿者服务、老年公寓，开展爱心募捐、探望老人等活动。通公交车。

两平社区 370304-A03-J02
[Liǎngpíng Shèqū]

属山头街道管辖。在博山区东南部。面积 2.4 平方千米。人口 1 200。因所处的地势为中间岭脊、两边平地，故名。2002 年成立。多为院落平房。驻有江铃机械厂等单位。有志愿者服务、日间照料中心，开展义务劳动等活动。通公交车。

秋谷社区 370304-A03-J03
[Qiūgǔ Shèqū]

属山头街道管辖。在博山区东南部。面积 2.2 平方千米。人口 1 800。沿用原秋谷村名。2010 年成立。有楼房 3 栋，现代简约建筑风格。驻有秋谷火车站、东佳集团、颜山泵业等单位。有志愿者服务、日间照料中心，开展义务劳动、锣鼓表演等活动。通公交车。

冯八峪社区 370304-A03-J04
[Féngbāyù Shèqū]

属山头街道管辖。在博山区东南部。面积 2.0 平方千米。人口 1 300。沿用原冯八峪村名。2010 年成立。有楼房 3 栋，现代简约建筑风格。驻有昀晖机械有限公司等单位。有志愿者服务、日间照料中心，开展探访老人、合唱等活动。通公交车。

平堵沟社区 370304-B01-J01
[Píngdǔgōu Shèqū]

属域城镇管辖。在博山区西北部。面积 1.6 平方千米。人口 2 000。沿用原平堵沟村名。2003 年成立。有楼房 12 栋，现代简约建筑风格。有志愿者服务，开展舞蹈、戏剧表演等活动。通公交车。

白塔社区 370304-B02-J01
[Báitǎ Shèqū]

白塔镇人民政府驻地。在博山区东北部。面积 1.07 平方千米。人口 1 200。沿用原白塔村名。2002 年成立。有楼房 12 栋，现代简约建筑风格，另别墅 171 栋。驻有淄博市博山宏发机械厂等单位。通公交车。

簸箕掌社区 370304-B02-J02
[Bòjīzhǎng Shèqū]

属白塔镇管辖。在博山区北部。面积 2.4 平方千米。人口 2 500。因处朝阳山西麓，势如簸箕，形如手掌，故名。2002 年成立。有楼房 14 栋，现代简约建筑风格。有志愿者服务，开展探访老人等活动。通公交车。

临淄区

临淄区 370305
[Línzī Qū]

淄博市辖区。在市境东北部。面积 668 平方千米。人口 64.3 万。以汉族为主，还有回、蒙古等民族。辖 5 街道、7 镇。区人民政府驻闻韶街道。1949 年 1 月属渤海行政区清河专区。1950 年 5 月清河专区撤销，临淄县划归淄博专区。1953 年 7 月改为淄博工矿特区，临淄回归昌潍专区。1958 年 10 月临淄并入益都县，仍属昌潍专区。1969 年 12 月 16 日临淄县划归淄博市，改称临淄区。1970 年 1 月，正式以临淄区名义对外办公。因临淄水，故更名临淄。有淄河、乌河、运粮河等河流，稷山、凤凰山、大虎山、牛山等山。有博士后科研工作站4家，省级企业重点实验室1家，院士工作站10家。有中小学22所，图书馆1个，三级以上医院1个。有临淄齐国古城、田齐王陵、桐林遗址、后李遗址等国家级重点文物保护单位6个，董褚遗址、高阳故城、大蓬科遗址、尧王遗址、薛家遗址、金岭镇清真寺等省级重点文物保护单位10个，有国家级非物质文化遗产蹴鞠、孟姜女传说、阁子里芯子、临淄花边工艺、扈氏鼻炎药膏制作工艺、八仙戏、古器物拓制技艺等省级非物质文化遗产8个。按照"东移、西优、南开、北扩"的总体发展规划，先后兴建居民住宅楼、配套完善的商业服务设施和商住一体的沿街两用房，化工商城、临淄商场、商品批发街及多处农贸市场等。三次产业比例为4.30∶65.67∶30.03。农业以种植小麦、玉米、小米、地瓜等为主。工业以化工、特种钢材与装备制造、塑料加工、特种纸制造、稀土、生物医药为主。服务业以金融、物流、商贸为主。有省级开发区3个。境内有临淄火车站、南仇火车站、临淄长途汽车站、临淄汽车站，有多条公交线路。

淄博齐鲁化学工业区 370305-E01

[Zībó Qílǔ Huàxuégōngyèqū]

在区境西南部。北至309国道，南至纬九路，东至迎宾路，西至冯北路。面积6 071公顷。因依托齐鲁石化而得名。2003年5月经省发改委正式批准建立省级开发区，由市级政府管理。主定位以转型升级、结构调整为主线，完善已有化工产品链，重点发展高性能塑料加工新材料、高性能催化剂、环保型增塑剂等重点领域和产品。引进建设包括美国伊士曼、英国BOC、瑞典柏斯托、美国英科、齐翔腾达等国内外

大型企业223个。主要产品有C1、C2、C3、C4、C5、芳烃加工、苯酐、羰基合成产品、DOP、DBP、化工塑料助剂、添加剂等。滨博高速、济青高速直达园区。

临淄经济开发区 370305-E02

[Línzī Jīngjìkāifāqū]

在区境西北部。按照智能制造、医药化工、新材料"一区三园"产业布局，其中，智能制造产业园东至经十一路，西至临淄区界，南至老102省道，北至古侯路，面积30.9平方千米；医药化工产业园东至辛河路，西至博临路，南至青银高速，北至308国道，面积12.3平方千米；新材料产业园东至博临路，西至淄博市先进制造业创新示范区界，南至308国道，北至金麦田路，面积3.7平方千米。以所在政区和功能命名。1992年12月经山东省政府正式批准建立省级开发区，由区级政府管理。有齐峰新材、中利腾晖、众联能创、蓝帆医疗、英科环保、洁林塑管、金诚联创、旭密林等重点企业84家，特种纸、装饰原纸、壁纸原纸、光伏电池、新能源商用车电机电控系统、防护手套等产品。交通便利，多条道路经此。

淄博市齐城农业高新技术开发区 370305-E03

[Zībó Shì Qíchéng Nóngyègāoxīnjìshùkāifāqū]

在区境北部。东至河辛路，南邻青银高速公路，西至博临路，北至张皇路。面积1 000公顷。以所在政区和功能定位命名。2001年9月由市委、市政府批准成立，2008年7月省政府正式批复列为省级农业高新技术产业示范区。由新技术试验示范园、高效种植园、现代化畜牧养殖园和农副产品加工园四个园区组成。各园区功能协调配套，基础设施齐全。河辛路、青银高速公路经此。

朱台工业园 370305-E04
[Zhūtái Gōngyèyuán]

在区境西北部。东至朱台边界，西至朱杨路，南至桐林北生产路，北至枣园村高铁南生产路。面积176.67公顷。因位于朱台镇而得名。2000年朱台镇规划设计工业园区，2002年10月被淄博市中小企业局、市建委确定为淄博市民营经济示范园区。有化工企业28家，其中规模以上化工企业17家，产品主要涉及甲醛、医药中间体、重交沥青、润滑油、石油树脂、特种涂料等。有工贸企业25家，其中规模以上工贸企业4家，产品主要涉及塑料高分子材料、建材、商用厨房设备等。寿济路、博临路公路经此。

稷下街道 370305-A01
[Jìxià Jiēdào]

属临淄区管辖。在临淄区城区中部。面积40平方千米。人口7.5万，2001年设立。以稷下学宫遗址得名。2007年永流村旧村改造完成。淄河、乌河流经。有中小学4所，文化馆、图书馆各1个，知名文艺团体5个，医疗卫生机构34个。有省级文物保护单位董褚遗址，市级文物保护单位小杜家庄遗址，区级文物保护单位尧王庄遗址、王家庄遗址，有商王庄战国墓等45座古墓。有齐文化博物院、方正大厦、临淄国际商会大厦等标志性建筑物。有化工、铸造、机械加工等产业，及与其配套的生产性服务业。服务业有专业市场、商贸、物流、餐饮、房地产五大板块。通公交车。

闻韶街道 370305-A02
[Wénsháo Jiēdào]

区人民政府驻地。在临淄区城区中部。面积6平方千米。人口9.8万，1997年设立。"闻韶"二字来自孔子在齐闻《韶》的典故。有中小学5所，文化馆、图书馆各1个，知名文艺团体2个，医疗卫生机构2个。有太公衣冠冢和石鼓等古迹。有太公祠、人民广场、工人文化宫等标志性建筑物。重点发展服务、餐饮、咨询等产业。石鼓、相家餐饮商贸，东王休闲娱乐，西王电子产品，张家农贸产品等特色商业街影响力和辐射力明显增强。现代物流、信息咨询、社区服务等新兴产业不断发展。有临淄长途汽车站，通公交车。

雪宫街道 370305-A03
[Xuěgōng Jiēdào]

属临淄区管辖。在临淄区城区中西部。面积5平方千米。人口4.2万。1997年设立。以境内雪宫路得名。1999年孙家、堤皋两处旧址建起100万平方米的齐鲁创业园区和20万平方米的孙家工业园区。2004年齐都文化体育城建成。有中小学7所，文化馆、图书馆各1个，知名文艺团体2个，医疗卫生机构30个。有晏婴公园、齐都体育城等标志性建筑物。经济以商贸、物流、信息、金融等业为主，工业有石油化工、塑料加工等产业，齐鲁化工商场、东泰商厦、奥德隆集团等坐落境内。通公交车。

辛店街道 370305-A04
[Xīndiàn Jiēdào]

属临淄区管辖。在临淄区城区南部。面积49平方千米。人口5.5万。1997年设立。因境域原称辛店得名。淄河、乌河流经，境内有打虎山、桃花峪、花皮子山、棉花山、小黄山、大洪山等。有中小学3所，文化馆、图书馆各1个，知名文艺团体6个，医疗卫生机构28个。有龙山文化遗址、齐国名士淳于髡墓、赵国名将李牧墓、西汉刘邦之子汉齐王墓。建有淄博七中、临淄区中医院、齐园等。工业以化工产业为主，逐步形成以齐鲁化工区辛店工业园、南山工业园、辛店有机化工园、曙光工业园4大产业园为载体的工业长廊。以牛山路为轴，发展工商业、服务业。通公交车。

齐陵街道 370305-A05
[Qílíng Jiēdào]

属临淄区管辖。在临淄区城区东部。面积56平方千米。人口3万，以汉族为主，还有蒙古等民族。2003年设立。淄河从境内穿过，境内有稷山、牛山等。有中小学2所，文化馆、图书馆各1个，知名文艺团体1个，医疗卫生机构30个。有省级文物保护单位齐君王墓群区，名胜古迹田齐王陵、汉代稷山墓群、管仲墓、马莲台等。农业以种植业为主，主种小麦、玉米，兼种瓜菜。工业以机械加工、塑料制品为主。有山东美陵集团等企业，"元丰""美菱""兔八哥""巧媳妇"等名牌产品。建有淄江生态农业观光园、荷塘月色都市农业示范园、马莲台民俗文化园等。通公交车。

齐都镇 370305-B01
[Qídū Zhèn]

临淄区辖镇。在区境中部。面积53平方千米。人口4.6万。以汉族为主，还有回等民族。辖48村委会，有43自然村。镇人民政府驻西门村。1958年2月，临淄县撤区设镇，古城区撤销，设城关镇。1970年为临淄区城关公社。1984年4月建立齐都镇。以齐国故都遗迹而得名。淄河从境内穿过。有中小学5所，图书馆1个，文化馆1个，卫生院1个。有国家级文物保护单位临淄齐国故城、西天寺造像，省级文物保护单位临淄墓群，市级文物保护单位9个，区级文物保护单位3个，国家级非物质文化遗产项目齐《韶》、孟姜女传说，省级非物质文化遗产6个，市级非物质文化遗产项目9个。有齐国历史博物馆、殉马坑、晏婴冢、桓公台、孔子闻韶处、

齐都天主教堂、临淄齐国故城等景点。农业以种植玉米、小麦、雪桃、黄金梨为主，建立了石佛堂绿色无公害和露天蔬菜生产基地。工业上以化工、塑料、纺织、农副产品加工为主。房地产、运输、餐饮、仓储物流等现代服务业蓬勃发展。青银高速、309国道过境。

皇城镇 370305-B02
[Huángchéng Zhèn]

临淄区辖镇。在区境东北部。面积88平方千米。人口5.4万。以汉族为主，还有回、蒙古、满等民族。辖50村委会，有50自然村。镇人民政府驻皇城营村。1958年9月成立皇城人民公社，1984年4月批准撤销人民公社。1993年撤乡建镇，成立皇城镇。以镇人民政府驻地村得名。淄河纵贯全境，裙带河流经东部。有中国工程院院士工作站1家，市级技术研究中心1家，中小学5所，卫生院2个。有商代大蓬科遗址、雪宫台、田单墓、北海银行地下印刷所旧址等名胜古迹。经济以农业为主。农业以绿色蔬菜种植为主。工业以精细化工、建材、食品、纺织、建筑为主。服务业以电子、旅游为主。有公路通过。

敬仲镇 370305-B03
[Jìngzhòng Zhèn]

临淄区辖镇。在临淄区北部。面积60平方千米。人口3万。以汉族为主，还有回、蒙古、满等民族。辖50村委会，有40自然村。镇人民政府驻白兔丘村。自周朝姜尚受封于齐，建立齐国，敬仲地界即为齐国腹地。明、清两代，敬仲境域属青州府临淄县管辖。民国时期，属临淄县北五社。1958年设立敬仲人民公社，1984年改为敬仲镇。高傒，号白兔，谥号敬仲，以高傒墓坐落此地而得名。淄河流经东部。有中小学3所，卫生院1个。主要遗址有高傒墓。经

济以农业为主。农业以种植小麦、玉米、蔬菜为主。工业以化工、包装、电器、医药为主，服务业以餐饮、旅游业为主。有公路通过。

朱台镇 370305-B04
[Zhūtái Zhèn]

临淄区辖镇。在区境西北部。面积75平方千米。人口5.4万。以汉族为主，还有回、蒙古、满等民族。辖57村委会，有44自然村。镇人民政府驻朱台东村。前系淮阳人民公社。1980年8月、1996年1月，为朱台镇、高阳镇。2001年3月，高阳镇并入朱台镇。以镇人民政府驻地村得名。乌河流经南部。有中小学6个，卫生医疗机构16个。有徐王庄大汶口文化遗址、高阳古城遗址、金陵寺等，有山东境内较大的龙山文化城。经济以工业为主。农业以种植小麦、玉米、蔬菜、核桃为主，工业以装饰原纸、建筑安装、矿石采选、塑料塑编、厨房设备加工、轮胎经营、精细化工为主，服务业以交通运输业为主。有公路通过。

凤凰镇 370305-B05
[Fènghuáng Zhèn]

临淄区辖镇。在区境西北部。面积104平方千米。人口8万。以汉族为主，还有回、蒙古、满等民族。辖75村委会，有76自然村。镇人民政府驻周家村。明代属青州府临淄县，清代称"仁义乡"和"孝感乡"。民国初年属临淄县。2003年12月，路山镇、召口乡合并成立凤凰镇。2010年11月梧台镇撤销，并入凤凰镇。以境内自然地理实体凤凰山得名。乌河、运粮河纵贯全境，另有康浪河、卧龙河。有省级技术研究中心1个，市级企业技术中心1个，中小学7所，医疗卫生机构1个。有国家级文物保护单位桐林（田旺）遗址。经济以工业为主。农业以种植小麦、玉米、蔬菜为主。

工业以铁矿石、蓄电池隔板、机械加工为主。服务业以餐饮业、旅游业为主。有公路通过。

金岭回族镇 370305-B06
[Jīnlǐnghuízú Zhèn]

临淄区辖镇。在区境西部。面积18.7平方千米。人口1.5万。以汉族为主，还有回族。辖1居委会、9村委会，有3自然村。镇人民政府位于金烯路。北宋至金，金岭属淄川县，民国时属益都县第四区，1950年初为桓台县第七区，1953年1月划归淄川县，1965年5月划归张店区，1969年12月划归临淄区，1984年5月改为金岭回族镇。以镇人民政府驻地得名。有棉花山、大山、贡山等。有中小学2个，医院1个。主要遗址有金岭清真寺、关帝庙、锦绣桥、双井口等。经济以农业为主。农业以种植小麦、玉米、蔬菜为主，工业以化工、仓储、机械加工、物流仓储为主，服务业以餐饮业、旅游业为主。省道胶济铁路、济南-青州公路过境，设金岭镇站。

金山镇 370305-B07
[Jīnshān Zhèn]

临淄区辖镇。在区境南部。面积118平方千米。人口9.4万。以汉族为主，还有回、蒙古、满、苗、土家等民族。辖48村委会，有43自然村。镇人民政府位于南沣路。1949年划归淄博特区、淄博工矿区、淄博专区。1958年公社划归淄博市淄川区。1997年南仇镇和王寨乡合并为南王镇。2010年边河乡撤乡改镇，更名为边河镇。2010年撤销边河镇并入南王镇。2011年5月改称金山镇。以境内自然地理实体金山得名。淄河流经东部。有中小学3所，图书馆1个，文化馆1个，医疗卫生机构2个。主要遗址有公泉峪，有天堂寨风景区。经济以工业为主。农业以有机小杂粮种植、畜牧养殖、珍稀食用菌和林果种植为主。工业以石油化工为主。服务业以旅游业为主。全国特大型企业齐鲁石化公司的炼油厂、化肥厂、橡胶厂等下属企业及中石化第十建设有限公司在境内。辛泰铁路过境，设南仇站。

旧地名

孙娄乡（旧）　370305-U01
[Sūnlóu Xiāng]

　　在临淄区中部。临淄区辖乡。1983 年设立。2001 年撤销，并入稷下街道。

路山镇（旧）　370305-U02
[Lùshān Zhèn]

　　在临淄区西部。临淄区辖镇。1996 年设立。2003 年 12 月撤销，并入凤凰镇。

召口乡（旧）　370305-U03
[Zhàokǒu Xiāng]

　　在临淄区西北部。临淄区辖乡。1984 年 4 月设立。2003 年 12 月撤销，并入凤凰镇。

梧台镇（旧）　370305-B04
[Wútái Zhèn]

　　在临淄区北部。临淄区辖镇。1994 年设立。2010 年 11 月撤销，并入凤凰镇。

边河镇（旧）　370305-U05
[Biānhé Zhèn]

　　在临淄区南部。临淄区辖镇。2010 年 7 月设立。2010 年 11 月撤销，并入金山镇。

南王镇（旧）　370305-U06
[Nánwáng Zhèn]

　　在临淄区南部。临淄区辖镇。1997 年 5 月设立。2011 年 5 月撤销，并入金山镇。

王寨乡（旧）　370305-U07
[Wángzhài Xiāng]

　　在临淄区南部。临淄区辖乡。1984 年 5 月设立。1997 年 5 月撤销，并入金山镇。

南仇镇（旧）　370305-U08
[Nánqiú Zhèn]

　　在临淄区南部。临淄区辖镇。1984 年 5 月设立。1997 年 5 月撤销，并入金山镇。

社区

辛东社区　370305-A02-J01
[Xīndōng Shèqū]

　　属闻韶街道管辖。在临淄区南部。面积 0.88 平方千米。人口 23 000。因在辛店的最东部而得名。1998 年成立。有原楼房 66 栋，现代建筑风格。驻有辛店街道办事处等单位。有志愿者服务、日间照料中心。通公交车。2002 年被评为省文明单位。

闻韶社区　370305-A02-J02
[Wénsháo Shèqū]

　　属闻韶街道管辖。在临淄区中部。面积 0.19 平方千米。人口 5 300。因位于闻韶路附近而得名。1986 年成立。有楼房 43 栋，现代建筑风格。通公交车。

西王社区　370305-A02-J03
[Xīwáng Shèqū]

　　属闻韶街道管辖。在临淄区南部。面积 0.003 平方千米。人口 300。沿用原西王村名。2001 年成立。有楼房 2 栋，现代建筑风格。有"党员暖心"志愿者服务，开展免费查体、慰问老党员、政策宣传等活动。通公交车。

东王社区 370305-A02-J04

[Dōngwáng Shèqū]

属闻韶街道管辖。在临淄区南部。面积 0.06 平方千米。人口 2 100。沿用原东王村名。1985 年成立。有楼房 5 栋，现代建筑风格。有老年公寓。通公交车。

石鼓社区 370305-A02-J05

[Shígǔ Shèqū]

属闻韶街道管辖。在临淄区中部。面积 0.38 平方千米。人口 1 300。因古文物石鼓得名。1996 年成立。有楼房 17 栋，现代建筑风格。通公交车。

张家社区 370305-A02-J06

[Zhāngjiā Shèqū]

属闻韶街道管辖。在临淄区南部。面积 0.25 平方千米。人口 600。沿用原张家村名。1994 年成立。有楼房 11 栋，现代建筑风格。通公交车。

桑家社区 370305-A03-J01

[Sāngjiā Shèqū]

属雪宫街道管辖。在临淄区西南部。面积 0.58 平方千米。人口 3 400。沿用原桑家村名。1994 年成立。有楼房 51 栋，现代建筑风格。驻有雪宫派出所、临淄区法律援助中心等单位。通公交车。2004 年被评为省文明社区。

东高社区 370305-A03-J02

[Dōnggāo Shèqū]

属雪宫街道管辖。在临淄区西部。面积 0.13 平方千米。人口 4 400。沿用原东高

新村名。2001 年成立。有楼房 75 栋，现代建筑风格。驻有雪宫街道办事处、淄博齐鲁化学工业区税务局等单位。通公交车。

堠皋社区 370305-A03-J03

[Hòugāo Shèqū]

属雪宫街道管辖。在临淄区中部。面积 1.02 平方千米。人口 2 000。沿用原堠皋村名。2001 年成立。有楼房 12 栋，现代建筑风格，另有平房。有老年人日间照料中心。通公交车。

孙家社区 370305-A03-J04

[Sūnjiā Shèqū]

属雪宫街道管辖。在临淄区中部。面积 0.12 平方千米。人口 500。沿用原孙家庄村名。2002 年成立。有楼房 4 栋，现代建筑风格，另有平房。有老年人日间照料中心。通公交车。

桑杨社区 370305-A03-J05

[Sāngyáng Shèqū]

属雪宫街道管辖。在临淄区西南部。面积 0.33 平方千米。人口 9 100。因位于桑家社区、杨家社区之间得名。2014 年成立。有楼房 83 栋，现代建筑风格。驻有临淄地税分局等单位。通公交车。

单家社区 370305-A03-J06

[Shànjiā Shèqū]

属雪宫街道管辖。在临淄区西部。面积 0.36 平方千米。人口 3 100。沿用原单家村名。1986 年成立。有楼房 50 栋，现代建筑风格。驻有齐都文化城、齐都大酒店等单位。通公交车。

齐国商城社区 370305-A03-J07

[Qíguóshāngchéng Shèqū]

属雪宫街道管辖。在临淄区南部。面

积 0.36 平方千米。人口 3 000。因坐落在齐
国商城得名。1998 年成立。有楼房 64 栋，
现代建筑风格。有中国农业银行等单位。
通公交车。

杨家社区 370305-A04-J01
[Yángjiā Shèqū]

属辛店街道管辖。在临淄区中部。面积
0.15 平方千米。人口 1 700。以原杨家店得名。
2001 年成立。有楼房 20 栋，现代建筑风格。
通公交车。2009 年被评为省文明社区。

车站社区 370305-A04-J02
[Chēzhàn Shèqū]

属辛店街道管辖。在临淄区南部。面
积 0.28 平方千米。人口 900。因临淄火车
站得名。2001 年成立。有楼房 10 栋，现代
建筑风格，另有别墅 96 栋。驻有淄博第
七中学、高阳建筑公司、朱台建筑公司、
临淄区军供站、农村信用社管仲路分理
处等单位。有志愿者服务、日间照料中心，
开展医疗咨询、法律宣传等活动。通公
交车。

山王社区 370305-A04-J03
[Shānwáng Shèqū]

属辛店街道管辖。在临淄区南部。面
积 0.34 平方千米。人口 700。沿用原山王
村名。1996 年成立。有楼房 8 栋，现代建
筑风格，另有别墅多栋。有志愿者服务、
老年人日间照料中心，开展中医保健知识
讲座、文体娱乐等活动。通公交车。

辛城社区 370305-A04-J04
[Xīnchéng Shèqū]

属辛店街道管辖。在临淄区南部。面
积 2.17 平方千米。人口 16 000。因辛店城
区得名。2001 年成立。有楼房 105 栋，现
代建筑风格。驻有英才中学、临淄第八中

学、临淄区成教中心、临淄区中医院、临
淄区烟草公司、临淄车管所、顺达饭店、
临淄站、临淄商场、齐鲁大酒店等单位。
通公交车。

周村区

周村区 370306
[Zhōucūn Qū]

淄博市辖区。在市境西部。面积 307
平方千米，人口 35 万。以汉族为主，还有回、
苗、蒙古、藏、彝、侗等民族。辖 5 街道、
5 镇。区人民政府驻青年路街道。1950 年
撤销周村市，周村、长山并为长山县，属
淄博专区。同年 11 月，从长山县析出，与
张店合建为张周市，属淄博专区。1953 年
属淄博工矿特区。1955 年设周村区，属淄
博市。2010 年淄川区的商家镇划归周村区，
同时在商家镇和萌水镇的范围内设立淄博
市文昌湖旅游度假区管委会。因位于丘陵、
平原交接处，人少聚居称"昼邨"，后演
为周村。孝妇河、淦河、范阳河从区境内
穿过。属泰鲁山系，主要山脉有东豹山、
西豹山、冲山、簸箕山、凤凰山、马鞍山、
米山、萌山等 17 座山丘。有省院士工作站
3 家，省工程技术研究中心 9 家。有高等院
校 2 个，淄博第六中学等中小学 28 个，图
书馆 1 个，体育场馆 1 个，三级以上医院
2 个。有周村古商城、毕自严故居等省级重
点文物保护单位 16 个，市级文物保护单位
40 个，省级爱国主义教育基地、纪念地淄
博市革命烈士陵园，国家级非物质文化遗
产周村芯子表演艺术、周村烧饼制作技艺
2 个。有国家历史文化名镇 1 个，国家历
史文化名村 1 个，中国传统村落 1 个，省
级传统村落 8 个。有国家 AAAA 级旅游景
区周村古商城、福王红木博物馆、国家 AA
级旅游景区蒲松龄书馆等，其中周村古商

城是山东省唯一保存完好的明清古建筑群，是鲁商文化繁荣发展的历史见证，被古建筑专家誉为"中国活着的古商业街市博物馆群"。城市布局总体上呈条带式、簇群式与散点结合的布局形式，既有沿街形成的各类建筑，又有城市内部多幢多层或高层建筑形成的簇群，还有分散布局和插建的单幢高层建筑。区中部由大街、丝市街、银子市街等古商业街组成，古商业街内店铺林立，古迹众多，有建于唐代的明教寺，建于清代的魁星阁，有闻名天下的"八大祥"等商业老字号，有"东方商人"孟雒川的故居等。有政务中心广场、周村人民公园，孝妇河湿地公园等标志性建筑。三次产业比例为 2.8∶45.7∶51.5。农业以种植小麦、玉米、谷子、大豆、薯类为主，畜牧业以养殖生猪、奶牛、蛋鸡、肉鸡为主。是鲁商发源地，丝纺生产历史悠久，形成以丝绸纺织、机电设备、精细化工、沙发家具、轻钢结构、耐火材料等行业为主的工业体系。服务业以旅游业为主，文昌湖旅游度假区为省级旅游度假区。特色产品有周村丝绸、周村烧饼、王村黄酒和陈醋、铜响乐器等。有省级经济开发区 1 个。有周村客运中心长途汽车站，有多条公交线路。

淄博经济开发区 370306-E01
[Zībó Jīngjìkāifāqū]

在区境中部。东至四宝山街道，南至309 国道，西至正阳路，北至化北路。面积6 523 公顷。原为山东省人民政府批准设立的淄博外向型工业加工区，2002 年更名为淄博经济开发区，由市级政府管理。是引领全市转型发展的新引擎、产城融合样板区及创新发展示范区。区内医疗器械、高端装备等产业已具规模，淄博职业学院、齐鲁医药学院新校区、山东新华医疗器械股份有限公司、山东新华医疗生物科技有

限公司、山东兴鲁生物科技有限公司等企事业单位入住。山东新华医疗器械股份有限公司的消毒灭菌、制药装备、放射治疗三类产品的规模、技术居全国领先水平，XHA600 型医用电子直线加速器获得"国家自主创新产品证书"。交通便利，有"六横八纵"路网工程。

青年路街道 370306-A01
[Qīngniánlù Jiēdào]

周村区人民政府驻地。在区境中部。面积 8 平方千米。人口 4.2 万。以汉族为主，还有回、满、壮、苗、藏等民族。1999 年设立。因街道驻地在青年路而得名。先后完成了正阳路、新建东路东延、凤鸣路、丝绸路北延、东街改造，政务中心广场建设及绿化等工程，建成凤鸣、航东、长行等生活小区。米沟河从穿境而过。有中小学 4 所，文艺团体 9 个，医疗卫生机构 2 个。地方特色民间艺术有西马龙灯、长行高跷。有淄博市中医医院、周村政务中心等标志性建筑物。农业以种植小麦、玉米为主。工业以服装、纺织品等加工外贸为主。通公交车。

丝绸路街道 370306-A02
[Sīchóulù Jiēdào]

属周村区管辖。在区境东部。面积 5 平方千米。人口 5 万，以汉族为主，还有回、侗、土、高山、苗、蒙、仫佬、满等民族。1999 年设立。因辖区内的丝绸路得名。先后完成丝绸路、中和街综合整治，站北路、太和路、米河路升级改造及绿化，北方不锈钢市场、胜利家居批发城及太和、太和南、市南、胜利小区的建设，周村人民公园、火车站游园的升级改造和绿化。有山东轻工职业学院，周村区第三中学等中小学 3 所，文化馆、图书馆各 1 个，三级医院 1 家。有国家级非物质文化遗产周村烧饼制作技

艺，地方特色民间艺术周村芯子、赵家锣鼓等。经济以工业为主，形成了丝绸、纺织、家具等支柱行业，有大染坊等丝绸纺织企业、周村烧饼生产基地，布匹城、丝绸城、金周商城，周村沙发家具市场、周村不锈钢市场、小商品批发市场。通公交车。

大街街道 370306-A03
[Dàjiē Jiēdào]

属周村区管辖。在区境中部。面积6平方千米。人口4.1万，以汉族为主，还有回、满、壮、侗、苗、土家、蒙古等民族。1999年设立。因辖区内有古街巷大街而得名。21世纪初完成辖区内老旧小区改造。浊河、淦河从境内穿过，有人工湖泊汇龙湖。有山东省淄博第六中学、周村实验中学等中小学4所，体育场馆1个，知名文艺团体1个，医疗卫生机构2个。有地方特色民间艺术五音戏、花灯、周村芯子等，重要名胜古迹周村古商城，有魁星阁古庙群、千佛寺、大染坊、状元府、杨家大院等特色景点。有知味斋大饭店、周村宾馆等标志性建筑物。工业以食品加工和毛巾、服装、节能灯生产加工为主，主产周村烧饼、周村蚕蛹等，出口毛巾、服装、节能灯等。服务业旅游业和餐饮业为主，有周村古商城旅游景区。通公交车。

永安街街道 370306-A04
[Yǒng'ānjiē Jiēdào]

属周村区管辖。在区境西北部。面积6平方千米。人口3.5万，以汉族为主，还有回族。1999年设立。因街道办事处位于原永安镇而得名。先后完成了凤阳路、电厂路、机场路、恒星路、永安南路及郑家社区、周家社区的迁建和改造工作。浊河、淦河从境内穿过。有周村区北门里小学等中小学3所，知名文艺团体4个，医疗卫生机构1个。有淦河公园、千佛阁寺、清真寺等。

农业以种植玉米、小麦为主，畜牧业以饲养鸡、羊为主。工业以精细化工、纺织服装、家具制造为主，有金周沙发材料市场。通公交车。

城北路街道 370306-A05
[Chéngběilù Jiēdào]

属周村区管辖。在区境西北部。面积16平方千米。人口1.5万，以汉族为主，还有拉祜族。2001年设立。因办事处驻地位于周村区北部得名。米河、淦河从境内穿过。有国家级企业技术研究中心多个，有淄博机电工程学校，周村区城北中学等中小学3所，医疗卫生机构1个。有地方特色民间艺术吕剧、腰鼓等。有城北路办事处办公大楼等标志性建筑物。粮食作物以小麦、玉米为主，种植果树、蔬菜，主要品种有苹果、桃、早春莴苣、高架茄子等。畜牧业以饲养生猪、羊、牛、家禽为主。工业以纺织服装、金属制品、专用机械设备制造、精细化工、先进装备制造业、轻工电子信息为主，建成兰雁创业新区、凤阳工业园、维尔工业园等多家专业性工业园区。通公交车。

北郊镇 370306-B01
[Běijiāo Zhèn]

周村区辖镇。在区境东北部。面积58平方千米。人口6.5万。以汉族为主，还有回族。辖51村委会，有51自然村。镇人民政府驻南营村。1953年属长山县张坊区。1958年划周村区管辖。2001年由51个行政村合并成立北郊镇。因辖区地处周村东北部得名。孝妇河穿境而过。有高职院校1所，北郊中学等中小学4所，医院1个。重要名胜古迹有复兴庵、石氏庄园、吕氏庄园等。经济以工业为主。农业有蔬菜、畜牧、食用菌、名优特水果、苗木花卉五大主导产业，蔬菜专业批发市场，主要有叶类菜、西红柿、芹菜、黄瓜等，名优特农产品有贡韭、梅河实心芹菜。畜牧业以饲养生猪、牛、羊、鸡、鸭为主。工业以机械机电、纺织印染、节能照明等为主，其中布匹、刹车盘等产品销往世界各地。济青高速、滨博高速过境。

南郊镇 370306-B02
[Nánjiāo Zhèn]

周村区辖镇。在区境东南部。面积59平方千米。人口3.8万。以汉族为主，还有傈僳、黎、佤、苗、侗、回、满等民族。辖49村委会，有49自然村。镇人民政府驻高塘村。1956年设孟家堰乡。1958年划归周村区管辖。2001年由南郊、高塘、贾黄三个镇合并成立新的南郊镇。因辖区在周村城区的东南方向得名。主要河流有范阳河、孝妇河，主要山脉有凤凰山、马鞍山、大埠山。有周村区南郊中学等中小学5所，医院1个。有省级爱国主义教育基地、纪念地淄博市革命烈士陵园，省级非物质文化遗产周村铜响乐器制作技艺。农业以种植小麦、玉米、芹菜、苦菊、生菜、黄瓜、西红柿，养殖牛、生猪、鸡、鸭、鸽、雁等为主。工业以不锈钢、风机加工制造为主。服务业以物流运输为主。胶济铁路客运专线、货运专线，309国道，省道济南-青州公路过境。

王村镇 370306-B03
[Wángcūn Zhèn]

周村区辖镇。在区境西南部。面积58平方千米。人口5.5万。以汉族为主，还有回、满、蒙、藏等民族。辖1居委会、41村委会，有41自然村。镇人民政府驻王村。1958年成立人民公社。1970年由淄川区划归周村区。1982年恢复王村镇。2001年彭阳乡划入王村镇，成立新的王村镇。因镇政府驻地得名。主要河流有白泥河、玉带河、青杨河。有王村镇中心学校等中小学3所，卫生院1个。有省级文物保护单位西铺毕自严故居、李家疃明清古建筑群、苏李庄明清古建筑群，省级非物质文化遗产王村醋传统酿造技艺。有中国历史文化名村李家疃村，省级传统村落王村、万家村、西铺村、沈古村、苏李村、北河东村、东铺村。农业以种植小麦、玉米、西红柿、食用菌、有机蔬菜等为主。工业以耐火材料、精细化工、碳素石墨、纺织加工等为主，建有耐火材料专业市场。胶济铁路，国道309，省道济南-青州公路、胶王路、泉王路过境。

萌水镇 370306-B04
[Méngshuǐ Zhèn]

周村区辖镇。在区境东南部。面积48平方千米。人口3万。汉族为主，还有满、拉祜等民族。辖36村委会，有36自然村。镇人民政府驻萌一村。1958年成立萌水人民公社，属淄川区。1970年划归周村区。1984年改为萌水镇。因镇政府驻地得名。地处鲁中平原，地势南高北低。主要河流有范阳河，南部有萌山。有萌水中学等中小学5所，卫生院1所。有市级文物保护单位仁和遗址、官三元遗址、萌山庙群等。农业以种植业为主，主产小麦、玉米、棉花、油料作物、葡萄、白莲藕，畜牧业以养殖肉鸡、肉牛为主。工业以机械加工、造纸、电子业为主。服务业以旅游业为主。胶济铁路、滨博高速过境。

商家镇 370306-B05
[Shāngjiā Zhèn]

周村区辖镇。在区境南部。面积48平方千米。人口2.3万。辖27村委会，有27自然村。镇人民政府驻馆里村。1956年设商家乡。1994年商家乡、冶头乡合并成立商家镇。2010年原东商村、东岔村、冯家村划归商家镇管辖。因镇政府原驻商家庄而得名。主要河流为白尼河,有冲山、碾子山、泉子山等。有中小学4所,卫生院1个。有市级文物保护单位胡家遗址、东商遗址等,省级非物质文化遗产商家大鼓。农业以种植玉米、小麦、棉花、花生、蔬菜等为主,蔬菜以蘑菇、黄瓜、豆角、西红柿、青椒、西葫芦为主,畜牧业以饲养生猪、羊、鸡为主,"七河牌花菇"为山东省著名商标。工业以耐火材料、机械制造、五金加工为主。滨博高速、省道胶州—王村公路过境。

旧地名

彭阳乡(旧) 370306-U01
[Péngyáng Xiāng]

在周村区西南部。1950年设立,原属淄川县,后属淄川区。1970年10月属周村区。2001年3月撤销,并入王村镇。

高塘镇(旧) 370306-U02
[Gāotáng Zhèn]

在周村区东南部。周村区辖镇。1993年12月设立。2001年3月撤销,并入南郊镇。

贾黄镇(旧) 370306-U03
[Jiǎhuáng Zhèn]

在周村区东南部。周村区辖镇。1997年1月设立。2001年3月撤销,并入南郊镇。

南营镇(旧) 370306-U04
[Nányíng Zhèn]

在周村区东部。周村区辖镇。1989年9月设立。2001年3月撤销,并入北郊镇。

大姜镇(旧) 370306-U05
[Dàjiāng Zhèn]

在周村区东北部。周村区辖镇。1993年12月设立。2001年3月撤销,并入北郊镇。

张坊乡(旧) 370306-U06
[Zhāngfāng Xiāng]

在周村区东北部。周村区辖乡。1984年5月设立。2001年3月撤销,分别并入青年路街道、北郊镇。

社区

东街社区 370306-A01-J01
[Dōngjiē Shèqū]

属青年路街道管辖。在周村区中部。面积0.75平方千米。人口13 300。因东街得名。1999年成立。有楼房144栋,现代建筑风格。驻有淄博市中医医院、中国建设银行股份有限公司淄博周村支行等单位。有志愿者服务,开展法律宣传未成年人教育、舞蹈展演、京剧演出等活动。通公交车。

航东社区 370306-A01-J02
[Hángdōng Shèqū]

属青年路街道管辖。在周村区中部。面积0.3平方千米。人口8 600。因位于原航校东边得名。2003年成立。有楼房119栋,现代建筑风格。驻有淄博市公安局交警支队周村大队、国家税务总局淄博市周村区税务局、淄博市周村区军队离休退休干部休养所、世纪康城幼儿园等单位。有志愿者服务、日间照料机构,开展普法教育、科普宣传、未成年人教育、社区家长学校等活动。通公交车。

航北社区 370306-A01-J03
[Hángběi Shèqū]

属青年路街道管辖。在周村区中部。面积 0.13 平方千米。人口 4 600。因位于原航校北边得名。2003 年成立。有楼房 36 栋,现代建筑风格。开展普法教育、科普宣传、未成年人教育、社区家长学校等活动。通公交车。

新建社区 370306-A01-J04
[Xīnjiàn Shèqū]

属青年路街道管辖。在周村区中部。面积 0.4 平方千米。人口 7 000。原为周村镇新建村,改社区时以"新建"为名。2003 年成立。有楼房 100 栋,现代建筑风格。驻有周村区园林局、中国农业银行股份有限公司淄博周村支行、中电(淄博)能源科技有限公司等单位。有志愿者服务,开展尊老爱老、学雷锋等活动。通公交车。

凤鸣社区 370306-A01-J05
[Fèngmíng Shèqū]

属青年路街道管辖。在周村区东部。面积 1.0 平方千米,人口 6 400。因凤鸣小区得名。2004 年成立。有楼房 91 栋,现代建筑风格。驻有周村区政务中心、淄博市公安局周村分局、周村区人民法院、周村区人民检察院等单位。有志愿服务者服务、日间照料中心,开展市民学校、文明实践等活动。通公交车。

长行社区 370306-A01-J06
[Chángxíng Shèqū]

属青年路街道管辖。在周村区中部。面积 0.23 平方千米。人口 14 000。原为周村镇长行村,村改居时沿用原村名。2003 年成立。有楼房 69 栋,现代建筑风格,另别墅 23 栋。驻有正阳路幼儿园、正阳路小学等单位。有志愿者服务,开展锣鼓表演、文明实践等活动。通公交车。

小寨社区 370306-A01-J07
[Xiǎozhài Shèqū]

属青年路街道管辖。在周村区中部。面积 0.4 平方千米。人口 6 300。因与刘家寨南北相邻,得名小寨,后改为小寨社区。2003 年成立。有楼房 74 栋,现代建筑风格。驻有正阳路金融中心、周村区交通运输局、招商银行股份有限公司淄博周村支行等单位。有志愿者服务,开展综合文化活动。通公交车。

桃园社区 370306-A01-J08
[Táoyuán Shèqū]

属青年路街道管辖。在周村区中部。面积 0.5 平方千米。人口 3 900。沿用原桃园村名。2003 年成立。有楼房 74 栋,现代建筑风格。驻有正阳路幼儿园、淄博银座商城有限责任公司桃园分公司等单位。有志愿者服务、日间照料服务,开展综合文化活动。通公交车。

车站社区 370306-A02-J01
[Chēzhàn Shèqū]

属丝绸路街道管辖。在周村区南部。面积 1.5 平方千米。人口 14 200。因周村火车站坐落于辖区内而得名。2003 年成立。有楼房 144 栋,现代建筑风格。驻有解放军第 148 中心医院、周村站、中和街小学等单位。开展端午节包粽子等活动。通公交车。

市南社区 370306-A02-J02
[Shìnán Shèqū]

属丝绸路街道管辖。在周村区南部。面积 1.0 平方千米。人口 11 800。因位于周村城区南部而得名。2003 年成立。有楼房

109 栋，现代建筑风格。驻有市南路小学、胜利面粉厂等单位。有日间照料中心，开展"文明家庭""平安家庭"等评比活动。通公交车。

大世界社区 370306-A02-J03
[Dàshìjiè Shèqū]

属丝绸路街道管辖。在周村区中部。面积 1.5 平方千米。人口 13 000。因辖区内有纺织大世界批发市场而得名。2003 年成立。楼房 122 栋，现代建筑风格。驻有人防工程维护中心、丝绸路派出所等单位。有日间照料中心，开展"文明家庭""平安家庭"等评比活动。通公交车。

米河社区 370306-A02-J04
[Mǐhé Shèqū]

属丝绸路街道管辖。在周村区南部。面积 0.84 平方千米。人口 3 500。因米河流经该地而得名。2003 年成立。有楼房 24 栋，现代建筑风格，另有平房 92 间。驻有山东轻工职业学院等单位。有日间照料中心，开展健康查体等活动。通公交车。

胜利社区 370306-A02-J05
[Shènglì Shèqū]

属丝绸路街道管辖。在周村区南部。人口 9 800。沿用原胜利村名。2003 年成立。有楼房 59 栋，现代建筑风格。驻有山东周村烧饼有限公司等单位。有志愿者服务，开展新时代文明实践等活动。通公交车。

建国社区 370306-A02-J06
[Jiànguó Shèqū]

属丝绸路街道管辖。在周村区中部。面积 2.0 平方千米。人口 11 400。原名建国大队，后改为建国社区。2003 年成立。有楼房 144 栋，现代建筑风格。驻有周村第三中学、交通银行股份有限公司淄博周村

支行等单位。有志愿者服务，开展法律援助、政策法规咨询等活动。通公交车。

赵家社区 370306-A02-J07
[Zhàojiā Shèqū]

属丝绸路街道管辖。在周村区东南。面积 0.45 平方千米。人口 1 300。2003 年成立。有楼房 9 栋，现代建筑风格。有志愿者服务，开展锣鼓展演、新时代文明实践等活动。通公交车。2014 年被评为省文明社区。

长安社区 370306-A03-J01
[Cháng'ān Shèqū]

属大街街道管辖。在周村区西南部。面积 0.43 平方千米。人口 11 600。由丝市街、保安、大街、中长行居委会合并而成，意为长治久安。2003 年成立。有楼房 103 栋，现代建筑风格。驻有新建路小学、周村实验幼儿园、长安幼儿园、周村区税务局、淄博市公安局周村分局大街派出所等单位。有志愿者服务队，开展文艺演出、文化展演等活动。通公交车。

元宝湾社区 370306-A03-J02
[Yuánbǎowān Shèqū]

属大街街道管辖。在周村区西南部。面积 0.65 平方千米，人口 16 000。该地原有一个大水湾，形似元宝，为吉祥、富裕象征，故名。2003 年成立。有楼房 77 栋，现代建筑风格。驻有周村区实验中学、周村区体校、周村区体育事业服务中心、周村区体育馆、周村妇幼保健院、淄博瀚海水业股份有限公司等单位。有志愿者服务、社区居家养老服务站和日间照料服务站，开展红色党建先锋、金色暖阳帮困助残、未成年人心理疏导、文艺展演和"身边好人""文明家庭""好家风、好家训"评比等活动。通公交车。

荣和社区 370306-A03-J03
[Rónghé Shèqū]

属大街街道管辖。在周村区西南部。面积 0.7 平方千米。人口 10 200。由原油坊街居委会和荣和居委会合并而成，以"荣和"为名。2003 年成立。有楼房 97 栋，现代建筑风格。驻有淄博第六中学、周村第一中学、周村实验学校、周村教师进修学校、周村区自然资源局、山东知味斋餐饮娱乐有限公司等单位。有志愿者服务、日间照料中心，开展五音戏表演等文体活动。通公交车。

爱国社区 370306-A03-J04
[Àiguó Shèqū]

属大街街道管辖。在周村区西南部。面积 2.05 平方千米。人口 13 500。由原来爱国村改称而来。2003 年成立。有楼房 54 栋，现代建筑风格。驻有石油公司等单位。有志愿者服务，开展尊老爱老、学雷锋、环保宣传、扶贫帮困等活动。通公交车。

和平社区 370306-A03-J05
[Hépíng Shèqū]

属大街街道管辖。在周村区西南部。面积 1.36 平方千米。人口 8 900。由原来和平村改称而来。2003 年成立。有楼房 39 栋，现代建筑风格。驻有淄博和平学校、和平大地幼儿园、山东蓝天家居有限公司、淄博美林地毯有限公司等单位。有志愿者服务、社会福利托养康复中心，开展学雷锋、尊老爱老、演唱周、电影放映等活动。通公交车。

大庄社区 370306-A03-J06
[Dàzhuāng Shèqū]

属大街街道管辖。在周村区西南部。面积 0.75 平方千米。人口 4 200。由原来大庄改称而来。2003 年成立。有楼房 43 栋，现代建筑风格。驻有中石化催化剂齐鲁分公司、联通公司、淄博齐众泡花碱厂等单位。有志愿者服务，开展尊老爱老、环保宣传、扶贫帮困等活动。通公交车。

灯塔民族社区 370306-A04-J01
[Dēngtǎmínzú Shèqū]

属永安街街道管辖。在周村区西北部。面积 0.6 平方千米。人口 8 600。为区内唯一的回汉民族聚居社区，由原来灯塔村改称而来。有平房、楼房 56 栋，现代建筑风格。驻有山东多星电器有限公司等单位。有志愿者服务、老年公寓，开展文体、理论宣讲、党员教育、普法教育等活动。通公交车。2007 年被评为省文明社区。

前进社区 370306-A04-J02
[Qiánjìn Shèqū]

属永安街街道管辖。在周村区西部。面积 2.7 平方千米。人口 4 400。由原来前进村改称而来。2003 年成立。有楼房 25 栋，现代建筑风格。驻有前进小学等单位。有志愿者服务，开展学雷锋、环保宣传、扶贫帮困、文艺晚会、义诊、电影播放等活动。通公交车。

周家社区 370306-A04-J03
[Zhōujiā Shèqū]

属永安街街道管辖。在周村区西北部。面积 1.0 平方千米。人口 1 000。因此地居民多周姓得名周家庄，后改称周家社区。2003 年成立。有楼房 6 栋，现代建筑风格。驻有国家电网、山东农业商业银行周村支行等单位。有志愿者服务，在重大节日举办各类文体活动。通公交车。2011 年被评为省文明社区。

永盛社区 370306-A04-J04
[Yǒngshèng Shèqū]

属永安街街道管辖。在周村区西北部。面积0.4平方千米。人口2 100。由永盛村改称而来，取永远繁盛之意。2003年成立。有楼房13栋，现代建筑风格。有志愿者服务，开展节日文艺展演、慰问孤寡老人、走访困难群众等活动。通公交车。2005年被评为省文明社区。

千佛阁社区 370306-A04-J05
[Qiānfógé Shèqū]

属永安街街道管辖。在周村区西部。面积0.78平方千米。人口10 100。因辖区内有千佛寺，故名。2003年成立。有楼房108栋，现代建筑风格。驻有周村区住建局、周村区城管执法局、周村区食药局、周村区环保局等单位。有志愿者服务，开展政策宣传、健康教育、文化宣传等活动。通公交车。

光明社区 370306-A04-J06
[Guāngmíng Shèqū]

属永安街街道管辖。在周村区西北部。面积1.8平方千米。人口13 500。原为城北居委会，2003年经周村区统一区划调整，因灯塔民族社区历史悠久，在灯塔的照耀下，有灯塔必有光明，故由城北居委会更名为光明社区。2003年成立。有楼房75栋，现代建筑风格。驻有山东兰雁有限公司等单位。有志愿者服务，开展文体活动。通公交车。

朝阳社区 370306-A04-J07
[Cháoyáng Shèqū]

属永安街街道管辖。在周村区西部。面积0.4平方千米，人口11 800。原为北长行居委会，2003年6月经周村区统一区划调整，改为朝阳社区。2003年成立。有楼房90栋，现代建筑风格。驻有周村区市容环卫管理局、工商银行股份有限公司淄博周村支行、周村区农村商业银行等单位。有志愿者服务。通公交车。

郑家社区 370306-A04-J08
[Zhèngjiā Shèqū]

属永安街街道管辖。在周村区西部。面积0.8平方千米。人口1 800。因郑姓在此命名。2003年成立。有楼房2栋，现代建筑风格。驻有淄博祥源纺织有限公司等单位。有志愿者服务，开展政策宣传、健康教育、文化宣传、重大节日文艺展演等活动。通公交车。

王村社区 370306-B03-J01
[Wángcūn Shèqū]

属王村镇管辖。在周村区西部。面积0.05平方千米。人口1 000。因王村居委会位于辖区内，故名。1965年成立。有楼房31栋，现代建筑风格。通公交车。

桓台县

桓台县 370321
[Huántái Xiàn]

淄博市辖县。北纬36°51′—37°06′，东经117°50′—118°10′。在市境北部。面积509平方千米。人口50.2万。辖2街道、7镇。县人民政府驻索镇街道。春秋为齐渠丘邑。南朝宋侨置广川郡索卢县，今县驻地。北齐废索卢县，地入武强县。隋改武强县为长山县。南宋绍定元年（1228）置新城县，属般阳路。明、清属济南府。1913年废府、州，存县、道，新城县隶属济南道。次年1月，易名耏水县。4月改名桓台县，属济南道。1928年废道制属山东省。1940年属清河专区。1945年属渤海行政区第三专区。1950年属淄博专区。1953年属惠民专区。1958年撤销，并入博兴县，隶属淄博专署。1961年复置桓台县，仍属惠民专署。1983年划入淄博市。桓台县境内因有齐桓台戏马台而得名。地处鲁北平原的南缘，北部属黄河冲积平原，南部为鲁中山地北麓洪冲积平原。海拔29.5米，最低处位于马踏湖，海拔5.7米。气候属于暖温带湿润气候，年均气温13.3℃，1月平均气温−2.4℃，7月平均气温27.0℃。年均降雨日数71天，最多87天（1990年），最少54天（1999年）。有大小河流11条，小清河横贯县境北部，县境北部有马踏湖，乌河、孝妇河、猪龙河北流注入马踏湖。有铁、铜、钴、硫、石油、天然气、煤、地热等矿产资源。植被为温带落叶阔叶林，有乔木10余种、灌木类5种、果树类10余种。森林覆盖率29.8%。有省级工程技术研究中心15个、市级工程技术研究中心25个，院士工作站9家。有中小学61所，图书馆2个，文艺团体104个，体育馆1个，三级以上医院1个。有国家级文物保护单位"四世宫保"砖牌坊，省级非物质文化遗产、强恕堂传统白酒酿造技艺，民间艺术苏王高跷、新城剪纸、起凤苇编等。有新城镇等国家历史文化名镇。有国家AAAA级旅游区忠勤祠、国家AAA级旅游景区马踏湖国家湿地公园。三次产业比例为3.4∶58.7∶37.9。桓台县农业发达，农产品丰富，是山东省粮食集中产区之一。新城细毛山药、祁家芹菜被国家工商总局评为"国家地理标志商标"，四色韭黄被列入淄博市非物质文化产品保护名录和国家工商总局"保护地名商标"。马踏湖的白莲藕和金丝鸭蛋享有盛名。工业形成以建筑、化工、造纸、新材料、电子信息为主的工业结构，有石油炼化及精细化工、高档纸业及包装印刷、氯硅新材料、冶金机械、电子设备5大特色工业产业集群。

服务业形成以齐文化、"王渔洋"诗文化为主导的文化旅游产业及农业乡村旅游业。有省级开发区1个。有淄东铁路、济青高铁、滨莱高速、205国道和省道寿济公路、高淄公路过境。

桓台经济开发区 370321-E01

[Huántái Jīngjìkāifāqū]

在县境南部。东至淄博市外环路，南抵桓台和淄博高新区交界处，西至涝淄河，北到果里大道。面积7 300公顷。因所在行政区及其工作职能而得名。1992年12月经山东省政府正式批准设立省级开发区，由县级政府管理。重点发展以汽车零部件为主的机械加工业。以展示、仓储、配送为主的物流业及休闲娱乐等现代服务业。改造提升石油化工产业。有各类企业126家，主要产业有石油化工、机械制造、现代物流、高档建材等，主要企业与产品类别有汇丰石化、科勒卫浴、中汇物流。交通便利。

索镇街道 370321-A01

[Suǒzhèn Jiēdào]

桓台县人民政府驻地。在县境东部。面积66平方千米。人口5.9万。2010年设立。以原驻地索镇得名。2012年对辖区道路进行升级改造，修建了东外环、寿济路等10条主要道路。对乌河进行全面整治，将主城区、郊区、农村连起来，构建城乡一体大园林格局。乌河、大寨沟流经。有中小学7所，图书室16个，文艺团体10个，卫生院（所）47个。有市级文物保护单位高家大院、炉姑庙等，市级非物质文化遗产炉姑传说，爱国主义教育基地烈士陵园、云涛烈士纪念馆，古代建筑大圣寺、玄帝阁、百子殿、玉带桥、炉姑庙等。有城标广场等标志性建筑物。农业以种植小麦、玉米、蔬菜为主。工业以制革、机械装备制造、科技生物、高档印刷、建筑建材产业为主，形成皮革加工、机械制造、生物科技等新兴产业。服务业以金融保险、建材物流业为主。商贸业发达，有百年老字号"强恕堂"酒坊。有桓台站、桓台长途汽车站，通公交车。

少海街道 370321-A02
[Shàohǎi Jiēdào]

属桓台县管辖。在县城中部。面积20平方千米。人口14.3万。2010年设立。因桓台县境内古地名少海而得名。2012年开发橡树湾、天煜星河小区，修建了红莲湖公园、少海公园等。有中小学9所，文化站1个，图书馆8个，体育场馆73个，医疗卫生机构3个。有桓台县图书馆、电影院等标志性建筑物。农业主产小麦、玉米、蔬菜。工业以建筑、建材为主。服务业以商业为主，有巨隆家具城、惠仟佳、银座等商业区。通公交车。

起凤镇 370321-B01
[Qǐfèng Zhèn]

桓台县辖镇。在县境东北部。面积68平方千米。人口5.9万。辖24村委会，有13自然村。镇人民政府驻夏庄。1282年属新城县，民国时期属桓台县三区。1947年10月改称滨湖区。1955年9月改为起凤区。1966年7月称起凤人民公社。1984年4月改称镇。起凤镇因辖区内有起凤桥得名。乌河穿境而过，岭北为马踏湖，南为锦秋湖。有中小学8所，卫生院（所）30个。有市级非物质文化遗产大型苇编技艺，名胜古迹会城故址、五贤祠遗迹、鲁仲连遗迹、青丘遗址等。有AAAA级景区马踏湖湿地公园。农业以种植小麦、玉米、苇草、白莲藕等为主，蔬菜以红萝卜、白萝卜、白菜、菠菜、韭菜、茄子、辣椒、大葱等为主，渔业主要放养鳙、鲢、鲤、鲫、草鱼及蟹、黄鳝、甲鱼、罗氏沼虾等。工业以防伪产品及防伪包装材料、一次性医疗器具、电子电器、高强瓦楞纸生产为主。服务以旅游业、餐饮住宿业为主。有公路通过。

田庄镇 370321-B02
[Tiánzhuāng Zhèn]

桓台县辖镇。在县境中部。面积51平方千米。人口4.9万。辖30村委会，有26自然村。镇人民政府驻仇王村。清代属利用乡，1928年为一区，1947年称田庄区，1950年为高楼区（六区），1956年11月撤区。1958年12月易名为田庄人民公社。1961—1965年为田庄区，1966年7月撤区并社，1970年10月改称田庄人民公社。1984年4月改为镇。因辖区内田庄村得名。有孝妇河、东猪龙河、跃进河。有中小学5所，卫生院（所）29个。有国家级文物保护单位史家遗址，省级文物保护单位小庞遗址、李寨遗址。农业以种植小麦、玉米、蔬菜为主，蔬菜主要有芹菜、白菜、韭黄、青蒜、西红柿等多个品种，养殖牛、猪、貂、羊、鸡。工业形成电力、机械制造、精细化工、造纸、木器、建材、橡胶、工艺品、电器设备等产业。商贸业发达，田庄大集由来已久。滨博高速过境。

荆家镇 370321-B03
[Jīngjiā Zhèn]

桓台县辖镇。在县境北部。面积56平方千米。人口4.7万。辖29村委会，有31自然村。镇人民政府驻荆家村。清代属新城县正德乡。1928年为桓台县第四区。1946年划归桓台县岔河区。1949年10月，西部属岔河区，东部属湖滨区。1950年为桓台县四区。1955年为桓台县陈庄区。1956年撤区。1958年9月建人民公社，同年11月桓台县并入博兴县，属博兴县高王人民公社。1966年撤区并社。1984年改为淄博市桓台县荆家镇。因镇政府驻地位于荆家村而得名。境内有锦秋湖、马踏湖、孝妇河、小清河从境内穿过。有中小学 8 所，卫生院（所）24 个。经济以种植业、林业、渔业为主，主要种植小麦、玉米、棉花、蔬菜、芦苇、速生林等，四色韭黄、实秆芹菜畅销省内外。镇域东部属湖区，渔业较为发达，放养种类有草鱼、鲢鱼、鲤鱼、鲫鱼、泥鳅、鳝鱼、罗非鱼、甲鱼等。工业初步形成以服装、钢铁、化工为主的工业体系。滨莱高速过境。

马桥镇 370321-B04
[Mǎqiáo Zhèn]

桓台县辖镇。在县境西北部。面积 79 平方千米。人口 5.3 万。辖 52 村委会，有 52 自然村。镇人民政府驻马桥村。清代属正德乡。1928 年为四区。1947 年为岔河区。1950 年为第四区。1956 年撤区，分为北营、马桥、北岭 3 乡。1958 年改陈庄公社。1961 年 5 月改为陈庄区。1966 年撤区并社，称马桥公社。1984 年改设乡。1991 年撤乡建镇。2010 年陈庄镇并入。因镇政府驻地马桥村得名。有小清河、杏花河、人字河等河流。有中小学 5 所，图书室 32 个，卫生院（所）46 个，广场 1 个。有市级非物质文化遗产马车桥传说。农业以种植小麦、玉米、棉花、蔬菜为主，蔬菜主要有菜花、芹菜、红萝卜、白萝卜、白菜、甘蓝、西红柿、韭菜、韭苔、茄子、辣椒、大葱等品种。工业以石油炼制、造纸为主。服务业以生态旅游为主。233 国道、省道高淄公路过境。

新城镇 370321-B05
[Xīnchéng Zhèn]

桓台县辖镇。在县境西部。面积 44 平方千米。人口 3.7 万。辖 40 村委会，有 38 自然村。镇人民政府驻城东村。元为新城县治。清代属乡。1928 年属一区。1947 年改为崔楼区，1950 年复称一区。1956 年 11 月撤区设乡。1958 年 12 月改称博兴县桓城人民公社。1961 年 5 月改为桓城区。1966 年 7 月撤区并社。1982 年改新城公社。1984 年改为镇。因镇政府驻地为古县城"新城"而得名。主要河流有西猪龙河。有中小学 5 所，卫生院（所）36 个。有市级文物保护单位戏马台遗址，名胜古迹四世宫保坊、忠勤祠、王渔洋故居等。经济以种植小麦、玉米、棉花、蔬菜、山药等为主，新城山药以宫家细毛山药最佳，先后获得"国家地理标志保护产品"和"中国有机产品"认证；蔬菜种植有萝卜、白菜、菠菜、茄子、辣椒、芹菜、韭菜等品种。工业以建筑、化工医药、机械制造为主，建有基础化工医药化工基地和机械加工铸造基地。服务业以文化旅游业为主。滨博高速和省道高淄公路、寿济公路过境。

唐山镇 370321-B06
[Tángshān Zhèn]

桓台县辖镇。在县境南部。面积 71 平方千米。人口 6.0 万。辖 50 村委会，有 48 自然村。镇人民政府驻唐山村。成立初期属桓台一、三、六区所辖。1958 年为第七卫星人民公社，后为博兴县唐山人民公社。1961 年桓台、博兴分县后，改为唐山区。1966 年撤区并设为唐山人民公社。1984 年 4 月改社为唐山镇。2010 年 11 月 6 日撤销邢家镇，并入唐山镇。因镇政府驻地位于唐山而得名。东猪龙河穿境而过。有科研与技术开发机构 6 个，中小学 6 所，图书室 51 个，卫生院（所）47 处。有省级文物保护单位唐山遗址，市文级物保护单位唐山遗址及东高苑城、薛庙古槐树等古迹。宗教纪念地有东营天主教宗教场所。农业以种植小麦、玉米、棉花、蔬菜为主，蔬菜主要有白菜、芹菜、大葱、黄瓜、西红柿、茄子、辣椒、豆角、芸豆、韭菜、圆葱等品种。工业初步形成铸造、毛纺、化工、轻工、建材、机械制造等产业体系。有省道寿济公路过境。

果里镇 370321-B07
[Guǒlǐ Zhèn]

桓台县辖镇。在县境南部。面积86平方千米。人口7.3万。辖65村委会,有62自然村。镇人民政府驻东义和村。清代属厚生乡。1945年属清河行政公署桓台县行政区石桥区,1958年3月设果里乡。同年9月改为卫星第六人民公社。1958年镇政府驻地迁西果里村,1966年建果里人民公社。1984年撤社设乡,1994年撤乡设镇。1997年,果里镇政府驻地由西果里村迁至东义和村。2001年月侯庄镇并入果里镇。2010年周家镇并入果里镇。以原镇政府驻地得名。主要河流有东猪龙河、涝淄河、乌河、大寨沟。有高等学校1所,中小学7所,图书室29个,卫生院(所)68个。有省文物保护单位葵丘遗址。农业以种植小麦、玉米、棉花、花生、蔬菜为主,蔬菜主要品种有萝卜、白菜、西葫芦、茄子、韭菜、芹菜等。工业以精细化工、冶金机械为主。淄东铁路、济青高铁、省道寿济公路过境。

旧地名

邢家镇(旧) 370321-U01
[Xíngjiā Zhèn]

在桓台县中部。桓台县辖镇。1995年10月设立。2010年11月撤销,并入唐山镇。

陈庄镇(旧) 370321-U02
[Chénzhuāng Zhèn]

在桓台县西北部。桓台县辖镇。1994年设立。2011年撤销,并入马桥镇。

耿桥镇(旧) 370321-U03
[Gěngqiáo Zhèn]

在桓台县东部。桓台县辖镇。1995年设立。2001年3月撤销,并入索镇镇。

侯庄镇(旧) 370321-U04
[Hóuzhuāng Zhèn]

在桓台县南部。桓台县辖镇。1995年设立。2001年3月撤销,并入果里镇。

周家镇(旧) 370321-U05
[Zhōujiā Zhèn]

在桓台县西南部。桓台县辖镇。1994年设立。2010年撤销,并入果里镇。

社区

锦秋社区 370321-A02-J01
[Jǐnqiū Shèqū]

属少海街道管辖。在桓台县城区东北部。面积1.2平方千米。人口18 000。因办公地址在锦秋小区内而得名。2001年成立。有楼房244栋,现代建筑风格。驻有中共桓台县委办公室、桓台县人民政府办公室、桓台县城区街道办事处、桓台县工业和信息化局、淄博市生态环境局桓台分局、桓台县信访局、中共桓台县委组织部、国家电网桓台分公司、桓台县实验幼儿园、桓台县博物馆等单位。有志愿者服务,开展防灾减灾教育宣传、"关爱家庭 反对邪教"宣传教育、春节联欢、"树清廉家风 传廉洁家训"主题书法交流、"关爱健康 感恩母亲"母亲节健康义诊、"学党史 诵家训 悟思想 谱新篇"青年节诵读等活动。通公交车。

云涛社区 370321-A02-J02
［Yúntāo Shèqū］

属少海街道管辖。在桓台县城区东部。面积 1.0 平方千米。人口 10 000。因办公地址坐落于云涛小区内而得名。2004 年成立。有楼房 125 栋，现代建筑风格。驻有中共桓台县纪委机关总支部委员会、中共桓台县司法局机关总支部、中共桓台县卫生健康局机关委员会、中共王渔洋文化研究保护中心机关支部、中共桓台县粮食和物资储备事务服务中心机关委员会、中共桓台县供电公司委员会、中共桓台公路事业服务中心总支部委员会、中共桓台县第二小学支部委员会、中共桓台县热力公司支部委员会、中共桓台济民医院支部委员会、中共山东桓台建设工程有限公司委员会、中共桓台县城区街道少海派出所、淄博市社会福利院、中共山东桓台农村商业银行股份有限公司营业部支部委员会等单位。有志愿者服务，开展"消除安全隐患 筑牢安全防线"燃气使用安全宣传、"关爱家庭 反对邪教"宣传教育、春节联欢、"树清廉家风 传廉洁家训"主题书法交流、"关爱健康 感恩母亲"母亲节健康义诊、"学党史 诵家训 悟思想 谱新篇"青年节诵读等活动。通公交车。

宝发社区 370321-A02-J03
［Bǎofā Shèqū］

属少海街道管辖。在桓台县城北部。面积 1.0 平方千米。人口 13 000。因早期办公地址坐落在宝发小区内而得名。2001 年成立。有楼房 105 栋，现代建筑风格。驻有桓台县第一小学、淄博市建筑工程学校、桓台县市场监管局、中国建设银行桓台县支行、桓台县财政局、桓台县人民法院、桓台县人民检察院、桓台县妇女联合会、山东广电网络有限公司、山东桓台农村商业银行股份有限公司等单位。有志愿者服务，开展"笔墨书香送福"、"喜迎春节"走访慰问、"送汤圆 爱传递"庆元宵、防灾减灾教育宣传、"关爱家庭 反对邪教"宣传教育等活动。通公交车。

东城社区 370321-A02-J04
［Dōngchéng Shèqū］

属少海街道管辖。在桓台县城东部。面积 6.0 平方千米。人口 10 500。因处桓台县城东部而得名。2004 年成立。有楼房 201 栋，现代建筑风格。驻有桓台县新华书店党支部、中共桓台商业集团委员会、中国共产党桓台县委员会党校委员会、中共桓台县烟草专卖局（营销部）支部委员会、中国共产党桓台县世纪中学支部委员会、中国共产党桓台县骨伤医院支部委员会、桓台县公安局、桓台县交通运输局、桓台县商务局、桓台县退役军人事务局、桓台县行政审批服务局等单位。开展"家门口看京剧"、"安全第一 预防溺水"宣传、"不忘初心跟党走 邻里和谐过端午"、"维护国家安全 共筑人民防线"主题教育、"迎新春 写春联 送祝福"等活动。通公交车。

兴华社区 370321-A02-J05
［Xīnghuá Shèqū］

属少海街道管辖。在桓台县城东南部。面积 0.3 平方千米。人口 4 200。因办公地址坐落于兴华小区院内而得名。2005 年成立。有楼房 72 栋，现代建筑风格。驻有桓台县人民代表大会常务委员会办公室、中国人民政治协商会议山东省桓台县委员会办公室、中国银行股份有限公司桓台支行、桓台县万泉供水有限责任公司、山东桓台鑫龙商贸有限公司、中国农业银行股份有限公司桓台卫生路分理处、中国人民解放军山东省桓台县人民武装部、桓台喜乐佳商贸有限公司、桓台县卫生局卫生监督所、桓台县残疾人联合会、桓台县实验小学、桓台县旅游局、桓台县水利局等单位。有志愿者服务,开展"春风化雨暖人心"宣传、"禁放烟花爆竹 文明绿色过节"宣传、"喜迎新春 爱心助残"红歌连唱等活动。通公交车。

商城社区 370321-A02-J06
[Shāngchéng Shèqū]

属少海街道管辖。在桓台县城南部。面积0.27平方千米。人口9 400。因办公地址坐落于商城小区而得名。2004年成立。有楼房128栋,现代建筑风格。驻有中共共青团桓台县委机关支部委员会、中共桓台县发展和改革局机关支部委员会、中共桓台县综合行政执法局机关总支部委员会、中共桓台县供销社机关支部委员会、中共淄博中信有限责任会计师事务所支部委员会、中共桓台县新建道路工程有限公司支部委员会、中共桓台县人民医院委员会、中共桓台县渔洋中学总支部委员会等单位。有志愿者服务,开展"送汤圆 爱传递"走访慰问、"春暖元宵 爱满社区"庆元宵、"弘扬雷锋精神·志愿者与你同行"、"开展隐患排查 筑牢安全意识"等活动。通公交车。

宝龙社区 370321-A02-J07
[Bǎolóng Shèqū]

属少海街道管辖。在桓台县城北部。面积0.25平方千米。人口6 500。因办公地址坐落于宝龙小区内而得名。2004年成立。有楼房79栋,现代建筑风格。驻有中共国家税务总局桓台县税务局机关委员会、中共桓台县中医院总支部委员会、中共桓台县教育和体育局机关支部委员会、中共桓台县人民检察院机关委员会、中共中国人民财产保险有限公司桓台县支公司党支部、中共桓台县人民法院机关委员会等单位。

开展"粽情蜜意话端午 红廉结合谱清风"、"传承红色基因 争做新时代文明好少年"、"秋之韵廉政花卉展"、重阳节趣味运动会等活动。通公交车。

西苑社区 370321-A02-J08
[Xīyuàn Shèqū]

属少海街道管辖。在桓台县城西北部。面积0.2平方千米。人口6 200。因办公地址坐落于西苑小区而得名。2004年成立。有楼房51栋,现代建筑风格。有志愿者服务,开展夏季预防青少年溺水安全宣传、"文明婚庆"宣传、走访慰问辖区特殊家庭、"环境整治提升,持续发力美家园"、"感受科学魅力 体验科技快乐"等活动。通公交车。

恒星社区 370321-A02-J09
[Héngxīng Shèqū]

属少海街道管辖。在桓台县城北部。面积0.19平方千米。人口9 100。因办公地址原位于恒星花园小区院内得名。2005年成立。有楼房86栋,现代建筑风格,另有别墅66栋。驻有桓台县疾病预防控制中心,淄博圣洁医院等单位。有志愿者服务,开展"情系社区困难户 浓浓关爱暖人心"学雷锋志愿活动、"时代巾帼绽芳华 志愿服务暖人心"妇女节主题志愿活动、"预防金融诈骗 保障财产安全"防范非法集资宣传、"'忆'路有爱 认知无碍"预防认知症科普宣传、"感恩母亲节 健康进社区"义诊、"清正廉明过清明 文明祭祀树新风"清明节主题活动、"粽香迎端午 清风话廉洁"端午节主题活动、"温情七夕节 传扬好家风"七夕节主题活动以及其他特色文化活动。通公交车。

少海社区　370321-A02-J10
［Shàohǎi Shèqū］

　　属少海街道管辖。在桓台县城西部。面积 0.4 平方千米。人口 11 500。因办公地址坐落于少海花园小区内而得名。2008 年成立。有楼房 132 栋，现代建筑风格。驻有山东伟明物业管理有限公司、桓台县实验学校、桓台县明星幼儿园、桓台县气象局、少海公园管理处等单位。有志愿者服务、养老服务中心，开展巧手"剪窗花 笑意迎新年"、三八妇女节模特培训、清明绘彩蛋、巧手包粽子、"我是故事大王"、重阳节走访慰问等活动。通公交车。2009 年被评为省文明社区。

兰香园社区　370321-A02-J11
［Lánxiāngyuán Shèqū］

　　属少海街道管辖。在桓台县城西南部。面积 0.65 平方千米。人口 15 000。原为羿景嘉园社区，因管理区域新增兰香园生活小区，办公场所搬迁至该小区内，故更名为现名。2009 年成立。有楼房 146 栋，现代建筑风格。驻有中国共产党桓台县总工会机关支部委员会、中共桓台县人民政府办公室机关党支部委员会、桓台县委统战部机关支部、中共齐商银行桓台支行支部委员会、中共桓台少海医院支部委员会、淄博乾旭物业有限公司、中共中国光大银行济南淄博桓台支行党支部、桓台青隆村镇银行、招商银行淄博桓台支行、淄博市医疗保障局桓台分局等单位。有志愿者服务，开展"防范化解灾害风险 筑牢安全发展基础"防灾减灾教育宣传、"关爱家庭 反对邪教"宣传、春节联欢、"清明染彩蛋 共绘清明俗"、"竞赛车进社区 青少年玩科技"竞赛车组装科技周体验等活动。通公交车。

鸿嘉社区　370321-B07-J01
［Hóngjiā Shèqū］

　　属果里镇管辖。在桓台县西南部。面积 1.47 平方千米，人口 10 100。因办公地址设在鸿嘉星城内而命名。2013 年成立。有楼房 83 栋，现代建筑风格，另有别墅 176 栋。驻有桓台二小南校区、盛圆国际酒店、山东鸿巢医养有限公司等单位。通公交车。

高青县

高青县　370322
［Gāoqīng Xiàn］

　　淄博市辖县。北纬 37°10′，东经 117°49′。在市境北部。面积 831 平方千米。人口 36.8 万。辖 2 街道、7 镇。县人民政府驻田镇街道。秦置千乘（治今高城北）、狄其县（治今高城西北），属临淄郡。西汉改狄其为狄县，又增被阳县（治高城），同属千乘郡。东汉废被阳，改狄县为临济县，属乐安国。西晋废千乘入临济离境，故城改置长乐县，又徙渤海郡来治被阳故城，长乐县属之。北齐徙长乐与郡同治，隋开皇十八年（598）改为会城县，大业三年（607）又改为高苑县，属齐郡。唐、宋、金属淄州。元太宗七年（1235）于高苑西之清平镇置青城县，自此境内有高苑、青城 2 县。1948 年 2 县合并，置高青县，以 2 县首字得名。1949 年属清河专区。1954 年属惠民专区。1956 年撤销，地入齐东县；1958 年撤销齐东县，原高青县地并入博兴、邹平 2 县。1961 年复置高青县，属惠民专区。1990 年划属淄博市。地势西北高东南低，自南向北有金岭、银岭、铁岭等缓岗地横贯，缓岗间为微斜平地、浅平洼地，平均海拔 12 米。年平均气温 13.2℃，1 月平均气温 −2.7℃，7 月平均气温 26.9℃。年平均降水量 565.4 毫米。除小清河、黄河流经南、北县境外，还有支脉河、北支新河等。东北部有大芦湖。有石油、天然气、二氧化碳和专用黏土等矿产资源，地热水资源丰富。有野生植物 16 种，野生动物 400 余种，其中国家重点保护野生动物有震旦鸦雀、雀鹰、白鹭等 15 种。森林覆盖率 14.71%。有大芦湖湿地自然保护区。有工程技术研究中心 19 家，其中国家高新技术企业 3 家，省级工程技术研究中心 5 家。有中小学 49 所，文化馆、博物馆类场馆 12 个，文艺团体 20 个，体育馆 1 个，县级医院 4 个。有国家级文物保护单位陈庄 - 唐口西周古城遗址、青城文昌阁，省级文物保护单位后赵遗址、鲁仲连墓、店子遗址、胥家庙遗址等 8 个，爱国主义教育基地高青县革命历史纪念馆、高青县马扎子爱国主义教育基地等 8 个，省级非物质文化遗产扳倒井白酒传统酿造工艺、仪狄造酒故事 2 个。有天鹅湖国际慢城、千乘湖生态文化园和芦湖公园等风景区，有文昌阁、扳倒井、衮龙桥等名胜古迹，有国家 AAAA 级景区国井酒文化生态博览园，AAA 级景区高青温泉花乡景区、千乘湖生态文化旅游景区。三次产业比例为 14：50：36。农业以种植业和畜牧业为主，形成瓜菜、畜牧、水产、果桑四大特色产业。农作物主产小麦、玉米、大豆、水稻、谷子，蔬菜有白菜、黄瓜、芹菜、莴苣、辣椒、西红柿等。经济作物主要有棉花、花生、芝麻、西瓜等。畜牧养殖以生猪、肉鸭、黑牛为主，间有稻田蟹、稻田虾养殖。桑蚕养殖为地方优质产业。"高青黑牛""高青西瓜""高青西红柿""高青大米"为国家地理保护标志商标，是全国秸秆养牛示范县。工业以电力、石油化工、纺织服装、酿酒及食品、油气开发、医用器械、农产品加工为主。第三产业以农、牧、游三合一的生态旅游业为主，有电子商务、物流运输业等。有滨莱高速和省道广青公路、潍高公路、高淄公路、庆淄公路过境。

高青经济开发区 370322-E01

[Gāoqīng Jīngjìkāifāqū]

在县境东北部。东至引黄干渠，西至园西路，北至刘扬路以北，南至北支新河，面积 3 640 公顷。2006 年 3 月经省政府正式批准为省级经济开发区，由县级政府管理。是高青县产业发展的主要承载区和物资集散区，是辐射与带动县域产业发展的核心区域，有各类企业 105 家，规模以上企业 60 家，其中，外资企业 15 家，高新技术企业 19 家，中国驰名商标 3 个，形成了国井食品、精细化工、纺织三大工业支柱产业，已发展成为高青对外开放的主平台、招商引资的主力军、经济发展的主引擎和城市建设的主战场。知名企业有：国井集团，主要产品为"淡雅浓香"与"芝麻香"型白酒；山东富欣生物科技股份有限公司，主要产品为结晶麦芽糖醇、功能性低聚糖、L- 乳酸等；山东开泰石化丙烯酸有限公司，主要产品为丙烯酸及脂；山东隆华化工科技有限公司，主要产品为聚醚；淄博澳宏化工科技有限公司，主要产品为二氟甲烷制冷剂、五氟丙烷发泡剂；山东大鸿制釉有限公司，主要产品为熔块釉、成釉、硅酸锆以及色料等；淄博鲁群纺织有限公司，主要产品为纱线、衬衣；淄博宏业纺织服装有限公司，主要产品为休闲牛仔裤、面料；山东针巧经编有限公司，主要产品为包边起绒布、三明治、T/C 布。开发区内道路纵横交错，交通便利。

田镇街道 370322-A01

[Tiánzhèn Jiēdào]

高青县人民政府驻地。在县城西部。面积 98 平方千米。人口 7.3 万。2010 年设立。因原田镇镇得名。先后完成西环路、文化路、中心路、芦湖路的修建、改扩建和民主街、官庄等8处城中村改造，建设民生嘉苑、温馨家园等3处廉租住房。完成清华园、体育家园等住宅区和王府井商业城等商业区的建设。境内有北支新河等。有中小学7所，图书馆、文化站2个，体育场1个，医疗卫生机构6个。有省级文物保护单位后赵遗址、市级文物保护单位高青人民剧场和爱国主义教育基地高青县革命历史纪念馆等。有高青电影城、高青银座国际广场、华盛商城、高青体育馆等标志性建筑。农业以温室种植和养殖业为主，主产食用菌、无公害蔬菜、清水龙虾、黑牛等，建有国家级农业标准化示范基地和省级示范基地。工业有造纸印刷、服装纺织、化工制造等。服务业以电子商务、乡村生态旅游为主。有高青长途汽车站，通公交车。

芦湖街道 370322-A02
[Lúhú Jiēdào]

属高青县管辖。在县城东部。面积67平方千米。人口4.1万。2010年设立。因大芦湖得名。2010年以来陆续完成芦湖公园、千乘湖生态文化园建设。2012年修建扩建开泰大道、国井大道、扳倒井路。2014年完成魏堡及苗家等19个旧村改造和芦湖小区、御泉香墅、银铃世家等住宅区建设。有中小学5所，文化站2个，卫生医疗机构3个。有市级文物保护单位齐秉节墓。有县直机关综合办公大楼、政务服务中心、国井大厦、齐商银行、地税局大楼等标志性建筑物。农业以种植业和畜牧业为主，主产高青大米、高青西红柿、樱桃、葡萄、肉牛、奶牛、肉鸡等。工业以节能材料、玻璃纤维、包装材料、金属加工材料、纺织服装为主。服务业以城郊温泉休闲度假、湿地休闲旅游、黄河风情体验、果蔬采摘等生态旅游业为主。通公交车。

青城镇 370322-B01
[Qīngchéng Zhèn]

高青县辖镇。在县境西部。面积78平方千米。人口3.5万。辖111村委会，有111自然村。镇人民政府驻青城村。1949年为城关区。1956年设青城乡。1958年改青城公社。1961年改青城区。1978年复设青城公社。1984年置青城镇。因政府驻青城村得名。黄河沿西部过境。有学校4所，医院1个。有国家级文物保护单位文昌阁，市级非物质文化遗产"青城八大名吃"等。经济以特色生态农业为主，主产小麦、玉米、棉花、高青西瓜、食用菌、无公害蔬菜等，畜牧业以养殖奶牛、肉牛、生猪、鸭为主。工业以纺织服装、高档陶瓷、精细化工、机械制造业为主。省道庆淄公路、广青公路过境。

高城镇 370322-B02
[Gāochéng Zhèn]

高青县辖镇。在县境东南部。面积126平方千米。人口4.9万。辖2居委会、87村委会，有75自然村。镇人民政府驻蔡旺庄。1949年为高城区。1956年为齐东县高城乡。1958年改人民公社。1961年为高青县高城区。1971年复为高城人民公社。1984年设高城镇。因原镇政府驻地高城得名。小清河、支脉河过境。有学校5所，文化站1个，卫生院1个。有省级文物保护单位鲁仲连墓，市级文物保护单位衮龙桥，名胜古迹扳倒井、狄城遗址等。现代种植养殖业发达，主产小麦、玉米、棉花、肉牛、鸭、猪等。工业以纺织服装、陶瓷、化工、机械制造为主，有高青县台湾工业园区。滨莱高速、省道高淄公路过境。

黑里寨镇 370322-B03
[Hēilǐzhài Zhèn]

高青县辖镇。在县境西南部。面积96

平方千米。人口 4.3 万。辖 100 村委会，有 101 自然村。镇人民政府驻黑里寨。1958 年为邹平县黑里寨公社。1961 年撤公社，设高青县黑里寨区。1967 年复改公社。1984 年改黑里寨乡。1985 年撤乡改镇。因驻地村得名。西部有黄河，南部有小清河。有小学 3 所，文化站 1 个，卫生院 1 个。境内有高青县马扎子爱国教育基地、临济故城遗址、胥家庙遗址等名胜古迹。农业以种植业、畜牧业为主，主产小麦、玉米、棉花、花生、黑牛、奶牛，是山东省黑牛培育地。工业以化工、建筑、地毯编织、塑料加工为主。省道庆淄公路过境。

唐坊镇 370322-B04
[Tángfáng Zhèn]

高青县辖镇。在县境东部。面积 97 平方千米。人口 3.3 万。辖 73 村委会，有 72 自然村。镇人民政府驻唐坊村。1949 年为唐坊区。1956 年改设乡。1959 年设公社。1984 年改设乡。1994 年改置镇。因驻地村得名。北支新河等过境。有中小学 4 所，文化站 1 个，卫生院 1 个。有市级文物保护单位千乘城遗址、卫灵公墓，国家级非物质文化遗产董永传说。有舞龙舞狮、喜庆锣鼓等特色文化。农业以特色种植、畜禽养殖为主，主产小麦、棉花、蜜桃、桑蚕、奶牛等，是省级重要的粮食生产基地。工业以渔具、陶瓷、纺织、纸业、建筑材料加工为主，渔具产品远销俄罗斯、韩国等国家。滨莱高速、省道潍高公路过境。

常家镇 370322-B05
[Chángjiā Zhèn]

高青县辖镇。在县境北部。面积 94 平方千米。人口 3.3 万。辖 73 村委会，有 74 自然村。镇人民政府驻常家村。1946 年属高苑县大李区。1956 年属高青县田镇区。1981 年属田镇公社。1984 年由田镇公社析

出设常家乡。1995 年撤乡设镇。2010 年赵店镇并入。2013 年与高青经济开发区合署。因政府驻地村得名。北沿黄河，境内有艾李湖。有高青三中等学校 6 所。古迹有翟家寺、清凉寺、付家汉代遗址等。农业以种植、养殖业为主，主产西瓜、白莲藕、食用菌、肉猪、肉鸭。工业以化工、建材、制衣、纺织、家具制造为主，服装产品远销韩国、日本、欧美等国家和地区。服务业以旅游业为主。省道广青公路、潍高公路过境。

花沟镇 370322-B06
[Huāgōu Zhèn]

高青县辖镇。在县境西南部。面积 117 平方千米。人口 4.8 万。辖 92 村委会，有 92 自然村。镇人民政府驻花沟村。1948 年为高青县花沟区。1958 年建花沟人民公社。1961 年复为花沟区。1976 年又改公社。1984 年建花沟乡。1996 年撤乡设镇。因政府驻地村得名。小清河流经南部。有中小学 6 所，卫生院 1 个。有国家级文物保护单位陈庄西周古城遗址，市级文物保护单位东邹故城遗址、韩子恒烈士墓、胡哈喇墓。有非物质文化遗产剪纸、花鸟字、糖画、桑编、九龙返身鼓谱、西河大鼓等，特色文化扭秧歌、舞龙舞狮、划旱船、踩高跷、抬花轿、唱大戏等。农业以种植业、畜牧养殖为主，主要有棉花、大棚西瓜、蔬菜、葡萄、蜜桃、桑蚕、奶牛等，建有淄博得益乳业公司示范牧场。工业以服装、陶瓷、地毯、建筑、化工、农产品深加工等为主。服务业以运输业为主。省道庆淄公路过境。

木李镇 370322-B07
[Mùlǐ Zhèn]

高青县辖镇。在县境西北部。面积 74 平方千米。人口 3.3 万。辖 103 村委会，有 103 自然村。镇人民政府驻木李村。1948 年为高青县六区。1956 年为齐东县木李乡。

1961 年设高青县青城区木李公社，1971 年为青城公社木李管区。1984 年设木李乡。1998 年撤乡设镇。因驻地村得名。西、北两面有黄河。有中小学 6 所，文化站 1 个，卫生院 1 个。有市级文物保护单位古建筑王家屋台，有老董家古玩特色村，非物质文化遗产传统打铁技术、榫卯家具老技术、民俗"绞脸"等。农业以种植业、养殖业为主，主产蔬菜、棉花、桑蚕、葡萄、奶牛、南美白对虾等。工业主要有油棉、木材加工、机械制造、有机化工、地毯加工等产业。服务业以物流运输、黄河旅游观光等为主。省道庆淄公路过境。

旧地名

樊家林乡（旧）370322-U01
[Fánjiālín Xiāng]

在高青县南部。高青县辖乡。1984 年设立。2001 年 3 月撤销，并入花沟镇。

赵店镇（旧）370322-U02
[Zhàodiàn Zhèn]

在高青县东北部。高青县辖镇。1996 年设立。2010 年 10 月撤销，并入常家镇。

寨子乡（旧）370322-U03
[Zhàizi Xiāng]

在高青县中部。高青县辖乡。1984 年设立。1987 年撤销，并入田镇镇。

社区

青苑社区 370322-A01-J01
[Qīngyuàn Shèqū]

属田镇街道管辖。在高青县西部。面积 5.0 平方千米。人口 19 500。为纪念原青城县和高苑县得名。2004 年成立。有楼房 217 栋，中式建筑风格。驻有高青县委县政府、田镇街道办事处、高青县第四中学、县委机关幼儿园等单位。有志愿者服务、老年人日间照料中心，开展居民健康查体、科普知识宣传等活动。通公交车。2010 年被评为省文明社区。

芦湖社区 370322-A02-J01
[Lúhú Shèqū]

属芦湖街道管辖。在高青县东部。面积 11.0 平方千米。人口 23 400。因大芦湖得名。2004 年成立。有楼房 260 栋，现代简约建筑风格。驻有高青县第一中学、高青县武装部、高青县齐商银行、高青县委党校、高青县招商局等单位。有志愿者服务，开展居民健康义诊、贫困帮扶、科普宣传等活动。通公交车。2009 年被评为省文明社区。

沂源县

沂源县 370323
[Yíyuán Xiàn]

淄博市辖县。北纬 36°11′，东经 118°09′。在市境南部。面积 1 636 平方千米。人口 57.1 万。以汉族为主，还有回、蒙古等民族。辖 2 街道、10 镇。县人民政府驻历山街道。战国为齐盖邑地，汉为盖县地。隋开皇十六年（596）置东安县，治今东安村附近，属琅琊郡。唐武德初废入沂水县。1944 年，析沂水、蒙阴、临朐三县部分地区置沂源县，以沂河发源地得名，治北张良（村），属鲁山专区。1945 年属沂蒙专区。1950 年属沂水专区。1953 年后属临沂专区（1967 年改称地区）。1990 年划入淄博市。据考证，"沂源"之称大约起源于明朝，中庄镇枋峪村今存启圣庙碑载："山东青州府莒州沂水县沂源乡马泉社枸峪。"1944年建县时，因位于沂河发源地，定名为沂源县。地处鲁中南低山丘陵中部，境内山地丘陵占91%，余为平原河谷。地势西北高，东南低，平均海拔300米以上。为鲁中喀斯特洞穴分布最为集中的地区。属暖温带季风大陆性气候。年均气温14℃。1月平均气温−0.1℃，7月平均气温27.4℃。年均降水量738.2毫米。境内河流属淮河、黄河两大流域和弥河水系，有沂河、汶河流经。有铁、金、煤、铝矾土、石灰石、石膏、花岗岩等矿产资源。有野生植物170余种，其中国家重点保护野生植物有国槐、银杏、桧柏、油松等27种。有野生动物300余种，其中国家重点保护野生动物有中华秋沙鸭、天鹅、白鹭、大鸨、鸳鸯等5种。森林覆盖率58%。有国家级研发平台3家，院士、博士后科研工作站17家。有中小学59所，图书馆1个，档案馆1个，体育场馆6个，文艺团体80个，医疗卫生机构18个。有国家级文物保护单位齐长城、沂源猿人遗址，省级文物保护单位11个，省级烈士纪念设施保护单位沂源县烈士陵园，国家级非物质文化遗产牛郎织女传说。有省级风景名胜区2个，国家AA级以上旅游景区10个。三次产业比例为9.76∶26.73∶63.51。农业以种植业为主，主产小麦、玉米等粮食作物及瓜果、蔬菜等经济作物。"沂源苹果"获"中华名果"称号，有沂源全蝎、沂蒙黑山羊、悦庄韭菜、西长旺白莲藕等特产，有国家农产品地理标志产品6个。工业有医药及包装材料、节能材料、高分子材料、煤炭、机械、精密铸造、化工、建材等30多个行业。服务业以乡村旅游、酒店服务为主。有省级开发区1个。有瓦日铁路、341国道、229国道、青兰南线高速公路和省道张店—台儿庄公路、沂源—邳州公路、临朐—历城公路、惠民—沂水公路、张店—鲁村公路过境。

沂源经济开发区 370323-E01
[Yíyuán Jīngjìkāifāqū]

在县境中部。西起兴源路，东至石桥镇工业小区，北起省道博沂路，南至青兰高速公路，面积14.7平方千米。2006年3月山东省政府正式批准设立省级经济开发区，由县级政府管理。以医药包装材料、节能材料、玻璃纤维、精细化工、精密铸造、防腐材料等"六大板块"为主，着力打造医药、新材料、高分子材料、新能源四大产业集群，有博士后科研工作站5家，院士工作站7家，上市公司5家。区内有"四纵九横"的道路路网格局，交通便利。

历山街道 370323-A01
[Lìshān Jiēdào]

沂源县人民政府驻地。在县城中部。面积32平方千米。人口6.3万。2011年设立。因历山得名。有博士、院士科研工作站2个，中小学11所，体育场馆1个，医院3个。有市级爱国教育基地沂源县革命烈士陵园等。农业以都市农业为主，建有农业观光园、农家乐、采摘园等。工业有医药及包装材料、节能材料、高分子材料、机械等行业。服务业有家居城、商业街、鲁中义乌国际商贸城等商业区。有沂源县长途汽车站，通公交车。

南麻街道 370323-A02
[Nánmá Jiēdào]

属沂源县管辖。在县城西部。面积121平方千米。人口5.6万。2014年设立。以原南麻镇政府驻地南麻得名。2014年起开发天湖旅游度假区，建设瓦日铁路客、货站连接线，改造10个村片区，建设4处农贸市场。沂河、张庄河、高村河等流经。有国家级技术研究中心3个，院士、博士工作站2个，中小学5所，体育场馆1个，医疗卫生机构 54 个。有姑子坪遗址、荆山寺遗址和古银杏树。农业以种植林果和蔬菜为主，主要有苹果、葡萄、桃、佛手瓜。工业有陶瓷纤维保温材料、高分子材料、玻璃纤维、汽车配件、医药中间体、生物有机肥等产业。通公交车。

东里镇 370323-B01
[Dōnglǐ Zhèn]

沂源县辖镇。在县境东南部。面积 130 平方千米。人口 5.3 万。辖 64 村委会，有 103 自然村。镇人民政府驻东里村。1952 年由莒沂县划归沂源县。1957 年为东里乡。1958 年成立东里人民公社。1965 年改设东里区。1971 年复设东里公社。1984 年撤社设区。1985 年设东里镇。2001 年韩旺镇并入。因镇政府驻东里得名。地处山区丘陵地带，地势北高南低。沂河从境内穿过，有唐山、文山等。有中小学 10 所，医院 2 个。有省级文物保护单位东安郡古城遗址，有李逵打虎遗址、九顶莲花山文化景区、唐朝皇家寺院弥陀寺、佛陀舍利世界和平塔、九顶莲花塔等景点。农业以有机农产品种植为主，盛产无公害葡萄、苹果、李子、金太阳杏、桃等，特色农业有禽畜养殖、大棚蔬菜等，西长旺白莲藕为国家农产品地理标志产品。工业有铁矿、食品饮料、玻璃纤维等产业。服务业以旅游业为主，建有柳沟人家、闵仲书院等小微景点。瓦日铁路、省道韩莱公路过境。

悦庄镇 370323-B02
[Yuèzhuāng Zhèn]

沂源县辖镇，在县境东北部。面积 185 平方千米。人口 6.2 万。辖 83 村委会，有 90 自然村。镇人民政府驻悦庄。1949 年设青龙区。1957 年改悦庄乡。1958 年改公社。1985 年改置镇。因镇政府驻悦庄得名。境内有埠村河、儒林河、石臼河、悦庄河、两县河等主要河流，分别流入沂河和弥河。有中小学 8 所，卫生院 1 个。有市级文物保护单位北鲍庄遗址，古迹永清寨遗址、原沂源县委、县政府旧址等。农业以种植果蔬、粮食为主，产有韭菜、蒜苗、干鲜果品、中药材等，"悦庄"牌韭菜获得欧盟有机食品认证；畜牧养殖以肉鸡、肉鸭、牛、生猪为主。工业主要有玻璃纤维材料、高分子材料、防腐材料等产业。新兴服务业以房产开发、电子商务、现代物流、生态旅游为主，建有西山旅游示范点、林果大观园。青兰高速、341 国道、省道博沂公路过境。

西里镇 370323-B03
[Xīlǐ Zhèn]

沂源县辖镇。在县境南部。面积 126 平方千米。人口 4.9 万。以汉族为主，还有回族。辖 59 村委会，有 140 自然村。镇人民政府驻西里村。1949 年为金星区。1984 年实行政社分开设区、乡，为梭背岭区。1985 年分设梭背岭乡、金星乡。2001 年 4 月，梭背岭乡和金星乡合并设立西里镇。因镇政府驻地西里村得名。境内大部为丘陵，地势西北高，东南、西南低。境内属沂河水系，沂河从东部穿过，苗庄河自南向北汇入沂河。有中小学 5 所，医院 2 个。有市级爱国主义教育基地朱彦夫教育基地，有东升（新石器时代）遗址、后西里（新石器时代）遗址等市、县级文物保护单位 4 个。农业以种植林果为主，主要有苹果、桃、葡萄，是江北最大的中华寿桃生产基地；畜牧业以养鸭为主，建有肉鸭、奶牛、波尔山羊和奶山羊三大养殖基地。工业有食品储藏加工、纺织、塑料制品、建筑材料等产业。省道韩莱公路、南崔公路过境。

大张庄镇 370323-B04

[Dàzhāngzhuāng Zhèn]

沂源县辖镇。在县境西南部。面积 204 平方千米。人口 4.2 万。辖 63 村委会，有 122 自然村。镇人民政府驻北旋峰村。清属蒙阴县。1949 年为张庄区。1957 年改设乡。1958 年改公社。1982 年改大张庄公社。1985 年复设乡。2002 年撤乡设大张庄镇。以镇政府原驻地大张庄得名。是汶河、沂河的发源地，境内有大张庄河、高村河等河流。有中小学 8 所，卫生院 1 所。有省级文物保护单位西顾庄遗址，市级文物保护单位南村遗址、大桑树遗址、地淤沟遗址，爱国主义教育基地松崮烈士陵园。为特色农业镇，主产花生、桃、葡萄、苹果，是山东省红提葡萄之乡、全国绿色食品技术示范基地。工业有花生制品、玻璃纤维、建筑材料等。省道韩莱公路、沂台公路过境。

中庄镇 370323-B05

[Zhōngzhuāng Zhèn]

沂源县辖镇。在县境中南部。面积 107 平方千米。人口 3.1 万。辖 45 村委会，有 84 自然村。镇人民政府驻中庄。1957 年设中庄乡。1958 年改公社。1985 年复设乡。因镇政府驻地中庄得名。沂河、杨庄河流经。有中小学 4 所，文化站 1 个，卫生院 1 个。有市级文物保护单位南庄遗址、苗家河西遗址、桐峪墓群、西孝遗址、北刘庄遗址、东孝遗址、盖冶墓群。农业以林果业为主，主产苹果、大樱桃、干果、蔬菜等，中庄有机苹果以优良品质和优异的理化指标畅销国内大中城市和东南亚、欧盟等市场，为国家绿色食品（苹果）标准化生产基地。工业有铸造、铁矿、果品冷藏、果品包装等。电子商业平台渐为苹果销售主渠道。瓦日铁路、南崔公路过境。

张家坡镇 370323-B06

[Zhāngjiāpō Zhèn]

沂源县辖镇。在县境东南部。面积 98 平方千米。人口 2.7 万。辖 34 村委会，有 48 自然村。镇人民政府驻黄家峪村。1957 年设张家坡乡。1958 年改公社。1985 年复置乡。因镇政府原驻地张家坡得名。境内红水河贯穿南北。有中小学 7 所，卫生院 1 个。有省级文物保护单位北桃花坪遗址，市级文物保护单位亳坪遗址、北店子遗址、亳坪墓群，古迹铜陵关、张良墓和蓝桥遗址。农业以林果业为主，产苹果、桃、葡萄、枣等。养殖业以黑山羊养殖、黑木耳种植为主。工业有果品加工、藤木家具、玻璃工艺品加工等。服务业以民俗风景生态旅游为主，有铜陵湖农业生态旅游和以葡萄、苹果、鲁源小枣等当地特产为特色的休闲采摘园。青兰高速、博沂公路、东九公路过境。

鲁村镇 370323-B07

[Lǔcūn Zhèn]

沂源县辖镇，在县境西部。面积 200 平方千米。人口 7.0 万。辖 95 村委会，有 112 自然村。镇人民政府驻鲁村。1949 年为鲁村区。1957 年改设乡。1958 年改公社。1985 年改置镇。2010 年与徐家庄乡合并，仍称鲁村镇。因镇政府驻地鲁村得名。境内有徐家庄河、汶河、鲁村河等。有中小学 5 所，卫生院 2 个。有王家坪遗址、沙沟遗址。有 618 战备电台旧址风景区、汇泉桃花岛风景区和天湖湿地公园。农业以种植果蔬和畜牧养殖为主，产小麦、玉米、高粱、花生、棉花、蔬菜等，养殖西门塔尔牛、沂源全蝎、奶牛、肉兔、家禽等。工业有建筑、钢结构、矿业、机械等。服务业以旅游业为主。瓦日铁路、青兰高速、341 国道过境。

南鲁山镇　370323-B08
[Nánlǔshān Zhèn]

沂源县辖镇。在县境西北部。面积206平方千米。人口3.6万。辖46村委会，有52自然村。镇人民政府驻土门村。1957年设九会乡。1958年成立九会人民公社。1965年3月并入南麻区，5月析出成立土门区。1971年改称土门公社。1984年6月建土门镇。2010年与三岔乡部分村合并，设南鲁山镇。因镇政府驻地位于鲁山之阳得名。境内属沂河水系和弥河水系，螳螂河、三岔河流经，有鲁山。有中小学8所，卫生院2个。有国家级文物保护单位"沂源猿人"遗址、齐长城遗址，省级文物保护单位上崖洞遗址，市级文物保护单位千人洞遗址、三岔店墓群、璞邱四村墓群、丝窝墓群。有沂源溶洞群，大小溶洞80多处，其中九天洞被溶洞专家称为中国溶洞精品博物馆。有国家AAAA级鲁山风景区，AAA级凤凰山旅游风景区、沂源溶洞群等。有国家级森林公园。以林果、菌草、食品（中药材）加工、畜禽养殖为主导产业，农业主产中草药、黄烟、苹果、桃、核桃等，有有机苹果、有机小杂粮、菌草产业、盆装有机生命蔬菜、桔梗中药材、黄烟等生产基地，林果业有文坦佛手瓜基地，水北、孟坡核桃基地，茨峪村大棚葡萄生产基地等。工业有铸造、木业、山泉水、中药材加工等。服务业以生态游和农家游为主，每年举办茨峪桃"桃花节"、"都市大果园"旅游观光采摘节和"凤凰山红叶节"。省道博沂公路、仲临公路过境。

燕崖镇　370323-B09
[Yànyá Zhèn]

沂源县辖镇。在县境南部。面积126平方千米。人口3.0万。辖46村委会，有105自然村。镇人民政府驻燕崖村。1957年设燕崖乡。1958年改公社。1985年复设乡。2010年撤乡设镇。以镇政府驻地燕崖得名。沂河流经，是白马河发源地。有中小学5所，图书室22个，体育场2个，卫生院1个。有省级文物保护单位织女洞，市级文物保护单位神清宫、南安乐遗址，国家级非物质文化遗产牛郎织女传说。境内有省级风景名胜区牛郎织女风景区。有神清宫等古建筑。农业以林果种植为主，产大樱桃、苹果、葡萄、板栗、核桃等，燕崖大樱桃被认定为"无公害农产品"，获国家地理标志商标。工业有铝部件制造、环保新材料、新能源、食品加工、工艺制品等产业。服务业以商贸、旅游为主，旅游业以当地景点、物产与文化结合的乡村游、生态游为特点。瓦日铁路、南崔公路过境。

石桥镇　370323-B10
[Shíqiáo Zhèn]

沂源县辖镇。在县境东部。面积113平方千米。人口3.1万。辖29村委会，有50自然村。镇人民政府驻石桥村。1957年设石桥乡。1958年改公社。1985年复设乡。2010年撤乡设镇。以镇政府驻地得名。地势东高西低，两条季节性河流马庄河、水北河汇入沂河。有院士工作站1个，中小学4所，体育场1个，卫生院1个。有省、市级文物保护单位2个，何万祥革命烈士纪念地。有圣佛山景区。农业以种植林果蔬菜为主，产苹果、桃、有机韭菜、中药材，建有有机保健茶、出口菊花、有机韭菜、大棚油桃等特色农业生产基地。工业以新型环保材料、畜禽加工、保健茶加工、菊花加工等为主。旅游业与当地文化与景点结合，有黑崖村旅游示范点、圣佛山翠微茶园、亳山、万祥山、东寺等景点。青兰高速、省道博沂公路过境。

旧地名

韩旺镇（旧） 370323-U01
[Hánwàng Zhèn]

　　在沂源县东南部。沂源县辖镇。1994年设立。2001年撤销，并入东里镇。

沟泉镇（旧） 370323-U02
[Gōuquán Zhèn]

　　在沂源县中部。沂源县辖镇。1994年设立。2001年撤销，分别并入原南麻镇和大张庄乡。

梭背岭乡（旧） 370323-U03
[Suōbèilǐng Xiāng]

　　在沂源县东南部。沂源县辖乡。1985年设立，2001年撤销，并入西里镇。

金星乡（旧） 370323-U04
[Jīnxīng Xiāng]

　　在沂源县南部。沂源县辖乡。1985年设立，2001年撤销，并入西里镇。

徐家庄乡（旧） 370323-U05
[Xújiāzhuāng Xiāng]

　　在沂源县西部。沂源县辖乡。1985年设立，2010年撤销，并入鲁村镇。

三岔乡（旧） 370323-U06
[Sānchà Xiāng]

　　在沂源县东北部。沂源县辖乡。1985年复设。2010年撤销，分别并入南鲁山镇和悦庄镇。

土门镇（旧） 370323-U07
[Tǔmén Zhèn]

　　在沂源县北部。沂源县辖镇。1984年设立。2010年撤销，并入南鲁山镇。

社区

胜利山社区 370323-A01-J01
[Shènglìshān Shèqū]

　　属历山街道管辖。在沂源县城东部。面积3.1平方千米。人口11 800。因位于胜利山脚下而得名。1999年成立。有住宅楼162栋，现代建筑风格，另有平房29套。驻有沂源县人民政府、沂源县人大常委会、沂源县政协、沂源县人民医院、沂源县实验中学、振兴路小学、银河幼儿园、胜利山幼儿园等单位。有志愿者服务。通公交车。

历山社区 370323-A01-J02
[Lìshān Shèqū]

　　属历山街道管辖。在沂源县城北部。面积3.5平方千米。人口16 400。1999年成立。因位于历山脚下而得名。有楼房224栋，现代建筑风格，另有平房132套。有志愿者服务、日间照料中心。驻有历山中学等单位。通公交车。

城南社区 370323-A01-J03
[Chéngnán Shèqū]

　　属历山街道管辖。在沂源县城南部。面积1.82平方千米。人口13 700。因位于县城南部而得名。2001年成立。有居民楼145栋，现代建筑风格。驻有山东药玻、瑞阳制药等单位。有志愿者服务、日间照料中心。通公交车。

城北社区 370323-A01-J04
[Chéngběi Shèqū]

　　属历山街道管辖。在沂源县城北部。面积1.82平方千米。人口7 800。因位于县城北部而得名。2001年成立。有楼房120栋。有志愿者服务，开展科普宣传等活动。通公交车。

城中社区 370323-A01-J05

[Chéngzhōng Shèqū]

属历山街道管辖。在沂源县城中部。面积0.8平方千米。人口10 000。因位于县城中部而得名。2003年成立。有楼房135栋，现代建筑风格。驻有沂源县委、实验幼儿园、鲁山路小学、荆山路小学等单位。有志愿者服务。通公交车。

城东社区 370323-A01-J06

[Chéngdōng Shèqū]

属历山街道管辖。在沂源县城东部。面积6.3平方千米。人口16 000。因位于县城东部而得名。2013年成立。有楼房223栋，现代建筑风格。驻有沂源县委党校、国家电网沂源县源能公司、沂源县第一中学等单位。有志愿者服务。通公交车。

鲁阳社区 370323-A02-J01

[Lǔyángshèqū]

属南麻街道管辖。在沂源县城东南部。面积1.25平方千米。人口18 000。因辖区内的鲁阳公司而得名。2005成立。有楼房149栋，现代建筑风格，另有平房。驻有鲁阳公司、华联金属公司、南麻街道中心小学等单位。有志愿者服务、日间照料中心，开展科普宣传等活动。通公交车。

城西社区 370323-A02-J02

[Chéngxī Shèqū]

属南麻街道管辖。在沂源县城西部。面积0.66平方千米。人口11 000。因位于县城西部而得名。1999年成立。有楼房133栋，现代建筑风格。驻有西台小学、鲁源建工、沂源县畜牧局等单位。有志愿者服务。通公交车。

二　居民点

淄川区

城市居民点

般阳生活区 370302-I01
[Pányáng Shēnghuóqū]

在区境西北部。人口 17 300，6 399 户。总面积 46 公顷。以淄川古称般阳而得名。1992 年始建，1993 年正式使用。建筑总面积 360 000 平方米，住宅楼 96 栋，其中高层 1 栋，多层 95 栋。现代建筑风格。绿地面积 140 000 平方米，有活动广场、超市等配套设施。通公交车。

祥和生活区 370302-I02
[Xiánghé Shēnghuóqū]

在区境中部。人口 9 300。总面积 48 公顷。名字寓意居民生活吉祥和谐。2001 年始建，2013 年正式使用。建筑总面积 247 000 平方米，住宅楼 87 栋，其中高层 5 栋，多层 82 栋。现代建筑风格。绿地面积 110 000 平方米，有中学、幼儿园、超市、卫生室、诊所等配套设施。通公交车。

柳泉生活区 370302-I03
[Liǔquán Shēnghuóqū]

在区境东部。人口 3 500。总面积 7.5 公顷。以泉命名。1987 年始建，1993 年正式使用。建筑总面积 124 000 平方米，多层住宅楼 57 栋，现代建筑风格。绿地面积

5 000 余平方米，有农贸市场、超市等配套设施。通公交车。

颐泽花园 370302-I04
[Yízé Huāyuán]

在区境南部。人口 9 400。总面积 32 公顷。寓意居民在此休养生息、泽荫后代。2003 年始建。2004 年正式使用。建筑总面积 270 000 平方米，住宅楼 70 栋，其中高层 6 栋、多层 64 栋，中式现代建筑风格。绿地面积 61 000 平方米，有学校、广场等配套设施。通公交车。

上湖御园 370302-I05
[Shànghú Yùyuán]

在区境中部。人口 4 500。总面积 7.5 公顷。2009 年始建，2010 年正式使用。建筑总面积 250 000 平方米，住宅楼 21 栋，其中多层 8 栋、高层 13 栋，中式现代建筑风格。绿地面积 26 000 平方米，有幼儿园等配套设施。通公交车。

锦绣花苑 370302-I06
[Jǐnxiù Huāyuán]

在区境东北部。人口 3 500。总面积 13.3 公顷。以嘉言命名，寓意居民事业和生活前程似锦。2002 年始建，2004 年正式使用。建筑总面积 150 000 平方米，住宅楼 39 栋，其中高层 7 栋、多层 32 栋，中式现代建筑风格。绿地面积 50 000 平方米，有幼儿园、游泳馆、超市、诊所等配套设施。

通公交车。

安居生活区 370302-I07
[Ānjū Shēnghuóqū]

在区境东北部。人口5 200。总面积7.9公顷。该小区为政府安居工程，体现入住居民安居乐业之意，故称安居生活区。1997年始建，2002年正式使用。建筑总面积175 000平方米，多层住宅楼41栋，现代建筑风格。绿地面积30 000平方米，有小学、中学、幼儿园等配套设施。通公交车。

温馨佳苑 370302-I08
[Wēnxīn Jiāyuàn]

在区境东北部。人口1 500。总面积9公顷。名称立意体现温馨氛围的花苑式住宅。2007年始建，2008年正式使用。建筑总面积52 000平方米，多层住宅楼9栋，现代建筑风格。绿地面积5 100平方米，有酒店等配套设施。通公交车。

南城新苑 370302-I09
[Nánchéng Xīnyuàn]

在区境南部。人口13 600。总面积21公顷。名称寓意居民新生活吉祥美好。2011年始建，2014年正式使用。建筑总面积210 000平方米，住宅楼56栋，其中高层37栋、多层19栋，现代建筑风格。绿地面积73 000平方米，有中学、小学、公园等配套设施。通公交车。

舒香苑 370302-I10
[Shūxiāng Yuàn]

在区境西北部。人口2 700。总面积5.4公顷。因处原般阳中学旧址，取"书香"谐音得名。2013年始建，2014年正式使用。建筑总面积190 000平方米，高层住宅楼11栋，现代建筑风格。绿地面积19 000平方米，有公园、幼儿园、医院、酒店、图书馆等配套设施。通公交车。

水岸怡居 370302-I11
[Shuǐ'àn Yíjū]

在区境西北部。人口5 300。总面积6公顷。名称体现小区依水而建。2008年始建，2011年正式使用。建筑总面积170 000平方米，多层住宅楼14栋，现代建筑风格。绿地面积21 000平方米，有幼儿园等配套设施。通公交车。

农村居民点

查王 370302-A04-H01
[Cháwáng]

在区驻地般阳路街道南方向2.0千米。将军路街道辖自然村。人口1 600。因关帝庙前有株大茶树，命名为茶王庄，后称查王。聚落呈团块状。有幼儿园1所、小学1所。经济以制造业、旅游业为主，有山东省AAA级旅游景区文峰山风景区，有山东淄博山川药业有限公司等企业。有公路经此。通公交车。

石门 370302-A04-H02
[Shímén]

在区驻地般阳路街道西南方向2.8千米。将军路街道辖自然村。人口800。因村南石岭似门得名。聚落呈团块状。有小学1所。经济以种植业、运输业、服务业为主，主产小麦、玉米，有正佳陶瓷花纸有限公司、超盛化工有限公司、鲁川化工有限公司等企业。有淄博绿城农业生态园。有公路经此。通公交车。

七里 370302-A04-H03
[Qīlǐ]

在区驻地般阳路街道西南方向4.4千

米。将军路街道辖自然村。人口 3 300。因距淄城七华里，故名。聚落呈带状。有幼儿园 2 所。经济以服装加工业、种植业为主，主产小麦、玉米、红薯、花椒、杂粮等，有彤泰陶瓷有限公司、光正新型复合材料有限责任公司等企业。有公路经此。

公孙 370302-A04-H04
[Gōngsūn]

在区驻地般阳路街道南方向 1.4 千米。将军路街道辖自然村。人口 1 400。传为公孙弘故里而得名。聚落呈团块状。有小学 2 所。有省级重点文物保护单位公孙遗址。经济以铸造业、化工业、机械制造业为主，有淄川耀东化工有限公司、淄川普裕包装制品厂、淄川区利民化工厂等企业。有公路经此。通公交车。

贾官 370302-A04-H05
[Jiǎguān]

在区驻地般阳路街道西南方向 4.0 千米。将军路街道辖自然村。人口 1 500。据考，邑人、明金乡县训导张教晚年居于该村，县西南各村多请其调解民事，而不再进城禀官，曾被誉为"加官"，村名也改称加官，后演变为贾官。聚落呈团块状。有文化活动中心 1 个。经济以服务业、制造业、种植业为主，主产小麦、玉米、花生等，有淄川五龙化工材料厂、淄川圳隆耐火材料厂、淄博金圆钢制橱柜有限公司等企业。张博路辅线经此。

小昆仑 370302-B01-H01
[Xiǎokūnlún]

昆仑镇人民政府驻地。在区驻地般阳路街道西南方向 6.0 千米。人口 1 500。因境内昆仑山得名。聚落呈团块状。有学校 1 所、博物馆 1 所、研究所 1 所。经济以种植业、制造业为主，主产小麦、玉米、葱、

韭菜等，有煤炭、机械制造、精细化工等业。有久鼎机械有限公司、鸿鹏窑炉技术有限公司等企业。张博路经此。通公交车。

大昆仑 370302-B01-H02
[Dàkūnlún]

在区驻地般阳路街道西南方向 9.0 千米。昆仑镇辖自然村。人口 5 000。以西依昆仑山得名昆仑店，清初为区别于小昆仑，改称大昆仑。聚落呈团块状。有幼儿园 1 所、中学 1 所。经济以制造业为主，有艺高工艺陶瓷有限公司等企业。张八铁路、滨莱高速、326 省道经此。

大奎 370302-B01-H03
[Dàkuí]

在区驻地般阳路街道西南方向 9.0 千米。昆仑镇辖自然村。人口 8 000。因坐落于大奎山下，故名。聚落呈团块状。有农家书屋 1 个、幼儿园 1 所。经济以制造业为主，有世宏化学工业有限公司、光晟制塑有限公司等企业。326 省道经此。通公交车。

西龙角 370302-B01-H04
[Xīlóngjiǎo]

在区驻地般阳路街道西南方向 9.2 千米。昆仑镇辖自然村。人口 2 100。以所处地形似龙，龙角伸向西而得名。聚落呈团块状。经济以制造业为主，有泰晟陶瓷科技有限公司、昆山皮带扣厂、淄博塑化实业有限公司化工分公司等企业。省道张博公路经此。

洄村 370302-B01-H05
[Huícūn]

在区驻地般阳路街道西南方向 6.6 千米。昆仑镇辖自然村。人口 1 500。以孝妇河漾洄该村得名。聚落呈团块状。有幼儿

园1所。有省级重点文物保护单位洄村古楼。经济以制造业为主，有煜达模具科技有限公司等企业。张博铁路、294省道经此。通公交车。

许家　370302-B01-H06
[Xǔjiā]

在区驻地般阳路街道西南方向9.5千米。昆仑镇辖自然村。人口1 400。许姓明代以前即居此地，村以姓氏命名许家庄。聚落呈团块状。有幼儿园1所。经济以制造业为主，有淄川彤龙机械制造厂、淄川金昊冲压机械厂等企业。205国道、326省道经此。通公交车。

康家坞　370302-B01-H07
[Kāngjiāwù]

在区驻地般阳路街道西南方向7.7千米。昆仑镇辖自然村。人口2 200。初以姓氏命名康家务，明后期以地形及姓氏改称康家坞。聚落呈团块状。有文化大院1个、农家书屋1个。经济以制造业为主，有鲁宝金属制品有限公司、瑞享耐火材料有限公司等企业。205国道经此。

苏王　370302-B01-H08
[Sūwáng]

在区驻地般阳路街道西南方向4.9千米。昆仑镇辖自然村。人口3 800。以姓氏命名。聚落呈团块状。有幼儿园1所。有市级重点文物保护单位禹王山、禹王庙，有市级非物质文化遗产苏王舞龙。经济以制造业为主。张博铁路、省道张博公路经此。通公交车。

磁村　370302-B01-H09
[Cícūn]

在区驻地般阳路街道西南方向10.0千米。昆仑镇辖自然村。人口3 900。早年陶瓷业发达，为贸易场所并设税卡，以此取名磁窑务，后改称磁村。聚落呈带状。有中学1所、小学1所、幼儿园2所。有国家级重点文物保护单位磁村窑址，山东省非物质文化遗产磁村花鼓。经济以运输业、种植业、养殖业为主，有淄川广渊建材厂等企业。326省道经此。通公交车。

大百锡　370302-B01-H10
[Dàbǎixī]

在区驻地般阳路街道西南方向9.5千米。昆仑镇辖自然村。人口1 300。以村北有一小溪称北溪村，后以谐音演变为百锡村。1949年前分为大、小百锡两村，该村为大百锡村。聚落呈团块状。有文体广场1个。经济以种植业为主，有双峰耐火材料厂、昊星耐火材料有限公司等企业。有焦磁公路经此。通公交车。

刘瓦　370302-B01-H11
[Liúwǎ]

在区驻地般阳路街道西南方向10.0千米。昆仑镇辖自然村。人口2 000。以姓氏得名。聚落呈团块状。有文化大院1个、幼儿园1所。有市级重点文物保护单位刘瓦村古建筑群，非物质文化遗产笛梆子戏和磁村花鼓。经济以旅游业、种植业为主，有佰泽锻压机械厂、盛泽机械厂等企业。有公路经此。通公交车。

张李　370302-B01-H12
[Zhānglǐ]

在区驻地般阳路街道西南方向11.0千米。昆仑镇辖自然村。人口1 200。明代以前有张、李两姓居住，以姓氏命名张李庄，1982年改为张李村。聚落呈团块状。有民俗博物馆1个。有省级非物质文化遗产磁村花鼓。经济以旅游业、种植业为主，经济作物有林果、有机蔬菜、中草药、食用菌，有西泽机械厂、创冠木业有限公司等企业。滨莱高速经此。通公交车。

马棚 370302-B01-H13
［Mǎpéng］

在区驻地般阳路街道西南方向 15.0 千米。昆仑镇辖自然村。人口 1 000。村内陈姓有一骏马，养于村东侧石棚内，山上有虎为害，马上山与虎斗，大汗，主人剪其毛，再斗而死，遂以马棚为村名。聚落呈散状。有农家书屋 1 个、电子阅览室 1 个。经济以种植业为主，有椿芽种植基地。通公交车。

蒲家 370302-B02-H01
［Pújiā］

在区驻地般阳路街道东方向 4.0 千米。洪山镇辖自然村。人口 1 700。初名三槐庄，因村东有井，井水常溢，名满井（即柳泉），村以井名改称满井庄。明代中期以姓氏更称蒲家庄，后改称蒲家。聚落呈团块状。有小学 1 所、幼儿园 1 所。有国家重点文物保护单位蒲松龄故居纪念馆、省级文物保护单位蒲家庄民俗建筑群，国家级非物质文化遗产聊斋俚曲。经济以开发聊斋文化旅游、工艺品销售和旅游消费为主，服装加工为辅。有淄川宝祺机械厂等企业。有国家 AAAA 级旅游区聊斋园。有公路经此。通公交车。

马家 370302-B02-H02
［Mǎjiā］

在区驻地般阳路街道东南方向 3.0 千米。洪山镇辖自然村。人口 2 600。以姓氏命名。聚落呈带状。经济以个体工商业为主，有马家煤井、巨龙玻璃纤维有限公司、环宇机械制造有限公司等企业。有公路经此。通公交车。

土峪 370302-B02-H03
［Tǔyù］

在区驻地般阳路街道东南方向 9.4 千米。洪山镇辖自然村。人口 600。因村所处山峪多野兔，故名兔峪，后以同音改称土峪。聚落呈带状。经济以特色旅游业、种植业和畜牧业为主，土特产有柿子、柿饼、萝卜豆豉咸菜等。通公交车。

十里 370302-B02-H04
［Shílǐ］

在区驻地般阳路街道东南方向 4.5 千米。洪山镇辖自然村。人口 1 600。以距城十里得名。聚落呈带状。有幼儿园 1 所。经济以制造业、种植业为主，有京鹰建陶有限公司、十里水泥制品厂等企业。有公路经此。通公交车。

小红卫 370302-B02-H05
［Xiǎohóngwèi］

在区驻地般阳路街道东南方向 3.7 千米。洪山镇辖自然村。人口 600。村初以梁王墓得名梁家庄，后护茔者为孙氏，曾称孙家庄。2002 年后，改为小红卫。聚落呈带状。经济以工商业为主、种植业为辅。有公路经此。通公交车。

东省 370302-B02-H06
［Dōngshěng］

在区驻地般阳路街道东南方向 4.8 千米。洪山镇辖自然村。人口 1 400。村初取名"省悟""省察"之意而名省（xǐng）庄，后演变为省（shěng）庄，明代后期居民渐多，以小河为界分为东省庄、西省庄，该村居东，为东省庄，后名东省。聚落呈团块状。经济以种植业、制造业为主，有洪山标牌厂、嘉信标牌制造有限公司、朵琪童装制衣有限公司等企业。有公路经此。

车宋庄 370302-B02-H07

[Chēsòngzhuāng]

在区驻地般阳路街道东南方向 5.7 千米。洪山镇辖自然村。人口 2 800。明末，因车、宋两姓分别定居村北方向、南方向，各以姓氏名村车家庄、宋家庄，1982 年，因两村已连成一村，名车宋庄。聚落呈团块状。有幼儿园 1 所。经济以个体经营为主。有淄川区殡仪馆、淄博永新化工公司、淄博恒邦化工有限公司等企业。有公路经此。通公交车。

罗村 370302-B03-H01

[Luócūn]

罗村镇人民政府驻地。在区驻地般阳路街道东北方向 10.0 千米。人口 4 900。以姓氏得名。聚落呈团块状。有幼儿园 1 所、小学 1 所、中学 1 所。有市级重点文物保护单位刘志霞烈士墓。经济以种植业、制造业为主，主产小麦、玉米等粮食作物，有建材、纺织、化工等制造产业。省道湖南公路经此。

千峪 370302-B03-H02

[Qiānyù]

在区驻地般阳路街道东北方向 14.3 千米。罗村镇辖自然村。人口 4 600。原村址在现村西南黄土崖上，初名黄崖，后村东移，改称迁峪，同音字演化为千峪。聚落呈散状。有幼儿园 1 所。经济以种植业为主，有豆腐干加工厂、千峪机械配件厂、鑫星钟表厂等企业。有公路经此。通公交车。

大鸢桥 370302-B03-H03

[Dàdiàoqiáo]

在区驻地般阳路街道东北方向 10.0 千米。罗村镇辖自然村。人口 3 200。以桥命名吊桥庄，后村人取其嘉意，把"吊桥"改称"鸢桥"，又为区别于小鸢桥，更名为大鸢桥。聚落呈团块状。有幼儿园 1 所。有国家级非物质文化遗产淄砚刻制制作工艺。经济以养殖业、建陶业为主，有淄博轩鹏建筑陶瓷有限公司等企业。235 省道经此。

南韩 370302-B03-H04

[Nánhán]

在区驻地般阳路街道东北方向 12.0 千米。罗村镇辖自然村。人口 2 500。明代以前以姓氏取名韩刘坞，因设税卡称韩辽务，因有一大沟又名韩柳沟，该村因在沟南称南韩刘沟。1949 年后改称南韩。聚落呈团块状。有市级重点文物保护单位南韩泰山行宫。经济以种植业、养殖业为主，有淄博鲁中水泥有限公司、南韩化工厂、淄博鑫亚钙业有限公司、南韩豆制品厂、冯作宝养殖场、冯明金养殖场等企业。有公路经此。

瓦村 370302-B03-H05

[Wǎcūn]

在区驻地般阳路街道东北方向 10.6 千米。罗村镇辖自然村。人口 1 500。因相传早年村内曾发掘一大寺（庙）遗址，出土大量各色古瓦而得名。聚落呈团块状。有幼儿园 1 所、文体广场 1 个。经济以工商业、种植业为主，有晶一建筑材料厂、恒川塑业有限公司、罗亿建陶有限公司等企业。通公交车。

聂村 370302-B03-H06

[Niècūn]

在区驻地般阳路街道东北方向 10.8 千米。罗村镇辖自然村。人口 2 200。以姓氏命名。聚落呈团块状。有中学 1 所。有市级非物质文化遗产聂村芯子。经济以养殖业、陶瓷业为主，有聂村幸福养殖场、朱士全养殖场等，有淄博锐刚磨具、鲁中耐火材料、铭汇梓艺术陶瓷等企业。235省道、罗家庄铁路经此。

演礼庄 370302-B03-H07
[Yǎnlǐzhuāng]

在区驻地般阳路街道东北方向8.6千米。罗村镇辖自然村。人口1 400。相传为东汉经学家郑玄游学黉山时教授弟子演习礼仪的场所，村由此得名。聚落呈团块状。经济以煤炭业、建筑业、化工业为主，种植小麦、玉米、有机蔬菜等，有淄博兆昌工贸有限公司等企业。有公路经此。通公交车。

道口 370302-B03-H08
[Dàokǒu]

在区驻地般阳路街道东北方向8.3千米。罗村镇辖自然村。人口1 900。以处古大道口旁得名。聚落呈团块状。有幼儿园1所。经济以种植业、制造业为主，主产小麦、玉米等经济作物，农副产品有特色咸菜、特色煎饼、五香豆腐干等，有畜牧养殖业。制造业以建材、纺织、化工为主，有金亿陶瓷有限公司等企业。235省道经此。通公交车。

于家 370302-B03-H09
[Yújiā]

在区驻地般阳路街道东北方向10.7千米。罗村镇辖自然村。人口1 200。明代前期于姓由桓台县于家梯子迁来定居，以姓氏命名于家庄，后称于家村。聚落呈团块状。经济以种植业为主，主产小麦、玉米。通公交车。

邢家 370302-B03-H10
[Xíngjiā]

在区驻地般阳路街道东北方向9.9千米。罗村镇辖自然村。人口2 000。据考，早年有邢氏在道旁开设邢家店，亦名邢家铺，后逐渐成村，名邢家。聚落呈团块状。经济以畜牧业、运输业为主。农作物有玉米、小麦、红薯、有机蔬菜、林果，畜牧业有野猪林养殖场。有兴佳水泥厂、帅德机械厂等企业。省道湖南公路经此。

东官庄 370302-B03-H11
[Dōngguānzhuāng]

在区驻地般阳路街道东北方向11.8千米。罗村镇辖自然村。人口1 200。村原为两小庄，以其地势取名上庄、下庄，后南官庄村民迁下庄，上庄、下庄合为一村，改名东官庄。聚落呈团块状。经济以种植业为主，主产小麦、玉米、核桃，有山东世纪永兴瓷业有限公司、淄博嘉坤锆铝新材料有限公司等企业。235省道经此。

河东 370302-B03-H12
[Hédōng]

在区驻地般阳路街道东北方向11.3千米。罗村镇辖自然村。人口3 800。村因处锦川河东岸得名。聚落呈带状。有市级重点文物保护单位淄砚生产作坊旧址。经济以种植业、制造业为主，主产小麦、玉米、有机蔬菜等，有松龄水泥有限公司、建陟工贸有限公司、宗舜机械有限公司等企业。省道湖南公路经此。通公交车。

洼子 370302-B03-H13
[Wāzi]

在区驻地般阳路街道东北方向11.7千米。罗村镇辖自然村。人口1 800。因村四周为土崖，称凹子村，后"凹"演变为"洼"，称洼子。聚落呈带状。经济以种植业、养殖业为主，有张笃兵养殖场、淄博唯能陶瓷有限公司等企业。235省道经此。通公交车。

龙口 370302-B04-H01
[Lóngkǒu]

龙泉镇人民政府驻地。在区驻地般阳路街道东南方向7.0千米。人口8 500。因村西低洼处有泉水自石刻龙头口中流出得名。聚落呈团块状。有幼儿园4所、小学4所、中学2所。有市级重点文物保护单位龙泉玉石街、响井堰三十九烈士墓。经济以种植业、制造业为主，生产花椒、椿芽、核桃、樱桃等40余种富硒产品。省道湖南公路经此。通公交车。

和庄 370302-B04-H02
[Hézhuāng]

在区驻地般阳路街道南方向6.0千米。龙泉镇辖自然村。人口1 400。以村临河称河庄，后演变为和庄。聚落呈团块状。出土国家一级文物1个。经济以种植业、陶瓷业为主，主产小麦、玉米、有机蔬菜、林果等，有飞龙建陶、三易电子、联强塑胶等企业。洪山铁路、省道湖南公路经此。

韩庄 370302-B04-H03
[Hánzhuāng]

在区驻地般阳路街道东南方向4.6千米。龙泉镇辖自然村。人口1 000。初名韩家营，至元代，改称韩庄。聚落呈团块状。经济以种植业为主，主产玉米、小麦、核桃、樱桃，有穆家湾核桃专业合作社、金毫相农业专业合作社、宜龙化工有限公司、荣辉耐火材料有限公司、韩庄水泥制品厂等企业。省道湖南公路经此。通公交车。

泉头 370302-B04-H04
[Quántóu]

在区驻地般阳路街道南方向10.7千米。龙泉镇辖自然村。人口1 700。因当年村旁泉水较多得名。聚落呈团块状。经济以旅游业为主，有农家乐、采摘园等，特产有泉头砂锅，有山东鲁安自动化设备有限公司、宏业锻压设备有限公司等企业。通公交车。

渭头河 370302-B04-H05
[Wèitóuhé]

在区驻地般阳路街道东南方向9.3千米。龙泉镇辖自然村。人口6 100。因村址坐落在般河之源得名峪头河，清末以谐音改称渭头河。聚落呈团块状。有省级重点文物保护单位龙泉渭一窑址。经济以种植业、制造业为主，主产玉米、小麦、蔬菜、林果等，有建陶、消防器材、电瓷、绝缘子等相关企业。省道泉王公路、湖南公路经此。公交车。

圈子 370302-B04-H06
[Quānzi]

在区驻地般阳路街道东南方向9.0千米。龙泉镇辖自然村。人口3 500。取般河绕村半圈之意称圈子。聚落呈团块状。经济以制造业为主，有山东东华水泥有限公司、淄博广通化工有限公司等企业。有公路经此。

台头 370302-B04-H07
[Táitóu]

在区驻地般阳路街道东南方向7.9千米。龙泉镇辖自然村。人口2 900。取抬头兴旺之意命名。聚落呈团块状。经济以种植业为主，有英吉瓷业有限公司、丰川科技有限公司、衡祚工贸有限公司、金刚石厂、聚鑫晟科技有限公司等企业。省道湖南公路经此。

寨里 370302-B05-H01
[Zhàilǐ]

寨里镇人民政府驻地。在区驻地般阳

路街道东方向 6.6 千米。人口 4 000。明代因绕村筑围墙，称寨里。聚落呈团块状。有小学 1 所。有国家级重点文物保护单位南北魏时期古窑址。经济以种植业、制造业为主，主产小麦、玉米、谷子、红苹果、红薯、樱桃等，有寨里黉阳农产品专业合作社、淄博金坤化学工业有限公司等企业。325 省道、省道胶王公路经此。通公交车。

佛村 370302-B05-H02
[Fócūn]

在区驻地般阳路街道东方向 13.0 千米。寨里镇辖自然村。人口 6 400。以村址在夏禹河北岸山坡上称河上庄，后因村中有寺庙，以河上庄的谐音称佛上庄。清后期更名为佛村。聚落呈团块状。有小学 1 所、幼儿园 1 所、文化广场 4 个。经济以种植业、养殖业、运输业为主。通公交车。

黄家庄 370302-B05-H03
[Huángjiāzhuāng]

在区驻地般阳路街道东方向 9.4 千米。寨里镇辖自然村。人口 1 500。以姓氏命名。聚落呈团块状。经济以农业、养殖业、运输业为主，主产小麦、玉米、红薯、谷物等有机农作物，有赵到沟农产品专业合作社、赵殿沟养鸡专业合作社。通公交车。

邹家 370302-B05-H04
[Zōujiā]

在区驻地般阳路街道东北方向 7.0 千米。寨里镇辖自然村。人口 1 900。以姓氏命名。聚落呈团块状。经济以制造业、运输业为主。325 省道、235 省道经此。通公交车。

北沈 370302-B05-H05
[Běishěn]

在区驻地般阳路街道东北方向 4.3 千米。寨里镇辖自然村。人口 2 500。明初以沈、马两姓命名沈马庄，后依位置命名北沈。聚落呈团块状。有国家级重点文物保护单位北沈遗址。经济以种植业、制造业、运输业为主，有鲁宏工业用布厂、加琪化工厂、广信耐火材料等企业。省道胶王公路经此。

西周 370302-B05-H06
[Xīzhōu]

在区驻地般阳路街道东北方向 2.5 千米。寨里镇辖自然村。人口 1 600。周姓于明代以前已在此地居住，以烧砖瓦命名周瓦庄，该村居西后称西周瓦庄，后名西周。聚落呈团块状。有幼儿园 1 所、小学 1 所、文化广场 1 个。经济以种植业、制造业为主，有陶瓷、水泥、物流等相关企业。省道胶王公路经此。

莪庄 370302-B05-H07
[Ézhuāng]

在区驻地般阳路街道东方向 5.4 千米。寨里镇辖自然村。人口 1 600。引《诗经·小雅·菁莪》之 "菁莪" 二字命村名为菁莪庄，后演变为莪庄。聚落呈团块状。经济以种植业为主，有长金农业合作社、淄博市富硒蔬菜标准园、淄博铭键工贸有限公司等企业。有公路经此。

土孤堆 370302-B05-H08
[Tǔgūduī]

在区驻地般阳路街道东方向 11.0 千米。寨里镇辖自然村。人口 1 100。因村西有一高数十米的孤立土丘而得名。聚落呈团块状。有文化活动室 1 个。经济以种植业、养殖业为主。通公交车。

南峪 370302-B05-H09
[Nányù]

在区驻地般阳路街道东南方向 13.0 千米。寨里镇辖自然村。人口 700。初以峪中多兔,村名兔峪。后以在榴坡村南峪中,更称南峪。聚落呈团块状。有市级重点文物保护单位扎山碑刻。经济以种植业为主。通公交车。

双旭 370302-B05-H10
[Shuāngxù]

在区驻地般阳路街道东方向11.0千米。寨里镇辖自然村。人口1 100。相传,早年宋太祖赵匡胤深夜行军曾宿其地,后以谐音称双旭。聚落呈团块状。经济以种植业、旅游业为主,主产小麦、玉米、林果、蔬菜、中草药、食用菌等有机作物,有淄博华腾机械有限公司等企业。有公路经此。

榴坡 370302-B05-H11
[Húpō]

在区驻地般阳路街道东方向10.0千米。寨里镇辖自然村。人口1 200。村以近旁山坡多榴树得名。聚落呈团块状。经济以种植业、运输业、商业为主,主产小麦、玉米、谷子。有公路经此。

黑旺 370302-B05-H12
[Hēiwàng]

在区驻地般阳路街道东方向20.0千米。寨里镇辖自然村。人口1 800。清雍正八年(1730)暴雨成灾,淄河泛滥,村民连夜迁至现村址,因在黑夜中盼望天明,重建村庄时遂取名黑望庄,1949年后以同音改称黑旺。聚落呈团块状。经济以种植业、运输业、批发零售业为主,有淄博宝塔焦化股份有限公司、淄博旺达集团有限公司、淄博正晋特钢有限公司等企业。省道胶王公路经此。通公交车。

井筒 370302-B05-H13
[Jǐngtǒng]

在区驻地般阳路街道东方向15.0千米。

寨里镇辖自然村。人口4 300。因其地原有一深井,后井枯,只留一井筒而得名。聚落呈团块状。有小学1所、幼儿园1所、文化活动室2个。经济以种植业为主,种植玉米、小麦、谷子等有机杂粮。有核桃专业合作社。企业有钟表厂。通公交车。

蓼坞 370302-B05-H14
[Liǎowù]

在区驻地般阳路街道东方向15.0千米。寨里镇辖自然村。人口3 700。因蓼河由村西、北、东三面绕过,村址居于高处,故名蓼坞。聚落呈团块状。有市级重点文物保护单位通济石桥。经济以机械业、化工业为主,有淄博聚晨窑炉机械厂、东岳化工厂等企业。通公交车。

岭子 370302-B06-H01
[Lǐngzi]

岭子镇人民政府驻地。在区驻地般阳路街道西方向18.0千米。人口1 400。因建于山岭上得名。聚落呈团块状。有中学1所、小学1所。经济以种植业、制造业为主,主产小麦、玉米、棉花、大豆、花生、芹菜等,工业以水泥、新材料、耐火材料制造为主。326省道经此。通公交车。

巩家坞 370302-B06-H02
[Gǒngjiāwù]

在区驻地般阳路街道西方向22.0千米。岭子镇辖自然村。人口1 600。以姓氏及地形得名。聚落呈团块状。有市级重点文物保护单位巩家坞窑址。经济以种植业、制造业为主,有大山交通运输有限公司、广巍新材料有限公司、耐火材料厂等企业。有公路经此。

黄家峪 370302-B06-H03

［Huángjiāyù］

在区驻地般阳路街道西方向 20.0 千米。岭子镇辖自然村。人口 1 600。因系黄姓立村又处峪中，故名黄家峪。聚落呈团块状。经济以种植业、旅游业、运输业、养殖业、餐饮娱乐业为主，主产花椒、春芽、山楂、有机蔬菜等，有淄博漳泽工贸有限公司、淄博高银石材经营部等企业。有公路经此。通公交车。

龙泉 370302-B06-H04

［Lóngquán］

在区驻地般阳路街道西方向 17.0 千米。岭子镇辖自然村。人口 1 300。以村北有一泉，泉东有一山形似龙头得名。聚落呈团块状。经济以种植业、养殖业、运输业为主，有耐火材料、黏土矿、食品加工等相关企业。有公路经此。通公交车。

槲林 370302-B06-H05

［Húlín］

在区驻地般阳路街道西南方向 17.5 千米。岭子镇辖自然村。人口 1 000。因村址坐落山旁，山坡多槲树，故名。聚落呈团块状。有省级重点文物保护单位青云寺、市级重点文物保护单位金鸡峪摩崖造像。经济以建材加工业为主。通公交车。

大口 370302-B06-H06

［Dàkǒu］

在区驻地般阳路街道西方向 17.7 千米。岭子镇辖自然村。人口 1 400。古无村道，欲至山北，人沿河可前往，马则择路绕往，故村名马挡口。后因村在地阔之处，后改称大口。聚落呈团块状。经济以种植业、矿产开采业、制造业为主，主产小麦、玉米、林果、蔬菜等有机作物，有宝

山水泥厂、西崇山铝土矿、山水汽车运输部、山东金源线缆集团股份有限公司等企业。通公交车。

小王家庄 370302-B06-H07

［Xiǎowángjiāzhuāng］

在区驻地般阳路街道西方向 18.0 千米。岭子镇辖自然村。人口 700。以姓氏命名。聚落呈团块状。经济以种植业、制造业、商贸业为主，主产小麦、玉米、林果、蔬菜等，有新星冶金建材厂、昌盛冶金建材厂等企业。通公交车。

林峪 370302-B06-H08

［Línyù］

在区驻地般阳路街道西南方向 20.5 千米。岭子镇辖自然村。人口 700。以峪中树木茂盛得名。聚落呈带状。有文化活动室 1 个、文体小广场 1 个。经济以制造业、种植业为主，主产玉米、高粱、谷子、小杂粮，有山岭石料经营部等企业。有公路经此。通公交车。

宋家庄 370302-B06-H09

［Sòngjiāzhuāng］

在区驻地般阳路街道西方向 18.0 千米。岭子镇辖自然村。人口 1 600。以姓氏命名，村初为西宋、东宋两村，后合并称宋家庄。聚落呈团块状。有幼儿园 1 所、小学 1 所。经济以种植业、制造业、建筑业为主，主产玉米、花椒、椿芽、山楂等，有鼎奇金属工艺品有限公司、宝山水泥厂等企业。有公路经此。通公交车。

沈家河 370302-B06-H10

［Shěnjiāhé］

在区驻地般阳路街道西方向 20.0 千米。岭子镇辖自然村。人口 1 500。因村三面有河水环绕，以沈姓立村得名。聚落呈团块

状。经济以制造业为主，有岭子沈家铝土矿西矿、耐火材料厂、东泰宝山井等企业。有公路经此。通公交车。

西河 370302-B07-H01
[Xīhé]

西河镇人民政府驻地。在区驻地般阳路街道南方向 15.0 千米。人口 12 000。该地原有一河穿村流过，有居民先立村于河东，称小河为西河，形成村落后以河名村，后成集镇，称西河店，明后期沿称西河。聚落呈团块状。有中学 1 所、小学 1 所、幼儿园 1 所、文体广场 3 个。经济以种植业、手工业、制造业为主，主产小麦、玉米、桃子、有机蔬菜等，特产西河煎饼。手工业以红木家具加工为主，有纳米重钙粉生产、机械设备制造、保温耐火材料制造、新能源风力发电、红木家具加工等厂。省道湖南公路过境。通公交车。

龙湾峪 370302-B07-H02
[Lóngwānyù]

在区驻地般阳路街道东南方向 11.6 千米。西河镇辖自然村。人口 200。村以居龙湾峪而得名。聚落呈团块状。经济以种植业为主。有盘龙路经此。

马家庄 370302-B07-H03
[Mǎjiāzhuāng]

在区驻地般阳路街道东南方向 13.2 千米。西河镇辖自然村。人口 1 400。因马姓立村，故名马家庄。聚落呈团块状。经济以种植业、运输业为主，主产小麦、玉米、椿芽、花椒、林果，有淄博凯铭达运输有限公司、淄博本色农业开发有限公司等企业。有公路经此。

中黄崖 370302-B07-H04
[Zhōnghuángyá]

在区驻地般阳路街道南方向 13.0 千米。西河镇辖自然村。人口 1 100。因在黄崖山东麓，故名。聚落呈团块状。经济以种植业为主，主产小麦、玉米，有淄博舜宇机械有限公司等企业。有公路经此。

西坡地 370302-B07-H05
[Xīpōdì]

在区驻地般阳路街道南方向 13.7 千米。西河镇辖自然村。人口 2 500。后依地形称坡地，清末，分称东、西、中坡地，该村居西，故名西坡地。聚落呈团块状。有省级重点文物保护单位西坡地古瓷窑址。经济以种植业为主，有奎盛石材有限公司、满堂红古典红木家具有限公司等企业。通公交车。

东坪 370302-B07-H06
[Dōngpíng]

在区驻地般阳路街道东南方向 16.0 千米。西河镇辖自然村。人口 3 000。因位于后角、河湾之东并以其地势平坦命名。聚落呈团块状。有幼儿园 1 所。经济以制造业为主，有工程安装、包装制品、釉料、针织业等企业。有公路经此。通公交车。

上台 370302-B07-H07
[Shàngtái]

在区驻地般阳路街道东南方向 17.2 千米。西河镇辖自然村。人口 1 200。村初以在淄河之西高地而名江西台，后以该村居东、较高，称上台。聚落呈团块状。有区级重点文物保护单位孟子山庙。经济以养殖业为主，有畜牧养殖、油坊、餐具清洁等产业。有公路经此。通公交车。

护宝泉 370302-B07-H08

[Hùbǎoquán]

在区驻地般阳路街道东南方向 21.0 千米。西河镇辖自然村。人口 200。该村缺水，相传有一虎觅水刨出一泉而名虎刨泉，村亦名虎刨泉，后以谐音演变为护宝泉。聚落呈团块状。经济以种植业为主，主产玉米、小麦、谷子、核桃。有公路经此。

山西 370302-B07-H09

[Shānxī]

在区驻地般阳路街道东南方向 18.9 千米。西河镇辖自然村。人口 1 100。以村址坐落于火石岭之西得名。聚落呈团块状。经济以种植业为主，主产小麦、玉米、高粱、椿芽、花椒、柿子、山楂、杏仁等。有公路经此。

张庄 370302-B07-H10

[Zhāngzhuāng]

在区驻地般阳路街道东南方向 16.0 千米。西河镇辖自然村。人口 2 900。以姓氏命名。聚落呈散状。有中学 1 所、幼儿园 1 所。有张庄基督教堂、黑石顶山、青龙山南庙遗址、张庄石寨遗址、招夫寨遗址等。经济以种植业、养殖业为主，养殖桑蚕，有淄博鑫泰包装制品厂、淄博原野牧歌农业发展有限公司等企业。有公路经此。通公交车。

大马陵 370302-B07-H11

[Dàmǎlíng]

在区驻地般阳路街道东南方向 15.3 千米。西河镇辖自然村。人口 1 000。因处形似一马的山丘近旁，初名马陵，后以大小改称大马陵。聚落呈团块状。古建筑有大马陵志公庙、大马陵石寨。经济以种植业为主，主产小麦、玉米等，有淄博鑫发耐

火材料厂等企业。有公路经此。

小马陵 370302-B07-H12

[Xiǎomǎlíng]

在区驻地般阳路街道东南方向 14.8 千米。西河镇辖自然村。人口 300。因处形似一马的山丘近旁，初名马陵，后以大小改称小马陵。聚落呈团块状。有文化活动室 1 个、文体小广场 2 个。经济以种植业为主，主产小麦、玉米，有钰菏特种耐火材料厂等企业。有公路经此。通公交车。

东槐峪 370302-B07-H13

[Dōnghuáiyù]

在区驻地般阳路街道东南方向 13.5 千米。西河镇辖自然村。人口 700。以所处峪中为一片槐林，取名槐峪。后以该村居东，谓东槐峪。聚落呈团块状。有区级重点文物保护单位关帝庙。经济以种植业为主，有山东中科恒源生态农业有限公司等企业。

田庄 370302-B07-H14

[Tiánzhuāng]

在区驻地般阳路街道东南方向 14.8 千米。西河镇辖自然村。人口 1 200。村以姓氏命名。聚落呈团块状。有文化活动室 2 个、幼儿园 1 所、小学 1 所。经济以种植业为主，有东昊农业开发有限公司等企业。通公交车。

梨峪口 370302-B07-H15

[Líyùkǒu]

在区驻地般阳路街道东南方向 13.7 千米。西河镇辖自然村。人口 1 200。以所处峪中多梨树得名。聚落呈团块状。经济以旅游业为主，有天师洞、齐兵营、神仙府、天明寺、张庄石寨遗址、棋盘顶、雁门山等景点，有淄博摘星山旅游开发有限公司、淄博锦鸡岭农业发展有限公司等企业。通

公交车。

杨寨 370302-B08-H01
[Yángzhài]

双杨镇人民政府驻地。在区驻地般阳路街道东北方向 8.0 千米。人口 4 400。村以杨姓立村，名杨寨。聚落呈团块状。有小学 1 所、幼儿园 1 所。有省级重点文物保护单位杨寨塔。经济以制造业为主，生产耐火材料、陶瓷等，有旭美建陶厂、宏发建陶有限公司等企业。省道张博公路经此。通公交车。

赵瓦庄 370302-B08-H02
[Zhàowǎzhuāng]

在区驻地般阳路街道北方向 9.0 千米。双杨镇辖自然村。人口 4 300。唐代建村，以姓氏命名赵鄂庄。明初，鄂氏获罪于朝，遭灭族，遂改村名为赵家庄。清后期为区别于重名村庄，并以兴旺之意改称赵旺庄，又因"旺"与"亡"音近，后更称赵瓦庄。聚落呈团块状。有文化广场 2 个、文化长廊 1 个、民俗博物馆 1 个、小学 1 所、幼儿园 1 所、文化活动中心 1 个。经济以种植业、工商业为主，有陶瓷产销等产业，有淄川华奥建材厂、淄博宇洋纺织有限公司等企业。有公路经此。通公交车。

月庄 370302-B08-H03
[Yuèzhuāng]

在区驻地般阳路街道北方向 10.0 千米。双杨镇辖自然村。人口 2 800。以村东孝水萦绕似月得名。聚落呈团块状。有幼儿园 1 所。有省级重点文物保护单位高汝登墓。经济以建材生产、销售以及运输、餐饮等为主，有淄博富丽华陶瓷有限公司、淄博赛美陶瓷有限公司等企业。省道张博公路经此。

耿家 370302-B08-H04
[Gěngjiā]

在区驻地般阳路街道北方向 12.6 千米。双杨镇辖自然村。人口 1 600。以姓氏命名。聚落呈团块状。有幼儿园 1 所、小学 1 所。经济以种植业、建陶业为主，主产小麦、玉米，有中川建陶、柯伊诺建陶、强赛特建陶、耿家建陶、江北明珠建陶、国润建陶等企业。通公交车。

金马 370302-B08-H05
[Jīnmǎ]

在区驻地般阳路街道北方向 10.0 千米。双杨镇辖自然村。人口 3 300。因相传有金马驹投入村北湾中而得名。聚落呈团块状。有幼儿园 1 所、文化花园 2 个。经济以建材生产、销售以及运输、餐饮为主，有山东耿瓷集团有限公司、山东统一陶瓷科技有限公司等企业。通公交车。

董家 370302-B08-H06
[Dǒngjiā]

在区驻地般阳路街道北方向 8.0 千米。双杨镇辖自然村。人口 4 000。以姓氏命名。聚落呈团块状。有幼儿园 1 所。经济以制造业和陶瓷业为主，主产小麦、玉米、林果、有机蔬菜等，有新博陶瓷、宏图陶瓷、新丽泰陶瓷等企业。通公交车。

法家 370302-B08-H07
[Fǎjiā]

在区驻地般阳路街道北方向 9.0 千米。双杨镇辖自然村。人口 2 400。以姓氏命名。聚落呈团块状。经济以种植业、陶瓷业为主，主产小麦、玉米、红薯，有淄博大自然农业发展有限公司、法家村沼气站、雅迪陶瓷、雄丰陶瓷、欧标陶瓷等企业。通公交车。

小屯 370302-B08-H08

[Xiǎotún]

在区驻地般阳路街道北方向11.0千米。双杨镇辖自然村。人口3 200。因明初吴氏于此地建庄园，作为收租屯粮之所而得名。聚落呈团块状。有幼儿园1所、文体活动中心1个。经济以建材业为主，有狮子王陶瓷、国润陶瓷、顺昌陶瓷、远丰陶瓷等企业。有公路经此。通公交车。

牛家庄 370302-B08-H09

[Niújiāzhuāng]

在区驻地般阳路街道北方向11.0千米。双杨镇辖自然村。人口1 900。以姓氏命名牛家庄。聚落呈团块状。经济以种植业、建材业为主，主产小麦、玉米，有瑞陶网络科技有限公司、诗慧包装制品厂等企业，有中国财富陶瓷城。有公路经此。通公交车。

坡子 370302-B08-H10

[Pōzi]

在区驻地般阳路街道北方向7.0千米。双杨镇辖自然村。人口1 000。村以地势位置命名。聚落呈团块状。有小学1所。有市级重点文物保护单位张至发墓、区级重点文物保护单位"环青"石刻。经济以种植业为主，主产小麦、玉米，有春城耐火材料厂、万越瓷业等企业。通公交车。

凤凰 370302-B08-H11

[Fènghuáng]

在区驻地般阳路街道东北方向7.0千米。双杨镇辖自然村。人口1 600。因村南有凤凰山，村以山得名。聚落呈团块状。有文化广场3个、幼儿园1所。经济以种植业、化工业、建材业为主，主产核桃、小麦、玉米，有淄博鲁赛建陶有限公司、淄博华正磨料有限公司等企业。凤凰路经此。

孟机 370302-B08-H12

[Mèngjī]

在区驻地般阳路街道东北方向4.0千米。双杨镇辖自然村。人口1 400。村民以仰慕孟母断机教子更名孟机。聚落呈团块状。经济以制造业为主，有山东淄博华龙实业总公司等企业。省道张博公路经此。

藏梓 370302-B08-H13

[Cángzǐ]

在区驻地般阳路街道东北方向6.0千米。双杨镇辖自然村。人口800。以山上多梓橦树改称梓藏窝，演变为藏梓窝，后名藏梓。聚落呈团块状。有武术学院1所。有鬼谷洞遗址、王樵墓原址。经济以制造业、旅游业为主，有国家AAA级景区梓橦山鬼谷洞风景区。有公路经此。

双沟 370302-B08-H14

[Shuānggōu]

在区驻地般阳路街道东北方向6.4千米。双杨镇辖自然村。人口1 200。以南邻两条大沟得名。聚落呈团块状。经济以种植业、制造业为主，主产小麦、玉米等，有建材、陶瓷等产业，有双杨工贸有限公司等企业。有公路经此。通公交车。

华坞 370302-B08-H15

[Huáwù]

在区驻地般阳路街道东北方向7.6千米。双杨镇辖自然村。人口1 400。村名最初以地形和当时遍野山花名花坞。因该地开采煤炭，明代官方在此曾设有税收管理机构，改称华坞。聚落呈团块状。经济以种植业为主，主产小麦、玉米，有淄博金利隆研磨材有限公司、淄博芳翔机械制造有限公司等企业。有公路经此。通公交车。

东同古 370302-B09-H01
[Dōngtónggǔ]

太河镇人民政府驻地。在区驻地般阳路街道东南方向20.0千米。人口1 200。明代以村处低洼处，村南金鸡山藏铜矿，且在该村设税卡而称铜块务，后谐音演为同古，清以方位改称今名。聚落呈团块状。有文化广场1个。经济以养殖业、种植业、旅游业为主，有淄博双联建材有限公司、淄博市玉长动力机械有限公司等企业。辛泰铁路经此。通公交车。

北马鹿 370302-B09-H02
[Běimǎlù]

在区驻地般阳路街道东南方向19.2千米。太河镇辖自然村。人口1 600。村初称马鹿，以村西玉皇山东麓有石崖二，一似马、一似鹿而得名，后以方位更今名。聚落呈团块状。有幼儿园1所、文体活动室1个。有碧霞元君祠、玉皇庙等古建筑。经济以种植业为主，主产小麦、玉米、红薯、杂粮等。通公交车。

宋家 370302-B09-H03
[Sòngjiā]

在区驻地般阳路街道西方向18.0千米。太河镇辖自然村。人口1 200。以姓氏命名。聚落呈团块状。有文化广场1个。经济以种植业为主，主产小麦、玉米。有公路经此。通公交车。

曹家 370302-B09-H04
[Cáojiā]

在区驻地般阳路街道东南方向17.1千米。太河镇辖自然村。人口1 200。村因曹氏人较多，以姓氏命名。聚落呈团块状。有区级重点文物保护单位曹家村通济桥。经济以种植业为主，主产小麦、玉米、红薯、柿子、山楂、枣、李、杏等。通公交车。

东下册 370302-B09-H05
[Dōngxiàcè]

在区驻地般阳路街道东南方向20.0千米。太河镇辖自然村。人口1 600。下册本来是按其收租范围划分而立的账册，在沿袭中渐成村名。后以该村居河东为东下册。聚落呈团块状。有太河古墓群王子冢、闫氏家族墓地、中共清河特别委员会旧址、观音庙、太河革命烈士纪念碑、东下册村革命烈士纪念碑。经济以种植业为主。通公交车。

太河 370302-B09-H06
[Tàihé]

在区驻地般阳路街道东南方向20.5千米。太河镇辖自然村。人口400。以村东有一河名太河，故名。聚落呈团块状。经济以种植业为主，主产小麦、玉米，有淄博奥龙农业发展有限公司等企业。辛泰铁路经此。

方山 370302-B09-H07
[Fāngshān]

在区驻地般阳路街道东南方向17.0千米。太河镇辖自然村。人口600。以村西有方山得名。聚落呈团块状。经济以种植业为主，主产玉米、小麦、山楂、软枣、柿子、花椒、春芽等。通公交车。

峨庄 370302-B09-H08
[Ézhuāng]

在区驻地般阳路街道东南方向29.0千米。太河镇辖自然村。人口800。明代以前为吴姓立村，初以姓氏得名吴家庄，自康熙年间改名峨庄。聚落呈团块状。经济以种植业、旅游业为主，产小麦、玉米、杂粮、蔬菜、花椒、山楂及各种果品，有淄博市淄川鑫源建筑安装公司、淄博新绿业苗木有限公司等企业，有国家 AAA 级景区峨庄瀑布群景区。通公交车。

杨家庄 370302-B09-H09
[Yángjiāzhuāng]

在区驻地般阳路街道东南方向 35.0 千米。太河镇辖自然村。人口 500。以姓氏命名。聚落呈散状。经济以种植业、旅游业为主，主产小麦、玉米、谷子、黄烟、林果。有公路经此。通公交车。

下雀峪 370302-B09-H10
[Xiàquèyù]

在区驻地般阳路街道东南方向 35.3 千米。太河镇辖自然村。人口 300。因峪中树木茂密，鸟雀成群得名。聚落呈团块状。有齐长城遗址。经济以种植业、旅游业为主，主产小麦、玉米、林果、蔬菜、中草药、食用菌、池梨，发展生态旅游、农家乐。有公路经此。

后沟 370302-B09-H11
[Hòugōu]

在区驻地般阳路街道东南方向 32.7 千米。太河镇辖自然村。人口 700。因村址在沟北与前沟村相对而得名。聚落呈团块状。有区级非物质文化遗产浆水豆腐。有青年塘坝和赛龙塘坝、后沟石桥。经济以种植业、旅游业为主，发展农家乐。通公交车。

纱帽 370302-B09-H12
[Shāmào]

在区驻地般阳路街道东南方向 31.0 千米。太河镇辖自然村。人口 600。以村东帽嶂脐子山状似纱帽得名。聚落呈团块状。经济以种植业为主，主产有机小杂粮、中草药、黄烟、海棠果、池梨等。通公交车。

罗圈 370302-B09-H13
[Luóquān]

在区驻地般阳路街道东南方向 32.0 千米。太河镇辖自然村。人口 400。村周围环山，以地形得名。聚落呈环状。经济以种植业为主，主产黄烟、中草药、林果为主。通公交车。

王家庄 370302-B09-H14
[Wángjiāzhuāng]

在区驻地般阳路街道东南方向 32.0 千米。太河镇辖自然村。人口 600。以姓氏命名。聚落呈团块状。有市级非物质文化遗产"李吉清传"、区级重点文物保护单位龙湾桥。经济以种植业和旅游业为主。通公交车。

响泉 370302-B09-H15
[Xiǎngquán]

在区驻地般阳路街道东南方向 31.0 千米。太河镇辖自然村。人口 400。因村南有泉水自山崖落下发出巨响得名。聚落呈团块状。有张春兰故居、三层石楼、焦家大院、千年古槐三株、白衣庙、炉姑庙等古迹。经济以种植业、旅游业为主，主产柿子、软枣、山楂、花椒等，有淄博川山蔬菜专业合作社等企业，有响泉溪景群、响泉大瀑布等旅游景点。通公交车。

土泉 370302-B09-H16
[Tǔquán]

在区驻地般阳路街道东南方向 30.6 千米。太河镇辖自然村。人口 800。因村东岭下有泉破土而出得名。聚落呈团块状。经济以种植业为主，旅游业为辅，主产小麦、玉米、林果、中草药，有千年流苏树、土泉水库、流苏泉、悬羊山山寨遗址，发展农家乐。有公路经此。通公交车。

东东峪 370302-B09-H17

［Dōngdōngyù］

在区驻地般阳路街道东南方向 30.0 千米。太河镇辖自然村。人口 800。村坐落在峨庄东山峪中，初名东峪。后分为东、西两庄，该村以其方位称东东峪。该村古树众多。经济以种植业为主，主产小麦、玉米、谷子、花椒、杏、柿子、山楂等。有太河古墓群李吉清墓、东东峪太平山寨、普楼顶等地理实体。通公交车。

柏树 370302-B09-H18

［Bǎishù］

在区驻地般阳路街道东南方向 26.7 千米。太河镇辖自然村。人口 400。因村东南有古柏一株得名。聚落呈团块状。经济以生态旅游、种植业、农家乐为主，盛产林果、花椒、椿芽、杏米、桔梗等。有淄博绿鑫源饮料有限公司等企业。有公路经此。通公交车。

上端士 370302-B09-H19

［Shàngduānshì］

在区驻地般阳路街道东南方向 28.0 千米。太河镇辖自然村。人口 500。村旁原有大椴树一株，村以树得名椴树村。后因在峪中有上、下两村，该村以地势称上椴树。清初，以谐音演变为上段士，后又以同音演化为上端士。聚落呈带状分布。有国家级重点文物保护单位云明山古城堡。经济以种植业为主，粮食作物以小麦、玉米为主，经济作物有果蔬、中草药、食用菌、池梨等。有电光源、摩托车配件、织布等厂，有农家乐生态旅游。有公路经此。

西石 370302-B09-H20

［Xīshí］

在区驻地般阳路街道东南方向 23.8 千米。太河镇辖自然村。人口 1 400。以方位、姓氏命名。聚落呈环状。有天门会抗战遗址。有非物质文化遗产油炸肉蛋。经济以旅游业为主，有三教堂、猴子崖、媳妇峪、老虎洞、流水峪等景点，发展农家乐。有淄博醴云水业有限公司等企业。有公路经此。通公交车。

西岛坪 370302-B09-H21

［Xīdǎopíng］

在区驻地般阳路街道东南方向 27.6 千米。太河镇辖自然村。人口 600。村西北吊河顶山上有系船环，传古时为海岛。村以方位名西岛坪。聚落呈带状。经济以林业和旅游业为主。有公路经此。通公交车。

淄河 370302-B09-H22

［Zīhé］

在区驻地般阳路街道东南方向 20.5 千米。太河镇辖自然村。人口 1 000。因临近淄河而得名。聚落呈团块状。有幼儿园 1 所、中学 1 所。有马鞍山抗日遗址。经济以种植业为主，有淄博立文水利工程安装有限公司、淄博淄龙潭水业有限公司等企业。辛泰铁路经此。通公交车。

梦泉 370302-B09-H23

［Mèngquán］

在区驻地般阳路街道东南方向 28.0 千米。太河镇辖自然村。人口 300。以孙膑梦泉得水传说而名。聚落呈散状。有国家级非物质文化遗产孟姜女传说。有齐长城游览区、孟姜女文化区、福寿文化区等特色文化区。经济以种植业、旅游业为主，粮食作物以小麦、玉米为主，经济作物有林果、蔬菜、中草药、食用菌、池梨等。有铸铝制品、模具等厂。发展生态旅游业，有梦泉山庄休闲区、农家乐民俗风景区、原生态自由采摘区等。有公路经此。通公交车。

双井 370302-B09-H24
[Shuāngjǐng]

在区驻地般阳路街道东南方向 27.5 千米。太河镇辖自然村。人口 400。因村北有水井一眼，设两个井口得名。聚落呈团块状。经济以种植业为主，主产杏、花椒、柿子、长红枣、淄博池梨等，种植黄连、黄茹、松柏、连翘等景观树。通公交车。

永泉 370302-B09-H25
[Yǒngquán]

在区驻地般阳路街道东南方向 29.0 千米。太河镇辖自然村。人口 200。因村南山脚下有一清泉，望泉水长流不竭，世代兴旺，更称永泉。聚落呈散状。有山东涌泉齐长城风景区、孟姜女文化园、孟姜女故居纪念馆、齐长城遗址保护园、达摩堂、孙膜歇马堂、龙王庙、圣泉、古楼等景点。有条编技艺、染柿子、柿饼加工技艺等传统技艺。经济以种植业为主，有山东涌泉齐长城生态发展有限公司等企业。有公路经此。

西股 370302-B09-H26
[Xīgǔ]

在区驻地般阳路街道东南方向 29.0 千米。太河镇辖自然村。人口 800。因村处玉皇庙（山）西峪中，称西股。聚落呈团块状。有古柏和神赐灵泉古建筑等文物古迹。经济以旅游业、种植业为主，盛产池梨、山楂、柿子，土特产有花椒、椿芽、杏米、桔梗。有公路经此。

池板 370302-B09-H27
[Chíbǎn]

在区驻地般阳路街道东南方向 27.0 千米。太河镇辖自然村。人口 700。因村处地形似匙在石板上得名。聚落呈带状。传统古建筑有刘家大院、兴隆桥、古围墙、古井群、观音庙、关帝阁等。经济以种植业、旅游业为主，种植池梨、杏、苹果、柿子、花椒等果树，有"池梨之乡"之称。有公路经此。

小口头 370302-B09-H28
[Xiǎokǒutóu]

在区驻地般阳路街道东南方向 23.5 千米。太河镇辖自然村。人口 900。村初以在搁笔寨山下的峪口而名搁笔口头。清初因与口头毗邻，改称小口头。聚落呈团块状。有马鞍山抗日遗址。经济以种植业、旅游业为主，产小麦、玉米，经济作物有花椒、椿芽、林果、蔬菜、中草药、食用菌、池梨。有公路经此。通公交。

西石门 370302-B09-H29
[Xīshímén]

在区驻地般阳路街道东南方向 21.0 千米。太河镇辖自然村。人口 1 400。村初名上栅，含义不详。后改称西石门。聚落呈团块状。经济以种植业、旅游业为主。有明清梯田，栽植山楂、软枣、柿子、花椒等，产小麦、玉米、林果、蔬菜、中草药、食用菌。有淄博永祥泵业有限公司等企业。辛泰铁路经此。

北镇后 370302-B09-H30
[Běizhènhòu]

在区驻地般阳路街道东南方向 22.2 千米。太河镇辖自然村。人口 1 200。因在城子村北，故名镇后。后以其方位改称北镇后。聚落呈环状。经济以种植业、旅游业为主，种植玉米、小麦、谷子。特色名吃有肉蛋、煎饼。辛泰铁路经此。通公交车。

城子 370302-B09-H31

[Chéngzi]

在区驻地般阳路街道东南方向 22.6 千米。太河镇辖自然村。人口 1 700。村初以原为古城池而名古城庄。后演变为城子。聚落呈环状。有齐长城、圣水寺、莱芜故城等遗址。经济以旅游业、种植业为主，产小麦、玉米、林果、蔬菜、中草药、食用菌，为淄河蒜黄专业村，有虹鳟鱼养殖场等。辛泰铁路经此。通公交车。

南岳阴 370302-B09-H32

[Nányuèyīn]

在区驻地般阳路街道东南方向 19.7 千米。太河镇辖自然村。人口 1 400。村初以南临青龙山而名青龙角，明末以村位于岳阳山之阴并以方位改称南岳阴。聚落呈散状。经济以种植业为主，主产小麦、玉米、谷子，有淄博市淄川成庆不锈钢制品厂、淄博市淄川泰山仪表厂、淄博市淄川盛达金属制品厂等企业。有公路经此。

张店区

城市居民点

兴业家园 370303-I01

[Xīngyè Jiāyuán]

在区境西北部。人口 3 500。总面积 7.3 公顷。因寓意兴旺发达、事业有成得名。2010 年正式使用。建筑总面积 110 000 平方米，高层住宅楼 20 栋，现代建筑风格。绿化率 38.6%，有百货商店、乒乓球馆等配套设施。通公交车。

城南居民小区 370303-I02

[Chéngnán Jūmín Xiǎoqū]

在区境东南部。2 086 户。总面积 1.4

万公顷。因位于张店城区南方向而得名。1997 年始建，2000 年正式使用。建筑面积 238 000 平方米，住宅楼 43 栋，其中高层 3 栋、多层 40 栋，现代建筑风格。绿化率 40%，有社区服务中心等配套设施。通公交车。

建业城市花园 370303-I03

[Jiànyè Chéngshì Huāyuán]

在区境东南部。1 200 户。总面积 14.6 公顷。2001 年始建，2003 年正式使用。建筑面积 120 000 平方米，多层住宅楼 30 栋，现代建筑风格。绿化率 40%。有幼儿园等配套设施。通公交车。

福宁居民小区 370303-I04

[Fúníng Jūmín Xiǎoqū]

在区境中部。1 626 户。总面积 12.5 公顷。取幸福安宁之意得名。1997 年始建，2000 年正式使用。建筑面积 100 000 平方米，多层住宅楼 42 栋，现代建筑风格。绿化率 35%。通公交车。

金石丽城 370303-I05

[Jīnshí Lìchéng]

在区境中部。696 户。总面积 5.8 公顷。因小区景观多以奇石布景而得名。2005 年始建，2007 年正式使用。建筑面积 100 000 平方米，住宅楼 15 栋，其中小高层 11 栋、多层 4 栋，现代建筑风格。绿化率 37.3%。通公交车。

体坛小区 370303-I06

[Tǐtán Xiǎoqū]

在区境南部。2 682 户。总面积 5.96 公顷。因毗邻市体育馆，原有体坛农贸场，取其"体坛"命名。1988 年始建，1995 年正式使用。建筑面积 240 000 平方米，多层住宅楼 53 栋，现代建筑风格。绿化率

57%，有幼儿园等配套设施。通公交车。

通济花园 370303-I07
[Tōngjì Huāyuán]

在区境南部。1 404 户。总面积 11.3 公顷。小区名寓意通力合作，同舟共济，团结一致，共创大业，体现时代精神和远大目标。1995 年始建，2001 年正式使用。建筑面积 104 000 平方米，多层住宅楼 29 栋，现代建筑风格。绿化率 38%。通公交车。

顺景苑 370303-I08
[Shùnjǐng Yuàn]

在区境中部。200 户。总面积 8 公顷。该居民小区建筑设计新颖，让从东、北两个方向进入小区的人触景生情，故名顺景苑，寓意进入美丽的生活小区。2000 年始建，2002 年正式使用。建筑面积 84 000 平方米，多层住宅楼 12 栋，现代建筑风格。绿化率 38%。通公交车。

百盛花园 370303-I09
[Bǎishèng Huāyuán]

在区境中部。826 户。总面积 8.2 公顷。取"百花齐放，百家争鸣"之意命名。2003 年始建，2005 年正式使用。建筑面积 89 000 平方米，多层住宅楼 16 栋，现代建筑风格。绿化率 35.38%。通公交车。

杜科小区南区 370303-I10
[Dùkē Xiǎoqū Nánqū]

在区境东南部。600 户。总面积 7 公顷。因杜科村旧村改造而得名。2000 年始建，2004 年正式使用。建筑面积 70 000 平方米。多层住宅楼 13 栋，现代建筑风格。绿化率 35%。通公交车。

新东城花园 370303-I11
[Xīndōngchéng Huāyuán]

在区境东南部。502 户。总面积 3 公顷。因属棚户区、老旧工矿居住区改造工程，建设花园式高档住宅区，而取名为新东城花园。2010 年始建，2014 年正式使用。建筑面积 73 000 平方米，住宅楼 22 栋，其中高层 5 栋、多层 17 栋，现代建筑风格。绿化率 35.7%。通公交车。

银杏花园 370303-I12
[Yínxìng Huāyuán]

在区境东南部。710 户。总面积 3.3 公顷。小区坐落于杏园东路，小区建成后以栽种银杏树为主，故得名。2006 年始建，2008 年正式使用。建筑面积 420 000 平方米，多层住宅楼 17 栋，现代建筑风格。绿化率 35%。通公交车。

锦泰苑 370303-I13
[Jǐntài Yuàn]

在区境东南部。666 户。总面积 4.7 公顷。寓意小区前程似锦，国泰民安。2009 年始建，2010 年正式使用。建筑面积 60 000 平方米，多层住宅楼 18 栋，现代建筑风格。绿化率 35.1%。通公交车。

恒丰花园 370303-I14
[Héngfēng Huāyuán]

在区境中部。288 户。总面积 2 公顷。寓意住户拥有丰富多彩的新生活。2003 年始建，2004 年正式使用。建筑面积 29 000 平方米，多层住宅楼 8 栋，现代建筑风格。绿化率 32%。通公交车。

恒兴花园 370303-I15
[Héngxīng Huāyuán]

在区境中部。2012 户。总面积 16.02

公顷。寓意给小区业主提供一个舒适、宁静、优美、和谐的居住环境。2004 年始建，2006 年正式使用。建筑面积 236 300 平方米，住宅楼 55 栋，其中高层 20 栋、多层 35 栋，现代建筑风格。绿化率 40%，有社区服务中心等配套设施。通公交车。

颐丰花园 370303-I16
[Yífēng Huāyuán]

在区境西北部。4 500 户。总面积 37.7 公顷。寓意为业主营造出远离城市喧嚣、自然舒缓的现代风情的花园小区。2009 年始建，2011 年正式使用。建筑面积 700 000 平方米，住宅楼 78 栋，其中高层 50 栋、多层 38 栋。绿化率 40%。有社区服务中心等配套设施。通公交车。

天乙花苑 370303-I17
[Tiānyǐ Huāyuàn]

在区境西北部。1 130 户。总面积 9.7 公顷。因该居民区位于张店区房镇镇天乙村，故用"天乙"命名。2010 年始建，2012 年正式使用。建筑面积 142 000 平方米，住宅楼 26 栋，其中高层 8 栋、多层 18 栋，现代建筑风格。绿化率 38%，有社区服务中心等配套设施。通公交车。

华瑞园 370303-I18
[Huáruì Yuán]

在区境东南部。人口 9 000。总面积 19 公顷。因嘉言而得名。1993 年始建，2001 年正式使用。建筑总面积 520 000 平方米，住宅楼 83 栋，其中高层 7 栋、多层 76 栋，现代建筑风格。绿地面积 5 000 平方米，有居民活动室、未成年人活动中心等配套设施。通公交车。

中润华侨城 370303-I19
[Zhōngrùn Huáqiáochéng]

在区境西部。人口 18 000。总面积 110 公顷。依政府批文命名为中润华侨城。2003 年始建，2005 年正式使用。建筑总面积 1 200 000 平方米，住宅楼 301 栋，其中高层 256 栋、多层 45 栋，现代、西式建筑风格。绿地面积 320 000 平方米。通公交车。

奥林新城 370303-I20
[Àolín Xīnchéng]

在区境西北部。人口 11 000。总面积 30 公顷。引用 2008 年北京奥林匹克运动会名，取"奥林"二字。2006 年始建，2008 年正式使用。建筑总面积 346 800 平方米，多层住宅楼 53 栋，现代建筑风格。绿地面积 120 000 平方米。有活动广场、幼儿园等配套设施。通公交车。

农村居民点

北石 370303-A07-H01
[Běishí]

在区驻地马尚镇东北方向 11 千米。四宝山街道辖自然村。人口 2 700。因属淄博高新区石桥办事处北石桥，更名为北石。聚落呈团块状。有农家书屋 1 个。经济以种植业为主，产小麦、玉米。有公路经此。

辛曹 370303-A07-H02
[Xīncáo]

在区政府驻地马尚镇东北方向 9.9 千米。四宝山街道辖自然村。人口 3 000。原名永乐官庄，至明永乐年间，因犯皇帝名讳，故以辛曹二姓改名为辛曹官庄，1949 年后简称辛曹。聚落呈团块状分布。有农家书屋 1 个、幼儿园 1 所。经济以种植业为主，种植小麦、玉米。有公路经此。

尚庄 370303-A07-H03
［Shàngzhuāng］

在区驻地马尚镇东北方向 7.5 千米。四宝山街道辖自然村。人口 2 400。立村于邢李庄南，因村址高于邢李庄，故名上庄。后两村合一，以高尚之意取名尚庄。聚落呈团块状。有文化大院 1 个、农家书屋 1 个、小学 2 所、幼儿园 2 所。经济以种植业为主。有公路经此。

江西道 370303-A07-H04
［Jiāngxīdào］

在区驻地马尚镇东北方向 9.3 千米。四宝山街道辖自然村。人口 1 500。明朝隆庆年间，该村王之辅长子王象蒙中了进士，历官江西道，王姓为光宗耀祖，故将村名改为江西道。聚落呈团块状。有文化广场 1 个。经济以商业为主。有公路经此。

军屯 370303-A07-H05
［Jūntún］

在区驻地马尚镇东北方向 14.0 千米。四宝山街道辖自然村。人口 1 800。该村建于明朝洪武年间，因此地是明朝武官青州卫千户侯邢才的封地，邢才在此屯兵垦田，故名军屯。聚落呈团块状。经济以种植业为主，主要经济作物有玉米、小米、地瓜、花生。235 省道经此。通公交车。

万盛庄 370303-A07-H06
［Wànshèngzhuāng］

在区驻地马尚镇东北方向 18.0 千米。四宝山街道辖自然村。人口 1 000。元朝以前，此处苍松翠柏，景色秀丽，且村西北不远处有万璋墓，后人为纪念万璋和景色秀丽的村貌，故名万盛庄。聚落呈团块状。经济以种植业为主。309 国道、235 省道经此。

迎仙 370303-A07-H07
［Yíngxiān］

在区驻地马尚镇东方向 8.0 千米。四宝山街道辖自然村。人口 600。该村建于清康熙年间，因张氏祖有兄弟八人，故定村名为八仙官庄。后因张氏宅院旁置有佛庙，曰迎仙殿，故更名为迎仙。聚落呈团块状。有文化大院 1 个、农家书屋 1 个、文化广场 1 个。经济以种植业为主，产红薯、小米、花生等。有公路经此。

甘家 370303-A07-H08
［Gānjiā］

在区驻地马尚镇东北方向 7 千米。四宝山街道辖自然村。人口 1 300。元朝时，甘姓先民迁徙至此建村，故名甘家。聚落呈团块状。有文化书屋 1 个。经济以服务业为主。有公路经此。通公交车。

卫固 370303-A07-H09
［Wèigù］

在区驻地马尚镇东北方向 18.0 千米。四宝山街道辖自然村。人口 5 000。卫固村名由来传说有二：一是齐国建都临淄城，卫固距临淄城 15 千米，为保卫京都安全，在此屯有重兵，是保卫固守之地，故名卫固；二是卫国送给齐国一面石鼓，石鼓在卫固交接，且安放在卫固村太平桥西北角，因此村名称为卫鼓，后来演变为卫固。聚落呈团块状。有幼儿园 1 所、小学 1 所。经济以种植业为主，有淄博高新区现代农业科技示范园。有公路经此。通公交车。

傅山 370303-A07-H10
［Fùshān］

在区驻地马尚镇东北方向 17.0 千米。四宝山街道辖自然村。人口 6 000。明代为山后影、康家庄、靠山街、北傅山、东傅山、西傅山、邱立庄 7 村，清代又建小庄，后 8 村合并为山子庄，后因傅氏族系显旺，村改称傅山子。中华人民共和国成立前后，改称傅山。聚落呈团块状。有小学 1 所、幼儿园 1 所。有自然地质博物馆 1 个。经济以工业、服务业为主，有傅山集团。有铁路、公路经此。

太平 370303-A07-H11
[Tàipíng]

在区驻地马尚镇东北方向 16.0 千米。四宝山街道辖自然村。人口 1 200。清咸丰年间，改村名为太平庄，后简称太平。聚落呈团块状。有黑铁山抗日武装起义指挥部旧址。经济以种植业、餐饮业为主。通公交车。

街子 370303-A07-H12
[Jiēzi]

在区驻地马尚镇东北方向 10.0 千米。四宝山街道辖自然村。人口 1 300。该村建于元朝或更早，原名边王庄。有歌谣说："先有解家庄，后有边王庄。"据传这两个村时常发生矛盾，大村解家庄欺负小村边王庄。至明朝中期，边王庄将村名改为街子，寓意是蟹子上街命不长，以此贬损解家庄。聚落呈团块状。有农家书屋 1 个、小学 1 所、中学 1 所、幼儿园 1 所。有市著名历史古迹街子明楼。经济以种植业为主，种植小麦、玉米。通公交车。

回民新村 370303-B01-H01
[Huímínxīncūn]

马尚镇人民政府驻地。在区驻地马尚镇北方向 0.5 千米。人口 400。回族占 90%。因村内居民主要为回族而得名。聚落呈团块状。有农家书屋 1 个。经济以服务业为主。有公路经此。通公交车。

九级 370303-B01-H02
[Jiǔjí]

在区驻地马尚镇东南方向 2.5 千米。马尚镇辖自然村。人口 2 900。该村建于唐朝时期，因九级塔得名。聚落呈团块状。有文化大院 1 个、农家书屋 1 个、图书室 1 个。经济以服务业为主，有淄博义乌小商品城。有公路经此。

张兑 370303-B01-H03
[Zhāngduì]

在区驻地马尚镇西南方向 5.6 千米。马尚镇辖自然村。人口 900。明朝初年，张德在此立村，村名张德，后改称张兑。聚落呈团块状。有文化大院 1 个、农家书屋 1 个。有市级重点文物保护单位汉代聚落遗址。经济以种植业、服务业为主，主要种植花卉、苗木。有公路经此。

崔军 370303-B02-H01
[Cuījūn]

南定镇人民政府驻地。在区驻地马尚镇东南方向 11.1 千米。人口 3 600。宋朝初年，崔遵度进士迁来此地定居，据传崔遵度中进士后，家中养有一支军队崔家军。崔家军保民不扰民，四乡赞颂。为纪念崔遵度和崔家军，故将村名改为崔军。聚落呈团块状。有文化大院 1 个、农家书屋 1 个。经济以种植业、制造业为主，种植树木、苗木等，有机械制造、制药、仓储等产业，有捷达机械厂、优维制药厂等企业。有公路经此。通公交车。

田家 370303-B02-H02
[Tiánjiā]

在区驻地马尚镇东南方向 13.2 千米。南定镇辖自然村。人口 3 100。田家村始建于元朝，以田姓人家立村而得名。聚落呈团块状。有文化大院 1 个、农家书屋 1 个。有区级重点文物保护单位田家碑廊。经济以建陶业为主，有鲁中建陶、万通建陶、天佳建陶、坤丽建陶、第二水泥厂等企业。有公路经此。

小董 370303-B02-H03
[Xiǎodǒng]

在区驻地马尚镇东南方向 13.0 千米。南定镇辖自然村。人口 600。明初董姓迁来定居，取名董家庄。后因重名，改为小董。聚落呈团块状。有文化大院 1 个、农家书屋 1 个。有市级重点文物保护单位汉代遗址。经济以林业为主，有淄博方中机械有限公司等企业。有公路经此。

范王 370303-B03-H01
[Fànwáng]

沣水镇人民政府驻地。在区驻地马尚镇东南方向 13.7 千米。人口 1 300。古称"贩牛庄"，其名来源于战国时期宁戚在此贩牛拜相的故事。齐桓公曾晋封宁戚为"范王"，贩牛庄人引以为豪，遂以宁戚的官衔为村名。聚落呈团块状。有文化大院 1 个、农家书屋 1 个。有市级重点文物保护单位清代民居、民国宋宅。经济以种植业为主。有公路经此。通公交车。

城东 370303-B03-H02
[Chéngdōng]

在区驻地马尚镇东南方向 14.0 千米。沣水镇辖自然村。人口 800。因位于昌城以东，故名城东。聚落呈团块状。有幼儿园 1 所。经济以制造业、服务业为主，有城东集团。有公路经此。通公交车。

北沣 370303-B03-H03
[Běifēng]

在区驻地马尚镇东南方向 14.5 千米。

沣水镇辖自然村。人口 1 500。沣水村始建于宋朝，因村旁水源丰富而得名。聚落呈团块状。有文化大院 1 个、农家书屋 1 个。经济以制造业为主，有张店泽一真空厂、张店山水机械加工厂等企业。有公路经此。

寨子 370303-B03-H04
[Zhàizi]

在区驻地马尚镇东南方向 14.0 千米。沣水镇辖自然村。人口 1 400。村南面的义台和操步岭是战国时军队习武和安营扎寨之地，村因此而得名。聚落呈团块状。有文化大院 1 个、农家书屋 1 个。有周汉时期的聚落遗址 1 个。经济以种植业为主，主要种植经济林，有山东奥鹏新材料有限公司、张店昌国商砼有限公司等企业。有公路经此。

昌城 370303-B03-H05
[Chāngchéng]

在区驻地马尚镇东南方向 15.0 千米。沣水镇辖自然村。人口 1 500。因燕昭王封乐毅于昌国，故曰昌城。聚落呈团块状。有文化大院 1 个、农家书屋 1 个。有省级重点文物保护单位昌国故城遗址、市级重点文物保护单位邹振岳故居。经济以制造业为主，有淄博天盛化工有限公司、淄博昌国包装制品有限公司等企业。有公路经此。

傅家 370303-B04-H01
[Fùjiā]

傅家镇人民政府驻地。在张店区驻地马尚镇西南方向 7.9 千米。人口 2 500。因姓氏而得名。聚落呈团块状。有幼儿园 1 所、中学 1 所、小学 1 所、文化大院 1 个、农家书屋 1 个。有清代民居 1 个。经济以制造业为主。辖区内主要企业有华星变速传动机械厂、淄博工业搪瓷厂、淄博华星化工设备厂等。有公路经此。通公交车。

宋家 370303-B04-H02
［Sòngjiā］

在区驻地马尚镇西南方向 8.1 千米。傅家镇辖自然村。人口 1 500。该村始建于明初，因姓氏而得名。聚落呈团块状。有文化大院 1 个、农家书屋 1 个、图书室 1 个。有市级重点文物保护单位宋家遗址。经济以种植业为主，种植小麦、玉米、绿化树木。有公路经此。

大徐 370303-B04-H03
［Dàxú］

在区驻地马尚镇西南方向 7.6 千米。傅家镇辖自然村。人口 2 800。因姓氏得名。聚落呈团块状。有文化大院 1 个、农家书屋 1 个、图书室 1 个。经济以种植业为主，种植小麦、蔬菜。有公路经此。

向阳 370303-B04-H04
［Xiàngyáng］

在区驻地马尚镇西南方向 6.6 千米。傅家镇辖自然村。人口 900。该村建于唐朝，北宋太平兴国年间，青州信士李仁朗、李仁瞻在此修建李相公庙，故村以庙得名相公庙，1965 年更名为向阳。聚落呈团块状。有农家书屋 1 个。有市级重点文物保护单位傅永墓和明清墓群。经济以种植业为主，种植蔬菜、林地，主要企业有名佳陶瓷公司、欧邦陶瓷公司等。有公路经此。

义集 370303-B04-H05
［Yìjí］

在区驻地马尚镇西南方向 7.1 千米。傅家镇辖自然村。人口 1 600。该村建于唐朝先天年间，村设一集，该集交易仁义，买卖公道，不纳税，乡民都称为"仁义之集"，或呼为义集，村因此得名。聚落呈团块状。有农家书屋 1 个。经济以种植业为主。有公路经此。

铁冶 370303-B05-H01
［Tiěyě］

中埠镇人民政府驻地。在区驻地马尚镇东北方向 17.5 千米。人口 2 400。春秋战国就在此炼铁，故得名冶里，后称铁冶。聚落呈团块状。有文化大院 1 个、农家书屋 1 个、幼儿园 1 所。有区级重点文物保护单位铁冶炉神姑庙。经济以种植业为主，种植玉米、小麦。有公路经此。

中埠 370303-B05-H02
［Zhōngbù］

在区驻地马尚镇东方向 16.0 千米。中埠镇辖自然村。人口 1 500。1961 年建立中埠大队，后称中埠。聚落呈团块状。有文化大院 1 个、农家书屋 1 个。有桓台县抗日民主政府旧址 1 个。有市级重点文物保护单位薛凤祚墓。经济以种植业为主，种植玉米、小麦。有公路经此。

孟家 370303-B05-H03
［Mèngjiā］

在区驻地马尚镇东方向 16.0 千米。中埠镇辖自然村。人口 1 000。明朝初年建村，因孟氏迁来立村而得名。聚落呈团块状。有文化大院 1 个、农家书屋 1 个、幼儿园 1 所。有市级重点文物保护单位孟家炉神姑庙。经济以种植业为主，种植小麦、玉米。有公路经此。

边辛 370303-B05-H04
［Biānxīn］

在区驻地马尚镇东方向 18.0 千米。中埠镇辖自然村。人口 1 600。因该村边姓居多，更名为边辛。聚落呈团块状。有文化大院 1 个、农家书屋 1 个。经济以种植业为主，种植玉米、小麦。有公路经此。

天乙 370303-B06-H01
[Tiānyǐ]

房镇镇镇人民政府驻地。在区驻地马尚镇西北方向 2.1 千米。人口 1 600。明初是范家庄财主范九经的拴牛养马之地，曰拴牛庄。至明嘉靖年间，村民认为拴牛庄已经不是以前的拴牛地，应该改个更雅致的名字，便请过路道士为村子改名，道士为村子取名为天乙。聚落呈团块状。有文化大院 1 个、农家书屋 1 个。经济以种植业为主，主要种植蔬菜。有公路经此。

彭家 370303-B06-H02
[Péngjiā]

在区驻地马尚镇西北方向 8.2 千米。房镇镇辖自然村。人口 2 400。因彭姓迁来最早，故以彭姓定名彭家庄，后名彭家。聚落呈团块状。有文化大院 1 个、农家书屋 1 个。有省级重点文物保护单位战国、汉、唐、宋聚落遗址。经济以种植业为主，有山东臻润机械有限公司等企业。有公路经此。

董家 370303-B06-H03
[Dǒngjiā]

在区驻地马尚镇西北方向 2.2 千米。房镇镇辖自然村。人口 1 800。建村于明朝初年，曰曹平庄。后更名为董家庄。聚落呈团块状。有文化大院 1 个、农家书屋 1 个。经济以种植业为主，种植玉米、小麦。有公路经此。

博山区

城市居民点

翡翠园 370304-I01
[Fěicuì Yuán]

在区境北部。人口 3 400。总面积 35 公顷。2008 年始建，2013 年正式投入使用。寓意着绿色、环保、以人为本。建筑总面积 287 000 平方米，住宅楼 62 栋，其中多层 46 栋、高层 16 栋，现代建筑风格。绿化率 35%，有健身活动广场、便民商店等配套设施。通公交车。

龙泽园 370304-I02
[Lóngzé Yuán]

在区境西南部。人口 11 000。总面积 240 公顷。2005 年始建，2007 年正式使用。因卧龙坡得名。建筑总面积 23 000 平方米，多层住宅楼 7 栋，中式建筑风格。绿化率 20%。有便民商店等配套设施。通公交车。

农村居民点

乐疃 370304-A03-H01
[Lètuǎn]

在区驻地城东街道西南方向 8.6 千米。山头街道辖自然村。人口 2 200。后因临泉近水，涝洼较多，长满青苔，清康熙年间名为涝滩庄。清乾隆年间始改为乐疃。聚落呈团块状。有文化大院 1 个。有省级重点文物保护单位赵执信墓及齐鲁古道。经济以工副业为主，有日用陶瓷制造、钢木家具、矿山机械制造、橡塑制品、建筑工程、物资商贸、运输、乡村旅游等行业。205 国道经此。

樵岭前 370304-A03-H02
[Qiáolǐngqián]

在区驻地城东街道西南方向 10.2 千米。山头街道辖自然村。人口 1 600。因村后有庙子岭悬崖峭壁，且村落房舍倚山向阳而建，故名峭岭前。后因村民多以打柴为生，改称樵岭前。聚落呈团块状。有幼儿园 1 所、文体广场 1 个、文化大院 1 个。有国家级重点文物保护单位齐长城遗址、区级文物保护单位博山溶洞。有王母池、天星湖、淋漓湖等名胜古迹。经济以制造业、旅游业为主，有包装装潢、印刷、金属门窗、塑料制品、保温材料等产业。滨莱高速公路、205 国道经此。

杨家庄 370304-B01-H01
[Yángjiāzhuāng]

域城镇人民政府驻地。在区驻地城东街道西北方向 8.7 千米。人口 1 700。明朝前已有此村，最早有杨姓在此居住，故名杨家庄。聚落呈团块状。有农家书屋 1 个、小学 1 所。经济以制造业为主，有建筑、减速机、机械制造、铸造等相关企业。兼有种植业，产玉米、小麦。滨莱高速公路经此。

大庄 370304-B01-H02
[Dàzhuāng]

在区驻地城东街道北方向 7.2 千米。域城镇辖自然村。人口 3 300。原村名大孙家庄，后简称大庄。聚落呈团块状。有小学 1 所、文化广场 1 个。有省级重点文物保护单位明清古墓葬孙氏墓园，另有明清建筑南庙、北庙及文昌阁、德济桥等古迹。经济以制造业为主、种植业为辅，有机械制造业、泵业、建筑业、汽车配件生产等产业。张博铁路经此。

董家 370304-B01-H03
[Dǒngjiā]

在区驻地城东街道北方向 15.3 千米。域城镇辖自然村。人口 1 300。元朝时有董姓在此定居，宅旁被水冲成大沟，故名董家沟，后简称董家。聚落呈团块状。经济以种植业为主，主产小麦、玉米、花生、地瓜，兼有制造业。205 国道经此。

和尚房 370304-B01-H04
[Héshàngfáng]

在区驻地城东街道西北方向 6.3 千米。域城镇辖自然村。人口 300。原名柿岩，一名鹿岑，俗称和尚坊，后演变为和尚房。聚落呈散状。有农家书屋 1 个。经济以旅游业为主，农特产有花椒、山楂。有公路经此。

蝴蝶峪 370304-B01-H05
[Húdiéyù]

在区驻地城东街道西北方向 17.3 千米。域城镇辖自然村。人口 200。因村中朱家院内有一山泉，水呈黄色，得村名为黄鹿泉。清代，因建房将此泉覆盖，遂改村名为黄鹿岭。2012 年 9 月更名为蝴蝶峪。聚落呈团块状。村西有齐长城遗址。经济以种植业为主，兼有旅游餐饮业，农特产有山楂、花椒。有公路经此。

黄连峪 370304-B01-H06
[Huángliányù]

在区驻地城东街道西北方向 22.2 千米。域城镇辖自然村。人口 300。明朝成化年间建村。村南山峪中，早年多植黄楝树，得名黄楝峪，后演变为黄连峪。聚落呈团块状。有文化大院 1 个。经济以种植业、旅游业为主，特产花椒。有公路经此。

夹山 370304-B01-H07
[Jiāshān]

在区驻地城东街道西北方向 20.3 千米。域城镇辖自然村。人口 600。因村处西岭山下，东、西两山岭夹峙，古代又多桑树，故名夹桑峪、夹桑岭，简称夹桑。后演变为夹山。聚落呈环状。有齐长城风门道关遗址。经济以种植业为主，特产香椿芽。有公路经此。

蕉庄 370304-B01-H08
[Jiāozhuāng]

在区驻地城东街道西北方向 10.1 千米。域城镇辖自然村。人口 4 200。因村周围有五岭曲折如龙，得名五龙庄，后因盛产花椒，改名为椒庄，后演变为焦庄。清道光初年又因遭火灾，村民忌焦字不祥，遂改为蕉庄。聚落呈团块状。有小学 1 所。经济以工副业为主，生产新材料、减速机，有机械制造、配件加工、物流业等产业。205 国道经此。

龙堂 370304-B01-H09
[Lóngtáng]

在区驻地城东街道西北方向 17.1 千米。域城镇辖自然村。人口 200。明代建村。因村处草峪岭东麓，岭似青龙，尾上头下，其下又分两岭，像两龙须，村在两岭之间，初名龙藏庄，后演变为龙堂。聚落呈环状。有齐长城、龙堂寨、明清建筑四合院等古迹。经济以种植业为主，种植玉米、谷子、小麦，特产香椿芽、核桃。有公路经此。

青龙湾 370304-B01-H10
[Qīnglóngwān]

在区驻地城东街道西北方向 17.1 千米。域城镇辖自然村。人口 400。古时以龙名水，又以水名庄，故得名青龙湾。聚落呈散状。经济以种植业为主，种植小麦、玉米，特产香椿芽。有公路经此。

山王庄 370304-B01-H11
[Shānwángzhuāng]

在区驻地城东街道西北方向 19.2 千米。域城镇辖自然村。人口 400。明朝之前已有此村。因村处双王山之麓，得名双王庄。后因"王"与"亡"谐音，村民忌之，遂改村名为山王庄。聚落呈散状。村东有野马岭与齐鲁夹谷台会盟遗址。经济以种植业、养殖业、制造业为主，种植玉米、小麦、谷子、花椒、香椿、山楂，养殖羊、猪，有铸造厂等。有公路经此。

西流泉 370304-B01-H12
[Xīliúquán]

在区驻地城东街道西北方向 15.1 千米。域城镇辖自然村。人口 400。清初已有人定居。村中有一山泉，东水西流，得名西流泉。聚落呈带状。经济以种植业为主，种植小麦、玉米，有旅游餐饮、机械加工等产业。有公路经此。

西厢 370304-B01-H13
[Xīxiāng]

在区驻地城东街道西北方向 21.2 千米。域城镇辖自然村。人口 400。清顺治之前已有人定居。初名西乡，后演变为西厢。聚落呈散状。有区级重点文物保护单位抗战时期八路军兵工厂旧址。经济以种植业为主，主产玉米，特产香椿芽。有公路经此。

峪口 370304-B01-H14
[Yùkǒu]

在区驻地城东街道西北方向 20.2 千米。域城镇辖自然村。人口 400。因村东、西有两条山峪，名大、小母猪峪。村处两峪之口，故定村名为母猪峪。后村众以此名不雅，遂更名为峪口。聚落呈散状。有明末建筑沈家四合院、刘家下院，有清中期古戏台1个。经济以种植业为主，主产玉米，特产花椒。有公路经此。

镇门峪 370304-B01-H15
[Zhènményù]

在区驻地城东街道西北方向22.3千米。域城镇辖自然村。人口300。明嘉靖前已有人定居。因地处章丘平原进入东部山区的门户，且榛木杂生，故名榛门峪，后演变为镇门峪。聚落呈团块状。有南观音洞、观音庙、龙门天池、樱桃泉、担杖沟泉。经济以种植业为主，兼有旅游业、餐饮业。有公路经此。

白塔 370304-B02-H01
[Báitǎ]

白塔镇人民政府驻地。在区政府驻地城东街道东北方向5千米。人口1 200。明代以前，有白姓在村东沙滩上开店，故名白滩店。后因店房倒塌，行人称此为白塌店，后演变为白塔店，后又简称白塔。聚落呈团块状。经济以种植业为主，种植玉米、小麦。主要产业为汽车零部件制造、建筑安装业等。张博铁路、张博路经此。

南万山 370304-B02-H02
[Nánwànshān]

在区驻地城东街道东北方向13.2千米。白塔镇辖自然村。人口1 300。北宋年间已有村落。该村处万山河之南，故名南万山。聚落呈团块状。有文化大院1个、农家书屋1个、幼儿园1所。有省级重点文物保护单位宋代瓷窑遗址。经济以制造业为主，有汽车零部件、机械铸造等产业。有公路经此。

北万山 370304-B02-H03
[Běiwànshān]

在区政府驻地城东街道东北方向8千米。白塔镇辖自然村。人口1 700。该村位于万山河之北，故名北万山。聚落呈团块状。有文化大院1个、农家书屋1个。有市级重点文物保护单位金地禅寺、区级重点文物保护单位窑神庙。经济以种植业为主，主产玉米、小麦，有耐火材料、混凝土生产等产业。有公路经此。

饮马 370304-B02-H04
[Yǐnmǎ]

在区驻地城东街道东北方向8千米。白塔镇辖自然村。人口2 600。早年有一水池，池旁有清光绪二十三年（1897）重修水池时立的碑碣，其上载有"饮马池"三字，故取村名为饮马泉，后演变为饮马。聚落呈团块状。有小学1所、幼儿园1所、文化广场1个。有市级重点文物保护单位碧霞元君行宫。经济以工副业为主，有水泵、真空泵制造等产业。有公路经此。

虎头崖 370304-B03-H01
[Hǔtóuyá]

八陡镇人民政府驻地。在区驻地城东街道东南方向9.3千米。人口1 600。因有一黄崖头形如虎头，故得名虎头崖。聚落呈团块状。有文化大院1个、农家书屋1个。有市级重点文物保护单位宋元窑址及古庙宇三司庙等。经济以种植业为主，主产玉米、小麦、酸莓、乌饭果、沙果、葡萄柚、绿苹果。工业有机械制造、化工、建筑安装等。有玻璃厂、电熔耐火材料厂、机砖厂、调味品厂等。博八铁路经此。

北峰峪 370304-B03-H02
[Běifēngyù]

在区驻地城东街道东南方向6.4千米。

八陡镇辖自然村。人口 1 300。因所处的方位、地形而得名。聚落呈团块状。有幼儿园 1 所。有区级重点文物保护单位明清古建筑三元庙等。经济以工副业为主，有机械制造、橡胶制品、建筑安装工程、商业服务业等。有公路经此。

北河口 370304-B03-H03
[Běihékǒu]

在区驻地城东街道东南方向 9.7 千米。八陡镇辖自然村。人口 1 500。因处于岳阳河与五龙溪交汇所形成的河口处，故名北河口。聚落呈团块状。有文化大院 1 个、农家书屋 1 个、幼儿园 1 所。有市级重点文物保护单位王让故居、区级重点文物保护单位八陡大街民居群。经济以工副业为主，有玻璃制品、陶瓷颜料、机械制造、橡胶、塑料制品生产等。235 省道经此。

阁子前 370304-B03-H04
[Géziqián]

在区驻地城东街道东南方向 8.9 千米。八陡镇辖自然村。人口 1 100。因村中有一古老建筑观音阁而得名。聚落呈团块状。有文化大院 1 个、农家书屋 1 个、文化广场 1 个。有古迹观音阁。经济以工副业为主，有铸钢、建材机械、陶瓷、机电、水泵制造等。有铁路、公路经此。

青石关 370304-B03-H05
[Qīngshíguān]

在区驻地城东街道东南方向 10.3 千米。八陡镇辖自然村。人口 1 400。因有一小河名五龙溪，古村名称五龙溪。因有一大青石板，又是八陡庄东去、南去的关隘，取名为青石关。聚落呈团块状。有文化大院 1 个、农家书屋 1 个。有区级重点文物保护单位魏氏民居群。经济以养殖业、工副业为主，有玻璃制品、制鞋、水泵、产品

包装、陶瓷颜料、建筑安装等业。235 省道经此。

苏家沟 370304-B03-H06
[Sūjiāgōu]

在区驻地城东街道东南方向 11.1 千米。八陡镇辖自然村。人口 2 700。明代即已建村。因处于围屏山西南深沟地带、苏姓入住最早，故取名苏家沟，并沿用至今。聚落呈团块状。有文化大院 1 个、农家书屋 1 个。有国家级重点文物保护单位围屏山齐长城遗址。经济以工副业为主，有日用玻璃生产、建筑业、商业等。辛泰铁路、235 省道经此。

西石马 370304-B04-H01
[Xīshímǎ]

石马镇人民政府驻地。在区驻地城东街道东南方向 16.1 千米。人口 7 300。因村南一石似马形，故名石马，后分为东、中、西三村，得名西石马。聚落呈团块状。有文化大院 1 个、农家书屋 1 个、小学 1 所、幼儿园 1 所。有市级文物保护单位五凤山庙群、顺德夫人祠，区级文物保护单位接境桥。经济以种植业为主，主产玉米，盛产香菇、西红柿、大白菜等。有彩釉砖、铁木家具、运动鞋、耐火材料等产业。有公路经此。

蛟龙 370304-B04-H02
[Jiāolóng]

在区驻地城东街道东南方向 14.2 千米。石马镇辖自然村。人口 2 900。因村西有一高阔平坦的石坡，故得名薄板台。至宋代，又因地处焦岭之麓，又名焦岭。后改村名为蛟龙。聚落呈团块状。有文化大院 1 个、农家书屋 1 个、幼儿园 1 所、小学 1 所。经济以加工业为主，有香肠加工、玻璃制造等。236 省道经此。

南沙井 370304-B04-H03
[Nánshājǐng]

在区驻地城东街道东南方向 19.2 千米。石马镇辖自然村。人口 1 400。明代已建村。因该村位于沙井以南，故名。聚落呈带状。有农家书屋 1 个。有市级文物保护单位金牛山庙群。经济以工副业为主，有运输业、餐饮业、批发零售业。有公路经此。

盆泉 370304-B04-H04
[Pénquán]

在区驻地城东街道东南方向 22.3 千米。石马镇辖自然村。人口 3 300。因青龙山下有似盆形的半亩园塘，故名盆泉庄，后简称盆泉。聚落呈带状。有文化大院 1 个、农家书屋 1 个。经济以种植业、工副业为主，有建筑业、交通运输业。有公路经此。

西沙井 370304-B04-H05
[Xīshājǐng]

在区驻地城东街道东南方向 21.2 千米。石马镇辖自然村。人口 900。明代已建村。因位于沙井以西，故名。聚落呈带状。有文化大院 1 个、农家书屋 1 个。经济以种植业、工副业为主，有建筑业。有公路经此。

响泉 370304-B04-H06
[Xiǎngquán]

在区驻地城东街道西南方向 13.2 千米。石马镇辖自然村。人口 1 000。明代已有村落。因村外山岩之上有老泉洞，泉水下注响如钟声，故得名响泉。聚落呈带状。有文化大院 1 个、农家书屋 1 个。经济以种植业、旅游业为主。有公路经此。

中石马 370304-B04-H07
[Zhōngshímǎ]

在区驻地城东街道东南方向 18.4 千米。石马镇辖自然村。人口 3 400。地处东、西石马中间，得名中石马。聚落呈团块状。有文化广场 1 个、文化大院 1 个、农家书屋 1 个、幼儿园 1 所、小学 1 所。有区级文物保护单位凤凰山庙群。经济以制造业为主，有机械制造、玻璃制品、化工等产业。博山至石马公路经此。

东池 370304-B05-H01
[Dōngchí]

池上镇人民政府驻地。在区驻地城东街道东南方向 35.2 千米。人口 700。村西北有一水池，名八卦池，池边原有顺德庙。该村因处水池上方，故名池上庄。后村因位于东片，得名东池。聚落呈团块状。有文化大院 1 个、农家书屋 1 个、小学 1 所、初中 1 所、幼儿园 1 所。有市级文物保护单位博山九道联合办事处旧址。经济以种植业为主，主产桔梗、水蜜桃、玉米、小麦、南瓜、薤菜、洋菇、角瓜。有博山镰刀厂、第四中学印刷厂。327 省道经此。

板山 370304-B05-H02
[Bǎnshān]

在区驻地城东街道东南方向 38.2 千米。池上镇辖自然村。人口 300。明天顺年间已建村。该村建于大板山崖之下，故名板山。聚落呈团块状。有文化大院 1 个。古迹有日军炮楼、鹿家大院、流苏古树、槐抱碑遗址等。经济以种植业、旅游为主，主产小麦、玉米。有公路经此。

北场 370304-B05-H03
[Běichǎng]

在区驻地城东街道东南方向 45.3 千米。池上镇辖自然村。人口 300。张、李两姓分别于明末清初在此定居。早年名石臼北场，与石臼村原是一村。因石臼村北侧有一较大场园，得名石臼北场。后简称北场。聚落呈带状。有文化大院 1 个。有区级重点文物保护单位蟠龙山蚕姑庙群。经济以种植业为主。有林果、蔬菜种植。有公路经此。

甘泉 370304-B05-H04

[Gānquán]

在区驻地城东街道东南方向 34.1 千米。池上镇辖自然村。人口 700。明天顺年间建村。相传村旁有三个泉口，其水味甘，故初命村名为三泉庄。后因三泉季节性干涸，遂演变为甘泉。聚落呈团块状。有小学 1 所、文化大院 1 个、农家书屋 1 个。经济以种植业为主，主产苹果、李子、草莓。有公路经此。

韩庄 370304-B05-H05

[Hánzhuāng]

在区驻地城东街道东南方向 43.2 千米。池上镇辖自然村。人口 600。明代以前建村。该庄系韩姓早来定居，故得名韩庄。聚落呈团块状。有小学 1 所。有市级重点文物保护单位观音寺。经济以种植业为主，主产香菇。工副业主要产品是五金电器、建筑用砖。有公路经此。

花林 370304-B05-H06

[Huālín]

在区驻地城东街道东南方向 43.1 千米。池上镇辖自然村。人口 1 100。因峪中多果树，春季繁花漫山遍野，故名花林。聚落呈团块状。有小学 1 所、文化大院 1 个。有区级重点文物保护单位圣水寺佛教庙群。经济以种植业为主。有公路经此。

李家 370304-B05-H07

[Lǐjiā]

在区驻地城东街道东南方向 41.2 千米。池上镇辖自然村。人口 400。明万历年间建村，明代李姓先来定居，故名李家庄，后

简称李家。有文化大院 1 个、农家书屋 1 个、小学 1 所。聚落呈带状。有区级文物保护单位博山县抗日民主政府旧址。经济以种植业为主。有公路经此。

聂家峪 370304-B05-H08

[Nièjiāyù]

在区驻地城东街道东南方向 38.3 千米。池上镇辖自然村。人口 300。以姓氏命村名为聂家峪。聚落呈散状。有文化大院 1 个、农家书屋 1 个。有聂家古寨遗址。经济以种植业和乡村旅游为主。327 省道经此。

泉子 370304-B05-H09

[Quánzi]

在区驻地城东街道东南方向 45.2 千米。池上镇辖自然村。人口 200。清代建村。该村东隅有一山泉，水势旺盛，常年不竭，故命名为泉子。聚落呈团块状。有文化广场 1 个。经济以种植业为主，工副业为辅。有公路经此。

上郝峪 370304-B05-H10

[Shànghǎoyù]

在区驻地城东街道东南方向 41.2 千米。池上镇辖自然村。人口 400。明末清初建村。因村地处下、中郝峪两村之上，故名为上郝峪。聚落呈团块状。有市级重点文物保护单位博莱蒙三县边区联防办事处旧址。有桃花溪风景区。经济以种植业为主。有公路经此。

雁门 370304-B05-H11

[Yànmén]

在区驻地城东街道东南方向 45.2 千米。池上镇辖自然村。人口 40。因村处雁门寨下，故名雁门。聚落呈团块状。经济以种植业为主。有公路经此。

中郝峪 370304-B05-H12

[Zhōnghǎoyù]

在区驻地城东街道东南方向 41.3 千米。池上镇辖自然村。人口 400。明代建村。杨姓早年曾定居于此。因该村位处上、下郝峪之间，故名中郝峪。聚落呈团块状。有文化广场 1 个、农家书屋 1 个、小学 1 所。经济以种植业、旅游业为主，特产板栗。有公路经此。

南博山 370304-B06-H01

[Nánbóshān]

博山镇人民政府驻地。在区驻地城东街道东南方向 25.1 千米。人口 1 100。辰巳山又名博山，因村位于此山之南，得名南博山。聚落呈团块状。有文化大院 1 个、农家书屋 1 个、中学 1 所、小学 1 所、幼儿园 1 所。有市级文物保护单位笔架山庙群及清代建筑数处。经济以种植业、工副业为主，有物流业，生产纸箱、玻璃。辛泰铁路经此，并设有南博山站。907 省道经此。

郭庄 370304-B06-H02

[Guōzhuāng]

在区驻地城东街道东南方向 25.2 千米。博山镇辖自然村。人口 3 600。曾名东邀兔。后因附近乡人募资建成铁塔寺，寺内住持和尚姓郭，多行善事，故更名为郭庄。聚落呈团块状。有文化大院 1 个、农家书屋 1 个、小学 1 所。有区级文物保护单位明末清初建筑郭庄东庵。经济以种植业、工副业为主，有化肥批发、建筑安装、水泵制造等业。有公路经此。

刘家台 370304-B06-H03

[Liújiātái]

在区驻地城东街道东南方向 28.3 千米。博山镇辖自然村。人口 400。因村中刘姓最多，迁入最早，故得名刘家台。聚落呈团块状。有文化大院 1 个、农家书屋 1 个。有市级文物保护单位刘家台中共博山县委旧址及八路军四支队驻博办事处纪念馆。经济以种植业、工副业为主，制作木制容器，有铸造业。有公路经此。

上瓦泉 370304-B06-H04

[Shàngwǎquán]

在区驻地城东街道东南方向 35.1 千米。博山镇辖自然村。人口 1 300。明洪武年间已有人聚居。因此处低洼，庄中有涌泉，得名洼泉庄，后讹为瓦泉。因人丁繁衍，按方位分为上、中、下三村，该村得名上瓦泉。聚落呈团块状。有文化大院 1 个、农家书屋 1 个。有国家地理标志三府山。经济以种植业、旅游业为主，有草莓采摘园。907 省道经此。

五福峪 370304-B06-H05

[Wǔfúyù]

在区驻地城东街道东南方向 26.2 千米。博山镇辖自然村。人口 2 100。曾名倒钩峪、五斧峪。又因村中有一条大沟，沟面从南到北依次排着五条土岭，土岭蜿蜒曲折，形似虬龙。龙是吉祥之物，寓意幸福，故名五福峪。聚落呈团块状。有文化大院 1 个、农家书屋 1 个。经济以种植业、工副业为主，特产地瓜，制造机械、陶瓷。有公路经此。

下庄 370304-B06-H06

[Xiàzhuāng]

在区驻地城东街道东南方向 27.1 千米。博山镇辖自然村。人口 2 900。据传该村与上庄同处博山通往沂源的交通要道，得名下庄。聚落呈团块状。有小学 1 所、文化大院 1 个。有市级文物保护单位清代建筑任浚故居，区级文物保护单位明代建筑玉皇庙及烈士陵园。经济以种植业、工副业为主，主产玉米、小麦，兼产苹果、桃、山楂、枣，有金属制品、肉食加工、零售餐饮等业。236 省道经此。

杨峪 370304-B06-H07
[Yángyù]

在区驻地城东街道东南方向 29.2 千米。博山镇辖自然村。人口 1 000。清初立村。村民多以牧羊为业，故名羊峪。后因村名不雅，改名为杨峪。聚落呈团块状。有文化大院 1 个、农家书屋 1 个。经济以种植业、旅游业为主，主产桃、苹果，有天佛山国家森林公园、有机蓝莓采摘基地、家庭农场。有公路经此。

邀兔崖 370304-B06-H08
[Yāotùyá]

在区驻地城东街道东南方向 26.3 千米。博山镇辖自然村。人口 2 800。传说从前有两位老人，黄昏在东山崖上对月饮酒，醉后争邀月亮来作陪。因古人常以玉兔象征月亮，后即以此传说定村名为邀兔崖。聚落呈团块状。有小学 1 所、文化大院 1 个、农家书屋 1 个。有市级文物保护单位邀兔三官庙群。经济以制造业为主，制造油泵、耐火材料、润滑设备。辛泰铁路经此。

朱家庄 370304-B06-H09
[Zhūjiāzhuāng]

在区驻地城东街道东南方向 19.2 千米。博山镇辖自然村。人口 4 400。相传明代以前，先有朱姓在此定居，故以姓氏命名为朱家庄。聚落呈团块状。有文化大院 1 个、农家书屋 1 个、小学 1 所。有市级文物保护单位朱家庄三皇庙。经济以种植业、工副业为主，生产玻璃、水泵、机械、家具等。有公路经此。

源泉 370304-B07-H01
[Yuánquán]

源泉镇人民政府驻地。在区驻地城东街道东南方向 25.0 千米。人口 4 000。宋代已有此村，因南有上龙湾、下龙湾两涌泉，取源远流长之意，故名源泉。聚落呈团块状。有农家书屋 1 个、小学 1 所、幼儿园 1 所、中学 1 所。经济以种植业为主，主产猕猴桃、玉米、蔬菜。有博山龙海合金厂、源泉管路水泵设备厂、博山开元水泵厂等企业。省道仲临公路经此。

北崮山 370304-B07-H02
[Běigùshān]

在区驻地城东街道东南方向 18.3 千米。源泉镇辖自然村。人口 2 100。因位于孤山西北方，故以方位命名为北孤山，1937 年修县志后定名为北崮山。聚落呈团块状。有文化大院 1 个、农家书屋 1 个、小学 1 所、幼儿园 1 所。有国家级重点文物保护单位齐长城遗址。有焦裕禄纪念馆。经济以制造业为主，有汽车配件、机械、工贸、水泵、建筑、玻璃、沼气设备、锻造等企业。省道仲临公路经此。

麻庄 370304-B07-H03
[Mázhuāng]

在区驻地城东街道东南方向 27.2 千米。源泉镇辖自然村。人口 1 300。因当地多种麻，后即以此命名为麻家庄，至清代又改名为麻庄。聚落呈团块状。有小学 1 所、农家书屋 1 个。有区级重点文物保护单位麻庄南庙。经济以种植业、工副业为主，产猕猴桃、蔬菜，制造肥料、水泵等。有公路经此。

南崮山 370304-B07-H04
[Nángùshān]

在区驻地城东街道东南方向 16.1 千米。

源泉镇辖自然村。人口 4 000。因村在孤山之南，初名南孤山，后演变为南崮山。聚落呈团块状。有农家书屋 1 个。有区级重点文物保护单位镇海门。经济以制造业为主，生产泵类、机械等。有公路经此。

泉河 370304-B07-H05
[Quánhé]

在区驻地城东街道东南方向 25.3 千米。源泉镇辖自然村。人口 1 600。因庄东有上、下两龙湾，曾取庄名为龙湾。后以淄河水经此北流，村内泉水涌往淄河，故又命名为泉河头。后简称泉河。聚落呈团块状。有小学 1 所。经济以种植业为主，种植猕猴桃、玉米、蔬菜。是虹鳟鱼养殖基地和旅游特色村。仲临公路经此。

岳庄 370304-B07-H06
[Yuèzhuāng]

在区驻地城东街道东南方向 13.2 千米。源泉镇辖自然村。人口 6 000。早年该庄曾名浮图滩，后因明初从直隶枣强迁来的岳姓最多，得名岳家庄。后简称岳庄。聚落呈团块状。有文化大院 1 个、农家书屋 2 个、幼儿园 1 所。有市级重点文物保护单位元代建筑大庙。经济以制造业为主，生产泵类、玻璃制品、包装等。省道仲临公路经此。

临淄区

城市居民点

淄江花园 370305-I01
[Zījiāng Huāyuán]

在区境东部。人口 5 200。总面积 133.3 公顷。因靠近淄河而得名。2008 年始建，2009 年 3 月正式使用。建筑总面积 130 000 平方米，住宅楼 160 栋，其中高层

119 栋、多层 41 栋，现代建筑风格。绿化率 38%，有小学、幼儿园、医院、居民服务站、商店、文化室、儿童游乐场等配套设施。通公交车。

雪宫生活区 370305-I02
[Xuěgōng Shēnghuóqū]

在区境中部。人口 8 800。总面积 48 公顷。由政府命名。1986 年始建，1992 年正式使用。建筑总面积 280 000 平方米，住宅楼 86 栋，其中高层 5 栋、多层 81 栋，现代建筑风格。绿化面积 96 000 平方米，有中学、小学、幼儿园、卫生服务中心、便民市场等配套设施。通公交车。

方正尚城 370305-I03
[Fāngzhèng Shàngchéng]

在区境南部。人口 3 900。总面积 11 公顷。因山东方正房地产开发有限公司开发而得名。2006 年始建，2008 年正式使用。建筑总面积 241 700 平方米，住宅楼 51 栋，其中高层 4 栋、多层 47 栋，现代建筑风格。绿化面积 7 311 平方米，有小学、幼儿园、便民超市、卫生所等配套设施。通公交车。

农村居民点

孙娄店 370305-A01-H01
[Sūnlóudiàn]

在区驻地闻韶街道西北方向 1.7 千米。稷下街道辖自然村。人口 2 200。唐代初期，孙、娄两姓始居此地，初以营店为业，故名。聚落呈团块状。有文化大院 1 个、百姓大舞台 1 个、文化小广场 2 个、农家书屋 1 个、文体活动室 1 个、小学 1 所、幼儿园 1 所。经济以种植业、商业为主。有公路经此。

魏家庄 370305-A01-H02
[Wèijiāzhuāng]

在区驻地闻韶街道东北方向 2.5 千米。稷下街道辖自然村。人口 500。明代中叶，魏姓自聂仙庄析此立庄，故名。聚落呈团块状。有文化大院 1 个、文化小广场 1 个、农家书屋 1 个、文体活动室 1 个。有国家级重点文物保护单位临淄墓群之一的龟冢子、124 号无名冢、古墓等 3 座。经济以种植业、商业为主。309 国道经此。通公交车。

永流庄 370305-A01-H03
[Yǒngliúzhuāng]

在区驻地闻韶街道东北方向 0.2 千米。稷下街道辖自然村。人口 700。汉代建庄。至今流传"韩信挖河淹齐城，晏曾留下断流庄"的民谣，据谐音称段李庄、断刘庄等，后因"断"字不吉，改今名。聚落呈团块状。有文化大院 1 个、文化小广场 2 个、农家书屋 1 个、文体活动室 1 个。经济以商业为主。有公路经此。

范家庄 370305-A01-H04
[Fànjiāzhuāng]

在区驻地闻韶街道东方向 0.8 千米。稷下街道辖自然村。人口 900。范姓明初立庄，故得名。聚落呈团块状。有文化大院 1 个、文化小广场 1 个、农家书屋 1 个、文体活动室 1 个。有国家级重点文物保护单位临淄墓群中的孔融墓、古墓一号、古墓二号等，有省级文物保护单位范家遗址。经济以商业为主。有公路经此。

商王庄 370305-A01-H05
[Shāngwángzhuāng]

在区驻地闻韶街道东方向 0.9 千米。稷下街道辖自然村。人口 1 700。商姓于明洪武年间由河北枣强县迁此立庄，初名商旺庄，后称今名。聚落呈团块状。有文化大院 1 个、文化小广场 1 个、农家书屋 1 个、文体活动室 1 个。有国家级重点文物保护单位临淄墓群之一的伍辛冢。经济以种植业、商业为主。有公路经此。

陈家徐姚 370305-A01-H06
[Chénjiāxúyáo]

在区驻地闻韶街道东方向 1.6 千米。稷下街道辖自然村。人口 1 200。陈姓明初由河北枣强县迁此，立庄于古徐姚庄而得名。聚落呈团块状。有文化大院 1 个、文化小广场 1 个、农家书屋 1 个、文体活动室 1 个、幼儿园 1 所。经济以种植业、商业为主。有公路经此。

赵家徐姚 370305-A01-H07
[Zhàojiāxúyáo]

在区驻地闻韶街道东方向 1.8 千米。稷下街道辖自然村。人口 500。赵姓明初立庄，因近古徐姚庄而得名。聚落呈团块状。有文化大院 1 个、文化小广场 1 个、农家书屋 1 个、文体活动室 1 个。有国家级重点文物保护单位临淄墓群墓中的蛤蟆冢、马鞍冢。经济以种植业为主，主产葡萄，有硕冠葡萄种植基地。有公路经此。

孙家徐姚 370305-A01-H08
[Sūnjiāxúyáo]

在区驻地闻韶街道东方向 2.0 千米。稷下街道辖自然村。人口 1 600。因孙姓于明洪武二年（1369）近古徐姚庄立庄而得名。有文化大院 1 个、文化小广场 1 个、农家书屋 1 个、文体活动室 1 个。村东北、西北分别有国家级重点文物保护单位临淄墓群中的南冢子、双冢子等。经济以粮食种植、商业经营为主。有公路经此。

尧王庄 370305-A01-H09

[Yáowángzhuāng]

在区驻地闻韶街道东方向 3.3 千米。稷下街道辖自然村。人口 2 000。周代立庄，因庄西古有尧王殿而得名。聚落呈团块状。有文化大院 1 个、文化小广场 1 个、农家书屋 1 个、文体活动室 1 个。有幼儿园 1 所。有国家级重点文物保护单位临淄墓群之一凤凰冢、省级文物保护单位尧王遗址。经济以种植业、商业为主。309 国道经此。

朱家营 370305-A01-H10

[Zhūjiāyíng]

在区驻地闻韶街道西方向 2.8 千米。稷下街道辖自然村。人口 800。朱姓于清代康熙年间，由朱台庄迁此，先为程家营程姓做窑工，后在程家营东立庄，故得名。聚落呈团块状。有文化大院 1 个、文化小广场 1 个、农家书屋 1 个、文体活动室 1 个、幼儿园 1 所。经济以种植业、商业为主。有公路经此。

闫家庄 370305-A01-H11

[Yánjiāzhuāng]

在区驻地闻韶街道西方向 3.1 千米。稷下街道辖自然村。人口 1 000。闫姓于明初迁此立庄，故名。聚落呈团块状。有文化大院 1 个、文化小广场 1 个、农家书屋 1 个、文体活动室 1 个。有区级非物质文化遗产闫家鼓乐。经济以商业为主。有公路经此。

董褚 370305-A01-H12

[Dǒngchǔ]

在区驻地闻韶街道西方向 3.7 千米。稷下街道辖自然村。人口 1 800。杨姓于元朝前立庄于一寺院厨房遗址东，故称东厨，后以近音改称今名。聚落呈团块状。有文化大院 1 个、文化小广场 2 个、农家书屋 1 个、文体活动室 1 个、小学 1 所、幼儿园 1 所。有省级非物质文化遗产赵培印面瘫膏，区级非物质文化遗产董褚膏药、戴氏口疮治疗医术、查拳。经济以种植业为主，种植花卉等园艺产品。有公路经此。

小杜家庄 370305-A01-H13

[Xiǎodùjiāzhuāng]

在区驻地闻韶街道西方向 5.4 千米。稷下街道辖自然村。人口 900。杜姓明初立村于河西岸，名大杜家庄，明末析立村于东岸，得今名。聚落呈团块状。有文化大院 1 个、文化小广场 1 个、农家书屋 1 个、文体活动室 1 个。经济以种植业、商业为主。有公路经此。

王家庄 370305-A01-H14

[Wángjiāzhuāng]

在区驻地闻韶街道西北方向 5.2 千米。稷下街道辖自然村。人口 1 800。明前立庄，因庄西有百泉河，初名泉河庄，后以庄西王家桥改名东王家桥，后改称今名。聚落呈团块状。有文化大院 1 个、百姓大舞台 1 个、文化小广场 1 个、农家书屋 1 个、文体活动室 1 个、幼儿园 1 所。有区级非物质文化遗产王家庄梅花拳。经济以种植业、商业为主。309 国道经此。通公交车。

东安次 370305-A01-H15

[Dōng'āncì]

在区驻地闻韶街道西北方向 4.0 千米。稷下街道辖自然村。人口 1 000。因位于安次城东，故名。聚落呈团块状。有文化大院 1 个、百姓大舞台 1 个、文化小广场 1 个、农家书屋 1 个、文体活动室 1 个、小学 1 所、幼儿园 1 所。有国家级重点文物保护单位临淄墓群之一的趴冢子。经济以种植业、商业为主。309 国道经此。通公交车。

相家庄 370305-A02-H01

[Xiāngjiāzhuāng]

在区驻地闻韶街道北方向 1.5 千米。闻韶街道辖自然村。人口 1 100。相氏先人原籍为河北枣强县，明初期迁至博兴县，明弘治年间其中一族由博兴相公庄迁至现址，以姓氏命名相家庄。聚落呈团块状。有百姓大舞台 1 个、农家书屋 2 个、文体活动室 1 个、文化小广场 1 个、幼儿园 1 所。经济以工业、商业、餐饮业为主。有公路经此。

西高留 370305-A03-H01

[Xīgāoliú]

在区驻地闻韶街道西方向 1.8 千米。雪宫街道辖自然村。人口 900。明初，高姓于山西迁此立庄，名高留。清康熙年间，王姓自孙娄店迁入，改名王家高留。后改称西高留。聚落呈团块状。有农家书屋 1 个、文体活动室 1 间、文化小广场 2 个、中学 1 所、小学 2 所、幼儿园 1 所。有区级非物质文化遗产二鬼摔跤傀儡游戏。经济以商业为主，有齐鲁文化市场等企业。有公路经此。

辛店街 370305-A04-H01

[Xīndiànjiē]

在区驻地闻韶街道南方向 0.6 千米。辛店街道辖自然村。人口 2 000。立村汉代，村人以开店为业，故名新店，后改名辛店。又因庄处交通要道，自古就立为集市，故习称今名。聚落呈团块状。有文化大院 1 个、百姓大舞台 1 个、文化小广场 1 个、农家书屋 1 个、文体活动室 1 个。有幼儿园 1 所。有国家级重点文物保护单位临淄墓群之一的 42 号、44 号、45 号无名冢及袁达、李牧墓。有区级非物质文化遗产"邹阳上书"故事。经济以种植业、商业为主。有公路

经此。

王朱庄 370305-A04-H02

[Wángzhūzhuāng]

在区驻地闻韶街道西南方向 4.2 千米。辛店街道辖自然村。人口 3 500。宋代王、朱两姓建庄，得名。聚落呈团块状。有文化大院 1 个、百姓大舞台 1 个、文化小广场 1 个、农家书屋 1 个、文体活动室 1 个、幼儿园 1 所。有区级非物质文化遗产王朱饴糖。经济以种植业为主，主要种植小麦、玉米等农作物。有公路经此。

仉行庄 370305-A04-H03

[Zhǎngxíngzhuāng]

在区驻地闻韶街道南方向 2.1 千米。辛店街道辖自然村。人口 2 700。宋前张、邢两姓立庄，名张邢庄，后沿称张行庄，后以近音改称今名。聚落呈团块状。有文化大院 1 个、百姓大舞台 1 个、文化小广场 1 个、农家书屋 1 个、文体活动室 1 个、幼儿园 1 所。庄西南有国家级重点文物保护单位临淄墓群之一 50 号无名冢一座。有区级非物质文化遗产"仉行村的由来"。经济以种植业为主，主要种植小麦、玉米等农作物。有公路经此。

安乐店 370305-A04-H04

[Ānlèdiàn]

在区驻地闻韶街道南方向 0.6 千米。辛店街道辖自然村。人口 1 200。宋前立村，古名达慈殿，明初改称今名。聚落呈团块状。有文化大院 1 个、百姓大舞台 1 个、文化小广场 1 个、农家书屋 1 个、文体活动室 1 个。有区级非物质文化遗产安乐店跑竹马。经济以种植业为主，主要种植小麦、玉米等农作物。有公路经此。

渠村 370305-A04-H05

[Qúcūn]

在区驻地闻韶街道西南方向 2.2 千米。辛店街道辖自然村。人口 900。明初立村，村被沟渠环抱，得名。聚落呈团块状。有文化大院 1 个、百姓大舞台 1 个、文化小广场 1 个、农家书屋 1 个、文体活动室 1 个。经济以种植业、商业为主，主产小麦、玉米、蔬菜等。有公路经此。

安里 370305-A04-H06

[Ānlǐ]

在区驻地闻韶街道西南方向 2.7 千米。辛店街道辖自然村。人口 900。明初立庄，始名南渠。后因村南有白衣庵，更名庵里，以近音改称今名。聚落呈团块状。有文化大院 1 个、百姓大舞台 1 个、文化小广场 1 个、农家书屋 1 个、文体活动室 1 个。经济以种植业为主，主要种植小麦、玉米等农作物。有公路经此。

矮槐树 370305-A04-H07

[Ǎihuáishù]

在区驻地闻韶街道西南方向 3.7 千米。辛店街道辖自然村。人口 900。因有一古槐，传说宋代赵匡胤曾挂袍其上，古槐不再长高，村遂名矮槐树。聚落呈团块状。有文化大院 1 个、百姓大舞台 1 个、文化小广场 1 个、农家书屋 1 个、文体活动室 1 个。有省级文物保护单位溡源桥。有区级非物质文化遗产"矮槐树的传说"。经济以种植业为主，主要种植小麦、玉米等农作物。有铁路、公路经此。

毛托 370305-A04-H08

[Máotuō]

在区驻地闻韶街道西方向 5.1 千米。辛店街道辖自然村。人口 2 000。明永乐二年（1404），石姓从枣强县迁此立庄，名石家毛托。赵姓于明初自益都县（今青州市）康家庄迁此，名赵家毛托。1958 年合为一个大队，称毛托大队，后改今名。聚落呈团块状。有文化大院 1 个、百姓大舞台 1 个、文化小广场 1 个、农家书屋 1 个、文体活动室 1 个。经济以种植业为主，主要种植小麦、玉米等农作物。有公路经此。

淄河店 370305-A05-H01

[Zīhédiàn]

在区驻地闻韶街道东方向 4.5 千米。齐陵街道辖自然村。人口 2 500。周代立村，初名皇丧店，因村立齐国君主举行葬礼处，故名。聚落呈团块状。有文化大院 1 个、农家书屋 1 个、百姓大舞台 1 个、中学 1 所、小学 1 所、幼儿园 1 所。有国家级重点文物保护单位临淄墓群之一四王冢，有淄河店墓地、周代文化遗址、清代古桥梁。经济以种植业、商业为主。309 国道经此。通公交车。

西龙池 370305-A05-H02

[Xīlóngchí]

在区驻地闻韶街道东方向 4.7 千米。齐陵街道辖自然村。人口 800。元前立庄，名阎家庄，后苑姓迁入，因在龙池之西，故称今名。聚落呈团块状。有文化大院 1 个、农家书屋 1 个、百姓大舞台 1 个。有后佛寺汉代文化遗址。经济以种植业、商业为主。有公路经此。

东龙池 370305-A05-H03

[Dōnglóngchí]

在区驻地闻韶街道东方向 5.1 千米。齐陵街道辖自然村。人口 700。元代立庄，初名侗家庄，后因处龙池东，故名。聚落呈团块状。有文化大院 1 个、农家书屋 1 个、百姓大舞台 1 个。经济以种植业、商业为主。

有公路经此。

吕家孝陵 370305-A05-H04
[Lǚjiāxiàolíng]

在区驻地闻韶街道东方向 5.6 千米。齐陵街道辖自然村。人口 1 200。元代，吕姓立庄于孝公墓东南，故名。聚落呈团块状。有文化大院 1 个、农家书屋 1 个、百姓大舞台 1 个。有中学 1 所。有孝公墓、隋唐文化遗址。经济以种植业、商业为主。有公路经此。

石庙孝陵 370305-A05-H05
[Shímiàoxiàolíng]

在区驻地闻韶街道东方向 6.0 千米。齐陵街道辖自然村。人口 900。明初，苑、王二姓立地于孝公墓以东、石庙北，故名。聚落呈团块状。有文化大院 1 个、农家书屋 1 个、百姓大舞台 1 个。有龙山文化遗址、汉代文化遗址。经济以种植业、商业为主。有公路经此。

后李官庄 370305-A05-H06
[Hòulǐguānzhuāng]

在区驻地闻韶街道东方向 5.2 千米。齐陵街道辖自然村。人口 800。元代，李姓迁居于刘家营官田立庄，此庄居北，得名。聚落呈团块状。有文化大院 1 个、农家书屋 1 个、百姓大舞台 1 个。有国家级重点文物保护单位后李遗址。有大汶口文化遗址、临淄中国古车博物馆。经济以种植业、商业为主。青银高速公路经此。

刘家营 370305-A05-H07
[Liújiāyíng]

在区驻地闻韶街道东方向 6.1 千米。齐陵街道辖自然村。人口 1 000。蒙古族占80%。1217 年，蒙古族人立庄，初名留下营，后以刘为姓，改称刘下营，后改今名。

聚落呈团块状。有文化大院 1 个、农家书屋 1 个、百姓大舞台 1 个。有国家级重点文物保护单位临淄墓群之一黔敖墓。有周代文化遗址。经济以种植业、商业为主，主产小麦、玉米、大豆。青银高速公路经此。

宋家庄 370305-A05-H08
[Sòngjiāzhuāng]

在区驻地闻韶街道东北方向 6.8 千米。齐陵街道辖自然村。人口 1 600。宋姓于明代中叶由益都县（今青州市）南宋家庄迁此，始营店，后立庄，得名。聚落呈团块状。有文化大院 1 个、农家书屋 1 个、百姓大舞台 1 个、幼儿园 1 所。有区级非物质文化遗产查拳。经济以种植业、商业为主。有公路经此。

望寺庄 370305-A05-H09
[Wàngsìzhuāng]

在区驻地闻韶街道东北方向 10.3 千米。齐陵街道辖自然村。人口 800。庄北有建于元代的释迦寺，孙、常两姓于明代在寺南立庄，北望释迦寺，故名。聚落呈团块状。有文化大院 1 个、农家书屋 1 个、百姓大舞台 1 个。经济以种植业、商业为主，有国家级蔬菜标准园。有公路经此。

郑家沟 370305-A05-H10
[Zhèngjiāgōu]

在区驻地闻韶街道东方向 5.5 千米。齐陵街道辖自然村。人口 500。明末，郑姓一支自郑家辛庄迁此立庄，因傍山涧，故名。聚落呈团块状。有文化大院 1 个、农家书屋 1 个、百姓大舞台 1 个。有国家级重点文物保护单位临淄墓群中的晏娥儿墓、无亏墓、二王冢、王羲墓等。经济以种植业、商业为主。309 国道经此。通公交车。

北山庄　370305-A05-H11

［Běishānzhuāng］

在区驻地闻韶街道东南方向 2.6 千米。齐陵街道辖自然村。人口 1 300。明前立庄，后因南邻朱家庄改名南山庄，后改今名。聚落呈团块状。有文化大院 1 个、农家书屋 1 个、百姓大舞台 1 个。有国家级重点文物保护单位临淄墓群之一的管仲墓、先生墓。经济以种植业、商业为主。有铁路通过。

南山庄　370305-A05-H12

［Nánshānzhuāng］

在区驻地闻韶街道东南方向 3.4 千米。齐陵街道辖自然村。人口 800。明代朱姓立庄，名朱家庄，曾用名良辛庄。马姓于 1717 年迁入，后改今名。聚落呈团块状。有文化大院 1 个、农家书屋 1 个、百姓大舞台 1 个。有国家级重点文物保护单位临淄墓群之一的部分无名冢、古墓，及杨树冢、南棉花冢、北棉花冢等。经济以种植业、商业为主。有公路经此。

刘家终村　370305-A05-H13

［Liújiāzhōngcūn］

在区驻地闻韶街道东南方向 1.7 千米。齐陵街道辖自然村。人口 1 800。元代前刘姓立庄，因东近汉代终军墓，故名。聚落呈团块状。有文化大院 1 个、农家书屋 1 个、百姓大舞台 1 个。有天齐渊遗址。经济以种植业、商业为主。有公路经此。

柳店　370305-A05-H14

［Liǔdiàn］

在区驻地闻韶街道东方向 2.6 千米。齐陵街道辖自然村。人口 700。明初立村，因村近淄河，岸边多柳，居民以开店为业，故名。聚落呈团块状。有文化大院 1 个、农家书屋 1 个、百姓大舞台 1 个。有周代文化遗址 1 个。经济以种植业、商业为主。有公路经此。

西门　370305-B01-H01

［Xīmén］

齐都镇人民政府驻地。在区驻地闻韶街道东北方向 4.5 千米。人口 1 200。元代立村。因居临淄县城西门附近，故称西门。聚落呈团块状。有文化大院 1 个、百姓大舞台 1 个、农家书屋 1 个。经济以种植业和工副业为主，主产小麦、玉米、蔬菜，有化工、物流、建筑安装等业。有公路经此。

韶院　370305-B01-H02

［Sháoyuàn］

在区驻地闻韶街道东北方向 5.3 千米。齐都镇辖自然村。人口 600。原名枣园，清代嘉庆年间，出土古碑，写着"孔子闻韶处"，得知村为当年孔子闻韶之处，"枣园"乃"韶院"音变，遂复改村名为韶院。聚落呈团块状。有文化大院 1 所、农家书屋 1 所。经济以种植业为主，主产小麦、玉米。工副业以冶铁铸造业著名，有临淄区齐都机械修造厂等企业。有公路经此。

大夫观　370305-B01-H03

［Dàfūguān］

在区驻地闻韶街道东北方向 4.9 千米。齐都镇辖自然村。人口 900。元代以前立村。因村东旧有元大德七年（1303）修建的洞真观而得名。聚落呈团块状。有文化大院 1 个、百姓大舞台 1 个、农家书屋 1 个。有大汶口文化遗址、汉代遗址。经济以种植业、商业为主。有公路经此。

苏家庙　370305-B01-H04

［Sūjiāmiào］

在区驻地闻韶街道东北方向 7.2 千米。

齐都镇辖自然村。人口 600。明代立村。苏姓因村中有庙"七圣堂"，取村名为苏家庙。聚落呈团块状。有文化大院 1 个、百姓大舞台 1 个、农家书屋 1 个。有区级非物质文化遗产打锡工艺。有龙山文化遗址、汉代铸镜遗址。经济以种植业、商业为主，有蔬菜种植基地。有公路经此。

河崖头 370305-B01-H05
[Héyáitóu]

在区驻地闻韶街道东北方向 8.9 千米。齐都镇辖自然村。人口 1 500。明代以前由赵氏立村。因村东临淄河，位于地势高亢的崖头之上，故村名为河崖头。聚落呈团块状。有文化大院 1 个、农家书屋 1 个。1964 年出土西周时期大型青铜礼器 8 件，有山东省最大的青铜器大铜盂，国家一级文物西周时期乐器铜钟。经济以种植业、旅游业、建筑业为主。有公路经此。

南门 370305-B01-H06
[Nánmén]

在区驻地闻韶街道东北方向 4.6 千米。齐都镇辖自然村。人口 1 400。元代立村，因居元、明、清代临淄县城的南门附近，故名。聚落呈团块状。有文化大院 1 个、百姓大舞台 1 个、农家书屋 1 个、小学 1 所、幼儿园 1 所。有国家级重点文物保护单位临淄墓群中的小冢子、平冢子、尖冢子及部分无名冢等。经济以粮食及蔬菜种植、塑纺业、服装加工业为主。有公路经此。

南关 370305-B01-H07
[Nánguān]

在区驻地闻韶街道东北方向 3.3 千米。齐都镇辖自然村。人口 700。周代立村，汉代称荡阴里。元末，因村紧邻县城南城，故易为今名。聚落呈团块状。有文化大院 1

个、百姓大舞台 1 个、农家书屋 1 个。村东南有国家级重点文物保护单位临淄墓群之一的三士冢。有南关遗址、龙山文化遗址、韩介墓。经济以种植业为主，种植粮食、蔬菜。有高速公路经此。

郎家庄 370305-B01-H08
[Lángjiāzhuāng]

在区驻地闻韶街道东北方向 4.4 千米。齐都镇辖自然村。人口 700。郎姓周代立村。庄南旧有郎御史墓，故名。聚落呈团块状。有文化大院 1 个、百姓大舞台 1 个、农家书屋 1 个。经济以种植业为主，种植粮食、蔬菜。有公路经此。

龙贯庄 370305-B01-H09
[Lóngguànzhuāng]

在区驻地闻韶街道东北方向 3.8 千米。齐都镇辖自然村。人口 1 300。元代前立村，至元七年（1270），道人臧志安在此建犹龙观，村因观得名龙观，后更为今名。聚落呈团块状。有文化大院 1 个、农家书屋 1 个。有国家级重点文物保护单位临淄墓群中的元达冢、茉莉冢、木力冢、马王冢等。经济以种植业为主，种植粮食、蔬菜。有公路经此。

南马坊 370305-B01-H10
[Nánmǎfáng]

在区驻地闻韶街道北方向 1.6 千米。齐都镇辖自然村。人口 3 000。唐前立村，因村坐落于古齐国养马坊，位于齐国故城南，故名。聚落呈团块状。有文化广场 1 个、农家书屋 1 个、百姓大舞台 1 个、文化活动室 1 个、幼儿园 1 所。有国家级重点文物保护单位临淄墓群的 15 座高大封土墓。经济以粮食及蔬菜种植、零售业为主。有公路经此。

尹家庄 370305-B01-H11
［Yǐnjiāzhuāng］

在区驻地闻韶街道北方向 1.3 千米。齐都镇辖自然村。人口 1 500。明代尹姓立庄，故名。聚落呈团块状。有文化大院 1 个、百姓大舞台 1 个、农家书屋 1 个。有国家级重点文物保护单位临淄墓群中的司马穰苴墓。经济以粮食及蔬菜种植、零售商业、塑纺业为主。有公路经此。

皇城营 370305-B02-H01
［Huángchéng yíng］

皇城镇人民政府驻地。在区驻地闻韶街道东北方向 10.7 千米。人口 1 900。因南北朝刘宋时期立庄名皇城营而得名。聚落呈团块状。有农家书屋 1 个、文体活动室 1 个、文化小广场 1 个、中学 1 所。有安平古城遗址、田单墓、石槽、炮台夹子、北城岭子等文化古迹。经济以种植业、加工业为主，产小麦、玉米、蔬菜。有万昌股份有限公司等十几家石化机械加工企业，是全省重要的石化机械加工基地。张皇公路经此。

麻家卸 370305-B02-H02
［Májiāxiè］

在区驻地闻韶街道东北方向 14.9 千米。皇城镇辖自然村。人口 400。麻姓于唐代立村，村初名麻家榭，曾名麻家沟，后称今名。聚落呈团块状分布。有文化大院。经济以种植业、商业为主，主产小麦、玉米、蔬菜。有公路经此。

石槽 370305-B02-H03
［Shícáo］

在区驻地闻韶街道东北方向 9.7 千米。皇城镇辖自然村。人口 1 700。古齐邑石槽城废于南北朝时期，城废立村，以城名村石槽城，后改为石槽盛，又改为今名。聚落呈团块状。有农家书屋 1 个、文体活动室 1 个、文化小广场 1 个。有汉代石槽遗址。经济以种植业、商业为主。有公路经此。

大蓬科 370305-B02-H04
［Dàpéngkē］

在区驻地闻韶街道东北方向 11.9 千米。皇城镇辖自然村。人口 1 500。明前立村，以处飞蓬丛生之地，取名蓬窠，清康熙年间称蓬课，后改称大蓬科。聚落呈团块状。有农家书屋 1 个、文体活动室 1 个、文化小广场 1 个。有商代文化遗址。经济以种植业、商业为主。有公路经此。

东蓬科 370305-B02-H05
［Dōngpéngkē］

在区驻地闻韶街道东北方向 12.3 千米。皇城镇辖自然村。人口 500。明朝末年，于氏迁至蓬窠寺东立村，名东蓬窠。后改今名。有百姓大舞台 1 个、农家书屋 1 个、文体活动室 1 个、文化小广场 1 个。经济以种植业、商业为主。有公路经此。

南荣家庄 370305-B02-H06
［Nánróngjiāzhuāng］

在区驻地闻韶街道东北方向 10.3 千米。皇城镇辖自然村。人口 600。清乾隆年间，荣氏自淄河东岸荣家庄迁居此地，袭故居名荣家庄子。后更为今名。聚落呈团块状。有百姓大舞台 1 个、农家书屋 1 个、文体活动室 1 个、文化小广场 1 个。村南有安平故城遗址。经济以种植业、商业为主。有公路经此。

四官 370305-B02-H07
［Sìguān］

在区驻地闻韶街道东北方向 11.2 千米。

皇城镇辖自然村。人口 1 900。明代建庄，因属官府庄田，初名官庄。清初分王、徐、刘三个官庄。1957 年，三个官庄与官庄屯子（赵家官庄）组成一个农业生产合作社，称今名。聚落呈团块状。有百姓大舞台 1 个、农家书屋 1 个、文体活动室 1 个、文化小广场 1 个。有区级非物质文化遗产四官撑凳。经济以种植业、商业为主。有公路经此。

五路口 370305-B02-H08
[Wǔlùkǒu]

在区驻地闻韶街道东北方向 13.1 千米。皇城镇辖自然村。人口 2 300。明前立庄，初名羊羔庄。至清朝，因村内五路交叉，改今名。聚落呈团块状。有百姓大舞台 1 个、农家书屋 1 个、文化小广场 1 个。村东有汉代文化遗址 1 个。有区级非物质文化遗产八仙戏。经济以种植业、商业为主。有公路经此。

小马岱 370305-B02-H09
[Xiǎomǎdài]

在区驻地闻韶街道东北方向 13.2 千米。皇城镇辖自然村。人口 1 500。高姓于明前立庄，初名小马店，又名西马店，与东马店对称。后改称小马台，今名小马岱，与大马岱对称。聚落呈团块状。有百姓大舞台 1 个、农家书屋 1 个、文化小广场 1 个。经济以种植业、商业为主。有公路经此。

大马岱 370305-B02-H10
[Dàmǎdài]

在区驻地闻韶街道东北方向 13.5 千米。皇城镇辖自然村。人口 2 100。明前立庄。村有车马店，初名大马店，又名东马店。后改称今名。聚落呈团块状。有农家书屋 1 个、文体活动室 1 个、文化小广场 1 个。有区级非物质文化遗产大马岱拖腔。经济以种植业、商业为主。有公路经此。

西上庄 370305-B02-H11
[Xīshàngzhuāng]

在区驻地闻韶街道东北方向 15.7 千米。皇城镇辖自然村。人口 1 600。建村于五代，初名上庄，与下庄村名对称。明末，庄东立庄为东上庄，遂改称今名。聚落呈团块状。有百姓大舞台 1 个、农家书屋 1 个、文体活动室 1 个、文化小广场 1 个、幼儿园 1 所。经济以种植业、商业为主。有公路经此。

东上庄 370305-B02-H12
[Dōngshàngzhuāng]

在区驻地闻韶街道东北方向 16.5 千米。皇城镇辖自然村。人口 800。明正德年间，于姓从淄河东岸于家庄徙居上庄（今西上庄），明嘉靖年间移居庄东另立新庄，故名。聚落呈团块状。有百姓大舞台 1 个、农家书屋 1 个、文体活动室 1 个、文化小广场 1 个。有国家级文物保护单位临淄墓群之一的 76 号古墓。经济以种植业、商业为主。有公路经此。

淄东张 370305-B02-H13
[Zīdōngzhāng]

在区驻地闻韶街道东北方向 8.1 千米。皇城镇辖自然村。人口 2 000。明朝以前立村，原名米家集。后张姓繁衍为庄中大族，明末清初，改今名。聚落呈团块状。有农家书屋 1 个、文体活动室 1 个、文化小广场 1 个。经济以种植业、商业为主。有公路经此。

崖傅 370305-B02-H14
[Yáifù]

在区驻地闻韶街道东北方向 7.9 千米。皇城镇辖自然村。人口 2 100。明成化年间王氏迁此立村，庄近淄岸，名崖傅。聚落呈团块状。有农家书屋 1 个、文体活动室 1

个、文化小广场 1 个。有大汶口文化遗址、龙山文化遗址、周代文化遗址、淄河古渡口遗址。经济以种植业、商业为主。有公路经此。

史王庄 370305-B02-H15
[Shǐwángzhuāng]

在区驻地闻韶街道东北方向 8.6 千米。皇城镇辖自然村。人口 500。明初或明前立庄，名史家庄，亦名史旺庄，1920 年后更今名。聚落呈团块状。有百姓大舞台 1 个、农家书屋 1 个、文体活动室 1 个、文化小广场 1 个。经济以种植业、商业为主。有公路经此。

锡腊营 370305-B02-H16
[Xīlàyíng]

在区驻地闻韶街道东北方向 7.2 千米。皇城镇辖自然村。人口 700。周代立庄，据传此村系齐国安平城制锡器、蜡烛工匠的住所，逐渐繁衍成村庄，名锡蜡营，后将"蜡"改为"腊"，俗称雪腊营子。聚落呈团块状。有百姓大舞台 1 个、农家书屋 1 个、文化小广场 1 个。经济以种植业、商业为主。有公路经此。

于家庄 370305-B02-H17
[Yújiāzhuāng]

在区驻地闻韶街道东北方向 7.0 千米。皇城镇辖自然村。人口 1 600。明代傅姓立庄，名傅家庄。清初于姓迁入，遂成大族，于乾隆年间，更今名。聚落呈团块状。有农家书屋 1 个、文体活动室 1 个、文化小广场 1 个。有龙山文化遗址。经济以种植业、养殖业、商业为主。有公路经此。

郑家六端 370305-B02-H18
[Zhèngjiāliùduān]

在区驻地闻韶街道东北方向 9.8 千米。皇城镇辖自然村。人口 1 000。明代立村，郑姓于明朝中叶立庄于陆端墓附近，名郑家陆端，后写作今名。聚落呈团块状。有农家书屋 1 个、文体活动室 1 个、文化小广场 1 个。有安平故城遗址。经济以种植业、商业为主。有公路经此。

杨王六端 370305-B02-H19
[Yángwángliùduān]

在区驻地闻韶街道东北方向 10.4 千米。皇城镇辖自然村。人口 800。因近陆端墓，原名王家陆端。后杨姓迁此，改为杨家陆端。后写作今名。聚落呈团块状。有农家书屋 1 个、文体活动室 1 个、文化小广场 1 个。有区级非物质文遗产舞龙。经济以种植业、商业为主。有公路经此。

曹村 370305-B02-H20
[Cáocūn]

在区驻地闻韶街道东北方向 9.6 千米。皇城镇辖自然村。人口 800。因村邻雪宫台，曾名雪宫村。明初，曹氏迁入，更今名。聚落呈团块状。有百姓大舞台 1 个、农家书屋 1 个、文体活动室 1 个、文化小广场 1 个。村东有雪宫台，战国时期筑造，因齐故城雪门而得名，是齐王的离宫别馆。经济以种植业、商业为主。有公路经此。

小铁佛庄 370305-B02-H21
[Xiǎotiěfózhuāng]

在区驻地闻韶街道东北方向 11.2 千米。皇城镇辖自然村。人口 600。1731 年，徐姓八世祖相兰由淄河西徐家圈迁此立庄，因庄近铁佛寺，南有大铁佛庄，故得名。聚落呈团块状。有农家书屋 1 个、文体活动室 1 个、文化小广场 1 个。经济以种植业、商业为主。有公路经此。

许家庄 370305-B02-H22

[Xǔjiāzhuāng]

在区驻地闻韶街道东北方向 10.2 千米。皇城镇辖自然村。人口 600。明初许姓立庄，故名。聚落呈团块状。有农家书屋 1 个、文体活动室 1 个、文化小广场 1 个。有国家级重点文物保护单位临淄墓群之一 69 号无名古墓。经济以种植业、商业为主。有公路经此。

崖头 370305-B02-H23

[Yáitóu]

在区驻地闻韶街道东北方向 12.5 千米。皇城镇辖自然村。人口 800。明代洪武年间立村，因靠淄河东岸，四周多崖头，故名。聚落呈团块状。有农家书屋 1 个、文化小广场 1 个。有市级非物质文化遗产崖头大鼓制作工艺。有周代文化遗址。经济以种植业、商业为主。有公路经此。

郑家辛庄 370305-B02-H24

[Zhèngjiāxīnzhuāng]

在区驻地闻韶街道东北方向 13.4 千米。皇城镇辖自然村。人口 1 300。明代，郑氏立村，故名。聚落呈团块状。有百姓大舞台 1 个、农家书屋 1 个、文化小广场 1 个、幼儿园 1 所。有龙山文化遗址及八路军三支队兵工厂旧址。经济以种植业、商业为主。有公路经此。

崔家郭村 370305-B02-H25

[Cuījiāguōcūn]

在区驻地闻韶街道东北方向 13.8 千米。皇城镇辖自然村。人口 1 300。明正德年间，因崔姓立村于东郭偃墓而得名。聚落呈团块状。有百姓大舞台 1 个、农家书屋 1 个、文体活动室 1 个、文化小广场 1 个。有国家级重点文物保护单位临淄墓群之一东郭偃墓。经济以种植业、商业为主。有公路经此。

北羊 370305-B02-H26

[Běiyáng]

在区驻地闻韶街道东北方向 13.4 千米。皇城镇辖自然村。人口 3 300。明前立庄，以南卧石庄北文物石羊名庄，初名北羊庄。又因庄内设官集，曾名北羊店，后称今名。聚落呈团块状。有百姓大舞台 1 个、农家书屋 1 个、文体活动室 1 个、文化小广场 1 个、中学 1 所。经济以种植业、商业为主。有公路经此。

南卧石庄 370305-B02-H27

[Nánwòshízhuāng]

在区驻地闻韶街道东北方向 15.4 千米。皇城镇辖自然村。人口 2 400。明前立庄，以庄北古文物石羊得名。聚落呈团块状。有农家书屋 1 个、文体活动室 1 个、文化小广场 1 个、幼儿园 1 所。经济以种植业、商业为主。有公路经此。

白兔丘 370305-B03-H01

[Báitùqiū]

敬仲镇人民政府驻地。在区驻地闻韶街道东北方向 13.1 千米。人口 600。周代立庄，村近高傒墓，高傒号白兔，故墓名白兔丘，村以墓名。聚落呈团块状。有文化大院 1 个、农家书屋 1 个、文体活动室 1 个、文化小广场 1 个，幼儿园 1 所。主要遗址有高傒墓。经济以种植业为主，主产小麦、玉米、蔬菜，有化工、物流、机械销售等产业。寿济路、辛广路经此。

刘王庄 370305-B03-H02

[Liúwángzhuāng]

在区驻地闻韶街道东北方向 15.0 千米。敬仲镇辖自然村。人口 600。明初，刘姓立庄于王氏庄田，故名。聚落呈团块状。有文化大院 1 个、农家书屋 1 个、文体活动室 1 个、文化小广场 1 个。有周代文化遗址。经济以种植业、商业为主。有公路经此。

张王庄　370305-B03-H03

［Zhāngwángzhuāng］

在区驻地闻韶街道东北方向 16.2 千米。敬仲镇辖自然村。人口 700。明永乐年间，张姓由今朱台镇张王庄东迁此立庄，名东张王庄，后改今名。聚落呈团块状。有文化大院 1 个、农家书屋 1 个、文体活动室 1 个、文化小广场 1 个。有国家级文物保护单位临淄墓群之一的黑狗冢。经济以种植业、商业为主，打造小型铁具。有公路经此。

徐家圈　370305-B03-H04

［Xújiāquān］

在区驻地闻韶街道东北方向 13.2 千米。敬仲镇辖自然村。人口 1 200。徐姓于明洪武年间由徐州沛县（今属江苏省）迁此立庄，因村东、东北、北面有淄河环村，形若圈状，故名。聚落呈团块状。有文化大院 1 个、农家书屋 1 个、文体活动室 1 个、文化小广场 1 个。有国家级重点文物保护单位临淄墓群之一 65 号无名冢、区级非物质文化遗产徐家圈舞狮。经济以种植业、商业为主。有公路经此。

泄柳店　370305-B03-H05

［Xièliǔdiàn］

在区驻地闻韶街道东北方向 9.8 千米。敬仲镇辖自然村。人口 1 500。周代立庄，以鲁国孔子七十二贤人之一泄柳（即子柳）命村名。聚落呈团块状。有文化大院 1 个、农家书屋 1 个、文体活动室 1 个、文化小广场 1 个、百姓大舞台 1 个。有国家级重点文物保护单位临淄墓群之一庄公墓。有

区级非物质文化遗产花边棒槌、元宵花灯制作技艺、鸢鹰啄蝶风筝扎制技艺。经济以种植业、商业为主。有公路经此。

周傅庄　370305-B03-H06

［Zhōufùzhuāng］

在区驻地闻韶街道东北方向 10.9 千米。敬仲镇辖自然村。人口 1 000。元代，周、傅两姓立庄，故名。聚落呈团块状。有文化大院 1 个、农家书屋 1 个、文体活动室 1 个、文化小广场 1 个、百姓大舞台 1 个。有周代文化遗址。有区级非物质文化遗产徐氏风湿病治疗医术。经济以种植业、商业为主。有公路经此。

岳家庄　370305-B03-H07

［Yuèjiāzhuāng］

在区驻地闻韶街道东北方向 10.8 千米。敬仲镇辖自然村。人口 300。岳姓于明洪武年间由河北枣强县迁此立庄，故名。聚落呈团块状。有文化大院 1 个、农家书屋 1 个、文体活动室 1 个、文化小广场 1 个。有周代文化遗址。有国家级重点文物保护单位临淄墓群中的崔家子古墓。有区级非物质文化遗产锡匠技术。经济以种植业、商业为主。有公路经此。

杨家官庄　370305-B03-H08

［Yángjiāguānzhuāng］

在区驻地闻韶街道北方向 10.8 千米。敬仲镇辖自然村。人口 500。杨姓于明初自河北枣强县迁居于此，因村坐落在官家庄田，故名。聚落呈团块状。有文化大院 1 个、农家书屋 1 个、文体活动室 1 个、文化小广场 1 个、百姓大舞台 1 个。有区级非物质文化遗产二鬼摔跤。经济以种植业、商业为主。有公路经此。

北霸王庄 370305-B03-H09
[Běibàwángzhuāng]

在区驻地闻韶街道西北方向 10.8 千米。敬仲镇辖自然村。人口 600。元末，村人王百万家势豪富，称霸乡里，人称霸王，故名霸王庄。曾一度称坝王村。后因有南霸王庄，遂改今名。聚落呈团块状。有文化大院 1 个、农家书屋 1 个、文体活动室 1 个、文化小广场 1 个、百姓大舞台 1 个。有春秋时期文化遗存北霸遗址。经济以种植业、商业为主。有公路经此。

河沟 370305-B03-H10
[Hégōu]

在区驻地闻韶街道北方向 14.4 千米。敬仲镇辖自然村。人口 700。张姓于明洪武年间，自山西洪洞县迁此立庄，因傍左河道，形如河沟，故名。聚落呈团块状。有文化大院 1 个、农家书屋 1 个、文体活动室 1 个、文化小广场 1 个、百姓大舞台 1 个。有龙山文化遗址。有区级非物质文化遗产形意拳。经济以种植业、商业为主。有公路经此。

东姬王 370305-B03-H11
[Dōngjīwáng]

在区驻地闻韶街道北方向 14.3 千米。敬仲镇辖自然村。人口 1 500。明前立庄。村北有古墓一座，名姬王冢，又名黄冢子。传说是周文王后裔姬荧之墓，遂定村名为姬王，元末明初即分为东、西两个村，此村居东，故名。聚落呈团块状。有文化大院 1 个、农家书屋 1 个、文体活动室 1 个、文化小广场 1 个、百姓大舞台 1 个。有国家级重点文物保护单位临淄墓群的姬王冢。经济以种植业、商业为主。有公路经此。

李家庄 370305-B03-H12
[Lǐjiāzhuāng]

在区驻地闻韶街道北方向 14.4 千米。敬仲镇辖自然村。人口 1 000。明代，李姓立庄，故名。聚落呈团块状。有文化大院 1 个、农家书屋 1 个、文体活动室 1 个、文化小广场 1 个。有国家级重点文物保护单位临淄墓群的黄苟墓。有区级非物质文化遗产李家庄舞龙。经济以种植业、商业为主。有公路经此。

呈羔 370305-B03-H13
[Chénggāo]

在区驻地闻韶街道东北方向 15.2 千米。敬仲镇辖自然村。人口 1 000。建村于周代。传说此地为齐国牧羊场，专用于繁殖羊羔献国君食用，故名。聚落呈团块状。有文化大院 1 个、农家书屋 1 个、文体活动室 1 个、文化小广场 1 个、百姓大舞台 1 个。有区级非物质文化遗产呈羔高跷。经济以种植业、商业为主。有公路经此。

朱台 370305-B04-H01
[Zhūtái]

朱台镇人民政府驻地。在区驻地闻韶街道西北 13.6 千米。人口 4 600。明洪武年间，朱氏因避乱迁入临淄朱太保庄，时有金、于、李三姓，后朱氏人丁兴旺，因庄北有一高台，遂改名为朱台。聚落呈团块状。有文化大院 1 个、农家书屋 1 个、文体活动室 1 个、文化小广场 1 个、中学 1 所、小学 1 所、幼儿园 2 所。有国家级重点文物保护单位临淄墓群之一的 60 号无名冢。经济以种植业为主，主产小麦、玉米。有齐峰集团、兴武集团等企业。寿济路、博临路经此。

大夫店 370305-B04-H02
［Dàfūdiàn］

在区驻地闻韶街道西北方向14.8千米。朱台镇辖自然村。人口2 700。立村于周代，齐宣王聚文学游说之士于稷下学宫，并封他们为上大夫，且有大夫店，故名。聚落呈团块状。有文化大院1个、农家书屋1个、文体活动室1个、文化小广场1个、幼儿园1所。经济以种植业为主，主产小麦、玉米。有公路经此。

上河头 370305-B04-H03
［Shànghétóu］

在区驻地闻韶街道西北方向11.3千米。朱台镇辖自然村。人口1 700。因村傍乌河，有泉水注入，状如河头，故名。聚落呈团块状。有文化大院1个、农家书屋1个。有国家级重点文物保护单位临淄墓群之一144号无名冢。有国家非物质文化遗产鹧鸪戏。经济以种植业为主，种植玉米、小麦等粮食作物，有金属加工、制罐业。有公路经此。

桐林 370305-B04-H04
［Tónglín］

在区驻地闻韶街道西北方向9.0千米。朱台镇辖自然村。人口2 000。周代立庄，古为名园，桐林繁茂，故名。聚落呈团块状。有文化大院1个、农家书屋1个、文体活动室1个、文化小广场1个、百姓大舞台1个、小学1所、幼儿园1所。有国家级重点文物保护单位龙山文化遗址。经济以种植业为主，种植玉米、小麦等粮食作物，朱台镇工业集中区主要分布于该村。有公路经此。

南高阳 370305-B04-H05
［Nángāoyáng］

在区驻地闻韶街道西北方向14.6千米。朱台镇辖自然村。人口1 700。为北魏高阳城故址，宋代分为南北两村，此地在南，故名。聚落呈团块状。有省级文物保护单位高阳古城遗址，有北魏金陵寺遗址。经济以种植业为主，主产小麦、玉米、蔬菜。有高阳酒业、联拓工贸等企业。有公路经此。

香坊 370305-B04-H06
［Xiāngfáng］

在区驻地闻韶街道西北方向16.1千米。朱台镇辖自然村。人口300。明前立村，原有李姓以制香为业，供应金陵寺信徒烧香用，以业名村。聚落呈团块状。有农家书屋1个、文化大院1个。有区级非物质文化遗产香坊村风筝扎制工艺、板笔画。经济以种植业为主，种植玉米、小麦等粮食作物。有公路经此。

北高阳 370305-B04-H07
［Běigāoyáng］

在区驻地闻韶街道西北方向14.5千米。朱台镇辖自然村。人口2 800。隋大业九年（613），高阳城因战乱废为高阳村。元代前，此村在北，故名。聚落呈团块状。有农家书屋3个、文化大院2个、中学1所、小学1所、幼儿园1所。有国家级重点文物保护单位临淄墓群中两座。有区级非物质文化遗产北高阳泥塑玩具。经济以种植业为主，种植玉米、小麦等粮食作物。有公路经此。

周家 370305-B05-H01
［Zhōujiā］

凤凰镇人民政府驻地。在区驻地闻韶街道西北7.9千米。人口400。明代，周氏立村于官家屯田处，取名周家。聚落呈团块状。经济以种植业为主，主产小麦、玉米、蔬菜。有力诺密封材料等企业。有公路经此。

西河头 370305-B05-H02

[Xīhétóu]

在区驻地闻韶街道北方向 3.6 千米。凤凰镇辖自然村。人口 600。明前立村，康浪河源于此，因河水清甜，村初名甘河头，1920 年后改今名。聚落呈团块状。有文化大院 1 个、百姓大舞台 1 个、文化小广场 1 个、农家书屋 1 个、文体活动室 1 个。有汉代文化遗址。经济以种植业、商业为主，主要种植小麦、玉米。有公路经此。

田旺庄 370305-B05-H03

[Tiánwàngzhuāng]

在区驻地闻韶街道西北方向 9.2 千米。凤凰镇辖自然村。人口 1 500。明洪武年间，路姓始祖由益都县鹿疃庄迁入高赵庄后，改称今名。聚落呈团块状。有文化大院 1 个、文化小广场 1 个、农家书屋 1 个、文体活动室 1 个。有国家级重点文物保护单位桐林（田旺）遗址，属龙山文化遗址。有区级非物质文化遗产田旺粽子制作工艺。经济以种植业、商业为主，主要种植小麦、玉米、樱桃。有公路经此。

西梧台 370305-B05-H04

[Xīwútái]

在区驻地闻韶街道北方向 7.9 千米。凤凰镇辖自然村。人口 900。周代立村，初名梧里。庄北有齐国建筑遗址梧台，后以台名庄。至明代，分为东、西两村，此庄在西，故名。聚落呈团块状。有文化大院 1 个、百姓大舞台 1 个、文化小广场 1 个、农家书屋 1 个、文体活动室 1 个。有区级非物质文化遗产梧台庙会。有周代文化遗址梧台遗址。经济以种植业为主，主要种植小麦、玉米。有公路经此。

九仙庄 370305-B05-H05

[Jiǔxiānzhuāng]

在区驻地闻韶街道北方向 5.4 千米。凤凰镇辖自然村。人口 400。明末立庄，庄北有九圣堂，庄随堂建，因堂得庄名。聚落呈团块状。有文化大院 1 个、百姓大舞台 1 个、文化小广场 1 个、农家书屋 1 个、文体活动室 1 个。有区级非物质文化遗产九仙庄的传说。经济以种植业为主，主要种植小麦、玉米。有公路经此。

南霸王庄 370305-B05-H06

[Nánbàwángzhuāng]

在区驻地闻韶街道北方向 9.7 千米。凤凰镇辖自然村。人口 1 000。明前，北霸王庄部分村民南迁另立新庄，故名。聚落呈团块状。有文化大院 1 个、百姓大舞台 1 个、文化小广场 1 个、农家书屋 1 个、文体活动室 1 个。有区级非物质文化遗产南霸低攻拳。经济以种植业为主，主要种植小麦、玉米。有公路经此。

寇家庄 370305-B05-H07

[Kòujiāzhuāng]

在区驻地闻韶街道西北方向 9.0 千米。凤凰镇辖自然村。人口 1 400。寇姓于 1636 年立庄，故名。聚落呈团块状。有文化大院 1 个、百姓大舞台 1 个、文化小广场 1 个、农家书屋 1 个、文体活动室 1 个。有国家级重点文物保护单位临淄墓群的古墓 3 座。有区级非物质文化遗产凤凰山的传说。经济以种植业、商业为主。有公路经此。

南金召 370305-B05-H08

[Nánjīnzhào]

在区驻地闻韶街道西北方向 11.4 千米。凤凰镇辖自然村。人口 1 800。据考，宋代立村。村东依凤凰山，初居此者，卜得山蕴金矿之兆，因名金兆，后改兆为召。后因处中金召之南，得名南金召。聚落呈团块状。有文化大院 1 个、百姓大舞台 1 个、文化小广场 1 个、农家书屋 1 个、文体活动室 1 个、博物馆 1 个、电子阅览室 1 个。经济以种植业、制造业为主，主产小麦、玉米、蔬菜，有南金召集团、淄博宏达矿业、山东金鼎矿业等企业。有公路经此。

北金召 370305-B05-H09
[Běijīnzhào]

在区驻地闻韶街道西北方向 11.8 千米。凤凰镇辖自然村。人口 700。宋代立庄，原名金兆，后改兆为召。明初，潘氏在村南立南金兆村，故以方位更名为北金召。聚落呈团块状。有文体广场 1 个、小学 1 所、幼儿园 1 所。经济以种植业为主，主产小麦、玉米、蔬菜。有北金集团、隆盛钢铁、金岭矿业召口矿等企业。有公路经此。

西陈家庄 370305-B05-H10
[Xīchénjiāzhuāng]

在区驻地闻韶街道西北方向 7.9 千米。凤凰镇辖自然村。人口 2 100。明永乐年间，陈姓由河北枣强县迁此立庄，因近土地庙而得名陈家庙子，清代改称今名。聚落呈团块状。有文化大院 1 个、百姓大舞台 1 个、文化小广场 1 个、农家书屋 1 个、文体活动室 1 个、有小学 1 所、幼儿园 1 所。有区级非物质文化遗产愚公山的传说。经济以种植业为主，主要种植小麦、玉米。有公路经此。

艾庄 370305-B06-H01
[Àizhuāng]

在区驻地闻韶街道西方向 10.7 千米。金岭回族镇辖自然村。人口 1 100。明初，艾姓立庄，故名。聚落呈团块状。有文化大院 2 个、文化小广场 1 个、百姓大舞台 1

个、稷下学堂 1 个、农家书屋 1 个、文体活动室 1 个、小学 1 所。有唐代文化遗址。经济以种植业为主，主要种植小麦、玉米。有公路经此。

披甲庵 370305-B06-H02
[Pījiǎ'ān]

在区驻地闻韶街道西方向 11.6 千米。金岭回族镇辖自然村。人口 1 000。唐代立村。因村中有尼姑庵，传说宋赵匡胤曾歇马整装披甲于其中，故名。聚落呈团块状。有文化大院 1 个、文化小广场 1 个、农家书屋 1 个、文体活动室 1 个。有区级非物质文化遗产"披甲庵的传说"。经济以种植业为主，主要种植小麦、玉米，部分丘陵地区种植果木类经济作物。有公路经此。

南术南 370305-B07-H01
[Nánzhúnán]

在区驻地闻韶街道西南方向 18.2 千米。金山镇辖自然村。人口 1 000。明初，邵姓由河南洛阳迁此立庄，故名。聚落呈团块状。有文化大院 1 个、农家书屋 1 个、百姓大舞台 1 个。有圣佛山古建筑群。经济以种植业为主，种植玉米、小麦、小米。有公路经此。

东张庄 370305-B07-H02
[Dōngzhāngzhuāng]

在区驻地闻韶街道西南方向 12.1 千米。金山镇辖自然村。人口 1 200。张姓于元末立庄，初名东圣泉庄，后改今名。聚落呈团块状。有文化大院 1 个、农家书屋 1 个。经济以种植业为主，种植玉米、小麦、大豆。有公路经此。

洋浒崖 370305-B07-H03
[Yánghǔyái]

在区驻地闻韶街道西南方向 11.8 千米。

金山镇辖自然村。人口1 600。明初建庄，因南靠卧虎山、羊头崖而得名羊虎崖。清末，改为羊浒崖，后以近音改今名。聚落呈团块状。有文化大院1个、文体小广场2个、农家书屋1个、百姓大舞台1个、幼儿园1所。经济以商业为主。有公路经此。

北刘征 370305-B07-H04
[Běiliúzhēng]

在区驻地闻韶街道西南方向13.2千米。金山镇辖自然村。人口2 100。常姓在明代立庄于古刘征庄北，故名。聚落呈团块状。有文化大院1个、农家书屋1个。有周代文化遗址、清代民居建筑群。经济以种植业为主，种植玉米、小麦、大豆。有公路经此。

崔家碾 370305-B07-H05
[Cuījiāniǎn]

在区驻地闻韶街道西南方向13.4千米。金山镇辖自然村。人口600。崔姓于明万历年间自益都县（今青州市）核桃园迁此定居，初名中疃。至清末，因置大碾一盘，四乡受益，故易今名。聚落呈团块状。有文化大院1个、农家书屋1个、百姓大舞台1个。有龙山文化遗址。有区级非物质文化遗产崔家碾锣鼓。经济以种植业为主，种植玉米、小麦、大豆。有公路经此。

边河庄 370305-B07-H06
[Biānhézhuāng]

在区驻地闻韶街道西南方向15.3千米。金山镇辖自然村。人口1 500。边姓在唐朝前立庄，初名边庄。因南傍小河，改为边庄河，后改称今名。聚落呈团块状。有文化大院1个、农家书屋1个、百姓大舞台1个、中学1所、小学1所、幼儿园1所。经济以种植业为主，种植玉米、小麦、大豆。有公路经此。

赵庄 370305-B07-H07
[Zhàozhuāng]

在区驻地闻韶街道西南方向16.3千米。金山镇辖自然村。人口1 200。明初，赵姓先祖从河北枣强县迁此立庄，初名赵家坡子，后改今名。聚落呈团块状。有文化大院1个、农家书屋1个、百姓大舞台1个。有汉代文化遗址。经济以种植业为主，种植玉米、小麦、大豆。有公路经此。

田旺庄 370305-B07-H08
[Tiánwàngzhuāng]

在区驻地闻韶街道西南方向17.0千米。金山镇辖自然村。人口1 100。王姓于明初自河北枣强县迁此立庄，名王庄。田姓于明末自吴胡同迁入王庄，渐成庄中大族，改今名。聚落呈团块状。有文化大院1个、农家书屋1个、百姓大舞台1个。有明代建筑白马关。有区级非物质文化遗产白马关的传说。经济以种植业为主，种植玉米、小麦、大豆。有公路经此。

坡子 370305-B07-H09
[Pōzi]

在区驻地闻韶街道西南方向17.6千米。金山镇辖自然村。人口1 400。据张姓茔碑记载，明洪武十四年（1381），张氏兄弟张朋、张友自河北枣强县迁至山东，弟张友居此，因村在旷野，取名坡里，后更为今名。聚落呈团块状。有文化大院1个、农家书屋1个、百姓大舞台1个。有天堂寨自然风景区，有清代建筑许仙庙、泰山奶奶庙，有明代摩崖石刻像两尊。经济以种植业为主，种植玉米、小麦、大豆。有公路经此。

黎金山 370305-B07-H10
[Líjīnshān]

在区驻地闻韶街道西南方向17.9千米。

金山镇辖自然村。人口 1 000。明前，李姓立庄，故名。聚落呈团块状。有文化大院 1 个、农家书屋 1 个、百姓大舞台 1 个。经济以种植业为主，种植玉米、小麦、小米。有公路经此。

左庄 370305-B07-H11
[Zuǒzhuāng]

在区驻地闻韶街道西南方向 11.2 千米。金山镇辖自然村。人口 1 100。明代永乐年间，左清兄弟二人由河北枣强县徙居砚山（今左山）之阳立庄，名左家庄，后简称左庄。聚落呈团块状。有文化大院 1 个、农家书屋 1 个。有东汉胡俑。经济以种植业为主，种植玉米、小麦、大豆。有公路经此。

周村区

城市居民点

汇龙街小区 370306-I01
[Huìlóngjiē Xiǎoqū]

在区境西部。334 户。总面积 2 公顷。因该小区环境优美，风景秀丽，同时在尊重历史习惯、符合群众意愿、构建和谐小区的基础上命名。2007 年始建，2009 年正式使用。建筑面积 30 200 平方米，多层住宅楼 10 栋，现代建筑风格。绿化率 35%。通公交车。

万泰花园 370306-I02
[Wàntài Huāyuán]

在区境西南部。200 户。总面积 1.5 公顷。取万事如意、国泰民安、繁荣昌盛，构建和谐社区之意命名。2006 年始建，2008 年正式使用。建筑总面积 22 000 平方米，多层住宅楼 6 栋，现代建筑风格。绿化率 35%。通公交车。

和平书香苑 370306-I03
[Hépíng Shūxiāngyuàn]

在区境西部。278 户。总面积 1.8 公顷。因为该生活区毗邻淄博六中、周村实验学校和淄博和平学校，教育文化氛围浓郁，故而得名。2012 年始建，2014 年正式使用。建筑总面积 39 188 平方米，高层住宅楼 6 栋，现代建筑风格。绿化率 35%。通公交车。

嘉源逸居生活区 370306-I04
[Jiāyuányìjū Shēnghuóqū]

在区境东部。人口 2 600。总面积 1.1 公顷。取安居乐业、和谐安逸之意命名。2005 年始建，2007 年正式使用。建筑总面积 110 000 平方米，住宅楼 27 栋，其中高层 3 栋、多层 24 栋，现代建筑风格。绿化率 35%，有幼儿园、便民超市、卫生所等配套设施。通公交车。

美达领世郡生活区 370306-I05
[Měidálǐngshìjùn Shēnghuóqū]

在区境中部。人口 900。总面积 7.9 公顷。取自然和谐美好之意命名。2008 年始建，2011 年正式使用。建筑总面积 126 500 平方米，多层住宅楼 27 栋，现代建筑风格。绿化率 40%，有幼儿园等配套设施。通公交车。

锦绣天城 370306-I06
[Jǐnxiùtiān Chéng]

在区境中部。人口 1 800。总面积 4.9 公顷。以美好寓意命名。2011 年始建，2014 年正式使用。建筑总面积 110 000 平方米，住宅楼 16 栋，其中高层 5 栋、多层 11 栋，现代建筑风格。绿化率 36%，有便民超市等配套设施。通公交车。

拥军小区 370306-I07
[Yōngjūn Xiǎoqū]

在区境东北部。人口 1 000。总面积 3.6 公顷。该生活区主要解决驻周部队官兵住房问题，故名。2008 年始建，2011 年正式使用。建筑总面积 36 082 平方米，多层住宅楼 10 栋，现代建筑风格。绿化面积 5 769.3 平方米。通公交车。

凤鸣花苑 370306-I08
[Fèngmíng Huāyuàn]

在区境东部。人口 1 100。总面积 6.2 公顷。此生活区因凤鸣路而得名。2000 年始建，2002 年正式使用。建筑总面积 62 000 平方米，住宅楼 12 栋，其中高层 1 栋、多层 11 栋，现代建筑风格。绿化率 30%。通公交车。

御景国际小区 370306-I09
[Yùjǐngguójì Xiǎoqū]

在区境中部。人口 3 000。总面积 0.8 公顷。该小区位于周村繁华地段，设计意图以人为本，意在打造高档典雅居民小区，故名。2009 年始建，2011 年正式使用。建筑总面积 116 000 平方米，有高层住宅楼 16 栋，现代建筑风格。绿化率 35%，有幼儿园、便民超市、卫生所等配套设施。通公交车。

世纪康城 370306-I10
[Shìjìkāngchéng]

在区境北部。人口 5 200。总面积 15.8 公顷。其名体现宜居、环保、健康，打造新世纪和谐小区之意。2010 年始建，2012 年正式使用。建筑总面积 286 121 平方米，住宅楼 40 栋，其中高层 15 栋、多层 25 栋，现代建筑风格。绿化率 35%，有幼儿园、便民超市等配套设施。通公交车。

聚恒名都花苑 370306-I11
[Jùhéngmíngdū Huāyuàn]

在区境西北部。人口 3 500。总面积 10.3 公顷。由于紧邻恒通路，故名。2010 年始建，2012 年正式使用。建筑总面积 294 604 平方米，有高层住宅楼 14 栋，现代建筑风格。绿化率 35%，有便民超市等配套设施。通公交车。

海和苑 370306-I12
[Hǎihé Yuàn]

在区境东南部。392 户。总面积 5.3 公顷。因该生活区毗邻文昌湖，故以"海"称之，"和"字意为"和睦相处、和乐融融"，同时绿化较好，环境优雅，取"苑"为通名。2013 年始建，2014 年正式使用。建筑总面积 85 800 平方米，高层住宅楼 15 栋，现代建筑风格。绿化率 46%。未通公交。

农村居民点

小房 370306-A05-H01
[Xiǎofáng]

城北路街道人民政府驻地。在区驻地青年路街道北方向 6.0 千米。人口 600。明初建村，名小房。聚落呈团块状。有农家书屋 1 个、文化广场 1 个。经济以种植业为主，主产小麦、玉米等。有公路经此。

大房 370306-A05-H02
[Dàfáng]

在区驻地青年路街道北方向 7.5 千米。城北路街道辖自然村。人口 1 300。明洪武二年（1368）立村，建立房家庄、石合庄、合伙庄等居民点。后经世代繁衍，三村相连，统称大房。聚落呈团块状。有文化广场 1 个、农家书屋 1 个。有区级文物保护单位大房窑厂旧址。经济以种植业为主，主产小麦、玉米。有公路经此。

沈家 370306-A05-H03
[Shěnjiā]

在区驻地青年路街道西北方向6.0千米。城北路街道辖自然村。人口1 600。明朝立村,沈姓到此定居最早,故名。聚落呈团块状。有文化广场1个、农家书屋1个。有市级文物保护单位沈家遗迹、区级文物保护单位沈家石桥。经济以种植业为主,主产小麦、玉米,以种植苹果、蔬菜为辅。有公路经此。

陈桥 370306-A05-H04
[Chénqiáo]

在区驻地青年路街道北方向2.6千米。城北路街道辖自然村。人口1 300。陈姓定居最早,米沟河流经村中,有石桥,故名陈家桥,后简称陈桥。聚落呈团块状。有文化广场1个、农家书屋1个。经济以种植业、制造业为主,主产小麦、玉米,制造电热炊器具,为电热炊具生产专业村。有公路经此。

东塘 370306-A05-H05
[Dōngtáng]

在区驻地青年路街道西北方向3.0千米。城北路街道辖自然村。人口1 400。明前立村。因张姓定居最早,村西有一池塘,故取名张家塘坞。后与史家塘坞以位置区别,因在东,改为东塘坞。后称为东塘。聚落呈团块状。有文化广场1个、文化大院1个、农家书屋1个、幼儿园1所。经济以制造业为主,有家具制造、造纸机械制造等。有公路经此。

南营 370306-B01-H01
[Nányíng]

在周村区驻地青年路街道东北方向8千米。北郊镇人民政府驻地。人口900。相传唐朝薛礼路经此地,分南、北两营驻兵,故名南营。聚落呈团块状。有农家书屋1个、小学1所、中学1所。经济以种植业、加工制造业为主。通公交车。

北旺 370306-B01-H02
[Běiwàng]

在区驻地青年路街道东南方向2.7千米。北郊镇辖自然村。人口2 000。明洪武初年建村,原名北望,后以吉祥意改称北旺。聚落呈团块状。有农家书屋1个、幼儿园1所、小学1所。有市级重点文物保护单位马耀南故居。经济以种植业为主,产小麦、玉米。有公路经此。

高塘 370306-B02-H01
[Gāotáng]

南郊镇人民政府驻地。在区驻地青年路街道东南方向6.1千米。人口1 600。因该村地势高,村中有一池塘,常年有水,故名高塘。聚落呈团块状。有小学1所、幼儿园1所、初中1所。经济以种植业为主,主产小麦、玉米、甘薯等。有公路经此。通公交车。

杜家 370306-B02-H02
[Dùjiā]

在区驻地青年路街道南方向3.5千米。南郊镇辖自然村。人口1 000。明代杜姓由丰乐村迁来定居,故名杜家庄,简称杜家。聚落呈团块状。有文化大院1个、农家书屋1个。经济以种植业、餐饮业等为主,产小麦、玉米。有公路经此。

韩家窝 370306-B02-H03
[Hánjiāwō]

在区驻地青年路街道东南方向5.5千米。南郊镇辖自然村。人口1 100。明前建村，因四面环山，地处山洼，故名阿里。清道光年间，韩姓人增多，更名为韩家阿，后讹为韩家窝。聚落呈团块状。有文化广场1个、农家书屋1个。经济以种植业、服务业为主，主产小麦、玉米。有公路经此。

李家 370306-B02-H04
[Lǐjiā]

在区驻地青年路街道东南方向9.0千米。南郊镇辖自然村。人口1 500。明朝前李姓最早在此定居，故名。聚落呈团块状。有文化大院1个、农家书屋1个、幼儿园1所、小学1所。经济以种植业为主，主产小麦、玉米。有纺织、注塑、家具制造、机械加工等业。有公路经此。

吴家 370306-B02-H05
[Wújiā]

在区驻地青年路街道东南方向4.0千米。南郊镇辖自然村。人口1 000。明朝前建村，吴姓最早在此定居，故名。聚落呈团块状。有文化大院1个、农家书屋1个。经济以种植业、制造业为主，主产小麦、玉米等，为风机制造专业村。309国道经此。

王村 370306-B03-H01
[Wángcūn]

王村镇人民政府驻地。在区驻地青年路街道西南方向18.0千米。人口4 700。建村于元朝，因王姓立村，地处山谷，名王村峪，后称王村。聚落呈团块状。有农家书屋1个、幼儿园1所。有省级非物质文化遗产王村醋传统酿造技艺。经济以种植业、制造业为主，主产小麦、玉米、蔬菜等，生产耐火材料，有纺织业。特产王村醋、王村黄酒。有山东华王酿造有限公司。309国道、102省道经此。通公交车。

李家疃 370306-B03-H02
[Lǐjiātuǎn]

在区驻地青年路街道西南方向28.0千米。王村镇辖自然村。人口900。明朝前建村，因李姓在该村最早定居，故名李家疃。有文化大院1个。有省级重点文物保护单位李家疃古村落建筑。有李家疃乡村记忆博物馆、李家疃明清古建筑群、李家疃遗址。经济以种植业、制造业为主，主产小麦、玉米，生产耐火材料。309国道经此。通公交车。

苏李 370306-B03-H03
[Sūlǐ]

在区驻地青年路街道西南方向25.0千米。王村镇辖自然村。人口1 500。明朝以前，因苏李两姓在此定居，故名。聚落呈团块状。有文化大院1个、农家书屋1个、小学1所、幼儿园1所。有省级重点文物保护单位苏李庄明清古建筑群。经济以种植业为主，主产小麦、玉米。工业主要以生产耐火材料为主。309国道经此。

万家 370306-B03-H04
[Wànjiā]

在区驻地青年路街道西南方向25.0千米。王村镇辖自然村。人口900。明朝前，万姓在此定居，故名。聚落呈团块状。有文化大院1个、中学1所。经济以种植业为主，主产小麦、玉米，其次为大豆、高粱、谷子等，生产耐火材料。胶济铁路、102省道经此。

沈古 370306-B03-H05
[Shěngǔ]

在区驻地青年路街道西南方向25.0千米。王村镇辖自然村。人口400。因地处西汉土鼓城遗址而得名。聚落呈团块状。有文化大院 1 个、农家书屋 1 个。经济以种植业为主，主产小麦、玉米，工业主要以生产耐火材料为主。王耐专线铁路、509 省道经此。

西铺 370306-B03-H06
［Xīpù］

在区驻地青年路街道西南方向 24.0 千米。王村镇辖自然村。人口 1 300。明朝前建村。因明初淄省大道从村内通过，店铺众多，俗称西边崔家庄为西铺，东边齐家庄为东铺，久之遂以此为村名。聚落呈团块状。有文化大院 1 个、小学 1 所、幼儿园 1 所。有 AA 级旅游景点蒲松龄书馆。经济以种植业为主，主产小麦、玉米等，生产耐火材料。有王耐专线铁路、102 省道经此。

东铺 370306-B03-H07
［Dōngpù］

在区驻地青年路街道西南方向 24.0 千米。王村镇辖自然村。人口 1 100。明朝前建村。因明初淄省大道从村内通过，店铺众多，俗称西边崔家庄为西铺，东边齐家庄为东铺，久之遂以此为村名。聚落呈团块状。有文化大院 1 个、农家书屋 1 个。经济以种植业为主，主产小麦、玉米等，生产耐火材料、耐火模具、包装制品。王耐专线铁路、102 省道经此。

北河东 370306-B03-H08
［Běihédōng］

在区驻地青年路街道西南方向 9.0 千米。王村镇辖自然村。人口 1 000。明前建村。该村位于淦河东岸，故名河东，后来在村南淦河东岸再建另一村庄称南河东，此村改称北河东。聚落呈团块状。有小学 1 所、幼儿园 1 所。经济以种植业为主，主产小麦、玉米等。有公路经此。

萌一村 370306-B04-H01
［Méngyīcūn］

萌水镇人民政府驻地。在区驻地青年路街道东南方向 9.0 千米。人口 1100。原为萌水村。中华人民共和国成立后分为四个生产大队，1984 年社改村，称萌一村、萌二村、萌三村、萌四村，此村为萌一村。聚落呈团块状。有农家书屋 1 个、幼儿园 1 所。经济以种植业、旅游业为主，主产小麦、玉米，有服务业、餐饮业。省道庆淄路经此。

萌二村 370306-B04-H02
［Méng'èrcūn］

在区政府驻地青年路街道东南方向 9.0 千米。萌水镇辖自然村。人口 1 100。原为萌水村。中华人民共和国成立后分为四个生产大队，1984 年社改村，称萌一村、萌二村、萌三村、萌四村，此村为萌二村。聚落呈团块状。有农家书屋 1 个。有历史遗迹梢门里。经济以种植业、旅游业为主，主产小麦、玉米。102 省道经此。

仁和 370306-B04-H03
［Rénhé］

在区驻地青年路街道东南方向 8.5 千米。萌水镇辖自然村。人口 1 200。明朝建村。于姓在此定居最早，故称于家庄，抗日战争时期为避免与西边于家庄混淆，更名为仁和庄。聚落呈团块状。有农家书屋 1 个。有仁和遗址。经济以种植业为主，主产小麦、玉米、甘薯。246 省道经此。

馆里 370306-B05-H01
［Guǎnlǐ］

商家镇人民政府驻地。在区政府驻地青年路街道东南方向 16 千米。人口 1 300。元代有安、陶两姓在此地开店，设有安家店、陶家馆，后逐渐形成村落，取名馆家庄。后改称馆里。聚落呈团块状。有文化大院1个、农家书屋1个、幼儿园1所。经济以以服装加工业、种植业为主。胶王路经此。

七河 370306-B05-H02

[Qīhé]

在区政府驻地青年路街道东南方向16千米。商家镇辖自然村。人口1 100。约建村于明初，村内共有七条小河流过，故而得名七河。聚落呈团块状。有文化大院1个、农家书屋1个。经济以种植业为主，养殖蘑菇，"七河"牌花菇闻名遐迩。有公路经此。

武家 370306-B05-H03

[Wǔjiā]

在区政府驻地青年路街道东南方向15.5千米。商家镇辖自然村。人口1 600。宋代建村，村以武姓命名。聚落呈带状。有文化大院1个、农家书屋1个。经济以制造业为主，产小麦、玉米、花生、红薯，有五金加工业。有迅驰电力有限公司。有公路经此。

冶西 370306-B05-H04

[Yěxī]

在区政府驻地青年路街道南16.8千米。商家镇辖自然村。人口1 300。原称凤凰村，五代十国时期改名为冶头。1983年分为两个村，该村居西，称冶西。聚落呈团块状。有农家书屋1个。经济以种植业为主，种植草莓、无花果、猕猴桃等经济作物，发展现代旅游观光农业，有冶金建材和五金加工业。有公路经此。

桓台县

城市居民点

兰香园 370321-I01

[Lánxiāng Yuán]

在县境西南部。人口3 000。总面积11公顷。因地处少海公园，兰香芬芳，故名兰香园。2007年始建，2009年建成。建筑总面积150 000平方米，住宅楼29栋，其中高层7栋、多层22栋，现代建筑风格。绿化率41%，有便民商店等配套设施。通公交车。

橡树湾小区 370321-I02

[Xiàngshùwān Xiǎoqū]

在县境西南部。人口2 000。总面积9公顷。以橡树气质（精神）为契合点，加之园区内溪水缠绕，绿树花香，环境怡人，故名橡树湾小区。2009年始建，2010年建成。建筑面积90 000平方米，住宅楼29栋，其中高层4栋、多层25栋，现代建筑风格。绿化率40%，有健身娱乐中心等配套设施。通公交车。

少海花园 370321-I03

[Shàohǎi Huāyuán]

在县境西部。人口5 700。总面积2公顷。因小区南侧紧临少海公园，故名少海花园。2006年始建，2007年建成。建筑面积260 000平方米，住宅楼76栋，其中高层12栋、多层64栋，现代建筑风格。绿化率42%，有便民商店等配套设施。通多公交车。

农村居民点

花园庄 370321-A01-H01
［Huāyuánzhuāng］

在县驻地索镇街道东南方向 1.5 千米。索镇街道辖自然村。人口 1 600。据考，元代已有此村，因村近花园而得名。聚落呈团块状。有文化广场 1 个、文化大院 1 个、农家书屋 1 个。经济以种植业为主，主产小麦、玉米。有万鑫能源投资有限公司。有公路经此。

北辛 370321-A01-H02
［Běixīn］

在县驻地索镇街道东方向 1.0 千米。索镇街道辖自然村。人口 2 500。据传，明朝时期，今村址西北角有一李家庄。明末，苗、周、徐、王、张等姓先后从索镇迁至李家庄以南、索镇以北，形成新的村落，名新庄，后名北辛。聚落呈团块状。有文化大院 1 个、农家书屋 1 个、幼儿园 1 所、小学 1 所。有北辛遗址。经济以种植业为主，主产小麦、玉米。有北辛建材市场。有公路经此。

刘茅 370321-A01-H03
［Liúmáo］

在县驻地索镇街道东方向 5.1 千米。索镇街道辖自然村。人口 3 200。因此处茅草丛生，取名刘家茅窝。后因"窝"字不雅，改为刘家茅托，简称刘茅。聚落呈团块状。有文化大院 1 个、农家书屋 1 个、幼儿园 1 所。经济以种植业和商业为主，主产小麦、玉米。有纺织厂、机械化大型养殖场、绝热保温材料厂、纺织配件厂、建材预制厂、机械加工厂。321 省道经此。

崔茅 370321-A01-H04
［Cuīmáo］

在县驻地索镇街道东方向 6.9 千米。索镇街道辖自然村。人口 1 400。明弘治年间崔姓立村。因此地茅草丛生，得名崔家茅窝，后简称崔茅。聚落呈团块状。有文化大院 1 个、农家书屋 1 个。经济以种植业为主，主产小麦、玉米。有锅炉厂、机械厂、生猪养殖场、莲藕养殖场等。321 省道经此。

张茅 370321-A01-H05
［Zhāngmáo］

在县驻地索镇街道东方向 6.0 千米。索镇街道辖自然村。人口 1 300。元代，张氏迁此建村，因此地荆茅丛生，故名。聚落呈团块状。有文化大院 1 个、农家书屋 1 个。有县级非物质文化遗产张公井的传说。经济以种植业为主，主产小麦、玉米。有厨房设备生产、生猪养殖等项目。321 省道经此。

前毕 370321-A01-H06
［Qiánbì］

在县驻地索镇街道东方向 2.5 千米。索镇街道辖自然村。人口 2 800。明洪武十四年（1381），毕姓立村，取名毕家茅托。后因处后毕之南，改名前毕。聚落呈团块状。有文化大院 1 个、农家书屋 1 个、幼儿园 1 所、小学 1 所。经济以种植业和个体工商业为主，主产小麦、玉米，有山东爱亿谱环保科技有限公司、山东恒宝绝热材料有限公司、山东鹏程特种陶瓷有限公司、山东祥茂针织有限公司、淄博桓台瑞丰化工有限公司、淄博金安型煤有限公司、山东毕氏生态农业有限公司、丰亿农场等。205 国道、321 省道经此。

后毕 370321-A01-H07

[Hòubì]

在县驻地索镇街道东方向 2.5 千米。索镇街道辖自然村。人口 1 000。明成化年间立村，因处毕家庄北，取名后毕。聚落呈团块状。有文化大院 1 个、农家书屋 1 个。经济以种植业和工商业为主，主产小麦、玉米，有淄博锦绣床饰品有限公司、淄博奇森电力设备有限公司、淄博瑞奇塑胶有限公司。205 国道、321 省道经此。

李贾 370321-A01-H08

[Lǐjiǎ]

在县驻地索镇街道东方向 6.0 千米。索镇街道辖自然村。人口 1 400。曾名李家庄。明洪武二年（1369），贾姓迁此立村，初名贾家庄。后李姓迁来，改名为李贾。聚落呈团块状。有文化大院 1 个、农家书屋 1 个。有县级非物质文化遗产欢喜团子制作工艺。经济以种植业为主，主产小麦、玉米，有淄博建成钢结构有限公司。济青高铁经此。

于家磨 370321-A01-H09

[Yújiāmó]

在县驻地索镇街道东方向 1.0 千米。索镇街道辖自然村。人口 1 100。据考，明朝嘉靖年间建村，因靠 1 个桃园而居，该村曾名桃园庄。清光绪八年（1882），于姓在村东北乌河上建水磨，从此改名于家磨。后简称于家。1982 年复名于家磨。聚落呈团块状。有文化大院 1 个、农家书屋 1 个。经济以种植业和个体工商业为主，主产小麦、玉米。294 省道经此。

耿桥 370321-A01-H10

[Gěngqiáo]

在县驻地索镇街道东方向 5.0 千米。索镇街道辖自然村。人口 2 700。明初，巩氏始祖由原籍枣强徙居此，名巩桥庄。后分为两个庄，该庄为西巩家桥。1925 年，耿姓倡修乌河桥，遂改村名为耿家桥。后简称耿桥。聚落呈团块状。有文化大院 1 个、农家书屋 1 个、小学 1 所。经济以种植业和个体工商业为主，主产小麦、玉米，有淄博健美服装有限公司、淄博桓台振兴包装有限公司、耿桥兴华预制厂、桓台晨耀印刷有限公司等企业。有公路经此。

河崖头 370321-A01-H11

[Héyátóu]

在县驻地索镇街道东方向 6.5 千米。索镇街道辖自然村。人口 2 500。因地处乌河东岸，居民分居在河沟崖头上，沟底为村内街道，出进爬崖头，故村名河崖头。聚落呈团块状。有文化大院 1 个、农家书屋 1 个、幼儿园 1 所。经济以种植业和个体工商业为主，主产小麦、玉米。有耐火材料厂、水泥制管厂、兴华电气开关厂、石英砂厂、岳阳砼创市政有限公司。有公路经此。

雅和 370321-A01-H12

[Yǎhé]

在县驻地索镇街道东北方向 7.5 千米。索镇街道辖自然村。人口 2 800。此地原河沟纵横，丘埠点点，是齐宣王王后无盐女钟离春放牧鸭鹅的地方，因而得名鸭鹅庄。清初，名雅和。聚落呈团块状。有文化大院 1 个、农家书屋 1 个、幼儿园 1 所。经济以种植业为主，主产小麦、玉米，有志远工贸有限公司、龙达水泥制管厂。有公路经此。

夏庄 370321-B01-H01

[Xiàzhuāng]

起凤镇人民政府驻地。在县驻地索镇街道西北方向 12.0 千米。人口 11 800。汉初，隐士夏黄公曾隐居于此，后村称夏黄公，后又演变为夏家庄。自明朝简称夏庄。聚落呈团块状。有文化大院 6 个、农家书屋 5 个、幼儿园 1 所、小学 1 所。有"中华老字号"田氏整骨技艺。经济以种植业、渔业、建筑业为主，主产小麦、玉米，盛产芦苇、白莲藕、鱼、虾。205 国道经此。

起凤桥 370321-B01-H02
[Qǐfèngqiáo]

在县驻地索镇街道东北方向 11.0 千米。起凤镇辖自然村。人口 6 500。因此地有凤凰起落，更名为起凤桥。聚落呈团块状。有文化大院 4 个、农家书屋 4 个、小学 1 所、中学 1 所、幼儿园 1 所。经济以种植业为主，主产小麦、玉米，有祐安消防科技有限公司、天盾防腐设备有限公司、红雨服装有限公司等。有公路经此。

傅庙 370321-B01-H03
[Fùmiào]

在县驻地索镇街道西北方向 13.0 千米。起凤镇辖自然村。人口 2 800。元朝立村，原为李家庄、张氏村，后因两村之间有一庙，并连接为一村，取吉祥之意，定名富庙。后演变为傅家庙，简化为傅庙。聚落呈团块状。有文化大院 1 个、农家书屋 1 个、幼儿园 1 所。经济以种植业、渔业为主，主产小麦、玉米、芦苇，有渔业养殖。有公路经此。

华沟 370321-B01-H04
[Huágōu]

在县驻地索镇街道西北方向 12.3 千米。起凤镇辖自然村。人口 8 100。曾名花沟，后因村中多沟，雨天路滑难行，演变为华沟。聚落呈团块状。有文化大院 1 个、农家书屋 1 个、幼儿园 1 所、小学 1 所。有五贤祠、鲁连井、鲁仲连蹈海处、颜阖墓、冰山遗址、颜子钓鱼台、徐夜书屋、渔洋轩名胜等古迹。经济以种植业、旅游业为主，主产小麦、玉米，盛产白莲藕、金丝鸭蛋。工商业发达。有公路经此。

鱼龙湾 370321-B01-H05
[Yúlóngwān]

在县驻地索镇街道北方向 11.7 千米。起凤镇辖自然村。人口 16 400。清康熙三十二年（1693）《新城县志》载："鱼龙湾在锦秋湖中，水漩涡不定，传是龙窟。天将雨，往往见龙挂雨。罢，还归于此。"故名鱼龙湾。聚落呈团块状。有文化大院 4 个、农家书屋 3 个、中学 1 所、小学 2 所。主要名胜有仙鱼洞、卧龙巷。经济以种植业和养殖业为主，主产小麦、玉米，主要特产有芦苇、莲藕、鱼虾、金丝鸭蛋。有泰宝防伪技术产品有限公司、大方电气有限公司等。有公路经此。

穆寨 370321-B01-H06
[Mùzhài]

在县驻地索镇街道东北方向 11.0 千米。起凤镇辖自然村。人口 2 000。明初，穆姓立村，以姓得名穆家寨，后简称穆寨。聚落呈团块状。有文化大院 1 个、农家书屋 1 个、幼儿园 1 所。经济以种植业为主，主产小麦、玉米。有公路经此。

辛泉 370321-B01-H07
[Xīnquán]

在县驻地索镇街道东北方向 9.3 千米。起凤镇辖自然村。人口 1 400。明洪武二十八年（1396）立村。明宣德辛亥年（1431）大旱，村民于村南月河掘井，泉涌水清，昼夜川流不息，抗灾解难，村民兴高采烈，并以此而命村名为新泉庄。后演变为辛泉。聚落呈团块状。有文化大院 1 个、农家书屋 1 个。有辛泉遗址。经济以种植业为主，主产小麦、玉米。有公路经此。

乌河头 370321-B01-H08

［Wūhétóu］

在县驻地索镇街道北方向 8.3 千米。起凤镇辖自然村。人口 4 800。明朝后期，因湖区扩大，乌河之水从此处注入锦秋湖，现统称马踏湖，由此更名为乌河头。聚落呈团块状。有文化大院 3 个、农家书屋 1 个、文体中心 1 个、幼儿园 1 所、小学 1 所。经济以种植业为主，主产小麦、玉米。有铁路、公路经此。

仇王 370321-B02-H01

［Qiúwáng］

田庄镇人民政府驻地。在县驻地索镇街道西北方向 11.0 千米。人口 700。明洪武年间，仇姓迁此立村，名仇明。后名仇王。聚落呈团块状。有文化大院 1 个、农家书屋 1 个、幼儿园 1 所。经济以种植业为主，主产小麦、玉米、蔬菜等，盛产紫色包心菜、红苔、樱桃等。有公路经此。

牛王庄 370321-B02-H02

［Niúwángzhuāng］

在县驻地索镇街道西北方向 11.0 千米。田庄镇辖自然村。人口 2 700。此村曹、王二姓定居最早，以姓氏命名为曹王庄。后曹姓失传，牛姓迁此，将曹王庄改为牛旺。聚落呈团块状。有文化大院 1 个、农家书屋 1 个、幼儿园 1 所。经济以种植业为主，主产小麦、玉米。通公交车。

田庄 370321-B02-H03

［Tiánzhuāng］

在县驻地索镇街道西北方向 11.1 千米。田庄镇辖自然村。人口 2 700。明洪武二年（1369），田姓立村，名田家庄。1962 年简称田庄。聚落呈团块状。有文化大院 1

个、幼儿园 1 所、小学 1 所。经济以种植业为主，主产小麦、玉米。有公路经此。

李寨 370321-B02-H04

［Lǐzhài］

在县驻地索镇街道西北方向 9.2 千米。田庄镇辖自然村。人口 1 700。明洪武四年（1371），李宏基从淄川迁此立村，名李家寨。1982 年改为李寨。聚落呈团块状。有文化大院 1 个、农家书屋 1 个、幼儿园 1 所。经济以种植业为主，主产小麦、玉米。有公路经此。

大寨 370321-B02-H05

［Dàzhài］

在县驻地索镇街道西北方向 9.7 千米。田庄镇辖自然村。人口 2 900。明洪武二年（1369），始祖讳宾兴由直隶枣强迁山东新城县东北，卜居寨村，故名。聚落呈团块状。有文化大院 1 个、农家书屋 1 个、小学 1 所。有大寨遗址。经济以种植业为主，主产小麦、玉米。有公路经此。

小寨 370321-B02-H06

［Xiǎozhài］

在县驻地索镇街道西北方向 10.1 千米。田庄镇辖自然村。人口 2 900。明洪武二年（1369），李姓从淄川小韩庄迁此立村，名小寨。聚落呈团块状。有文化大院 1 个、农家书屋 1 个。境内有小寨遗址。经济以种植业为主，主产小麦、玉米。有公路经此。

胡家 370321-B02-H07

［Hújiā］

在县驻地索镇街道西北方向 13.2 千米。田庄镇辖自然村。人口 3 000。明洪武二年（1369），胡勉从枣强迁此立村，名胡家。聚落呈团块状。有文化大院 1 个、农家书屋 1 个。有省级文物保护单位庞家遗址。经济以种植业为主，主产小麦、玉米。滨莱高速经此。

小庞 370321-B02-H08
[Xiǎopáng]

在县驻地索镇街道西北方向 11.1 千米。田庄镇辖自然村。人口 700。明初，庞绅从庞旺庄移居于此，名西庞旺庄。清初，为西庞郭庄。1962 年简称小庞。聚落呈团块状。有文化大院 1 个、农家书屋 1 个。有省级重点文物保护单位小庞遗址。经济以种植业为主，主产小麦、玉米。有公路经此。

辕固 370321-B02-H09
[Yuángù]

在县驻地索镇街道西北方向 9.3 千米。田庄镇辖自然村。人口 3 600。据考，村为西汉景帝时诗博士辕固之故乡，后人以其名而命村名为辕固，以示纪念。聚落呈团块状。有文化大院 1 个、农家书屋 1 个、小学 1 所。有辕南遗址。经济以种植业为主，主产小麦、玉米。有公路经此。

三吕埠 370321-B02-H10
[Sānlǚbù]

在县驻地索镇街道西北方向 11.2 千米。田庄镇辖自然村。人口 5 900。此处原为锦秋湖畔的三个土埠。湖内绿头鸭常在此栖息，称绿鸭埠。后埠为吕氏所有，改称吕家埠。后三村连成一片，名三吕埠。聚落呈团块状。有文化大院 3 个、农家书屋 3 个、小学 1 所、幼儿园 1 所。经济以种植业为主，主产小麦、玉米。有公路经此。

高楼 370321-B02-H11
[Gāolóu]

在县驻地索镇街道西北方向 12.2 千米。田庄镇辖自然村。人口 4 400。元末，于姓从文登县迁此立村，因村西有华严寺，建筑高大似楼房，以此命村名为高楼。聚落呈团块状。有文化大院 1 个、农家书屋 1 个、幼儿园 1 所、中学 1 所。经济以种植业为主，主产小麦、玉米。滨莱高速经此。

荆家 370321-B03-H01
[Jīngjiā]

荆家镇人民政府驻地。在县驻地索镇街道西北方向 15.2 千米。荆家镇辖自然村。人口 7 600。宋宣和年间荆姓居此，名张机辅，后改荆姓为名，即荆家。聚落呈团块状。有文化书屋 3 个、文化大院 4 个、小学 1 所、中学 1 所。经济以种植业为主、养殖业为辅，主产小麦、玉米，养殖牛、生猪、家禽等。有食品加工、服装加工等企业。有公路经此。

孙家桥 370321-B03-H02
[Sūnjiāqiáo]

在县驻地索镇街道西北方向 18.2 千米。荆家镇辖自然村。人口 1 600。据考，明万历年间建村。此处原有大片枣树，人称枣行店子。孙姓迁此，在村东建一桥，遂改名为孙家桥。聚落呈团块状。有文化大院 2 个、农家书屋 1 个、小学 1 所。经济以种植业为主，主产小麦、玉米，有孙树强扒鸡酱蹄有限公司。有公路经此。

高桥 370321-B03-H03
[Gāoqiáo]

在县驻地索镇街道西北方向 17.6 千米。荆家镇辖自然村。人口 1 600。因村原处小清河上高苑桥旁，故名高苑桥，后简称高桥。聚落呈团块状。有文化大院 1 个、农家书屋 1 个、幼儿园 1 所。经济以种植业为主，主产小麦、玉米。滨莱高速经此。

柳村 370321-B03-H04

[Liǔcūn]

在县驻地索镇街道西北方向 16.6 千米。荆家镇辖自然村。人口 400。据传，此处原系焦桥袁家的 1 个庄园。张、王二姓于清初从太平庄移居于此，因村旁柳树成行，故名柳村。聚落呈团块状。有文化大院 1 个、农家书屋 1 个。经济以种植业为主，主产小麦、玉米。有公路经此。

王明 370321-B03-H05

[Wángmíng]

在县驻地索镇街道西北方向 16.1 千米。荆家镇自然村。人口 1 600。村旁河上有一座桥。赵匡胤微时，曾夜宿于桥下，盼望天明，宋代村民以此而命村名为望明桥。清初，王姓为该村之望族，又易名为王明桥。1952 年后简称王明。聚落呈团块状。有文化大院 1 个、农家书屋 1 个、幼儿园 1 所。经济以种植业为主，主产小麦、玉米。有公路经此。

东孙庄 370321-B03-H06

[Dōngsūnzhuāng]

在县驻地索镇街道西北方向 17.5 千米。荆家镇辖自然村。人口 2 600。明洪武四年（1371），孙氏始祖才兴、才旺兄弟二人由河北省枣强县迁于山东省新城县正德乡，才兴居此，故名。聚落呈团块状。有文化大院 1 个、农家书屋 1 个。经济以种植业为主，主产小麦、玉米、四色韭黄。滨莱高速经此。

里仁庄 370321-B03-H07

[Lǐrénzhuāng]

在县驻地索镇街道西北方向 16.6 千米。荆家镇辖自然村。人口 3 000。据传，明初单姓迁此立村。因村西南有一条河，为挡河水曾修筑一坝，村得名坝头庄。后因此名不雅，众人共议，取《四书》中"里仁为美"之句，改名为里仁庄。聚落呈团块状。有文化大院 1 个、农家书屋 1 个、幼儿园 1 所、中学 1 所。经济以种植业为主，主产小麦、玉米。有公路经此。

陈桥 370321-B03-H08

[Chénqiáo]

在县驻地索镇街道西北方向 15.5 千米。荆家镇辖自然村。人口 3 900。因陈氏居临潢沟东岸，修桥以便往来，故名陈家桥，后简称陈桥。聚落呈团块状。有文化大院 1 个、农家书屋 1 个、小学 1 所。经济以种植业为主，主产小麦、玉米、芹菜、青蒜、黄瓜。滨莱高速经此。

高王庄 370321-B03-H09

[Gāowángzhuāng]

在县驻地索镇街道西北方向 14.5 千米。荆家镇辖自然村。人口 3 200。据考，清康熙年间建村。王姓从新城迁此，因处湖区高埠之上，故名高王庄。聚落呈团块状。有文化大院 1 个。经济以种植业为主，主产小麦、玉米。滨博高速经此。

姬桥 370321-B03-H10

[Jīqiáo]

在县驻地索镇街道西北方向 15.1 千米。荆家镇辖自然村。人口 2 700。据传，明初姬、王二姓迁此，并在郑潢沟上修建一桥，故名姬家桥，后简称姬桥。聚落呈团块状。有文化大院 1 个、农家书屋 1 个、幼儿园 1 所。经济以种植业为主，主产小麦、玉米、芹菜，有"荆家双宝"之一的四色韭黄。有公路经此。

马桥 370321-B04-H01
[Mǎqiáo]

马桥镇人民政府驻地。在县驻地索镇街道西北方向 20.0 千米。人口 1 700。公元前 517 年，孔子由齐国都临淄返鲁时经此，陷车马于村旁之狄水河中，马驾车而过。后人在此建桥，名曰马车桥。后简称马桥。聚落呈团块状。有文化大院 1 个、农家书屋 1 个、电子阅览室 1 个、幼儿园 1 所、学校 1 所。有市级非物质文化遗产车桥。经济以种植业为主，产小麦、玉米、美国香瓜、芦笋、无花果、苦瓜等，有粮食加工、建筑、滑石粉生产等产业，有众瑞建工有限公司。有公路经此。

后金 370321-B04-H02
[Hòujīn]

在县驻地索镇街道西北方向 21.2 千米。马桥镇辖自然村。人口 2 900。明洪武二年（1369），金氏徙居此地立村，名金家庄。后分为前金、后金，该村为后金。聚落呈团块状。有思必得化工有限公司、金家工贸有限公司等企业。有公路经此。

岔河 370321-B04-H03
[Chàhé]

在县驻地索镇街道西北方向 20.5 千米。马桥镇辖自然村。人口 1 400。以地理特点命名为岔河。聚落呈团块状。有文化大院 1 个、农家书屋 1 个、幼儿园 1 所。经济以种植业为主，主产小麦、玉米、水果。有公路经此。

祁家 370321-B04-H04
[Qíjiā]

在县驻地索镇街道西北方向 19.7 千米。马桥镇辖自然村。人口 1 800。明初已有此村，名小祁家庄。1952 年，改称祁家。聚落呈团块状。经济以种植业为主，祁家芹菜荣获农业部地理产品标志保护认证。有公路经此。

北红庙 370321-B04-H05
[Běihóngmiào]

在县驻地索镇街道西北方向 19.5 千米。马桥镇辖自然村。人口 400。明洪武年间立村。后建一庙，墙涂红色，因而得名红庙。因此村名为红庙。1982 年，为区别同名村，易名为北红庙。聚落呈团块状。有文化大院 1 个、农家书屋 1 个。经济以种植业为主，主产小麦、玉米。有公路经此。

罗道 370321-B04-H06
[Luódào]

在县驻地索镇街道西北方向 19.0 千米。马桥镇辖自然村。人口 800。明初，罗姓立村。因此处属交通大道之要冲，故名。聚落呈团块状。有文化大院 1 个、农家书屋 1 个。经济以种植业为主，主产小麦、玉米。有公路经此。

董家圈 370321-B04-H07
[Dǒngjiāquān]

在县驻地索镇街道西方向 21.6 千米。马桥镇辖自然村。人口 1 000。明洪武年间，董姓从山西迁此立村。因有三个土埠，取名三星庄。清初，因河沟绕村，改为董家圈。聚落呈团块状。有文化大院 1 个、农家书屋 1 个。经济以种植业为主，主产小麦、玉米。有公路经此。

北营 370321-B04-H08
[Běiyíng]

在县驻地索镇街道西北方向 22.7 千米。马桥镇辖自然村。人口 4 500。据传，宋太祖赵匡胤带兵在此作战，曾扎中、南、北三座营寨，后人在其北寨旧址立村，故称北营。聚落呈团块状。有文化大院 1 个、农家书屋 3 个、幼儿园 1 所、小学 1 所。经济以种植业为主，主产小麦、玉米。有公路经此。

康杨 370321-B04-H09
[Kāngyáng]

在县驻地索镇街道西北方向 21.0 千米。马桥镇辖自然村。人口 1 300。明朝前期，杨姓迁此立村，名杨家庄。后康氏迁此聚居，改为康杨。聚落呈团块状。有文化大院 1 个、农家书屋 1 个。经济以种植业为主，主产小麦、玉米、苗木、蔬菜，有隆景园林苗木合作社。由公路经此。

辛庄 370321-B04-H10
[xīnzhuāng]

在县驻地索镇街道西北方向 25.4 千米。马桥镇辖自然村。人口 1 700。元朝已有此村，名郭项庄，又名郭项窑。元末时村毁，村民迁至原村址以北一个稍高的埠子上重建家园，得名为新庄。后演变为辛庄。聚落呈团块状。有辛庄工贸有限公司、雷利工贸有限公司、金三角耐火材料厂等多家企业。有公路经此。

冯马 370321-B04-H11
[Féngmǎ]

在县驻地索镇街道西北方向 25.3 千米。马桥镇辖自然村。人口 400。据传，此处原是清沙湖畔的一个码头，明末孙姓迁此立村，取名孙家码头。清初冯姓迁此定居，人丁兴旺，改村名为冯家码头。简称冯马。聚落呈团块状。有文化大院 1 个、农家书屋 1 个。经济以种植业为主，主产小麦、玉米。有公路经此。

前陈 370321-B04-H12
[Qiánchén]

在县驻地索镇街道西北方向 18.0 千米。马桥镇辖自然村。人口 1 900。明洪武初年，陈古用立村，名陈家庄。后名前陈。聚落呈团块状。有文化大院 2 个、农家书屋 2 个、幼儿园 1 所、小学 1 所、中学 1 所。经济以种植业为主，主产小麦、玉米。有公路经此。

姚郭 370321-B04-H13
[Yáoguō]

在县驻地索镇街道西北方向 15.8 千米。马桥镇辖自然村。人口 2 400。元代常迁春进兵山东时，路过此地，四周地洼水深，无法进庄，故绕行而过，后人以此意名村绕庄，后讹呼为姚郭庄，简称姚郭。聚落呈团块状。有文化大院 1 个、农家书屋 1 个、幼儿园 1 所。经济以种植业为主，主产小麦、玉米、大蒜。有公路经此。

辛桥 370321-B04-H14
[Xīnqiáo]

在县驻地索镇街道西北方向 22.0 千米。马桥镇辖自然村。人口 1 000。因村近新建之孝妇河桥，故名新桥庄。后名辛桥。聚落呈团块状。有文化大院 1 个、农家书屋 1 个。经济以种植业为主，主产小麦、玉米。有公路经此。

木佛 370321-B04-H15
[Mùfó]

在县驻地索镇街道西北方向 20.0 千米。马桥镇辖自然村。人口 800。原名旺庄。明万历三十五年（1607），村中建一佛堂，佛像全身系木头雕成，以此又得名木佛堂。1982 年始称木佛。聚落呈团块状。有文化大院 1 个、农家书屋 1 个、幼儿园 1 所。

经济以种植业为主，主产小麦、玉米。有公路经此。

城东 370321-B05-H01
[Chéngdōng]

新城镇人民政府驻地。在县政府驻地索镇街道西方向 14.6 千米。新城镇辖自然村。人口 3 500。此处原为春秋时期，齐国之一苑囿。齐桓公常从临淄来此游观，射猎，并建高台戏马（系马），故名戏马台，又名桓台，后名驿台。南宋嘉定七年（1214）山东东路兵马副元帅张贵绕台筑城，名新城。后分为东、西、南、北四村，该村为城东村。聚落呈团块状。有文化大院 1 个、幼儿园 1 所。有齐桓公系马台、四世宫保坊、忠勤祠、渔洋祠、耿家大院等古迹。经济以种植业为主，主产小麦、玉米。省道寿济公路经此。

崔楼 370321-B05-H02
[Cuīlóu]

在县驻地索镇街道西方向 11.3 千米。新城镇辖自然村。人口 1 300。唐贞观十三年（639）在此建立洪福寺，地内有佛楼一座。崔姓迁此依寺定居，取名崔楼。聚落呈团块状。有文化大院 1 个、农家书屋 1 个、幼儿园 1 所。经济以种植业为主，主产小麦、玉米。滨莱高速经此。

存留庄 370321-B05-H03
[Cúnliúzhuāng]

在县驻地索镇街道西方向 9.5 千米。新城镇辖自然村。人口 800。据传，清雍正八年（1730），夏季闹水灾，四周村庄均被淹没，唯有此村地势较高，未被大水淹没，故得名存留庄。聚落呈团块状。有文化大院 1 个、农家书屋 1 个。经济以种植业为主，主产小麦、玉米。有公路经此。

耿三里 370321-B05-H04
[Gěngsānlǐ]

在县驻地索镇街道西方向 13.6 千米。新城镇辖自然村。人口 600。明万历年间，王、耿二姓从新城迁此定居，因距县城新城三里路，故取名三里庄。1947 年改名为耿三里。聚落呈团块状。有文化大院 1 个、农家书屋 1 个。有市级文物保护单位耿三里造像、观音堂。经济以种植业为主，主产小麦、玉米。238 省道经此。

宫家 370321-B05-H05
[Gōngjiā]

在县驻地索镇街道西南方向 15.6 千米。新城镇辖自然村。人口 400。明洪武年间，宫氏迁此，以姓名村宫家。聚落呈团块状。有文化大院 1 个、农家书屋 1 个。经济以种植业为主，主产小麦、玉米，特产细毛山药。有公路经此。

刘三里 370321-B05-H06
[Liúsānlǐ]

在县驻地索镇街道西方向 14.1 千米。新城镇辖自然村。人口 1 600。聚落呈团块状。明洪武年间，刘姓迁此立村，因距新城县（齐桓公戏马台）三里路，取名三里庄，后更名刘三里。有文化大院 1 个、农家书屋 1 个、幼儿园 1 所。经济以种植业为主，主产小麦、玉米。238 省道经此。

罗苏 370321-B05-H07
[Luósū]

在县驻地索镇街道西方向 14.8 千米。新城镇辖自然村。人口 800。元朝，苏姓居此。因希望日后兴旺发达，取村名为苏旺庄。明万历庚申年（1620），罗姓移居于此，该村以罗姓为多，故名罗家苏王庄。1962 年简称罗苏。聚落呈团块状。有文化大院 1 个、农家书屋 1 个、幼儿园 1 所。经济以种植业为主，主产小麦、玉米。238 省道经此。

聂桥 370321-B05-H08
[Nièqiáo]

在县驻地索镇街道西方向 12.8 千米。新城镇辖自然村。人口 1 100。明初，聂姓人家在村南河上建一石桥，故名聂家桥。1952 年简称聂桥。聚落呈团块状。有文化大院 1 个、农家书屋 1 个。经济以种植业为主，主产小麦、玉米。308 国道经此。

乔家 370321-B05-H09
[Qiáojiā]

在县驻地索镇街道西方向 15.8 千米。新城镇辖自然村。人口 1 800。宋代，乔、王、康姓分别立村，名乔家庄、王家庄、康家庄。到明代三村连为一个村，以乔姓为盛族，故名乔家庄。聚落呈团块状。有文化大院 1 个、农家书屋 1 个。经济以种植业为主，主产小麦、玉米。滨莱高速经此。

祠堂 370321-B05-H10
[Cítáng]

在县驻地索镇街道西方向 14.1 千米。新城镇辖自然村。人口 200。据考，明万历年间建村，以祠堂命村名。聚落呈团块状。有忠勤祠、王士禛纪念馆。经济以种植业为主，主产小麦、玉米。238 省道经此。

邢庙 370321-B05-H11
[Xíngmiào]

在县驻地索镇街道西方向 14.8 千米。新城镇辖自然村。人口 700。宋初始祖被陷，弃原籍张青庄匿于此地庙中，后以庙施主姓命村名为邢家庙，简称邢庙。聚落呈团块状。有文化大院 1 个、农家书屋 1 个。经济以种植业为主，主产小麦、玉米、山药。

有公路经此。

新义和 370321-B05-H12
[Xīnyìhé]

在县驻地索镇街道西方向 14.0 千米。新城镇辖自然村。人口 300。明万历年间，岳姓由新城迁此立村，继有多姓迁此定居。村民期望各姓之间和睦共处，共议村名为义和庄。后为与耿桥乡义和庄相区别，1982 年改称新义和。聚落呈团块状。有文化大院 1 个、农家书屋 1 个。经济以种植业为主，主产小麦、玉米。有公路经此。

唐山 370321-B06-H01
[Tángshān]

唐山镇人民政府驻地。在县驻地索镇街道西方向 6.0 千米。人口 2 500。因旧有古刹，为唐三藏禅师藏经处，故名唐藏店。后四村合一，定名唐山。聚落呈团块状。有文化大院 3 个、农家书屋 2 个、中学 1 所。有市级文物保护单位唐山古冢。经济以种植业为主，主产小麦、玉米。有山东东岳集团。231 省道经此。

前七 370321-B06-H02
[Qiánqī]

在县驻地索镇街道西方向 5.5 千米。唐山镇辖自然村。人口 2 300。明洪武年间立村。村内先后有七座楼房，故取名七楼庄。后演化为七里庄。1982 年简化为前七。聚落呈团块状。有文化大院 1 个、农家书屋 1 个。经济以种植业为主。主产小麦、玉米。有公路经此。

后七里庄 370321-B06-H03
[Hòuqīlǐ Zhuāng]

在县驻地索镇街道西方向 5.8 千米。唐山镇辖自然村。人口 2 600。明初立村。据传，先居者希望有更多的人来定居，故取名客留庄。成化元年（1465），因饥荒，张氏始祖率三子徙居此，名后七里庄。聚落呈团块状。有文化大院1个、农家书屋1个、幼儿园1所。经济以种植业为主，主产小麦、玉米、蔬菜、棉花、大豆。有公路经此。

王茂 370321-B06-H04
［Wángmào］

在县驻地索镇街道西方向7.5千米。唐山镇辖自然村。人口900。据传，明初期，王茂迁此立村，故名王茂。聚落呈团块状。有文化大院1个、农家书屋1个。经济以种植业为主，主产小麦、玉米。有公路经此。

楼子 370321-B06-H05
［Lóuzi］

在县驻地索镇街道西方向4.2千米。唐山镇辖自然村。人口3 000。元朝立村。因村东北有座三官庙，建筑高大，其状似楼，以此取名楼子。聚落呈团块状。有文化大院2个、农家书屋1个、幼儿园1所。经济以种植业为主，主产小麦、玉米及部分经济树木。321省道经此。

于堤 370321-B06-H06
［Yúdī］

在县驻地索镇街道西南方向7.0千米。唐山镇辖自然村。人口2 300。元大德二年（1298），赵姓迁此立村，名赵家庄。元至正二年（1342）于姓迁此定居。因村近河堤，取名堤子庄。明成化年间，易名于家堤，后简称于堤。聚落呈团块状。有文化大院1个、农家书屋1个。经济以种植业为主，主产小麦、玉米。省道寿济公路经此。

徐店 370321-B06-H07
［Xúdiàn］

在县驻地索镇街道西南方向6.5千米。唐山镇辖自然村。人口1 600。此地处交通要道，明初，徐姓在此开店定居，名徐家店。后简称徐店。聚落呈团块状。有文化大院1个、农家书屋1个。经济以种植业为主，主产小麦、玉米，兼有民营企业。有公路经此。

人合 370321-B06-H08
［Rénhé］

在县驻地索镇街道西方向8.0千米。唐山镇辖自然村。人口300。明初，窦姓迁此立村，名窦家庄。清光绪七年（1881），因村上人经常打官司，新城县官认为是"窦"字所致，故按吉祥嘉言改名为人和庄，后名人合。聚落呈团块状。有文化大院1个、农家书屋1个。经济以种植业为主，主产小麦、玉米。有公路经此。

薛庙 370321-B06-H09
［Xuēmiào］

在县驻地索镇街道西南方向7.5千米。唐山镇辖自然村。人口1 400。明初，薛姓迁此依庙定居，名薛家庙。后简称薛庙。有文化大院1个、农家书屋1个、幼儿园1所、小学1所。聚落呈团块状。经济以种植业为主，主产小麦、玉米。有公路经此。

西毕 370321-B06-H10
［Xībì］

在县驻地索镇街道西方向8.6千米。唐山镇辖自然村。人口2 000。明万历年间，毕姓迁此立村，名毕家庄。后为与索镇毕家庄相区别，改称西毕。聚落呈团块状。有文化大院1个、农家书屋1个、吕剧团1

个。经济以种植业为主，主产小麦、玉米。有公路经此。

古城 370321-B06-H11

[Gǔchéng]

在县驻地索镇街道西南方向 8.3 千米。唐山镇辖自然村。人口 3 000。春秋齐桓公之孙，因犯法而被流放逐于此，故名隔孙城。清代始称古城。聚落呈团块状。有文化大院 1 个、农家书屋 1 个。经济以种植业为主，主产小麦、玉米、蔬菜。有公路经此。

宋家 370321-B06-H12

[Sòngjiā]

在县驻地索镇街道西北方向 7.7 千米。唐山镇辖自然村。人口 2 000。明嘉靖年间，宋姓立村。因宋姓迁此定居盖屋时，挖出了太平铜钱，故名太平庄。后更名为宋家。聚落呈团块状。有文化大院 1 个、农家书屋 1 个、小学 1 所。经济以种植业为主，主产小麦、玉米。有公路经此。

波扎店 370321-B06-H13

[Bōzhādiàn]

在县驻地索镇街道西北方向 8.0 千米。唐山镇辖自然村。人口 1 000。据传，宋太祖赵匡胤微时，路过此处，虽蒺藜丛生，但其赤脚踏过无痛感，自曰："不扎殿下。"后人以此名村，俗呼波扎店。聚落呈团块状。有文化大院 1 个、农家书屋 1 个。经济以种植业为主，主产小麦、玉米。有公路经此。

东营 370321-B06-H14

[Dōngyíng]

在县驻地索镇街道西北方向 7.5 千米。唐山镇辖自然村。人口 2 400。此地系春秋时期齐桓公驻兵处，故名营子庄。清光绪年间，此处位新城县城以东，改名为东营。

聚落呈团块状。有文化大院 1 个、农家书屋 1 个。经济以种植业为主，主产小麦、玉米。宗氏镰刀素享盛名。有公路经此。

东莫王 370321-B06-H15

[Dōngmòwáng]

在县驻地索镇街道西北方向 4.0 千米。唐山镇辖自然村。人口 800。明洪武二年（1369），莫、王二姓自河北枣强迁此立村，以姓氏命村名为莫王庄。因处西莫王以东，改为东莫王。聚落呈团块状。有文化大院 1 个、农家书屋 1 个。经济以种植业为主，主产小麦、玉米。有公路经此。

白辛 370321-B06-H16

[Báixīn]

在县驻地索镇街道西北方向 3.5 千米。唐山镇辖自然村。人口 300。元初立村。因村南有一沙岭，取名沙岭庄。明初，白姓迁此定居，改为新庄。清末，因白姓为该村旺族，遂改村名为白辛。聚落呈团块状。有文化大院 1 个、农家书屋 1 个。经济以种植业为主，主产小麦、玉米。有公路经此。

吉托 370321-B06-H17

[Jítuō]

在县驻地索镇街道西北方向 6.0 千米。唐山镇辖自然村。人口 1 200。此为春秋时期棘邑城。齐景公时，贵族子山食邑，因河边河中多棘棵，明朝时村名棘托庄。1962 年演变为吉托。聚落呈团块状。有文化大院 1 个、农家书屋 1 个。经济以种植业为主，主产小麦、玉米。有公路经此。

东义和 370321-B07-H01

[dongyìhé]

果里镇人民政府驻地。在县驻地索镇街道南方向 6.0 千米。人口 1 000。因处涝淄河拐弯处，故名拐子庄。清光绪年间，因名不雅，新城县官改村名为义和庄。1914年，以村中小河为界分为两村，该村居河东，故名东义和。聚落呈团块状。有文化大院1个、农家书屋1个。经济以种植业和工商业为主，主产小麦、玉米，有乐山玻璃、东大钢管、正德机械等企业。有公路经此。

东果里 370321-B07-H02
[Dōngguǒlǐ]

在县驻地索镇街道南方向7.0千米。果里镇辖自然村。人口1 500。原名果子里，后以村中涝淄河为界分为两村，因该村在河东，故名东果里。聚落呈团块状。有文化大院1个、农家书屋1个、幼儿园1所。经济以种植业为主，主产小麦、玉米。205国道经此。

西果里 370321-B07-H03
[Xīguǒlǐ]

在县驻地索镇街道南方向7.0千米。果里镇辖自然村。人口1 400。原名果子里，后以村中涝淄河为界分为两村，因该村在河西，故名西果里。聚落呈团块状。有文化大院1个。经济以种植业为主，主产小麦、玉米。205国道经此。

付坡 370321-B07-H04
[Fùpō]

在县驻地索镇街道西南方向5.0千米。果里镇辖自然村。人口1 100。清光绪三十年（1904），马家坡并入傅家坡。1952年简称付坡。聚落呈团块状。有文化大院1个、幼儿园1所。有傅家坡遗址。经济以种植业为主，主产小麦、玉米。有公路经此。

前埠 370321-B07-H05
[Qiánbù]

在县驻地索镇街道西南方向4.3千米。

果里镇辖自然村。人口1 400。该村因处土埠之上，明朝时村名埠上庄。后因该村以张姓为主，改为张家埠。清康熙年间，形成南北两个村，南为前张家埠，北为后张家埠。1982年简称前埠。聚落呈团块状。有市级文物保护单位前埠遗址。有文化大院1个、农家书屋1个、幼儿园1所。经济以种植业为主，主产小麦、玉米。有公路经此。

后埠 370321-B07-H06
[Hòubù]

在县驻地索镇街道西南方向4.0千米。果里镇辖自然村。人口1 300。该村因处土埠之上，明朝时村名埠上庄。后因该村以张姓为主，改为张家埠。清康熙年间，形成南北两个村，南为前张家埠，北为后张家埠。1982年简称后埠。聚落呈团块状。有文化大院1个、农家书屋1个。经济以种植业为主，主产小麦、玉米。有公路经此。

侯庄 370321-B07-H07
[Hóuzhuāng]

在县驻地索镇街道东南方向7.0千米。果里镇辖自然村。人口1 200。明洪武四年（1371），侯姓迁此立村，名侯家庄。1958年始简称侯庄。聚落呈团块状。有文化大院1个、农家书屋1个、幼儿园1所、小学1所。经济以种植业为主，主产小麦、玉米。205国道经此。

吴磨 370321-B07-H08
[Wúmó]

在县驻地索镇街道东南方向3.0千米。果里镇辖自然村。人口2 000。明初，吴姓立村，名吴家磨。1958年始简称吴磨。聚落呈团块状。有文化大院1个、农家书屋1个、幼儿园1所、中学1所。有吴家磨东、西两处遗址。经济以种植业为主，主产小麦、玉米。有公路经此。

经济以种植业为主，主产小麦、玉米。有公路经此。

玉皇阁 370321-B07-H09
[Yùhuánggé]

在县驻地索镇街道东南方向 4.3 千米。果里镇辖自然村。人口 1 100。明嘉靖七年（1528），在乌河岸边修建一玉皇庙，遂于万历年间改村名为玉皇阁。聚落呈团块状。有文化大院 1 个、农家书屋 1 个、幼儿园 1 所。经济以种植业为主，主产小麦、玉米。济青高铁经此。

老官庄 370321-B07-H10
[Lǎoguānzhuāng]

在县驻地索镇街道东南方向 6.7 千米。果里镇辖自然村。人口 4 300。此处原是一片荒草洼地，属新城县衙官地。明朝中期，诸姓迁此垦耕，名官庄。清朝初期，为与村西官庄区别，改名老官庄。聚落呈团块状。有文化大院 1 个。经济以种植业为主，主产小麦、玉米。205 国道经此。

三龙庄 370321-B07-H11
[Sānlóngzhuāng]

在县驻地索镇街道东南方向 8.0 千米。果里镇辖自然村。人口 1 900。据传，战国时期，村中有一人官职为"灵王"，故村名曰灵王庄。龙王是灵王的变音。后三村合一，名三龙庄。聚落呈团块状。有文化大院 1 个、农家书屋 1 个。经济以种植业为主，主产小麦、玉米。有公路经此。

荣家 370321-B07-H12
[Róngjiā]

在县驻地索镇街道西南方向 11.0 千米。果里镇辖自然村。人口 2 300。据考，荣姓于明嘉靖年间在此定居，故名。聚落呈团块状。有文化大院 1 个、农家书屋 1 个。

苇河 370321-B07-H13
[Wěihé]

在县驻地索镇街道西南方向 12.7 千米。果里镇辖自然村。人口 900。明初建村，因村处龙须沟旁，河内苇草丛生，故名苇子河。1982 年始称苇河。聚落呈团块状。有文化大院 1 个。经济以种植业为主，主产小麦、玉米。205 国道经此。

郝园 370321-B07-H14
[Hǎoyuán]

在县驻地索镇街道西南方向 14.3 千米。果里镇辖自然村。人口 700。明朝中期，郝姓从长山县迁此立村，名郝家庄。后村民种植菜园，闻名乡里，人称郝家园。聚落呈团块状。有文化大院 1 个、农家书屋 1 个。境内有郝家园遗址。经济以种植业为主，主产小麦、玉米。济青高铁经此。

太平 370321-B07-H15
[Tàipíng]

在县驻地索镇街道西南方向 15.5 千米。果里镇辖自然村。人口 1 000。明初建村，村民要求安泰和平，故取名太平庄。清朝后期，村民多垦耕官府之地，俗称官地。故村名亦改为太平官庄。后简称太平。聚落呈团块状。有文化大院 1 个、农家书屋 1 个。经济以种植业为主，主产小麦、玉米、大豆。有公路经此。

夏家 370321-B07-H16
[Xiàjiā]

在县驻地索镇街道西南方向 12.0 千米。果里镇辖自然村。人口 600。明初，朗姓由枣强迁此立村，名郎家庄。清初，郎姓人口不旺，人称下郎庄。后演变为夏庄。有文化大院 1 个、农家书屋 1 个。经济以种植业为主，主产小麦、玉米。238 省道经此。

东付 370321-B07-H17
[Dōngfù]

在县驻地索镇街道东南方向 4.5 千米。果里镇辖自然村。人口 1 200。据传，春秋战国时期，此处为齐国一草料（麦麸）囤积处，后为村，名曰麸村。为与西麸村相区别，演变为东傅村，后简称东付。聚落呈团块状。有文化大院 1 个、小学 1 所。有东傅遗址。经济以种植业为主，主产小麦、玉米、棉花、蔬菜。有公路经此。

永富 370321-B07-H18
[Yǒngfù]

在县驻地索镇街道西南方向 12.2 千米。果里镇辖自然村。人口 700。明永乐元年（1403），孙姓从小徐家迁此立村，村民期望日后越过越富，取村名永富。聚落呈团块状。有文化大院 1 个、农家书屋 1 个。经济以种植业为主，主产小麦、玉米。滨莱高速经此。

万家 370321-B07-H19
[Wànjiā]

在县驻地索镇街道西南方向 11.6 千米。果里镇辖自然村。人口 800。聚落呈团块状。此为战国时期孟子的学生万璋之故里，故名万家。有文化大院 1 个、农家书屋 1 个。经济以种植业为主，主产小麦、玉米。有公路经此。

高青县

城市居民点

众益花园 370322-I01
[Zhòngyì Huāyuán]

在县境中部。人口 1 600。总面积 4 公顷。寓意群众受益，小区环境优美，如花园一般，故名。2006 年始建，2008 年正式使用。建筑总面积 66 255 平方米，住宅楼 10 栋，其中高层 2 栋、多层 8 栋，中式建筑风格。绿地面积 6 500 平方米，有文体广场、老年人活动中心等配套设施。通公交车。

国井苑 370322-I02
[Guójǐng Yuàn]

在县境南部。人口 1 000。总面积 3.6 公顷。由扳倒井集团开发建设，扳倒井集团推出国井品牌，特取名国井苑。2009 年始建，2011 年正式使用。建筑总面积 50 000 平方米，住宅楼 14 栋，其中高层 2 栋、多层 12 栋，中式建筑风格。绿地面积 3 500 平方米，有文体广场等配套设施。

农村居民点

后赵 370322-A01-H01
[Hòuzhào]

在县驻地田镇街道西北方向 5.5 千米。田镇街道辖自然村。人口 700。明初，赵姓于此立村，取名赵家。为区别于重名村，更名为后赵家，简称后赵。聚落呈团块状。有农家书屋 1 个。有省级文物保护单位后赵遗址。经济以种植业为主，主产小麦、玉米、蔬菜。无铁路、公路。

崔张店 370322-A01-H02

[Cuīzhāngdiàn]

在县驻地田镇街道东南方向 5.5 千米。田镇街道辖自然村。人口 1 200。明洪武二年（1369），崔姓由河北枣强县迁至此地立村，取名崔家巷。明末，崔、张两姓合伙开店，更名崔张店。聚落呈团块状。有农家书屋 1 个、小学 1 所、幼儿园 1 所。经济以种植业为主，种植小麦、棉花、玉米、食用菌，有威尔食用菌专业合作社、轧钢厂、粉条厂、铸造厂、编织袋厂。有公路经此。

谢家仓 370322-A01-H03

[Xièjiācāng]

在县驻地田镇街道东南方向 5.0 千米。田镇街道辖自然村。人口 300。明洪武年间，谢姓由河北枣强县迁此立村，取名谢家。传说，该村以谢大千、谢二万兄弟俩为首，领导农民起义，反对官府的苛捐杂税，起义军人员甚多，遂于该村设义军粮仓，备于战事，故取名谢家仓。聚落呈团块状。经济以种植业、养殖业为主，种植小麦、玉米，养殖肉鸭、肉猪，有老枣林合作社和野猪养殖场。有公路经此。

正理庄 370322-A01-H04

[Zhènglǐzhuāng]

在县驻地田镇街道东北方向 6.0 千米。田镇街道辖自然村。人口 900。明洪武年间，由河北枣强县迁来移民，因姓杂人多，常闹矛盾，不断找人调和，故称燮理庄。因"燮"与"邪"同音不雅，而取"正"代"燮"，改为正理庄。聚落呈团块状。有农家书屋 1 个。经济以种植业、养殖业为主，种植小麦、玉米、苗木，养殖奶牛、肉牛，有高青县波涛奶牛等合作社。有公路经此。

马家 370322-A01-H05

[Mǎjiā]

在县驻地田镇街道西方向 4.3 千米。田镇街道辖自然村。人口 500。清乾隆末年，马星、马汪自河北省枣强县迁此立村，因姓取名马家。聚落呈团块状。有农家书屋 1 个。经济以种植业为主，有苗木专业合作社。有公路经此。

千佛庙 370322-A01-H06

[Qiānfómiào]

在县驻地田镇街道西方向 4.7 千米。田镇街道辖自然村。人口 300。村依千佛寺，以寺名称村千佛庙。聚落呈团块状。经济以种植业为主，小麦、玉米种植加工及苗木繁育为主导产业。有公路经此。

湾头 370322-A01-H07

[Wāntóu]

在县驻地田镇街道南方向 6.0 千米。田镇街道辖自然村。人口 400。明洪武年间，从河北枣强县迁来移民于此立村，因村东、西两端各有一大湾，故取名湾头。聚落呈团块状。经济以种植业、养殖业为主，种植小麦、玉米，养殖山东黑牛。无铁路、公路通过。

台陈 370322-A01-H08

[Táichén]

在县驻地田镇街道北方向 2.7 千米。田镇街道辖自然村。人口 500。元朝已有此村，名刘家宅。明初，陈姓自河北枣强迁此定居，因人口兴旺，村前有一大土台，故更名为台陈。聚落呈团块状。有农家书屋 1 个。经济以种植业、养殖业为主，黑牛养殖、水产养殖和蔬菜种植比较发达。无铁路、公路通过。

闫家 370322-A01-H09

[Yánjiā]

在县驻地田镇街道西北方向 4.8 千米。田镇街道辖自然村。人口 700。明初已有此村，名糠家庄。后因村名不雅，闫姓为村内旺族，故更名为闫家。聚落呈团块状。有农家书屋 1 个。经济以种植业、养殖业为主，种植苗木、蔬菜，养殖生猪。有公路经此。

宫家 370322-A01-H10

[Gōngjiā]

在县驻地田镇街道西北方向 4.3 千米。田镇街道辖自然村。人口 300。明初，宫姓自河北枣强县迁此立村，以姓取名宫家。聚落呈团块状。经济以种植业、养殖业为主，肉鸭养殖、大棚蔬菜种植业比较发达。无铁路、公路通过。

李官 370322-A01-H11

[Lǐguān]

在县驻地田镇街道南方向 2.7 千米。田镇街道辖自然村。人口 500。明洪武二年（1369），李姓由河北省枣强县迁此立村。后因村中出一官员，取名李官庄，简称李官。聚落呈团块状。经济以种植业、养殖业为主，种植小麦、玉米，养殖家禽。无铁路、公路通过。

孙庄 370322-A01-H12

[Sūnzhuāng]

在县驻地田镇街道西北方向 4.2 千米。田镇街道辖自然村。人口 300。明初，孙姓由河北枣强县迁此立村，以姓氏取名孙家庄，后简称孙庄。聚落呈团块状。经济以种植业为主，主产小麦、玉米、大棚西瓜。无铁路、公路通过。

成家 370322-A01-H13

[Chéngjiā]

在县驻地田镇街道西北方向 4.8 千米。田镇街道辖自然村。人口 400。明洪武四年（1371），成香、成桂兄弟二人自河北枣强县迁此立村，以姓取名成家。聚落呈团块状。经济以种植业、养殖业为主，主产小麦、玉米，养殖山东黑牛。无铁路、公路通过。

侯家坊 370322-A01-H14

[Hóujiāfáng]

在县驻地田镇街道西方向 3.0 千米。田镇街道辖自然村。人口 400。以姓氏和职业立村名。清初，侯姓自河北枣强县迁此立村，以开作坊谋生，取名侯家坊。聚落呈团块状。经济以种植业、养殖业为主，主产小麦、玉米，养殖肉鸭。有公路经此。

周家 370322-A01-H15

[Zhōujiā]

在县驻地田镇街道西北方向 2.7 千米。田镇街道辖自然村。人口 300。明洪武年间，周姓自河北枣强县迁此立村，以姓氏取名周家。聚落呈团块状。有农家书屋 1 个。经济以种植业为主，主产小麦、玉米，大棚蔬菜、西瓜种植具备一定规模。无铁路、公路通过。

赵店 370322-A02-H01

[Zhàodiàn]

在县驻地田镇街道东北方向 12.5 千米。芦湖街道辖自然村。人口 1 000。明万历年间立村。因赵姓开店建村，故名赵店。聚落沿广青公路呈带状分布。有文化大院 1 个、农家书屋 1 个、小学 1 所、幼儿园 1 所。经济以种植业为主，主产小麦、玉米，水稻种植为特色产业，特产黄河大米。有公路经此。

寨子 370322-A02-H02
[Zhàizi]

在县驻地田镇街道东南方向 5.5 千米。芦湖街道辖自然村。人口 900。以俗语立村名。明洪武年间，史姓由河北省枣强县迁此立村，以姓氏取名史家寨子。后简称寨子。聚落呈团块状。有文化大院 1 个、农家书屋 1 个、小学 1 所、幼儿园 1 所。经济以种植业为主，有新村农业蔬菜合作社，是全县西红柿种植龙头村，有国家地理商标品牌寨子牌西红柿。有公路经此。

魏家堡 370322-A02-H03
[Wèijiāpù]

在县驻地田镇街道东南方向 6.0 千米。芦湖街道辖自然村。人口 400。明末立村。官府为传递信息方便，十里地设一个堡，该村离当时的县城（高苑城）二十里，故取名二十里堡。后魏姓为本村旺族，更名为魏家堡。有文化大院 1 个、农家书屋 1 个。经济以种植业、养殖业为主。有公路经此。

耇士孙 370322-A02-H04
[Gǒushìsūn]

在县驻地田镇街道东北方向 15.0 千米。芦湖街道辖自然村。人口 1 300。元末立村，名秦家楼。清初，黄河北耇士孙的两个铁匠迁此居住，改名耇士孙。聚落呈团块状。有文化大院 1 个、农家书屋 1 个、小学 1 所。有市级文物保护单位耇士孙墓。经济以种植业为主，养鱼、养鸡、养牛有一定规模。有纺织品加工厂、鱼池。省道广青公路经此。

大卢家 370322-A02-H05
[Dàlújiā]

在县驻地田镇街道东北方向 10.0 千米。芦湖街道辖自然村。人口 1 800。明洪武年间，卢姓从河北省枣强县迁此立村，因村庄规模较大，取名大卢家。聚落呈团块状。有文化大院 1 个、农家书屋 1 个、小学 1 所。有市级非物质文化遗产"大芦湖的传说"。经济以种植业为主，种植玉米、小麦。有公路经此。

于家 370322-A02-H06
[Yújiā]

在县驻地田镇街道东北方向 12.5 千米。芦湖街道辖自然村。人口 300。明洪武二年（1369），于姓兄弟自河北枣强迁蒲台南关，以姓取名于家。聚落呈团块状。有农家书屋 1 个。经济以种植业为主，种植玉米、小麦。

小安定 370322-A02-H07
[Xiǎo'āndìng]

在县驻地田镇街道东北方向 14.5 千米。芦湖街道辖自然村。人口 900。清末，因黄河泛滥改道，原村陷入河心，部分村民搬迁于黄河南立村，取名小安定，寓意平安、稳定，免遭洪灾。聚落呈团块状。有文化广场 1 个、文化大院 1 个、农家书屋 1 个。经济以种植业为主。

三甲赵 370322-A02-H08
[Sānjiǎzhào]

在县驻地田镇街道东方向 10.8 千米。芦湖街道辖自然村。人口 700。清乾隆年间，赵姓在此立村。因村址建在芦洼处，取名芦洼赵。清末，村内出了一名三甲进士，改名三甲赵。聚落呈团块状。有文化大院 1 个、农家书屋 1 个。经济以种植业、渔业为主导产业，养殖鲤鱼、鲢鱼、草鱼、罗非鱼、虾等。有山东黑牛养殖小区、模板厂。发展养鱼业，是水产养殖专业村。有公路经此。

道堂李 370322-A02-H09

[Dàotánglǐ]

在县驻地田镇街道东北方向11.7千米。芦湖街道辖自然村。人口600。明洪武二年（1369），李姓自河北迁此，名曰李家。清中期，此处建一道堂寺，遂改名为道堂李。聚落呈团块状。有文化大院1个、农家书屋1个、小学1所。经济以种植业为主，主要种植玉米、小麦。有公路经此。

太平魏 370322-A02-H10

[Tàipíngwèi]

在县驻地田镇街道东北方向11.5千米。芦湖街道辖自然村。人口600。明洪武二年（1369），村中先民由济南五寸魏家迁此，名曰魏家。清末，村里出了一伙盗徒，经常外出作案，乡亲们怕受诛连，将村东头改为太平魏，村西头改称西魏。后定名太平魏。聚落呈团块状。有文化大院1个、农家书屋1个。经济以种植业、黑牛养殖、渔业为主导产业，种植玉米、小麦。有公路经此。

果子园 370322-A02-H11

[Guǒziyuán]

在县驻地田镇街道东北方向11.4千米。芦湖街道辖自然村。人口200。明末，张姓自河北放粮村迁此立村，以种果树而闻名，后李姓由冀州迁此，取村名果子园。聚落呈团块状。有农家书屋1个。经济以种植业为主，种植玉米、小麦。有公路经此。

苏家 370322-A02-H12

[Sūjiā]

在县驻地田镇街道东北方向11.0千米。芦湖街道辖自然村。人口500。清初，苏姓在此立村，以姓取名苏家。1980年地名普查时，因重名，更名为西苏家。1984年，恢复原名苏家。聚落呈团块状。有文化大院1个、农家书屋1个。经济以种植业为主，种植玉米、小麦。有公路经此。

董家 370322-A02-H13

[Dǒngjiā]

在县驻地田镇街道东北方向9.0千米。芦湖街道辖自然村。人口300。据传，清嘉庆年间，董胜志、董顺志两兄弟从滨州董家村迁此立村，取名董家。聚落呈团块状。有文化大院1个、农家书屋1个。经济以种植业为主，种植玉米、小麦。

王坡庄 370322-A02-H14

[Wángpōzhuāng]

在县驻地田镇街道东方向6.5千米。芦湖街道辖自然村。人口800。明洪武年间，王氏兄弟二人由河北枣强县迁此立村，因处漫坡之中，取名王坡庄。聚落呈团块状。有文化大院1个、农家书屋1个。经济以种植业、养殖业为主。有公路经此。

业继王 370322-A02-H15

[Yèjìwáng]

在县驻地田镇街道东北方向17.5千米。芦湖街道辖自然村。人口400。明初立村。因庄西庙前湾北立石头鸡一座，故名野鸡王。1949年改称业继王。聚落呈团块状。有农家书屋1个。经济以种植业为主。省道广青公路经此。

包福李 370322-A02-H16

[Bāofúlǐ]

在县驻地田镇街道东北方向14.0千米。芦湖街道辖自然村。人口800。以吉祥语立村名。明洪武二年（1369），李经、李纬、李弼由河北枣强迁此立村，取名包袱李。清末年，以吉祥嘉言改为包福李，有天包洪福之意。聚落呈团块状。有文化广场1个、文化大院 1 个、农家书屋 1 个。经济以种植业、渔业生产为主导产业，种植玉米、小麦，养殖鲤鱼、草鱼等。

马家 370322-A02-H17
[Mǎjiā]

在县驻地田镇街道东北方向 16.5 千米。芦湖街道辖自然村。人口 800。明洪武年间，马姓从河北枣强迁此立村，取名马家。聚落呈团块状。有文化大院 1 个、农家书屋 1 个、小学 1 所、幼儿园 1 所。经济以种植业为主，种植玉米、小麦、杨树。省道广青公路经此。

霍刘庄 370322-A02-H18
[Huòliúzhuāng]

在县驻地田镇街道东北方向 17.5 千米。芦湖街道辖自然村。人口 700。明万历年间，霍、刘两姓由河北枣强迁居此地立村，取名霍刘庄。聚落呈团块状。有文化大院 1 个、农家书屋 1 个、小学 1 所。经济以种植业、养殖业为主。广青路经此。

张道传 370322-A02-H19
[Zhāngdàochuán]

在县驻地田镇街道东北方向 16.0 千米。芦湖街道辖自然村。人口 1 000。清初，张道传在此立村，取名张道传。聚落呈团块状。有文化大院 1 个、农家书屋 1 个、小学 1 所。经济以种植业为主，种植玉米、小麦。有公路经此。

青城 370322-B01-H01
[Qīngchéng]

青城镇人民政府驻地。在县驻地田镇街道西方向 12.0 千米。人口 2 500。因邹平的青龙山阴影得名。聚落呈团块状。有文化大院 1 个、小学 1 所、幼儿园 1 所。有国家级重点文物保护单位文昌阁。经济以种植业、养殖业、商业为主，种植大棚果蔬，是高青西瓜主产地。商业主要以运输、农副产品生产加工销售等为主，有鲁星面粉、安盛玻璃等企业。省道广青公路、庆淄公路经此。

叭蜡庙 370322-B01-H02
[Bālàmiào]

在县驻地田镇街道西方向 12.5 千米。青城镇辖自然村。人口 100。当地传说，姜太公之妻死后，被封为蚂蚱神，人们在此修建蚂蚱庙。清初，王姓迁至庙旁立村，更村名为叭蜡庙。聚落呈团块状。经济以种植业为主，种植蔬菜、玉米、小麦。有公路经此。

胥令公 370322-B01-H03
[Xūlìnggōng]

在县驻地田镇街道西北方向 15.5 千米。青城镇辖自然村。人口 500。明末，胥姓于此安家，取名胥家庄。后因村中常闹矛盾，武将胥向正回村调解，使村民和好如初，群众称他为令公。胥向正阵亡后，为纪念他，改村名为胥令公。聚落呈团块状。经济以种植业为主。有公路经此。

豆腐陈 370322-B01-H04
[Dòufuchén]

在县驻地田镇街道西方向 15.0 千米。青城镇辖自然村。人口 600。明洪武年间，陈姓由河北省枣强县迁此安居，因陈姓豆腐闻名乡里，故取名豆腐陈家，后称为豆腐陈。聚落呈团块状。经济以种植业为主。有公路经此。

玉皇庙 370322-B01-H05
[Yùhuángmiào]

在县驻地田镇街道西方向 14.5 千米。青城镇辖自然村。人口 300。明末，移民依玉皇庙立村，取村名玉皇庙。聚落呈团块状。有幼儿园 1 所。经济以种植业为主，木片加工较为出名。有公路经此。

白马陈 370322-B01-H06
[Báimǎchén]

在县驻地田镇街道西北方向 17.5 千米。青城镇辖自然村。人口 400。明初，陈姓在此立村，因村内养马者居多，取名百马陈家。后因百、白通写，改为白马陈家。中华人民共和国成立后简称白马陈。聚落呈团块状。经济以种植业为主业，绳经加工是其特色产业。有公路经此。

拐沟陈 370322-B01-H07
[Guǎigōuchén]

在县驻地田镇街道西北方向 16.5 千米。青城镇辖自然村。人口 300。明朝年间，此处湾北有条弯曲的河沟。清初，陈姓于此立村，取名拐沟陈家。中华人民共和国成立后简称拐沟陈。聚落呈团块状。经济以种植业为主。有公路经此。

成家庵 370322-B01-H08
[Chéngjiā'ān]

在县驻地田镇街道西北方向 10.0 千米。青城镇辖自然村。人口 200。明末，成姓于此立村，因村处姑子庵旁，故取名成家庵。有小学 1 所、幼儿园 1 所。聚落呈团块状。经济以种植业、养殖业为主，种植特色食用菌。有公路经此。

东大张 370322-B01-H09
[Dōngdàzhāng]

在县驻地田镇街道西北方向 8.0 千米。青城镇辖自然村。人口 800。以姓氏立村名。北宋末年，张姓在此立村，取名张家庄。为区别于城西张家庄，改为东大张。聚落呈团块状。经济以种植业为主。有公路经此。

小魏家 370322-B01-H10
[Xiǎowèijiā]

在县驻地田镇街道西北方向 8.0 千米。青城镇辖自然村。人口 500。明末，魏姓由河北枣强迁此立村，取名小魏家庄。1958 年后改称小魏家。聚落呈团块状。经济以种植业为主。有公路经此。

大于家庄 370322-B01-H11
[Dàyújiāzhuāng]

在县驻地田镇街道西北方向 10.5 千米。青城镇辖自然村。人口 1 400。明洪武年间，于姓由河北省枣强县迁此立村，取名大于家庄。聚落呈团块状。经济以种植业为主。有公路经此。

田家 370322-B01-H12
[Tiánjiā]

在县驻地田镇街道西方向 14.0 千米。青城镇辖自然村。人口 700。明末，田姓由河北枣强县迁此立村，取名田家庄。聚落呈团块状。经济以种植业为主。有公路经此。

东纸坊 370322-B01-H13
[Dōngzhǐfáng]

在县驻地田镇街道西方向 8.5 千米。青城镇辖自然村。人口 200。明初，河北枣强县移民迁此，村民因造纸而闻名，因村位于青城东，故取名东纸坊。聚落呈团块状。经济以种植业为主。有公路经此。

香姚家 370322-B01-H14
[Xiāngyáojiā]

在县驻地田镇街道西方向 17.0 千米。青城镇辖自然村。人口 500。明洪武年间，姚姓自河北省枣强县迁此，因有香油坊，故取名香姚家。聚落呈团块状。经济以种植业为主。有公路经此。

粉张家 370322-B01-H15
［Fěnzhāngjiā］

在县驻地田镇街道西方向 15.0 千米。青城镇辖自然村。人口 200。明洪武二年（1369），张姓由河北省枣强县迁此，以开粉坊为生，取名粉张家。聚落呈团块状。经济以种植业为主。有公路经此。

徐家寨 370322-B01-H16
［Xújiāzhài］

在县驻地田镇街道西方向 14.0 千米。青城镇辖自然村。人口 1 000。明初，肃霞率军在此安营扎寨，与驻黑里寨的军队对峙，取名肃霞寨。后演变为徐家寨。聚落呈团块状。有幼儿园 1 所。经济以种植业为主，主产小麦、玉米、棉花、西瓜等。有公路经此。

小马家 370322-B01-H17
［Xiǎomǎjiā］

在县驻地田镇街道西北方向 6.0 千米。青城镇辖自然村。人口 300。明洪武二年（1369），马姓由河北省枣强县迁此，取名小马家。聚落呈团块状。经济以种植业为主。有公路经此。

大范家 370322-B01-H18
［Dàfànjiā］

在县驻地田镇街道西方向 14.0 千米。青城镇辖自然村。人口 300。明洪武年间，范姓由河北省枣强县迁此，取名范家村。中华人民共和国成立后与小范家庄合并，称大范家。聚落呈团块状。经济以制造业、养殖业为主，种植蔬菜、西瓜，养殖猪、牛，有小型酱菜厂、胶合板厂、木器加工厂、服装加工厂等企业。有公路经此。

张太浮 370322-B01-H19
［Zhāngtàifú］

在县驻地田镇街道西北方向 15.7 千米。青城镇辖自然村。人口 300。明初，张太浮由河北省枣强迁此立村，取名张太浮家。后简称张太浮。聚落呈团块状。经济以种植业为主，种植食用菌，养殖山东黑牛。有公路经此。

王皮家 370322-B01-H20
［Wángpíjiā］

在县驻地田镇街道西方向 13.5 千米。青城镇辖自然村。人口 100。明末，王姓迁此立村，因从事皮革制作闻名，故取名王皮匠家，简称王皮家。聚落沿 248 省道呈带状分布。经济以种植业为主，有绿色农产品原料生产基地。248 省道经此。

官道李 370322-B01-H21
［Guāndàolǐ］

在县驻地田镇街道西方向 16.5 千米。青城镇辖自然村。人口 400。明初，李姓在此立村，取名李家。清末，青城通往济南的官道纵穿该村，因县官常路经该村去济南，以此更名为官道李家，简称官道李。聚落呈团块状。经济以养殖业为主，养殖桑蚕。有公路经此。

张巩田 370322-B01-H22
［Zhānggǒngtián］

在县驻地田镇街道西方向 11.0 千米。青城镇辖自然村。人口 600。1912 年，张家庄、巩家庄、田家庄三村合并，取各村首字命名为张巩田家。1958 年后简称张巩田。聚落呈团块状。经济以种植业为主，主产小麦、玉米、棉花、西瓜等。木头市场繁荣。有公路经此。

柳树高 370322-B01-H23

[Liǔshùgāo]

在县驻地田镇街道西南方向 16.0 千米。青城镇辖自然村。人口 700。明末，高姓由河北省枣强县迁此立村，相传此地有许多繁茂旺盛的柳树，甚是高大，大鸟孵化时不小心将蛋蹬落，鸟蛋在下落过程中孵化成小鸟，故取名柳树高家，后简称柳树高。聚落呈团块状。经济以种植业为主，主产小麦、玉米、棉花、西瓜、大棚蔬菜等。有公路经此。

温家坊 370322-B01-H24

[Wēnjiāfáng]

在县驻地田镇街道西北方向 17.0 千米。青城镇辖自然村。人口 200。明初，温姓迁此立村，以开客店为生，取名温家店。后又开作坊，更名为温家坊。聚落呈团块状。经济以种植业为主。有公路经此。

西纸坊 370322-B01-H25

[Xīzhǐfáng]

在县驻地田镇街道西方向 9.0 千米。青城镇辖自然村。人口 300。明初，河北枣强县移民迁此立村，以造毛头纸为生。因有东纸坊，故取名西纸坊。聚落沿广青公路呈团块状分布。经济以种植业、养殖业为主，种植韭菜，有黑牛养殖小区、砖厂。省道广青公路经此。

菜园 370322-B01-H26

[Càiyuán]

在县驻地田镇街道西方向 13.5 千米。青城镇辖自然村。人口 600。明末立村。因村民以种植蔬菜为生，故取名菜园。聚落呈团块状。经济以种植业为主。有公路经此。

油坊杨 370322-B01-H27

[Yóufángyáng]

在县驻地田镇街道西方向 16.7 千米。青城镇辖自然村。人口 100。明洪武二年（1369），杨姓迁此立村，以开油坊为主，取名油坊杨。聚落呈团块状。经济以种植业为主。有公路经此。

蔡旺庄 370322-B02-H01

[Càiwàngzhuāng]

高城镇人民政府驻地。在县驻地田镇街道东南方向 11.0 千米。人口 700。明初立村，初为蔡家井，后人丁兴旺，更名为蔡旺庄。聚落成团块状。有文化大院 1 个、农家书屋 1 个、小学 1 所。经济以种植业为主，产各类蔬菜、水果。工业以建筑、运输、食品加工为主，有清河农业科技公司、淄博凤园绿色食品开发公司等企业。省道高淄公路经此。

北关 370322-B02-H02

[Běiguān]

在县驻地田镇街道东南方向 16.0 千米。高城镇辖自然村。人口 500。宋初，赵匡胤到此地建立城关，此地位于城关北门以北，得名北关。聚落呈团块状。有文化大院 1 个、农家书屋 1 个。有市级重点文化保护项目衮龙桥、扳倒井。有公路经此。

大张家 370322-B02-H03

[Dàzhāngjiā]

在县驻地田镇街道东南方向 12.0 千米。高城镇辖自然村。人口 400。宋代立村，名钓台村。明洪武年间，张姓自河北枣强迁此定居，改名大张村，后名大张家。聚落呈团块状。有文化大院 1 个、农家书屋 1 个。有市级文物保护单位张珝公墓。经济以种植业为主。有公路经此。

大王 370322-B02-H04

[Dàwáng]

在县驻地田镇街道东南方向 11.0 千米。高城镇辖自然村。人口 900。因王姓为旺族，故名。聚落呈团块状。有文化大院 1 个、农家书屋 1 个、幼儿园 1 所。有省级文物保护单位鲁仲连墓。经济以种植业为主。有公路经此。

孟家 370322-B02-H05

[Mèngjiā]

在县驻地田镇街道西南方向 16.0 千米。高城镇辖自然村。人口 400。据传，宋朝年间，隋姓由枣强迁此立村。明代初年，孟姓从曲阜凫村迁入，更名孟隋庄。后因孟姓人丁兴旺，改名孟家。聚落呈团块状。有文化大院 1 个、农家书屋 1 个。经济以种植业为主。有公路经此。

小套 370322-B02-H06

[Xiǎotào]

在县驻地田镇街道东南方向 10.5 千米。高城镇辖自然村。人口 400。明洪武二年（1369），王氏兄弟二人由河北枣强迁来，在运粮河套立村，取名小河套，后简称小套。聚落呈团块状。经济以种植业为主，主产玉米、小麦。有公路经此。

堤西李 370322-B02-H07

[Dīxīlǐ]

在县驻地田镇街道东南方向 13.5 千米。高城镇辖自然村。人口 200。明朝年间，李姓于此立村，取名李家。为区别于重名村，又因本村位于运粮河以西，更名为堤西李。聚落呈团块状。有文化大院 1 个、农家书屋 1 个。经济以种植业为主。有公路经此。

务陈 370322-B02-H08

[Wùchén]

在县驻地田镇街道东南方向 13.5 千米。高城镇辖自然村。人口 300。明末，陈姓在此建村，取名陈家。清时因距离高苑县公堂十里地，而得名务陈。聚落呈团块状。有文化大院 1 个、农家书屋 1 个。经济以交通运输业、种植业为主，种植葡萄。有公路经此。

樊家林 370322-B02-H09

[Fánjiālín]

在县驻地田镇街道南方向 9.0 千米。高城镇辖自然村。人口 2 600。明洪武年间，山西省洪洞县移民迁此立村，因樊姓最多，遂名樊家。又因此地树木繁多，后改为樊家林。聚落呈团块状。有文化大院 1 个、农家书屋 4 个、小学 1 所、幼儿园 1 所。经济以种植业、养殖业为主，有利民肉牛繁殖场、家庭农场，冬暖式蔬菜棚、养殖棚和露天蔬菜种植形成一定规模。有公路经此。

明理 370322-B02-H10

[Mínglǐ]

在县驻地田镇街道南方向 8.0 千米。高城镇辖自然村。人口 700。村中原多毕姓，明洪武十三年（1380），李氏从河北省枣强县迁来，改村名为毕李庄。后改为被理庄。清光绪年间，屠少光任高苑知县时，嫌其名不雅，改名明李庄。1980 年地名普查时，改为明理。聚落呈团块状。有文化大院 1 个、农家书屋 1 个。经济以种植业、养殖业为主，种植西瓜、胡萝卜，养殖桑蚕、种鸭。有公路经此。

袁家 370322-B02-H11

[Yuánjiā]

在县驻地田镇街道东南方向 8.0 千米。

高城镇辖自然村。人口 900。明洪武年间，从河北省枣强县迁来信、王两姓，以姓取名信王庄。后来迁来袁姓，逐渐人多兴旺，在清嘉庆年间，改为袁家。聚落呈团块状。有文化大院 1 个、文化广场 1 个、农家书屋 1 个。经济以种植业为主，有蔬菜大棚。有公路经此。

大蔡家　370322-B02-H12
[Dàcàijiā]

在县驻地田镇街道东南方向 12.5 千米。高城镇辖自然村。人口 1 100。以姓氏命名。聚落呈团块状。有文化大院 1 个、农家书屋 1 个。经济以种植业为主，种植西红柿、核桃、葡萄等。有公路经此。

赵路家　370322-B02-H13
[Zhàolùjiā]

在县驻地田镇街道东南方向 15.0 千米。高城镇辖自然村。人口 1 000。宋朝时，赵姓在此建村，取名赵家庄。后因高苑至博兴的官道经此，更名为赵路家。聚落呈团块状。有文化大院 1 个、农家书屋 1 个。经济以食品加工业为主，赵路豆腐皮远近闻名。有公路经此。

姚家套　370322-B02-H14
[Yáojiātào]

在县驻地田镇街道东南方向 21.0 千米。高城镇辖自然村。人口 1 600。明洪武二年（1369），姚姓迁此定居，因村处运粮河套，故名姚家套。聚落呈团块状。有文化大院 1 个、农家书屋 1 个。经济以运输业为主。有公路经此。

黑里寨　370322-B03-H01
[Hēilǐzhài]

黑里寨镇人民政府驻地。在县驻地田镇街道西南方向 17.0 千米。人口 1 500。传宋末梁山起义军首领李逵带兵路经此处，天黑安营，得名黑里寨。聚落沿镇中路呈散状分布。有农家书屋 3 个、中学 1 所、小学 1 所、幼儿园 1 所。经济以种植业为主，有珑珺高效生态农业示范园，高青葡萄为特色农产品。工业主要有运输、木材加工等。省道庆淄路经此。

吴家　370322-B03-H02
[Wújiā]

在县驻地田镇街道西南方向 19.5 千米。黑里寨镇辖自然村。人口 500。明洪武年间，吴姓从河北省枣强迁至齐东县岔子吴家，后迁此立村，以磨香油为生，取名香油吴家，后简称吴家。聚落呈散状。有农家书屋 1 个。经济以种植业、制造业、运输业为主，煤炭运输业发达。有公路经此。

杨家　370322-B03-H03
[Yángjiā]

在县驻地田镇街道西南方向 17.0 千米。黑里寨镇辖自然村。人口 800。明弘治三年（1490），杨姓兄弟三人自河北枣强迁此立村，因居住于荒坡中，故取名坡南杨，后改名杨家。聚落呈团块状。有农家书屋 1 个。经济以种植业、养殖业为主，有富硒苹果种植基地、蔬菜专业合作社、山东黑牛养殖基地等。有公路经此。

桑家　370322-B03-H04
[Sāngjiā]

在县驻地田镇街道西南方向 20.0 千米。黑里寨镇辖自然村。人口 1 000。明初，桑、柳两姓于此立村，取名桑柳庄。后因桑姓兴旺，更名为桑家庄，简称桑家。聚落呈团块状。有农家书屋 1 个。经济以种植业为主，主产小麦、玉米等。有公路经此。

刘家镇 370322-B03-H05

[Liújiāzhèn]

在县驻地田镇街道西南方向 14.0 千米。黑里寨镇辖自然村。人口 1 300。汉末，刘姓于此立村，取名刘家，后因人口增多，村庄扩大，更名为刘家镇。聚落呈团块状。有农家书屋 1 个、幼儿园 1 所。有市级文物保护单位临济县城故址。经济以种植业为主，主产小麦、玉米等。有公路经此。

格家 370322-B03-H06

[Géjiā]

在县驻地田镇街道西南方向 15.0 千米。黑里寨镇辖自然村。人口 600。明初，格姓逃荒至此定居，取名格家。聚落呈团块状。有农家书屋 1 个。经济以种植业、养殖业、加工业为主，有淄博黑龙塑料有限公司、淄博垂仁塑料有限公司、淄博海凯塑料有限公司、淄博方友塑料制品有限公司。有公路经此。

郝家 370322-B03-H07

[Hǎojiā]

在县驻地田镇街道西方向 15.0 千米。黑里寨镇辖自然村。人口 300。明初，郝姓自河北枣强迁此立村，取名郝家。聚落呈团块状。有农家书屋 1 个。经济以种植业为主，主产小麦、玉米、西瓜、花生等。有公路经此。

小集 370322-B03-H08

[Xiǎojí]

在县驻地田镇街道西南方向 19.0 千米。黑里寨镇辖自然村。人口 500。因村近张官店集市，而称小集。聚落呈团块状。有农家书屋 1 个。经济以种植业为主，种植蔬菜。有公路经此。

孟集 370322-B03-H09

[Mèngjí]

在县驻地田镇街道西南方向 17.0 千米。黑里寨镇辖自然村。人口 600。明末，孟姓于此立村，取名孟家。后因村中设有集市，更村名为孟家集，简称孟集。聚落呈团块状。有农家书屋 3 个、小学 1 所、幼儿园 1 所。经济以种植业为主，种植蔬菜。有公路经此。

季家 370322-B03-H10

[Jìjiā]

在县驻地田镇街道西南方向 23.0 千米。黑里寨镇辖自然村。人口 200。明初，季姓于此立村，取名季家。聚落呈团块状。有农家书屋 1 个。主要产业为植桑养蚕、拖把加工。有公路经此。

演马 370322-B03-H11

[Yǎnmǎ]

在县驻地田镇街道西南方向 21.3 千米。黑里寨镇辖自然村。人口 400。宋朝赵匡胤在征战中驻军义王寨，在此演练战马，故取名演马庄，简称演马。聚落呈团块状。有农家书屋 1 个、幼儿园 1 所。经济以种植业为主。有公路经此。

经家 370322-B03-H12

[Jīngjiā]

在县驻地田镇街道西南方向 22.5 千米。黑里寨镇辖自然村。人口 600。明初，经姓由河北枣强迁此立村，取名经家。聚落呈环状。有农家书屋 1 个。经济以种植业、加工业为主，主要有粮食种植、日用杂品加工。有公路经此。

草地 370322-B03-H13

[Cǎodì]

在县驻地田镇街道西南方向 20.5 千米。

黑里寨镇辖自然村。人口400。明洪武年间，因此处是大片草地，河北枣强移民于此立村，取名草地。聚落呈团块状。有农家书屋1个、小学1所、幼儿园1所。经济以种植业、加工业为主，主要产业有粮食种植、棉纱加工、拖把加工。有公路经此。

大圣寺 370322-B03-H14
[Dàshèngsì]

在县驻地田镇街道西南方向21.0千米。黑里寨镇辖自然村。人口700。明末立村，因村旁建一大寺院，故村名大圣寺。聚落呈团块状。有农家书屋1个。经济以种植业为主，另有煤炭运销、黄牛养殖。有公路经此。

留信南 370322-B03-H15
[Liúxìnnán]

在县驻地田镇街道西南方向18.0千米。黑里寨镇辖自然村。人口900。该村原名长安庄。北宋末年，黑旋风李逵路经该地，留信一封，故更名为留信南。聚落呈团块状。有农家书屋1个。经济以种植业为主，有粉皮加工等业。有公路经此。

胥家 370322-B03-H16
[Xūjiā]

在县驻地田镇街道西南方向15.5千米。黑里寨镇辖自然村。人口300。明末，胥姓于此立村，取名胥家。聚落呈团块状。有农家书屋1个。有省级文物保护单位胥家庙遗址。经济以种植业为主。有公路经此。

后崔 370322-B03-H17
[Hòucuī]

在县驻地田镇街道西南方向22.5千米。黑里寨镇辖自然村。人口500。明末，崔、王二姓于此立村，取名崔王庄。清中期，崔姓人多兴旺，更名为崔家庄。1912年，因人多村大，分为前、后崔，该村位北，名后崔。聚落呈团块状。有农家书屋1个。经济以种植业为主，有煤场、农机合作社、拖把加工厂。有公路经此。

于王口 370322-B03-H18
[Yúwángkǒu]

在县驻地田镇街道西南方向20.5千米。黑里寨镇辖自然村。人口500。原名船里庄，清光绪二十一年（1895），黄河在此决口，一村分居河东、河西两岸，遂改名为禹王口，后演变为于王口。聚落沿黄河大堤呈带状分布。有农家书屋1个。经济以养殖业、加工业为主，主要产业为木材加工、运输，奶牛、肉鸭养殖。有公路经此。

辛庄 370322-B03-H19
[Xīnzhuāng]

在县驻地田镇街道西南方向22.5千米。黑里寨镇辖自然村。人口300。明初，赵、辛两姓自河北枣强迁此立村，取名赵家辛庄。后来，赵姓迁出，改名辛庄。聚落呈团块状。有农家书屋1个。经济以种植业、加工业为主。有公路经此。

贾庄 370322-B03-H20
[Jiǎzhuāng]

在县驻地田镇街道西南方向22.0千米。黑里寨镇辖自然村。人口800。明永乐二年（1404），贾恭自山西洪洞县李凤村迁至枣强，继又迁至济南府邹平西关。明末迁此立村，取名贾庄。聚落呈团块状。有农家书屋1个。经济以种植业为主。有公路经此。

唐坊 370322-B04-H01
[Tángfáng]

唐坊镇人民政府驻地。在县驻地田镇

街道东方向 15.3 千米。人口 500。唐末立村，因唐姓居多，并有作坊，故名。聚落成团块状。有文化大院 1 个、农家书屋 1 个、中学 1 所、小学 1 所、幼儿园 1 所。经济以种植业、养殖业为主，主产小麦、棉花，养殖奶牛、肉牛。渔具加工为特色产业。服务业以旅游观光采摘为主。省道潍高公路经此。

玉皇堂 370322-B04-H02
[Yùhuángtáng]

在县驻地田镇街道东方向 11.2 千米。唐坊镇辖自然村。人口 800。明初立村，设集市，名蔡家集。后因村北有玉皇寺院，改为玉皇堂。聚落呈团块状。有文化大院 1 个、农家书屋 1 个、幼儿园 1 所。有市级文物保护单位千乘城遗址、玉皇堂桥。经济以种植业、养殖业为主，种植旱地白莲藕和养殖生猪、鸭、鱼。省道潍高公路经此。

卫灵公 370322-B04-H03
[Wèilínggōng]

在县驻地田镇街道东方向 15.0 千米。唐坊镇辖自然村。人口 300。因村近卫灵公墓，有店铺，名卫灵冢铺，后改称卫灵公。聚落沿潍高公路呈带状分布。有市级文物保护单位卫灵公墓。经济以种植业为主，有家庭作坊式织布厂、养鸭户。省道潍高公路经此。

店子 370322-B04-H04
[Diànzi]

在县驻地田镇街道东南方向 13.5 千米。唐坊镇辖自然村。人口 900。明初立村，杨姓由河北枣强县迁此，以开店为生，取名店子。聚落呈团块状。有文化大院 1 个、农家书屋 1 个。有省级文物保护单位店子遗址。经济以种植业为主，养猪为特色畜牧业。

梁孙 370322-B04-H05
[Liángsūn]

在县驻地田镇街道东北方向 12.0 千米。唐坊镇辖自然村。人口 500。明洪武年间，梁、孙两姓从冀州府枣强县迁此立村，取名梁孙。聚落呈团块状。有文化大院 1 个、农家书屋 1 个、幼儿园 1 所。经济以种植业为主，种植蔬菜、葡萄和果树。省道潍高公路经此。

卢家 370322-B04-H06
[Lújiā]

在县驻地田镇街道东南方向 12.5 千米。唐坊镇辖自然村。人口 300。明洪武年间，河北枣强卢氏迁移至此立村，称卢家。聚落呈团块状。有文化大院 1 个、农家书屋 1 个。经济以种植业、养殖业为主，种植粮棉、蜜桃等，养殖奶牛、獭兔。有公路经此。

刘三仁 370322-B04-H07
[Liúsānrén]

在县驻地田镇街道东北方向 12.0 千米。唐坊镇辖自然村。人口 400。清初，几户刘姓人家于此安家立村，以做生意为生，其中，独有刘三仁一户生意最为兴隆，故以此取村名刘三仁。聚落呈团块状。经济以种植业为主，种植粮棉，有高标准葡萄种植示范园、淄博匠之城瓷器制造有限公司。有公路经此。

达摩店 370322-B04-H08
[Dámódiàn]

在县驻地田镇街道东方向 9.7 千米。唐坊镇辖自然村。人口 300。张氏在村东北角重建达摩始祖堂，因该建筑形如京城宫殿，由此得名达摩殿。1997 年，更名为达摩店。聚落沿吴司路呈带状分布。有文化大院 1 个、农家书屋 1 个。经济以种植业为主，果树种植为特色产业。有公路经此。

郑家埝 370322-B04-H09
[Zhèngjiānià]

在县驻地田镇街道东方向 23.0 千米。唐坊镇辖自然村。人口 1 100。明初，郑姓由河北枣强县迁此立村，以开店为生，取名郑家店。1912 年更名为郑家埝。聚落呈团块状。有文化大院 1 个、农家书屋 1 个、幼儿园 1 所。经济以种植业、纺织业为主。

仉家 370322-B04-H10
[Zhǎngjiā]

在县驻地田镇街道东方向 22.0 千米。唐坊镇辖自然村。人口 600。明初，仉姓在此立村，取名仉家。聚落沿潍高公路呈带状分布。有文化大院 1 个、农家书屋 1 个、幼儿园 1 所。经济以种植业为主，有山东布莱凯特黑牛科技股份有限公司。省道潍高公路经此。

魏家 370322-B04-H11
[Wèijiā]

在县驻地田镇街道东方向 22.0 千米。唐坊镇辖自然村。人口 1200。明初，魏姓从河北枣强县迁此立村，取名魏家。魏家村南边曾有一村叫何家井，后两村合并统称为魏家。聚落沿潍高公路呈带状分布。有文化大院 1 个、农家书屋 1 个、幼儿园 1 所。经济以种植业、运输业为主。省道潍高公路经此。

司马庄 370322-B04-H12
[Sīmǎzhuāng]

在县驻地田镇街道东北方向 16.5 千米。唐坊镇辖自然村。人口 800。清初立村，名碱场甸子。清末，因村名不雅，以该村村民多复姓司马为由更名为司马庄。聚落呈

团块状。有文化大院 1 个、农家书屋 1 个。经济以种植业为主，种植棉粮，有蔬菜种植基地、织布厂等。有公路经此。

东曹 370322-B04-H13
[Dōngcáo]

在县驻地田镇街道东方向 18.0 千米。唐坊镇辖自然村。人口 500。明洪武二年（1369），曹姓村民迁来立村，取名曹家。后部分村民东迁立村，取名东曹。聚落呈团块状。经济以种植业为主，有军增渔具有限公司、高兵渔具厂、晨晓纸业有限公司等企业。

元河 370322-B04-H14
[Yuánhé]

在县驻地田镇街道东方向 8.8 千米。唐坊镇辖自然村。人口 200。宋初，于运粮河边立村，取名元河。聚落呈团块状。有文化大院 1 个、农家书屋 1 个。经济以种植业为主，种植棉粮，有畜牧养殖、木材收购等。省道潍高公路经此。

东洼 370322-B04-H15
[Dōngwā]

在县驻地田镇街道东方向 9.0 千米。唐坊镇辖自然村。人口 200。明洪武二年（1369），孙姓从冀州枣强县迁此立村。因该村地势低洼，故名洼里孙。后分成东、西两村，该村位东，故称东洼。聚落沿吴司路呈带状分布。经济以种植业、养殖业为主，有粮棉种植、畜禽养殖。省道潍高公路经此。

和店 370322-B04-H16
[Hédiàn]

在县驻地田镇街道东方向 22.0 千米。唐坊镇辖自然村。人口 1 500。相传，明朝仇姓从河北枣强迁至此，取名仇家庄。后

因开店谋生，改名为仇家店。清末，该村因立集与邻村争诉，后胜诉，加之原村名不雅，改称为和家店，取和为贵之意，简称和店。聚落呈团块状。有文化大院1个、农家书屋1个、小学1所、幼儿园1所。经济以种植业、运输业、商业为主，有山东施四方肥业有限公司。省道潍高公路经此。

魏寺 370322-B04-H17

[Wèisì]

在县驻地田镇街道东南方向7.5千米。唐坊镇辖自然村。人口600。明洪武年间，河北枣强县魏佰仪迁入此地，安家立村，又因当地有寺院一座，取名魏寺。聚落呈团块状。有文化大院1个、农家书屋1个、幼儿园1所。经济以种植业、养殖业为主，蔬菜大棚、金鱼养殖为特色产业。有公路经此。

申家 370322-B04-H18

[Shēnjiā]

在县驻地田镇街道东北方向17.0千米。唐坊镇辖自然村。人口500。明洪武年间，申姓从河北枣强县迁此立村，取名申家。聚落呈团块状。经济以种植业为主，种植粮棉、蔬菜。有公路经此。

李凤鸣 370322-B04-H19

[Lǐfèngmíng]

在县驻地田镇街道东方向22.5千米。唐坊镇辖自然村。人口300。清朝中期，李凤鸣、李建明兄弟从章丘逃荒到此安家立村，取名李凤鸣。聚落呈团块状。有文化大院1个、农家书屋1个。经济以种植业为主，种植粮棉、蔬菜。省道潍高公路经此。

孟君寺 370322-B04-H20

[Mèngjūnsì]

在县驻地田镇街道东方向24.0千米。唐坊镇辖自然村。人口400。相传，汉代孟君和尚在此建寺院，遂有移民于寺院附近立村，取名孟君寺。聚落呈团块状。有文化大院1个、农家书屋1个。经济以种植业为主，种植粮食、棉花、芹菜。省道潍高公路经此。

常家 370322-B05-H01

[Chángjiā]

常家镇人民政府驻地。在县驻地田镇街道北方向5.0千米。人口700。常姓建村，因村在庵旁，故名常家庵，后简称今名。聚落呈团块状。有农家书屋1个、小学1所、幼儿园1所。经济以种植业为主，主产高粱、莲藕、蛋鸡等。有防水材料、粮油加工等厂。有公路经此。

踹鼓张 370322-B05-H02

[Chuàigǔzhāng]

在县驻地田镇街道北方向6.5千米。常家镇辖自然村。人口700。元朝末年，张、田二姓迁此立村，张姓以踹鼓为生，踹鼓技术远近闻名，取名踹鼓张。聚落呈团块状。有农家书屋1个。经济以种植业、养殖业为主，有光伏发电产业。有公路经此。

台李 370322-B05-H03

[Táilǐ]

在县驻地田镇街道北方向9.5千米。常家镇辖自然村。人口800。明初，李姓自河北枣强迁此立村，因村有一土台子，遂取名台子李，简称台李。聚落呈团块状。有农家书屋1个。经济以种植业为主，种植水稻，有有机藕养殖基地。

郑庙 370322-B05-H04
[Zhèngmiào]

在县驻地田镇街道西北方向 8.0 千米。常家镇辖自然村。人口 300。郑姓于此依庙立村，取名郑家庙。聚落呈团块状。有农家书屋 1 个。经济以种植业为主。

下孟 370322-B05-H05
[Xiàmèng]

在县驻地田镇街道西北方向 7.0 千米。常家镇辖自然村。人口 600。清初此村居堤内，名孟家堡。清光绪年间，黄河改道，村民迁堤南立村，因村处堤下，取名堤下孟，后简称下孟。聚落呈团块状。有农家书屋 1 个。经济以种植业为主，种植大棚西瓜。

大李 370322-B05-H06
[Dàlǐ]

在县驻地田镇街道北方向 5.0 千米。常家镇辖自然村。人口 1 100。明洪武二年（1369），李氏迁此，以姓氏命村名。聚落呈团块状。有农家书屋 1 个。经济以种植、林业为主。省道广青公路经此。

毛家 370322-B05-H07
[Máojiā]

在县驻地田镇街道东北方向 10.0 千米。常家镇辖自然村。人口 1 100。明洪武五年（1372），毛氏迁此立村，取名毛家。聚落呈团块状。有农家书屋 1 个。经济以种植、养殖业为主，有高标准黑牛养殖基地。有公路经此。

艾李庄 370322-B05-H08
[Àilǐzhuāng]

在县驻地田镇街道东北方向 9.5 千米。常家镇辖自然村。人口 500。元末，艾姓在此立村，取名艾庄。明初，李姓自河北枣强迁此定居，改名艾李庄。聚落呈团块状。有农家书屋 1 个。经济以种植业为主。有公路经此。

三合店 370322-B05-H09
[Sānhédiàn]

在县驻地田镇街道东北方向 6.0 千米。常家镇辖自然村。人口 900。明洪武年间，李姓从诸城迁此立村，取名野相李。后李、刘、张三姓合伙开店，因此易名为三合店。聚落沿广青公路呈带状分布。有农家书屋 1 个。经济以种植业、畜牧业为主，有青彩农业有限公司、硕果合作社、山东黑牛标准化养殖场区。省道广青公路经此。

许管 370322-B05-H10
[Xǔguǎn]

在县驻地田镇街道北方向 6.0 千米。常家镇辖自然村。人口 900。明洪武初年，许氏始祖迁此建立许管村，时称许管二家，后易名为许管。聚落呈团块状。有农家书屋 1 个。经济以种植业、运输业为主导产业，有淄博荒土地农业科技有限公司、有机小麦玉米种植基地。省道广青公路经此。

蓑衣樊 370322-B05-H11
[Suōyīfán]

在县驻地田镇街道东北方向 8.0 千米。常家镇辖自然村。人口 600。明末，黄河南岸一线土地为盐碱地，湖泊、沼泽遍布，村内居住着部分樊姓人士，以编织蓑衣而远近闻名，故村庄取名为蓑衣樊。聚落呈团块状。有文化大院 1 个、农家书屋 1 个。经济以种植业、养殖业、旅游业为主，有荷塘生态旅游观光等项目。有公路经此。

说约李 370322-B05-H12
[Shuōyuēlǐ]

在县驻地田镇街道东北方向 7.5 千米。

常家镇辖自然村。人口1 300。明洪武年间立村。相传，村西南处有一高台，俗称说约台。台上，有房屋、枣树若干，住有一道人。道人善于调节村民之间的纠纷，于是村民每遇有纠纷之事必请道人主持公道。道人也因此受到村民的敬重，被村民们称为说理家。随着年代的更迭，"说理"被误传为"说约"，又因为村中立村之人为李姓，于是村名演变为说约李。聚落呈团块状。有农家书屋1个。经济以种植业为主。有公路经此。

曹家店 370322-B05-H13
[Cáojiādiàn]

在县驻地田镇街道东北方向7.5千米。常家镇辖自然村。人口1 300。明代立村，因村依曹家阁，以阁名村。清初，改为曹家庄。1912年，有村民以开店为生，且生意兴隆，闻名乡里，以此更名为曹家店。聚落呈团块状。有农家书屋1个。经济以种植业为主，特色种植花生，形成规模化花生种植基地。有公路经此。

东付 370322-B05-H14
[Dōngfù]

在县驻地田镇街道东北方向5.0千米。常家镇辖自然村。人口800。唐初，此地修有三座挡水寺，院内有棵大槐树。付姓迁此立村，取村名挡水寺付家，后简称付家。后为了区别于重名村，更名为东付。聚落呈团块状。有农家书屋1个、幼儿园1所。经济以种植业为主，种植花果苗木。有公路经此。

大庄 370322-B05-H15
[Dàzhuāng]

在县驻地田镇街道东方向5.0千米。常家镇辖自然村。人口1 100。明初，崔姓于此安家立村，以姓氏取名崔家大庄，简称大庄。聚落呈团块状。有农家书屋1个。经济以种植业、养殖业为主，种植葡萄，养殖白鹅。有公路经此。

大杜家 370322-B05-H16
[Dàdùjiā]

在县驻地田镇街道东北方向5.0千米。常家镇辖自然村。人口1 100。明洪武年间，杜姓自冀州枣强迁此立村，取名杜家。后因人口兴旺，更名为大杜家。聚落呈团块状。有农家书屋1个。经济以种植业为主。有公路经此。

史家 370322-B05-H17
[Shǐjiā]

在县驻地田镇街道北方向5.0千米。常家镇辖自然村。人口400。明洪武年间，史姓自冀州枣强迁此立村，取名史家。聚落呈团块状。经济以种植业为主，有桑园、苗圃。省道广青公路经此。

西杜家 370322-B05-H18
[Xīdùjiā]

在县驻地田镇街道北方向3.3千米。常家镇辖自然村。人口200。明洪武年间，杜姓自河北枣强迁此立村，取名杜家。清嘉庆年间，大部分村民迁到村东居住，取名大杜家，老村遂更名为西杜家。聚落呈团块状。经济以种植业、养殖业为主。有公路经此。

北牛家 370322-B05-H19
[Běiniújiā]

在县驻地田镇街道东北方向9.5千米。常家镇辖自然村。人口200。明末年，牛姓自冀州迁此立村，取名牛家，后更名为北牛家。聚落呈团块状。经济以种植业为主。有公路经此。

花沟 370322-B06-H01
[Huāgōu]

花沟镇人民政府驻地。在县驻地田镇街道西南方向 8.0 千米。人口 2 600。明初，因沟渠内花草丛生，称花沟镇，后简称今名。聚落呈团块状。有幼儿园 1 所。经济以种植业、养殖业为主，种植小麦、桑树，养殖奶牛。另有建筑业。省道庆淄公路经此。

贾寨 370322-B06-H02
[Jiǎzhài]

在县驻地田镇街道西南方向 8.0 千米。花沟镇辖自然村。人口 1 000。隋朝时立村，名小东庄。隋朝历城人秦琼与村内贾氏在其楼上结拜，以此改名为贾家楼。明洪武年间，因常遇春曾在此安营扎寨，故又易名为贾寨。聚落呈团块状。有农家书屋 1 个、文化广场 1 个。经济以养殖业、建筑业为主。有公路经此。

香王 370322-B06-H03
[Xiāngwáng]

在县驻地田镇街道西南方向 10.0 千米。花沟镇辖自然村。人口 300。唐时建村，名王家桥。清中朝，因居民屋前多有香椿而闻名，更名香王家，后简称香王。聚落呈团块状。经济以养殖业为主，主要种植小麦、玉米等作物。有公路经此。

龙虎庄 370322-B06-H04
[Lónghǔzhuāng]

在县驻地田镇街道西南方向 8.0 千米。花沟镇辖自然村。人口 900。明洪武年间，刘氏三兄弟自河北省枣强迁此立村，故名刘户庄。清乾隆年间，刘墉经续家谱后认定该村刘姓同宗，赠纱灯两盏，上书清爱堂，望后人登龙门成虎将，故改名为龙虎庄。聚落呈团块状。有农家书屋 1 个。经

济以种植业为主，主产玉米、小麦等作物。有公路经此。

天师 370322-B06-H05
[Tiānshī]

在县驻地田镇街道西南方向 10.0 千米。花沟镇辖自然村。人口 600。明洪武年间，由河北枣强县迁民在此建村，因村南有块大石头，取名天石家，有顶天立地避灾害意。清中期更名为天师。聚落呈团块状。有农家书屋 1 个。经济以种植业为主，有高青鲁业农作物种植农民专业合作社。有公路经此。

吕家 370322-B06-H06
[Lǚjiā]

在县驻地田镇街道西南方向 20.0 千米。花沟镇辖自然村。人口 500。聚落呈团块状。有农家书屋 1 个。经济以种植业、养殖业为主，种植小龙柏等绿化苗木，养殖奶牛。有公路经此。

王家寨 370322-B06-H07
[Wángjiāzhài]

在县驻地田镇街道西南方向 20.0 千米。花沟镇辖自然村。人口 700。原名义和寨。明洪武年间，由直隶枣强迁来王恒一家，后生五子，人兴财旺，改为王家寨。聚落呈团块状。有农家书屋 1 个。经济以种植业、养殖业为主，种植小麦、玉米，养殖奶牛。有公路经此。

新立官庄 370322-B06-H08
[Xīnlìguānzhuāng]

在县驻地田镇街道南方向 8.0 千米。花沟镇辖自然村。人口 300。由于桓台县人多地少，有一些人便卖了在桓台的土地，来到此地买地安家，慢慢人多了便成了一个小村庄，取名为新立官庄。聚落呈团块状。

有农家书屋 1 个。经济以种植业为主，以冬暖式大棚为主要产业。有公路经此。

西十六户 370322-B06-H09

[Xīshíliùhù]

在县驻地田镇街道西南方向 14.0 千米。花沟镇辖自然村。人口 400。明洪武二年（1369），王姓八户、张姓七户、李姓一户相继由山西洪洞县、河北枣强县迁此立村，因王姓迁此早，户数多，取名王家十六户。因村子位置在三个十六户最西边，也叫西十六户。聚落呈团块状。有农家书屋 1 个。经济以种植业为主，有滋雨万果采摘园。有公路经此。

闫家 370322-B06-H10

[Yánjiā]

在县驻地田镇街道西南方向 14.0 千米。花沟镇辖自然村。人口 500。明初，阎氏三兄弟从河北枣强迁此立村，取名阎家。后因书写方便自然演变为闫家。聚落呈团块状。有农家书屋 1 个、文化广场 1 个。经济以种植业为主，种植小麦、玉米，有奶牛养殖小区。有公路经此。

高旺庄 370322-B06-H11

[Gāowàngzhuāng]

在县驻地田镇街道西南方向 5.0 千米。花沟镇辖自然村。人口 1 000。明洪武二年（1369），高朋来、高朋举兄弟由直隶枣强来此立村。为盼高氏人家人财两旺，在高的后面加旺字，定村名为高旺庄。聚落呈团块状。有农家书屋 1 个、文化广场 1 个。经济以种植业为主，种植小麦、玉米，有特色果树种植。有公路经此。

孙坊 370322-B06-H12

[Sūnfáng]

在县驻地田镇街道西南方向 4.0 千米。

花沟镇辖自然村。人口 700。因孙纺在此落户，后称孙纺庄。20 世纪 50 年代，将孙纺误笔为孙坊，沿用至今。聚落呈团块状。有农家书屋 1 个、文化广场 1 个。经济以畜牧业、种植业为主。有公路经此。

王旺庄 370322-B06-H13

[Wángwàngzhuāng]

在县驻地田镇街道西南方向 5.0 千米。花沟镇辖自然村。人口 600。明洪武二年（1369），王福、王禄兄弟从邹平县阎家庄迁此立村，为盼人丁兴旺，取名王旺庄。聚落呈团块状。有农家书屋 1 个、文化广场 1 个。经济以种植业为主，种植小麦、玉米。有王旺村服装厂。有公路经此。

后陈 370322-B06-H14

[Hòuchén]

在县驻地田镇街道西南方向 20.0 千米。花沟镇辖自然村。人口 500。明洪武年间，有石家、肖家、王标家 3 个村，明末石家村陈姓人旺业大，在村南河上修桥一座，成为南北贯通、远近闻名的陈家桥。后三村合为一村，名陈家。由于人口繁衍，村庄扩大，形成了两个村，本村位后，名后陈。聚落呈团块状。有农家书屋 1 个。经济以养殖业为主，奶牛养殖是特色产业。有公路经此。

曹家庄子 370322-B06-H15

[Cáojiāzhuāngzi]

在县驻地田镇街道西南方向 9.0 千米。花沟镇辖自然村。人口 700。明初，曹氏从外地迁此立村，以姓取名曹家庄子。聚落呈团块状。有农家书屋 1 个、文化广场 1 个。经济以种植业为主，种植小麦、玉米，有木片加工厂、棉花加工厂。有公路经此。

中南寺 370322-B06-H16
［Zhōngnánsì］

在县驻地田镇街道西南方向 9.0 千米。花沟镇辖自然村。人口 300。相传，东汉立村，东南寺、中南寺、西南寺与老鸦赵统称联四庄，因本村位中间，故名中南寺。聚落呈团块状。有农家书屋 1 个、文化广场 1 个。经济以种植业为主，种植小麦、玉米，有木材加工厂。养猪、养蜂是特色产业。有公路经此。

胡家店 370322-B06-H17
［Hújiādiàn］

在县驻地田镇街道南方向 4.0 千米。花沟镇辖自然村。人口 1 000。明洪武四年（1371），崔、牛两家从山西迁往山东，在途中，住在一家胡姓所开的店里，主人家对客人热情招待，崔、牛两家相处融洽，于是相约在同一个地方居住。为纪念店主招待，崔、牛两家定居时，以胡家店名村。聚落呈团块状。有农家书屋 1 个、文化广场 1 个。经济以养殖业为主，养殖奶牛、山东黑牛。有公路经此。

木李 370322-B07-H01
［Mùlǐ］

木李镇人民政府驻地。在县驻地田镇街道西北方向 13.5 千米。人口 500。明初，李姓于此立村，"李"字由"木"和"子"组成，故取村名为木李。聚落呈团块状。有文化大院 1 个、小学 1 所、幼儿园 1 所。经济以种植业、养殖业为主，种植果蔬，养殖畜禽，有高标准黑牛养殖区。有粮食加工运输、木材加工等产业。省道庆淄公路经此。

海里干 370322-B07-H02
［Hǎilǐgān］

在县驻地田镇街道西北方向 16.5 千米。木李镇辖自然村。人口 400。清末，该村居黄河堤内，因地势低洼，深受黄河泛滥成灾之苦，民众盼望不再受害，因此立村名海里干。聚落沿黄河大堤呈带状分布。经济以种植业为主。粮食运销及拖把、蜡刷加工为特色产业。有公路经此。

常家坊 370322-B07-H03
［Chángjiāfáng］

在县驻地田镇街道西北方向 14.0 千米。木李镇辖自然村。人口 800。明洪武二年（1369），常姓由直隶枣强迁此定居，后因开作坊闻名，故取村名为常家坊。聚落呈团块状。有文化大院 1 个。经济以种植业为主。有公路经此。

白龙湾 370322-B07-H04
［Báilóngwān］

在县驻地田镇街道西北方向 18.3 千米。木李镇辖自然村。人口 700。明永乐年间，河北枣强移民于大清河拐弯处立村，以传说故事"白龙湾"为村名。聚落呈团块状。有文化大院 1 个。经济以种植业为主。有公路经此。

张海兰 370322-B07-H05
［Zhānghǎilán］

在县驻地田镇街道西北方向 16.0 千米。木李镇辖自然村。人口 200。明洪武二年（1369），张海兰带领家人自河北枣强迁此立村，取村名为张海兰。聚落呈团块状。经济以种植业为主。有公路经此。

新徐 370322-B07-H06
［Xīnxú］

在县驻地田镇街道西北方向 11.8 千米。木李镇辖自然村。人口 800。清同治年间，李姓在此立村，因有石碾，立村名为碾头李家。后因黄河决口，与尚家纸坊村同迁此处聚居，取名新庄。1976年，与徐家村合并，取名新徐。聚落呈团块状。有文化大院1个、小学1所、幼儿园1所。经济以种植业为主，有二手农机车交易市场。有公路经此。

茅子王 370322-B07-H07

[Máoziwáng]

在县驻地田镇街道西北方向11.0千米。木李镇辖自然村。人口500。明末，王姓在此定居，因村四周茅草丛生，立村名茅子王家，简称茅子王。聚落呈团块状。有文化大院1个。经济以种植业为主，粮食种植、大棚蔬菜种植、水产养殖为主要产业。有公路经此。

王家庄 370322-B07-H08

[Wángjiāzhuāng]

在县驻地田镇街道西北方向7.5千米。木李镇辖自然村。人口1 000。明洪武年间，王姓自河北省枣强迁此立村，立村名王家。后称王家庄。聚落呈团块状。有文化大院1个。经济以种植业为主。有公路经此。

内董 370322-B07-H09

[Nèidǒng]

在县驻地田镇街道西北方向10.5千米。木李镇辖自然村。人口400。明初，此处有一条通往大清河的大沟，董姓依沟立村，村名董家沟。清末，黄河漫滩，部分农户迁居堤外，改称老董家沟。1950年，部分村民移居黄河堤内，得名内董。聚落呈团块状。有文化大院1个。经济以种植业为主。有公路经此。

东李 370322-B07-H10

[Dōnglǐ]

在县驻地田镇街道西北方向9.5千米。木李镇辖自然村。人口500。明洪武二年

（1369），李姓靠近大清河立村，村名棉花李。1930年黄河漫滩迁堤外，分三个村，该村位东，名东李。聚落呈团块状。有文化大院1个。经济以种植业为主，木板加工形成规模。有公路经此。

杜集 370322-B07-H11

[Dùjí]

在县驻地田镇街道西北方向8.3千米。木李镇辖自然村。人口900。明洪武二年（1369），杜姓由河北省枣强迁大清河大堤内立村，栽植柳树，护林防风，立村名柳行杜家，后称杜家。1983年黄河水漫滩，迁此立村，因设有集市，更名为杜集。聚落呈团块状。有文化大院1个、小学1所、幼儿园1所。经济以种植业为主，以粮食种植、木材加工为主要产业。有公路经此。

老董 370322-B07-H12

[Lǎodǒng]

在县驻地田镇街道西北方向18.0千米。木李镇辖自然村。人口500。明初，董姓自山西迁此立村，种了很多梨树，村名梨行董家。1953年部分村民迁出另立新村，该村更名为老董。聚落呈团块状。有文化大院1个。经济以种植业为主。服务业以古玩运营为主。有公路经此。

杂姓刘 370322-B07-H13

[Záxìngliú]

在县驻地田镇街道西北方向17.5千米。木李镇辖自然村。人口500。明永乐年间，刘姓自河北省枣强县迁至堤内立村，村名刘家。后因黄河涨水迁堤外，与多姓杂居，村名改为杂姓刘。聚落呈团块状。有文化大院1个。经济以种植业为主。有绿色无公害蔬菜采摘园。有公路经此。

彭家庙 370322-B07-H14
[Péngjiāmiào]

在县驻地田镇街道西北方向 18.0 千米。木李镇辖自然村。人口 500。明洪武二年（1369），彭姓自河北枣强迁此依龙王庙立村，村名彭家庙。聚落呈团块状。有文化大院 1 个。经济以种植业为主。有公路经此。

三圣 370322-B07-H15
[Sānshèng]

在县驻地田镇街道西北方向 17.5 千米。木李镇辖自然村。人口 400。清初，王姓于此依沟立村，得名沟里王家。中华人民共和国成立后经历了三次较大的抗洪斗争，取得胜利，保住了村庄，更名三胜村。1986 年改为三圣。聚落呈团块状。有文化大院 1 个。经济以种植业为主。有公路经此。

贩牛崔 370322-B07-H16
[Fànniúcuī]

在县驻地田镇街道西北方向 10.0 千米。木李镇辖自然村。人口 300。明初，崔姓自河北省枣强县迁此立村，立村名崔家。后因贩牛闻名，改名贩牛崔家，简称贩牛崔。聚落呈团块状。经济以种植业为主，服务业较发达。有公路经此。

大刘家 370322-B07-H17
[Dàliújiā]

在县驻地田镇街道西北方向 16.5 千米。木李镇辖自然村。人口 600。明洪武二年（1369），刘氏三兄弟自河北枣强迁大清河边立村，名大刘家。清末黄河水漫滩，村迁居堤外，仍名大刘家。聚落呈团块状。有文化大院 1 个。经济以种植业、养殖业为主，传统作物种植、粮食运销、养殖是其主导产业。有公路经此。

清河 370322-B07-H18
[Qīnghé]

在县驻地田镇街道西北方向 16.0 千米。木李镇辖自然村。人口 500。元初已有此村，居堤内黄河滩上，村周有小河环绕，立村名小清河。清末黄河漫滩，搬迁堤外，改成清河。聚落呈团块状。有文化大院 1 个、幼儿园 1 所。经济以种植业为主。有公路经此。

内杨 370322-B07-H19
[Nèiyáng]

在县驻地田镇街道西北方向 9.5 千米。木李镇辖自然村。人口 500。明初，杨、于两姓于大清河堤内立村，村名新城街。清末，黄河水漫滩，大部分村民迁堤外，在此村民多杨姓，更名为内杨。聚落呈团块状。有文化大院 1 个。经济以种植业为主。有公路经此。

官道杨 370322-B07-H20
[Guāndàoyáng]

在县驻地田镇街道西北方向 13.7 千米。木李镇辖自然村。人口 200。明初，杨姓自河北枣强县迁此立村，因村西头有条南北走向的官道，定村名为官道杨家，简称官道杨。聚落呈团块状。有文化大院 1 个。经济以种植业为主，主产小麦、玉米等。有公路经此。

沂源县

城市居民点

水景佳园小区 370323-I01
[Shuǐjǐngjiāyuán Xiǎoqū]

在县境中部。总面积 5.5 公顷。人口

800。因坐落于水景公园附近而得名。2006年开工，2007年正式使用。建筑总面积60 000平方米，住宅楼9栋，其中高层3栋、多层6栋，现代建筑风格。绿化率33.5%，有便民超市等配套设施。

温泉家园小区 370323-I02

[Wēnquánjiāyuán Xiǎoqū]

在县境中部。人口2 000。总面积10公顷。以沂源县城唯一——家采用地热供暖和供应热水使用而得名。2007年开工，2009年正式使用。建筑总面积92 000平方米，住宅楼23栋，其中高层1栋、多层22栋，现代建筑风格。绿化率35%，有综合商店、蔬菜超市、中医诊所、活动广场等配套设施。

山水一城小区 370323-I03

[Shānshuǐyīchéng Xiǎoqū]

在县境北部。人口2 600。总面积12.7公顷。因小区南邻螳螂河、背靠历山、依山傍水而命名。2008年始建，2009年正式使用。建筑总面积127 000平方米。住宅楼39栋，其中高层4栋、多层35栋，欧式建筑风格。绿化率41%，有便民超市、药店等配套设施。

巨源小区 370323-I04

[Jùyuán Xiǎoqū]

在县境西南部。人口1 400。总面积5.1公顷。因是巨源公司搬迁后在其旧址改造建设得名。2004年始建，2006正式使用。建筑总面积37 000平方米，多层住宅楼13栋，现代建筑风格。绿化率30%，有超市等配套设施。

农村居民点

南麻一村 370323-A01-H01

[Nánmáyīcūn]

历山街道人民政府驻地。在县驻地历山街道东北方向1.4千米。人口1 400。清顺治年间，始称南麻至今。1961年分为三个村，1984年改称南麻一村。聚落呈团块状。有文化广场1个、农家书屋1个。经济以工商业为主。通公交车。

南麻三村 370323-A01-H02

[Nánmásāncūn]

在县驻地历山街道东方向0.7千米。历山街道辖自然村。人口800。清顺治年间，始称南麻至今。1961年分为三个村，1984年改称南麻三村。聚落呈团块状。有文化广场1个、农家书屋1个。经济以工商业为主。通公交车。

东北麻 370323-A01-H03

[Dōngběimá]

在县驻地历山街道东北方向2.0千米。历山街道辖自然村。人口1 500。与南麻对应称北麻，又与西北麻对应称东北麻。聚落呈团块状。有文化广场1个、农家书屋1个。经济以工商业为主。通公交车。

西河北 370323-A01-H04

[Xīhéběi]

在县驻地历山街道东南方向1.6千米。历山街道辖自然村。人口1 100。以方位、地貌而得名。聚落呈团块状。有文化广场1个、农家书屋1个。经济以工商业为主。有公路经此。通公交车。

西沙沟 370323-A01-H05
[Xīshāgōu]

在县驻地历山街道东北方向 2.7 千米。历山街道辖自然村。人口 1 900。北依沙山，其余地势较平坦，东西有小河，故名。聚落呈团块状。有文化广场 1 个、农家书屋 1 个。有公路经此。通公交车。

寨里 370323-A01-H06
[Zhàilǐ]

在县驻地历山街道西南方向 1.9 千米。历山街道辖自然村。人口 800。因明末有官军在此安营扎寨而得名。聚落呈团块状。有文化广场 1 个、农家书屋 1 个。经济以种植业为主，产韭菜、苹果、草莓等。省道泰薛公路经此。

儒林集 370323-A01-H07
[Rúlínjí]

在县驻地历山街道东南方向 4.1 千米。历山街道辖自然村。人口 2 000。以盼望多出读书人取名儒林集。聚落呈散状。有文化广场 1 个、农家书屋 1 个。有市级重点文物保护单位儒林集遗址。经济以种植业为主，产苹果、葡萄、韭菜等。省道泰薛公路经此。

傅家庄 370323-A02-H01
[Fùjiāzhuāng]

南麻街道人民政府驻地。在县驻地历山街道西方向 2.5 千米。人口 1 400。傅姓先祖迁此定居，以姓氏取名。聚落呈团块状。有文化广场 1 个、农家书屋 1 个。经济以种植业为主，种植大樱桃、苹果、核桃等。有公路经此。

西鱼台 370323-A02-H02
[Xīyútái]

在县驻地历山街道西北方向 2.4 千米。南麻街道辖自然村。人口 1 000。村东北方历山脚下的螳螂河边，有一天然石台探出于河中。传说姜太公曾在此坐台垂钓，先人称此石为钓鱼台。坐落于前螳螂河东西的两个村落，取名为钓鱼台河东、钓鱼台河西，后沿革为东鱼台、西鱼台。此村为西鱼台。聚落呈带状。有文化广场 1 个、农家书屋 1 个。有省级重点文物保护单位姑子坪遗址。经济以种植业和工商业为主。231 省道经此。通公交车。

东高庄 370323-A02-H03
[Dōnggāozhuāng]

在县驻地历山街道东南方向 4.0 千米。南麻街道辖自然村。人口 2 400。明代建村，以姓氏、方位取名东高庄。聚落呈带状。有文化广场 1 个、农家书屋 1 个、中学 1 所、小学 1 所。经济以种植业为主，种植大樱桃、桃等。省道泰薛公路经此。

西上高庄 370323-A02-H04
[Xīshànggāozhuāng]

在县驻地历山街道西南方向 5.0 千米。南麻街道辖自然村。人口 900。以姓氏、方位取名西高庄。1961 年，分为西下高庄、西上高庄。聚落呈带状。有文化广场 1 个、农家书屋 1 个。经济以种植业为主，种植大樱桃、核桃、桃等。省道泰薛公路经此。

西下高庄 370323-A02-H05
[Xīxiàgāozhuāng]

在县驻地历山街道西南方向 5.5 千米。南麻街道辖自然村。人口 900。以姓氏、方位取名西高庄。1961 年，分为西下高庄、西上高庄。该村为西下高庄。聚落呈团块状。有文化广场 1 个、农家书屋 1 个。经济以种植业为主，种植大樱桃、核桃、猕猴桃、桃等。瓦日铁路、省道沂台公路、省道泰薛公路经此。

沟泉 370323-A02-H06
[Gōuquán]

在县驻地历山街道西南方向 5.1 千米。南麻街道辖自然村。人口 1 600。村以泉为名，取名狗跑泉。后沿革为现名。聚落呈带状。有文化广场 1 个、农家书屋 1 个。有县级文物保护单位狗跑泉池。经济以种植业为主，种植红提葡萄、苹果、桃等。省道沂台公路经此。

仁里 370323-A02-H07
[Rénlǐ]

在县驻地历山街道西南方向 9 千米。南麻街道辖自然村。人口 500。相传明洪武年间建村。原以地处龙崖之阳取名龙崖坡，后称坡里。清中叶以宣扬德性更名为仁里。聚落呈团块状。有文化广场 1 个、农家书屋 1 个。有县级文物保护单位古建筑。经济以种植业为主，种植大樱桃、葡萄、桃等。

东里 370323-B01-H01
[Dōnglǐ]

东里镇人民政府驻地。在县驻地历山街道东南方向 25.5 千米。人口 6 100。相传汉代建村，以董、李二氏开饭店得名董李店，后易名东里店，后简称东里。聚落沿河呈带状分布。有小学 1 所、中学 1 所。有市级重点文物保护单位东里明清墓群。经济以种植业为主，盛产葡萄、苹果、桃等，有巨峰葡萄园和高密植苹果园。工业有服装加工、食品加工、建筑装饰等企业。省道韩莱公路经此。

朝阳官庄 370323-B01-H02
[Zhāoyángguānzhuāng]

在县驻地历山街道东南方向 20.5 千米。东里镇辖自然村。人口 400。以村处朝阳山坡处，故名。聚落呈团块状。有农家书屋 1 个。

有县级文物保护单位镇武阁。经济以种植业为主，种植苹果、花椒等。有公路经此。

东河南 370323-B01-H03
[Dōnghénán]

在县驻地历山街道东南方向 27.0 千米。东里镇辖自然村。人口 500。原与西河南统称河南。1958 年分治，该村居东，故称东河南。聚落呈带状。有农家书屋 1 个。经济以种植业为主，产小麦、玉米、蔬菜、苹果、葡萄等。日瓦铁路经此。

前西长旺 370323-B01-H04
[Qiánxīchángwàng]

在县驻地历山街道东南方向 29.4 千米。东里镇辖自然村。人口 1 500。因河水冲击，在村边形成了狭长的汪，取名长汪。后以方位和沿革，雅化为现名。聚落呈带状。有农家书屋 1 个。有县级文物保护单位古墓群。经济以种植业为主，产小麦、玉米、苹果等，所产莲藕、芦苇以及芦席闻名遐迩。日瓦铁路经此。

打虎峪 370323-B01-H05
[Dǎhǔyù]

在县驻地历山街道东南方向 22.4 千米。东里镇辖自然村。人口 300。相传宋朝水泊梁山的黑旋风李逵在此打虎，取村名打虎峪。聚落呈团块状。有农家书屋 1 个。有县级文物保护单位打虎峪古墓群。经济以种植业为主。有公路经此。

院峪 370323-B01-H06
[Yuànyù]

在县驻地历山街道东南方向 29.2 千米。东里镇辖自然村。人口 1 000。相传宋时张、王、李、蒋四姓迁此定居。村庄东北处有寿圣寺，时有上寺下院一说，又因地处山峪内，以此取名院峪。聚落呈团块状。经济以种植业为主，种植苹果、桃等。省道莱韩公路、东九公路经此。

东安 370323-B01-H07
[Dōng'ān]

在县驻地历山街道东南方向 28.0 千米。东里镇辖自然村。人口 1 500。东汉建安年间在此设置东安郡，村名来历沿用郡县名。聚落呈团块状。有农家书屋 1 个。有省级文物保护单位东安古城遗址。经济以种植业为主，产小麦、玉米、蔬菜、苹果、葡萄等。瓦日铁路经此。

龙王峪 370323-B01-H08
[Lóngwángyù]

在县驻地历山街道东南方向 36.8 千米。东里镇辖自然村。人口 3 100。村东青山多泉，汇流为顺龙河，取名龙王峪。聚落呈团块状。有农家书屋 1 个。有县级文物保护单位古遗址。经济以种植业为主。有公路经此。

悦庄 370323-B02-H01
[Yuèzhuāng]

悦庄镇人民政府驻地。在县驻地历山街道东方向 8.6 千米。人口 1 300。明洪武年间建村，原名袁家集，后易名为悦庄。聚落沿中心路呈散状分布。有小学 1 所、幼儿园 1 所。经济以种植业为主，种植小麦、玉米、有机蔬菜，有防火材料、纺织、农机修配等厂。省道博沂公路经此。

中小水 370323-B02-H02
[Zhōngxiǎoshuǐ]

在县驻地历山街道东南方向 15.0 千米。悦庄镇辖自然村。人口 1 000。明天顺年间，宋氏始祖由山西洪洞县迁此建村。时因洪水泛滥成灾，人们盼望洪水早日消退，取名消水，后沿革为小水。1961 年按方位分为四个村。本村居中，故名。聚落呈团块状。

有文化大院 1 个、农家书屋 1 个、小学 1 所。经济以种植业为主，种植蒜苗、苹果等。有公路经此。

北小水 370323-B02-H03
[Běixiǎoshuǐ]

在县驻地历山街道东南方向 15.0 千米。悦庄镇辖自然村。人口 600。明天顺年间，宋氏始祖由山西洪洞县迁此建村。时因洪水泛滥成灾，人们盼望洪水早日消退，取名消水，后沿革为小水。1961 年，按方位分为四个村，本村居北，故名北小水。聚落呈带状。有农家书屋 1 个。有县级文物保护单位北小水村古遗址。经济以种植业为主，种植蒜苗、苹果等。有公路经此。

两县 370323-B02-H04
[Liǎngxiàn]

在县驻地历山街道东南方向 20.0 千米。悦庄镇辖自然村。人口 11 000。因地处沂水县与临朐县交界处而得名。聚落呈带状。有农家书屋 1 个、小学 1 所。有县级文物保护单位古墓群。经济以种植业为主，产玉米、韭菜、苹果等，养殖山羊。省道泰薛公路经此。

北张良 370323-B02-H05
[Běizhāngliáng]

在县驻地历山街道东方向 10.0 千米。悦庄镇辖自然村。人口 1 800。此处旧时曾有张良庙，村名张良。后以方位分为三个村，此村居北，故名北张良。聚落呈团块状。有农家书屋 1 个。经济以种植业为主，产洋葱、韭菜等。省道博沂公路经此。

南张良 370323-B02-H06
[Nánzhāngliáng]

在县驻地历山街道东南方向 10.0 千米。悦庄镇辖自然村。人口 800。此处旧时曾有张良庙,村名张良。后以方位分为南张良、北张良、中张良三个村。此村居南,故名南张良。聚落呈团块状。有农家书屋1个。经济以种植业为主,产韭菜等蔬菜,兼营工副业。省道博沂公路经此。

南鲍庄 370323-B02-H07
[Nánbàozhuāng]

在县驻地历山街道东南方向21.0千米。悦庄镇辖自然村。人口400。相传明末鲍氏迁此建村。以方位、姓氏取名。聚落呈团块状。有农家书屋1个。有县级文物保护单位古墓群。经济以种植业为主,产桔梗、黄芩、桃等。有公路经此。

东鲍庄 370323-B02-H08
[Dōngbàozhuāng]

在县驻地历山街道东南方向22.5千米。悦庄镇辖自然村。人口1 100。传明末鲍氏迁此建村,以方位、姓氏取名东鲍庄。聚落呈团块状。有农家书屋1个。经济以种植业为主,产桔梗、苹果、桃等。有公路经此。

西鲍庄 370323-B02-H09
[Xībàozhuāng]

在县驻地历山街道东南方向21.0千米。悦庄镇辖自然村。人口700。明初建村,因地处南鲍庄西南侧山峪中,得名西南峪。因与原徐家庄乡西南峪重名,又在鲍庄以西,更名为西鲍庄。聚落呈团块状。有农家书屋1个。经济以种植业为主,产玉米、地瓜、韭菜、桃等。有公路经此。

泉子崖 370323-B02-H10
[Quánziyá]

在县驻地历山街道东南10.2千米。悦庄镇辖自然村。人口100。清宣统年间,张氏从南张良迁此定居,因村边有一土崖,崖前有泉,以此取名。聚落呈团块状。经济以种植业为主。有公路经此。

西里 370323-B03-H01
[Xīlǐ]

西里镇人民政府驻地。在县驻地历山街道东南方向30.0千米。人口600。原名朱刘村,1963年因村址位于东里店西侧,取名西里店,后简称为西里。有幼儿园1所、小学1所。经济以种植业为主,产苹果、桃、葡萄、花椒、栗子等。有玻璃钢制品、食品饮料等企业,有水果冷藏库。省道韩莱公路、南崔公路经此。

梭背岭 370323-B03-H02
[Suōbèilǐng]

在县驻地历山街道东南方向35.0千米。西里镇辖自然村。人口1 100。因村处三面平洼、中间似梭背的岭上,名梭背岭。聚落呈团块状。有中学1所、小学1所、文化大院1个、农家书屋1个。经济以种植业为主,产苹果、葡萄等。省道莱韩公路、南崔公路经此。

大刘庄 370323-B03-H03
[Dàliúzhuāng]

在县驻地历山街道东南方向42.0千米。西里镇辖自然村。人口1 500。明季刘氏迁入,故以姓氏取名刘家庄。后李、丁姓相继迁入,成为多姓氏庄。因重名,更名为大刘庄。聚落呈散状。有文化大院1个、农家书屋1个。经济以种植业为主,产葡萄、苹果、花椒等。有公路经此。

东升 370323-B03-H04
[Dōngshēng]

在县驻地历山街道东南方向37.0千米。西里镇辖自然村。人口600。据清修《沂水县志》载:"龙王堂泉县西北九十五千米出龙王堂龙王殿下。"故取村名龙王堂。中华人民共和国成立后改为东升。聚落呈团块状。有农家书屋1个。有县级文物保护单位东升遗址。经济以种植业为主，产苹果、桃、葡萄、花椒等。有公路经此。

胡马庄 370323-B03-H05
[Húmǎzhuāng]

在县驻地历山街道东南方向42.0千米。西里镇辖自然村。人口300。以姓氏取名。聚落呈团块状。有农家书屋1个。有县级文物保护单位古遗址。经济以种植业为主，产苹果、桃等。有公路经此。

裕华 370323-B03-H06
[Yùhuá]

在县驻地历山街道南方向45.0千米。西里镇辖自然村。人口800。明万历十三年（1585）殷氏祖迁此建村。因峪内产滑石，得名滑石峪，后更为现名。聚落呈散状。有文化大院1个、农家书屋1个。经济以种植业为主，产苹果、桃、葡萄、花椒等，有工商业，有双星集团分厂。省道莱韩公路经此。

金星头 370323-B03-H07
[Jīnxīngtóu]

在县驻地历山街道南方向45.0千米。西里镇辖自然村。人口2 200。以产黄金取名金星头。聚落呈团块状。有文化大院1个、农家书屋1个、小学1所、幼儿园1所。经济以种植业为主，产苹果、桃、葡萄、花椒等。省道莱韩公路经此。

南月庄 370323-B03-H08
[Nányuèzhuāng]

在县驻地历山街道南方向48.0千米。西里镇辖自然村。人口700。相传东汉末年建村，原名魏家庄。金星村在其东，以吉

祥言"金星照月"更名为月庄。因重名，更名为南月庄。聚落呈散状。有文化大院1个、农家书屋1个。经济以种植业为主，产苹果、桃、葡萄、花椒等。有公路经此。

桑树峪 370323-B03-H09
[Sāngshùyù]

在县驻地历山街道南方向50.0千米。西里镇辖自然村。人口1 000。峪内旧时多桑树，相传东汉光武帝刘秀被王莽追赶于此，以桑葚充饥，故名。聚落呈散状。有农家书屋1个。经济以种植业为主，产苹果、桃、葡萄、花椒等。有公路经此。

唐庄 370323-B03-H10
[Tángzhuāng]

在县驻地历山街道东南方向42.0千米。西里镇辖自然村。人口2 100。相传元末唐氏在此建村，以姓氏取名唐庄。聚落呈团块状。有农家书屋1个、小学1所、幼儿园1所。有县级文物保护单位古遗址。经济以种植业为主，产苹果、桃、葡萄、花椒等。有公路经此。

杨家峪 370323-B03-H11
[Yángjiāyù]

在县驻地历山街道南方向50.0千米。西里镇辖自然村。人口500。宋代建村，以姓氏和地貌取名。聚落呈散状。有农家书屋1个。经济以种植业为主，产苹果、桃、葡萄、花椒等。有公路经此。

杨家庄 370323-B03-H12
[Yángjiāzhuāng]

在县驻地历山街道南方向41.0千米。西里镇辖自然村。人口500。相传唐朝贞观年间建村，取名崮前。元朝至治年间杨氏中举成大户，改村名为杨家庄。因重名，更名为兴华。后根据村民意愿，又复称杨

家庄。聚落呈团块状。有农家书屋 1 个。经济以种植业为主，产苹果、桃、葡萄、花椒等。234 省道经此。

柳光峪 370323-B03-H13
[Liǔguāngyù]

在县驻地历山街道南方向 51.0 千米。西里镇辖自然村。人口 200。张姓于民国初年迁此建村。因土薄贫瘠称溜光峪，后演变为现名。聚落呈团块状。有农家书屋 1 个。经济以种植业为主。有公路经此。

北旋峰 370323-B04-H01
[Běixuánfēng]

大张庄镇人民政府驻地。在县驻地历山街道西南方向 22.8 千米。人口 1 000。曾称东瞭庄，失火烧村后改名先富峪。后以村边山崖陡峭，三面旋绕，得名旋风峪。1960 年分为南、北两个村，以方位得名北旋峰。聚落呈散状。有文化广场 1 个、文化大院 1 个、幼儿园 1 所。经济以种植业为主，主要种植花生、苹果、葡萄、板栗等。有公路经此。

北村 370323-B04-H02
[Běicūn]

在县驻地历山街道西南方向 24.0 千米。大张庄镇辖自然村。人口 1 500。1958 年由张庄村分为北张庄、南张庄，后简称北村、南村。本村按方位称北村。聚落呈团块状。有农家书屋 1 个、中学 1 所、小学 1 所。有县级文物保护单位北村古墓群。有公路经此。

南村 370323-B04-H03
[Náncūn]

在县驻地历山街道西南方向 25.0 千米。大张庄镇辖自然村。人口 1 400。1958 年由张庄村分为北张庄、南张庄，后简称北村、南村。本村按方位称南村。聚落呈散状。有农家书屋 1 个。有传统莱芜梆子戏剧团 2 个。有市级文物保护单位南村遗址，县级文物保护单位南村南遗址、大张庄镇革命烈士陵园。经济以种植业为主，产红提葡萄、桃、花生、苹果等，兼营副业加工、农机维修、食宿服务。有公路经此。

水营 370323-B04-H04
[Shuǐyíng]

在县驻地历山街道西南方向 29.0 千米。大张庄镇辖自然村。人口 900。明洪武年间建村。以最初居民善养水牛，取名水牛营，后演变为现名。聚落呈散状。有文化大院 1 个、农家书屋 1 个。经济以种植业为主，盛产花生、苹果、桃等。有公路经此。

松山 370323-B04-H05
[Sōngshān]

在县驻地历山街道西南方向 30.0 千米。大张庄镇辖自然村。人口 500。清康熙年间建村，以山得名。聚落呈散状。有文化大院 1 个、文化书屋 1 个。经济以种植业为主，产花生、苹果、桃等。有公路经此。

松崮 370323-B04-H06
[Sōnggù]

在县驻地历山街道西南方向 27.0 千米。大张庄镇辖自然村。人口 1 300。以村处松崮山脚下而得名。聚落呈团块状。有文化书屋 1 个、文化大院 1 个。有县级文物保护单位松崮革命烈士陵园。经济以种植业为主，产地瓜、花生、桃、板栗、玉米等。234 省道经此。

大洼 370323-B04-H07
[Dàwā]

在县驻地历山街道西南方向 20.0 千米。大张庄镇辖自然村。人口 100。建于明初，因村处地势低洼得名大凹。后演变为大洼。聚落呈团块状。有文化大院 1 个。经济以种植业为主，产桃、苹果、花生、花椒等。有公路经此。

西顾庄 370323-B04-H08
[Xīgùzhuāng]

在县驻地历山街道西南方向 26.0 千米。大张庄镇辖自然村。人口 700。以方位和姓氏得名。聚落呈散状。有文化书屋 1 个。有省级文物保护单位西顾庄遗址。经济以种植业为主，产花生、葡萄、苹果、板栗等。有公路经此。

半截沟 370323-B04-H09
[Bànjiégōu]

在县驻地历山街道西南方向 29.0 千米。大张庄镇辖自然村。人口 200。清宣统年间建村，因村边沟内有一石崖将沟截断，故名。聚落呈散状。有文化书屋 1 个。经济以种植业为主，产地瓜、苹果、板栗、桃等。有公路经此。

牛栏峪 370323-B04-H10
[Niúlányù]

在县驻地历山街道西南方向 35.0 千米。大张庄镇辖自然村。人口 400。相传清同治年间建村，以最初村边有牛栏而得名。聚落呈散状。有文化大院 1 个、文化书屋 1 个。经济以种植业为主，产花生、苹果、桃、板栗等。有公路经此。

石柱 370323-B04-H11
[Shízhù]

在县驻地历山街道西南方向 35.0 千米。大张庄镇辖自然村。人口 500。相传清嘉庆年间建村，以村北石柱山而得名。聚落呈散状。有文化大院 1 个、文化书屋 1 个。经济以种植业为主，产花生、苹果、桃、

板栗等。有公路经此。

赤坂 370323-B04-H12
[Chìbǎn]

在县驻地历山街道西南方向 15.0 千米。大张庄镇辖自然村。人口 2 200。因村边有红色山坡得名赤坂。聚落呈散状。有文化大院 1 个、农家书屋 1 个。有县级文物保护单位赤坂墓群 1 个。经济以种植业为主，产葡萄、花生、桃、苹果、地瓜等。有公路经此。

东唐庄 370323-B04-H13
[Dōngtángzhuāng]

在县驻地历山街道西南方向 17.0 千米。大张庄镇辖自然村。人口 1 800。原名唐庄，1946 年分为东西两村，该村居东，故名。聚落呈散状。有农家书屋 1 个。有县级文物保护单位东唐庄墓群。经济以种植业为主，产葡萄、桃、花生、苹果等，兼营工副业。有公路经此。

西唐庄 370323-B04-H14
[Xītángzhuāng]

在县驻地历山街道西南方向 17.0 千米。大张庄镇辖自然村。人口 600。原名唐庄，1946 年分为东西两村，该村居西，故名。聚落呈散状。有农家书屋 1 个。经济以种植业为主，产葡萄、苹果、桃、花生等。有公路经此。

大桑树 370323-B04-H15
[Dàsāngshù]

在县驻地历山街道西南方向 15.0 千米。大张庄镇辖自然村。人口 800。因村边有一古老桑树而得名。聚落呈散状。有农家书屋 1 个。有市级文物保护单位大桑树遗址。经济以种植业为主，产葡萄、桃、花生等。有公路经此。

中庄 370323-B05-H01
[Zhōngzhuāng]

中庄镇人民政府驻地。在县驻地历山街道南方向 18.0 千米。人口 1 200。因在周边邻村中间得名。聚落呈团块状。有文化书屋 1 个、幼儿园 1 所、小学 1 所。经济以种植业为主，种植苹果、大樱桃等，有"中庄"牌苹果，有果品冷藏、果品包装等厂。有公路经此。

杓峪 370323-B05-H02
[Sháoyù]

在县驻地历山街道东南方向 14.1 千米。中庄镇辖自然村。人口 500。以三面环山，山峪肚子大，峪口小似勺子状得名勺峪，后演变为杓峪。聚落呈团块状。有文化大院 1 个、农家书屋 1 个、文化广场 1 个。经济以种植业为主，产大樱桃、桃、苹果、花椒等，尤以香椿芽色红味香远近闻名。有公路经此。

大沟 370323-B05-H03
[Dàgōu]

在县驻地历山街道东南方向 15.8 千米。中庄镇辖自然村。人口 300。因该村前沟中有两块大石头，取名大石头沟，后简称为大沟。因与东里镇大沟重名，更为东大沟。后又复称现名。聚落呈团块状。有文化大院 1 个、农家书屋 1 个、文化广场 1 个。经济以种植业为主，产大樱桃、桃、苹果、花椒等。有公路经此。

焦家上庄 370323-B05-H04
[Jiāojiāshàngzhuāng]

在县驻地历山街道东南方向 16.7 千米。中庄镇辖自然村。人口 3 300。元朝元贞元年（1295），焦氏从博山县迁此立村。因属于杨庄河流域最上边的庄，故取名焦家上庄。聚落呈团块状。有文化大院 1 个、农家书屋 1 个、文化广场 1 个、幼儿园 1 所。经济以种植业为主，产杂粮、花生、苹果，花椒、核桃等。有公路经此。

社庄 370323-B05-H05
[Shèzhuāng]

在县驻地历山街道东南方向 20.0 千米。中庄镇辖自然村。人口 1 200。相传汉代建村，时树林繁茂，野兽出没，村人惯习弓箭，百发百中，自称射庄。几经沿革，以同音字取代，演变为现名社庄。聚落呈团块状。有文化大院 1 个、农家书屋 1 个、文化广场 1 个、小学 1 所、幼儿园 1 所。经济以种植业为主，产大樱桃、桃、苹果、花椒等。有公路经此。

马家河西 370323-B05-H06
[Mǎjiāhéxī]

在县驻地历山街道东南方向 14.6 千米。中庄镇辖自然村。人口 600。相传，因地处沂河西岸得名河西村，元朝至正年间，马氏迁此，得名马家河西。马氏迁走，诸氏相继迁入，沿用其名至今。聚落呈团块状。有文化大院 1 个、农家书屋 1 个。经济以种植业为主，产大樱桃、桃、花椒等。

东孝 370323-B05-H07
[Dōngxiào]

在县驻地历山街道东南方向 17.6 千米。中庄镇辖自然村。人口 800。原该村东东虎崖有一鹰雕栖居，起名雕村。清朝出一名孝子，在沂河以背人渡河谋生照顾父母，沂水县令听说后，改名为孝村。后分为两村，该村在东，名东孝。聚落呈团块状。有文化大院 1 个、农家书屋 1 个、文化广场 1 个。经济以种植业为主，产大樱桃、苹果、桃等。瓦日铁路经此。

阮家南峪 370323-B05-H08
[Ruǎnjiānányù]

在县驻地历山街道东南方向 16.2 千米。中庄镇辖自然村。人口 500。原村名逍遥峪，相传明万历十七年（1589）阮氏迁此，因所居之地位于沂河南，改名为阮家南峪。聚落呈团块状。有文化大院 1 个、农家书屋 1 个、文化广场 1 个。经济以种植业为主，产大樱桃、桃、苹果、花椒等。有公路经此。

南庄 370323-B05-H09
[Nánzhuāng]

在县驻地历山街道东南方向 18.8 千米。中庄镇辖自然村。人口 600。明崇祯年间，张氏从山西洪洞县老槐树底迁入孝村，后转徙于此。因在孝村落脚十余年，然后迁至其南方向建村，故取名南庄。聚落呈团块状。有文化大院 1 个、农家书屋 1 个、文化广场 1 个。经济以种植业为主，兼营工副业、商业，产苹果、花椒等。省道南崔公路经此。

盖冶 370323-B05-H10
[Gàiyě]

在县驻地历山街道东南方向 20.3 千米。中庄镇辖自然村。人口 1 600。据《沂水县志》载："邑西北八十里，即仲子兄载食邑，汉置县，属泰山郡，景帝封王信为盖侯。"以盖邑的近音字演变为盖冶。聚落呈带状。有文化大院 1 个、农家书屋 1 个、文化广场 1 个。经济以种植业为主，产苹果、桃、草莓、葡萄、花椒等。瓦日铁路、省道南崔公路经此。

东韩庄 370323-B05-H11
[Dōnghánzhuāng]

在县驻地历山街道东南方向 19.8 千米。中庄镇辖自然村。人口 700。本村居韩庄东方向，故名。聚落呈带状。有文化大院 1 个、农家书屋 1 个、文化广场 1 个。有县级文物保护单位古墓群。经济以种植业为主，产大樱桃、桃、苹果等。瓦日铁路经此。

黄家峪 370323-B06-H01
[Huángjiāyù]

张家坡镇人民政府驻地。在县驻地历山街道东南方向 31.0 千米。人口 800。原名黄夹峪。顾氏于清道光年间迁此居住，曾取名顾泉峪，后姓氏增多，仍称黄夹峪，后谐音成黄家峪。聚落呈团块状。有文化大院 1 个、图书室 1 个。经济以种植业为主，主产苹果、桃、葡萄等，有果品冷藏、运输等业。省道博沂公路经此。

张家坡 370323-B06-H02
[Zhāngjiāpō]

在县驻地历山街道东南方向 38.8 千米。张家坡镇辖自然村。人口 2 400。明洪武年间迁此立村，以姓氏、地貌取名。聚落呈散状。有图书室 1 个、幼儿园 1 所。经济以种植业为主，产苹果、葡萄、桃等，兼营工副商业。省道博沂公路、东九公路经此。

南流泉 370323-B06-H03
[Nánliúquán]

在县驻地历山街道东南方向 44.0 千米。张家坡镇辖自然村。人口 3 200。以村北山坡处有一自流山泉向南流去，故名南流泉。聚落呈团块状。有图书室 1 个。经济以种植业为主。省道博沂公路经此。

北桃花坪 370323-B06-H04
[Běitáohuāpíng]

在县驻地历山街道东南方向 41.5 千米。张家坡镇辖自然村。人口 1 200。因村址平坦多桃树，取名桃花坪。因与原韩旺乡桃花坪重名，冠以方位称北桃花坪。聚落呈团块状。有图书室 1 个。有省级文物保护单位北桃花坪遗址。经济以种植业为主，产苹果、葡萄、桃、地瓜、花椒等。青兰高速、229 省道经此。

上巨石崖 370323-B06-H05
[Shàngjùshíyá]

在县驻地历山街道东南方向 40.6 千米。张家坡镇辖自然村。人口 500。相传北宋年间建村。据说因下巨石崖村前山崖上有两行锯齿状岩石，取名锯齿崖。后演变为巨石崖。本村位其上，故名。聚落呈带状。有图书室 1 个。经济以种植业为主，产苹果、葡萄、桃、地瓜、花椒、小麦、玉米等。青兰高速经此。

下巨石崖 370323-B06-H06
[Xiàjùshíyá]

在县驻地历山街道东南方向 40.5 千米。张家坡镇辖自然村。人口 300。据说因下巨石崖村前山崖上有两行锯齿状岩石，取名锯齿崖。后演变为巨石崖。本村位其下，故名。聚落呈带状。有图书室 1 个。经济以种植业为主，产苹果、葡萄、桃、地瓜、花椒、小麦、玉米等。有公路经此。

亳坪 370323-B06-H07
[Háopíng]

在县驻地历山街道东南方向 33.8 千米。张家坡镇辖自然村。人口 700。清光绪十三年（1887）建村。因村处亳山脚下一土坪，故名。聚落呈团块状。有图书室 1 个。经济以种植业为主，产苹果、葡萄、桃、玉米、地瓜、花生、花椒等。青兰高速、229 省道经此。

杨三峪 370323-B06-H08
[Yángsānyù]

在县驻地历山街道东南方向 33.1 千米。

张家坡镇辖自然村。人口 600。清光绪年间，老农杨三从费县迁此定居，逐渐形成村落，取名杨三峪。聚落呈团块状。有图书室 1 个。经济以种植业为主，产苹果、葡萄、桃、山楂、玉米、地瓜等，兼营工副业。有公路经此。

北店子 370323-B06-H09
[Běidiànzi]

在县驻地历山街道东南方向 42.5 千米。张家坡镇辖自然村。人口 1 000。明洪武年间，商氏迁此建村。村北有铜陵关，古为蒙阴、沂水通往临朐、青州交通要道，客商络绎不绝，村中店坊数家，取村名野庄店子，后以地处东里店北方向更为现名。聚落呈团块状。有图书室 1 个。经济以种植业为主，产鲁源小枣、苹果、葡萄、地瓜等，兼营工副业。有公路经此。

鲁村 370323-B07-H01
[Lǔcūn]

鲁村镇人民政府驻地。在县驻地历山街道西方向 10.5 千米。人口 4 500。因该村北望鲁山得名。聚落呈团块状。有幼儿园 1 所、小学 1 所、中学 1 所。经济以种植业、商业、服务业为主，有海达公司、金东机械、安生科技、汇丰塑编、庆源建筑有限公司等企业。瓦日铁路、341 国道和省道泰薛公路、博沂公路经此。通公交车。

安平 370323-B07-H02
[Ānpíng]

在县驻地历山街道西南方向 21.0 千米。鲁村镇辖自然村。人口 700。原以村前姑子庵称庵上。1931 年以吉祥言易为现名。聚落呈散状。有图书室 1 个。有龙山文化古遗址、石窟寺及石刻，国家 AA 级旅游景区祈福源风景区。经济以种植业为主，产小麦、玉米、花生、棉花、桃、枣等。有公路经此。

青杨圈 370323-B07-H03
[Qīngyángquān]

在县驻地历山街道西南方向 23.0 千米。鲁村镇辖自然村。人口 900。相传明洪武年间建村，因当初村处山圈内多青杨树，依此得名。聚落呈散状。有图书室 1 个。经济以种植业为主，产小麦、玉米、花生、苹果、桃、枣等。有公路经此。

草埠二村 370323-B07-H04
[Cǎobù'èrcūn]

在县驻地历山街道西南方向 18.0 千米。鲁村镇辖自然村。人口 600。明洪武二年（1369），李氏迁此，以当初村边土质肥沃、草卉丰茂和一土埠而得名。聚落呈散状。有图书室 1 个。经济以运输业、种植业为主，产小麦、玉米、苹果等。有公路经此。

李家泉子 370323-B07-H05
[Lǐjiāquánzi]

在县驻地历山街道西南方向 22.0 千米。鲁村镇辖自然村。人口 900。因姓氏和村边山泉得名。聚落呈散状。有图书室 1 个。有县级文物保护单位古遗址。经济以种植业为主，产小麦、玉米、地瓜、花生、苹果、桃等。232 省道经此。

崮山 370323-B07-H06
[Gùshān]

在县驻地历山街道西南方向 9.9 千米。鲁村镇辖自然村。人口 1 000。清康熙元年（1662），先祖由淄川孙家大庄迁此地，村依山名。聚落呈散状。有图书室 1 个。有县级文物保护单位古墓群。经济以种植业为主，产小麦、玉米、地瓜、苹果等。有公路经此。

沙沟 370323-B07-H07
[Shāgōu]

在县驻地历山街道西南方向 11.0 千米。鲁村镇辖自然村。人口 1 200。以地貌分为上庄和下沟。因水冲下沟逐年加宽而成白沙河滩，遂称沙沟。又以姓氏称唐家沙沟，后简称现名。聚落呈散状。有图书室 1 个。经济以种植业为主，产小麦、玉米、苹果等。省道泰薛公路经此。

舍庄一村 370323-B07-H08
[Shězhuāngyīcūn]

在县驻地历山街道西南方向 17.0 千米。鲁村镇辖自然村。人口 1 000。宋代建村，原村名石家庄，清末村东土台地似舌状，亦称舌庄，后改名为舍庄。1980 年分为舍庄一村、舍庄二村、舍庄三村，该村为舍庄一村。聚落呈散状。有图书室 1 个。有县级文物保护单位古墓群。经济以种植业、建筑业为主，主产粮食、蔬菜、水果等。有公路经此。

西坡 370323-B07-H09
[Xīpō]

在县驻地历山街道西南方向 15.0 千米。鲁村镇辖自然村。人口 1 600。以地处王村西侧而得名。聚落呈散状。有图书室 1 个。有县级文物保护单位古遗址。经济以种植业为主，产小麦、玉米、苹果、黄金梨等。有公路经此。

北徐家庄 370323-B07-H10
[Běixújiāzhuāng]

在县驻地历山街道西南方向 31.0 千米。鲁村镇辖自然村。人口 900。明洪武年间以姓氏得名徐家庄，后以方位称北徐家庄。聚落呈散状。有图书室 1 个。经济以种植业为主，兼营工副业，产小麦、玉米、地瓜、苹果、桃、大棚蔬菜、花椒等。有公路经此。

小张庄 370323-B07-H11
[Xiǎozhāngzhuāng]

在县驻地历山街道西南方向 25.0 千米。鲁村镇辖自然村。人口 2 200。原以姓氏取名张庄，为区别于大张庄更名为小张庄。聚落呈散状。有图书室 1 个。经济以种植业为主，产小麦、玉米、地瓜、苹果、大棚菜、黑李子、大樱桃等。兼营工副业加工、塑编、小五金厂、维修等服务行业。有公路经此。

土门 370323-B08-H01
[Tǔmén]

南鲁山镇人民政府驻地。在县政府驻地历山街道西北 10.5 千米。人口 800。以村边土崖似门，故名。聚落呈散落分布。有图书室 1 个、幼儿园 1 所、小学 1 所、中学 1 所。经济以种植业为主，产苹果、桃等。有轧钢铸造、木业等企业。服务业有土门旅游服务公司、信诚物流公司等。省道博沂公路经此。

芦芽 370323-B08-H02
[Lúyá]

在县驻地历山街道西北方向 17.4 千米。南鲁山镇辖自然村。人口 1 300。明洪武三年（1370），有三兄弟徙此建村，时有道人在此修道，取其道号芦芽为村名。旧时为博蒙交通要道，客店多，更名芦芽店，后简化为现名。聚落呈带状。有图书室 1 个。经济以种植业为主，产桃、苹果、小麦、玉米等。省道博沂公路经此。

水么头河北 370323-B08-H03
[Shuǐmetóuhéběi]

在县驻地历山街道西北方向 14.6 千米。

南鲁山镇辖自然村。人口 600。明初建村，以村西河边有水打磨取名水磨头，后沿革为水么头。1961 年以螳螂河为界，分为水么头河北、水么头河南两村。该村为水么头河北村。聚落呈带状分布。有图书室 1 个。经济以种植业为主，产小麦、玉米等。省道博沂公路经此。

朱阿 370323-B08-H04
[Zhū'ē]

在县驻地历山街道西北方向 14.2 千米。南鲁山镇辖自然村。人口 600。村边有一天然石坑形似猪窝，得名猪窝，后雅化为现名。聚落呈散状。有图书室 1 个。经济以旅游业为主，兼营种植业。依托鲁山森林公园、九天洞溶洞群等发展旅游业，盛产花生、栗子等。有公路经此。

池埠 370323-B08-H05
[Chíbù]

在县驻地历山街道西北方向 13.3 千米。南鲁山镇辖自然村。人口 400。以村东一天然水池、村西一土埠取名。聚落呈散状。有图书室 1 个。经济以种植业为主，种植桃、栗子、玉米、小麦，盛产花生。有公路经此。

九会 370323-B08-H06
[Jiǔhuì]

在县驻地历山街道西北方向 7.5 千米。南鲁山镇辖自然村。人口 1 200。据张、崔二氏家谱传，元代至顺年间迁此立村。以村附近多庙会，每年数次，取村名九会。有图书室 1 个。经济以种植业为主，种植桃、苹果、红提葡萄、小麦、玉米等。省道博沂公路经此。

茨峪 370323-B08-H07
[Cíyù]

在县驻地历山街道西北方向 10.0 千米。南鲁山镇辖自然村。人口 1 000。清光绪末年（1908），崔志怀从水么头迁此定居，以周围山坡中多刺榆树，取村名刺榆。1950 年以其谐音改为现名。聚落呈散状。有文化广场 1 个、农家书屋 1 个。有县级文物保护单位古遗址。经济以种植业为主，盛产黄金桃。有公路经此。

芝芳 370323-B08-H08
[Zhīfāng]

在县驻地历山街道西北方向 5.5 千米。南鲁山镇辖自然村。人口 2 500。明洪武三年（1370），唐氏从冀州枣强县迁居沂邑交仓峪，其长支迁此建村，以村边河水丰沛，有几处造纸作坊，起村名纸坊，后演变为现名。聚落呈团块状。有文化广场 1 个、农家书屋 1 个、小学 1 所、幼儿园 1 所。经济以餐饮业、种植业为主，产小麦、玉米等。省道博沂公路经此。

三岔店 370323-B08-H09
[Sānchàdiàn]

在县驻地历山街道东南方向 26.9 千米。南鲁山镇辖自然村。人口 1 300。以姓氏和地貌取名芦家崖。后因地处通往博山、临朐、沂水三岔路口并设有店铺，改名三岔店。聚落呈带状。有文化广场 1 个、农家书屋 1 个、中学 1 所、小学 1 所、幼儿园 1 所。经济以种植业为主。产玉米、桔梗、黄烟、苹果等，兼营工副业和集市服务业。省道仲临公路经此。

丝窝 370323-B08-H10
[Sīwō]

在县驻地历山街道东南方向 31.1 千米。南鲁山镇辖自然村。人口 1 200。村以缫丝而得名。聚落呈带状。有文化广场 1 个、农家书屋 1 个。经济以种植业为主，产玉米、桔梗、黄烟、苹果等。有公路经此。

南水沟 370323-B08-H11
[Nánshuǐgōu]

在县驻地历山街道东南方向 29.1 千米。南鲁山镇辖自然村。人口 700。因村边沟内色树多得名色沟，后以方位、地理地貌变为现名。聚落呈带状。有文化广场 1 个、农家书屋 1 个。经济以种植业为主，产玉米、地瓜、桔梗、黄烟等。省道仲临公路经此。

双石屋 370323-B08-H12
[Shuāngshíwū]

在县驻地历山街道东南方向 36.6 千米。南鲁山镇辖自然村。人口 200。以村边两座石头屋而得名。聚落呈带状。有文化广场 1 个、农家书屋 1 个。经济以种植业为主，产玉米、黄烟、苹果、中药材等。有公路经此。

胜家庄 370323-B08-H13
[Shèngjiāzhuāng]

在县驻地历山街道东南方向 31.7 千米。南鲁山镇辖自然村。人口 400。据查证，明嘉靖年间，申氏迁此建村。以姓氏和地貌取名沈家溜。后因人丁繁盛，改名盛家庄，后沿革为现名。聚落呈带状。有文化广场 1 个、农家书屋 1 个。有龙山文化古遗址。经济以种植业为主，产玉米、柿子、桃、地瓜、桔梗、黄芩、丹参等。有公路经此。

车场 370323-B08-H14
[Chēchǎng]

在县驻地历山街道东南方向 17.6 千米。南鲁山镇辖自然村。人口 1 400。相传隋开皇年间车氏在此建村。因当时在村东北三岭山前开采银矿，运矿石的车辆于村边停车场放着，由此得村名车场，亦有以车姓取名之说。聚落呈团块状。有图书室 1 个。经济以种植业为主，产玉米、高粱，另有桔梗、苹果等。有公路经此。

北流水 370323-B08-H15
[Běiliúshuǐ]

在县驻地历山街道东南方向 18.7 千米。南鲁山镇辖自然村。人口 700。明洪武年间建村，以村边老泉常年流水得名流水庄。后分为三村，以方位取名北流水。聚落呈带状。有文化广场 1 个、农家书屋 1 个。经济以种植业为主，产玉米、地瓜、桔梗、桃、苹果等。有公路经此。

南流水 370323-B08-H16
[Nánliúshuǐ]

在县驻地历山街道东南方向 18.1 千米。南鲁山镇辖自然村。人口 1 300。明洪武年间建村，以村边老泉常年流水得名流水庄。后分为三村，以方位取名。聚落呈带状。有文化广场 1 个、农家书屋 1 个。经济以种植业为主，产玉米、苹果、桔梗、黄烟等。有公路经此。

东流水 370323-B08-H17
[Dōngliúshuǐ]

在县驻地历山街道东南方向 18.7 千米。南鲁山镇辖自然村。人口 500。明洪武年间建村，以村边老泉常年流水得名流水庄。后分为三村，以方位取名。聚落呈带状。有文化广场 1 个、农家书屋 1 个。经济以种植业为主，产油杏、玉米、地瓜、桔梗、桃、黄烟等。有公路经此。

璞邱一村 370323-B08-H18
[Púqiūyīcūn]

在县驻地历山街道东南方向 21.0 千米。南鲁山镇辖自然村。人口 1 100。因村周围山峦环抱，唯东坡有山口，依此取村名坡口。明万历年间以吉祥言改称现名。聚落呈带状。有文化广场 1 个、农家书屋 1 个、小学 1 所、幼儿园 1 所。经济以种植业为主，生产中药材、果品、玉米、小杂粮、板栗等。有公路经此。

楼峪 370323-B08-H19
[Lóuyù]

在县驻地历山街道东南方向 33.0 千米。南鲁山镇辖自然村。人口 100。以村前一山头形似竹楼和地貌而得名。聚落呈散状。经济以种植业为主，产小米、苹果、核桃、栗子、中草药等。有公路经此。

燕崖 370323-B09-H01
[Yànyá]

燕崖镇人民政府驻地。在县驻地历山街道东南方向 9.8 千米。人口 1 700。以村附近山中产燕子图案的三叶虫化石得名燕子崖，后简化为现名。聚落沿公路呈带状分布。有农家书屋 1 个、小学 1 所。经济以种植业为主，产大樱桃、桃等，打造七彩樱桃小镇。省道博沂公路经此。通公交车。

双泉官庄 370323-B09-H02
[Shuāngquánguānzhuāng]

在县驻地历山街道东南方向 14.7 千米。燕崖镇辖自然村。人口 800。以有两处山泉而得名双泉官庄。聚落呈环状。有文化大院 3 个、农家书屋 3 个。经济以种植业为主，产苹果、大樱桃等，其中，高山"糖心"苹果远近闻名。有公路经此。

牛郎官庄 370323-B09-H03
[Niúlángguānzhuāng]

在县驻地历山街道东南方向 19.1 千米。燕崖镇辖自然村。人口 500。以村西有牛郎庙取名。聚落呈团块状。有文化大院 1 个、农家书屋 1 个。有牛郎庙、织女洞等名胜古迹。经济以种植业为主，产苹果、大樱桃等。有公路经此。

杏花 370323-B09-H04
[Xìnghuā]

在县驻地历山街道东南方向 14.1 千米。燕崖镇辖自然村。人口 500。石氏从蒙阴桃虚迁来，以此村多杏树，春天开花而得名。聚落呈带状。有文化大院 1 个、农家书屋 1 个。经济以种植业、旅游业为主，产大樱桃、苹果、花椒等，有农家乐。有公路经此。

王庄 370323-B09-H05
[Wángzhuāng]

在县驻地历山街道南方向 13.7 千米。燕崖镇辖自然村。人口 1 000。以姓氏取名。聚落呈带状分布。有文化大院 1 个、农家书屋 1 个。经济以种植业为主，产苹果、大樱桃等。有公路经此。

东郑王庄 370323-B09-H06
[Dōngzhèngwángzhuāng]

在县驻地历山街道南方向 14.3 千米。燕崖镇辖自然村。人口 1 700。相传郑氏祖盼人丁兴旺，取村名郑旺庄。后演变为郑王庄。与西郑王庄相对应称现名。聚落呈带状。有农家书屋 1 个。经济以种植业为主，产苹果、葡萄、大樱桃、柿子、核桃等。有公路经此。

朱家户 370323-B09-H07
[Zhūjiāhù]

在县驻地历山街道西南方向 18.9 千米。燕崖镇辖自然村。人口 700。以朱姓居民定居而得名。聚落呈环状。有文化大院 1 个、农家书屋 2 个。经济以种植业为主，产苹果、大樱桃、柿子、花椒等。有草莓采摘园和农家乐。有公路经此。

刘庄 370323-B09-H08
[Liúzhuāng]

在县驻地历山街道南方向 24.4 千米。燕崖镇辖自然村。人口 1 200。因刘氏建村取名刘家庄，又因与原徐家庄乡刘家庄重名，1982 年更为现名。聚落呈散状。有文化大院 1 个、农家书屋 1 个。有县级文物保护单位石窟寺及石刻。经济以种植业为主，产苹果、黑李子、桃、板栗、花生等。有公路经此。

石桥 370323-B10-H01
[Shíqiáo]

石桥镇人民政府驻地。在县驻地历山街道东方向 20.0 千米。人口 2 100。因村北滚龙沟上架有石桥，村以桥得名。聚落呈团块状。有幼儿园 1 所、小学 1 所、中学 1 所等。经济以种植业为主，主产苹果、桃、中药材、玉米尖等，有机械厂、玻纤公司等，有家电连锁店、三联家电连锁店、开城家具店等。省道博沂公路经此。

松峪 370323-B10-H02
[Sōngyù]

在县驻地历山街道西南方向 18.0 千米。石桥镇辖自然村。人口 800。建村时以地貌取名锁峪，后据村西松山更为现名。聚落呈团块状。有图书室 1 个。经济以种植业为主，产地瓜、玉米、杂粮、黄金桃、花椒等。有公路经此。

关河峪 370323-B10-H03
[Guānhéyù]

在县驻地历山街道西南方向 20.0 千米。石桥镇辖自然村。人口 1 300。原名关虎峪，后以村旁数条小河汇流处，易为现名。聚落呈散状。有图书室 1 个。经济以种植业为主，兼营养殖业，产玉米、地瓜、小麦、花生、花椒等。有公路经此。

石楼 370323-B10-H04
[Shílóu]

在县驻地历山街道西南方向 19.0 千米。石桥镇辖自然村。人口 2 500。因马庄河水流到村前从石缝中消失，取名石漏，后雅化为石楼。聚落呈团块状。有图书室 1 个。经济以种植业为主，兼营林果业，产葡萄、苹果、桃、玉米、花椒等。有公路经此。

东北庄 370323-B10-H05
[Dōngběizhuāng]

在县驻地历山街道西南方向 21.0 千米。石桥镇辖自然村。人口 2 600。建村时有百户人家，起名百家庄，后演变为北庄。1947 年以小河为界，分为西北庄、东北庄。此村为东北庄。聚落呈团块状。有图书室 1 个。经济以种植业为主，兼营养殖业、工副业，产地瓜、玉米、花生、苹果、桃、葡萄、梨、核桃、花椒及中草药等。229 省道经此。

后大泉 370323-B10-H06
[Hòudàquán]

在县驻地历山街道西南方向 25.5 千米。石桥镇辖自然村。人口 1 300。村前有一大泉，名大泉，故取村名大泉库，后更名为大泉庄。后以河为界分为前大泉、后大泉。聚落呈团块状。有图书室 1 个。经济以种植业为主，兼营养殖业，产玉米、花椒、苹果、桃、柿子等。有公路经此。

前大泉 370323-B10-H07
[Qiándàquán]

在县驻地历山街道西南方向 25.2 千米。石桥镇辖自然村。人口 1 100。因居后大泉之南得名前大泉。聚落呈团块状。有图书室 1 个。经济以种植业为主，兼营工副业，产玉米、花椒、柿子、苹果等。有公路经此。

黑崖 370323-B10-H08
[Hēiyá]

在县驻地历山街道西南方向 26.0 千米。石桥镇辖自然村。人口 800。以村南有一黑色大石崖而得名。聚落呈团块状。有图书室 1 个。有县级文物保护单位古遗址。经济以种植业为主，兼营养殖业，产玉米、地瓜、花生、花椒、板栗、苹果、桃等。省道博沂公路经此。

亳山 370323-B10-H09
[Háoshān]

在县驻地历山街道西南方向 23.0 千米。石桥镇辖自然村。人口 2 200。村以山得名。聚落呈团块状。有图书室 1 个。经济以种植业为主，兼营养殖业，产小麦、玉米、地瓜、花生、花椒、板栗、苹果等。省道博沂公路经此。

三　交通运输

淄博市

铁路

瓦日铁路 370300-30-A-b01
[Wǎrìtiělù]

国有铁路。起点山西省吕梁市，终点山东省日照市。全长1 260千米，山东省内426千米，淄博境内全长53.3千米。在汤阴东站与京广铁路相交，在范镇站与辛泰线相交，在台前北站与汤台线相交，在巨峰站与兖日线并线。沂源段于2010年9月底开工建设，2014年12月28日建成通车。设计标准为国家铁路一级、双线电气化。淄博境内12座隧道长21.5千米，17座桥梁长12.3千米。以运煤为主，兼顾客运，是连接国内东西部的重要煤炭资源运输通道、第一条按轴重30吨重载铁路标准建设的铁路。为国家规划的大能力运煤通道以及国家八横四纵铁路网中一条重要运输干线。对确保国家能源运输安全，促进晋、豫、鲁三省经济发展，落实国家中部山区和沿海发展战略，加强沿海省份与内陆省份联系，加快山东省能源结构调整，提高铁路沿线人民生产生活水平和加快沿线地区经济发展具有十分重要的意义。

胶济铁路 370300-30-A-b02
[Jiāojǐ Tiělù]

国有铁路。东起青岛，西至济南。全长384.2千米。在蓝村站与蓝烟线相接，在胶州站与胶新线、胶黄线相接，在芝兰庄站与海青线相接，在青州市站与益羊线相接，在临淄站与辛泰线相接，在淄博站与张东线、张博线相接，在济南站与京沪线相接。1899年开工，1904年建成。1959年，胶济复线开始修建。2003年2月19日，胶济铁路开始进行电气化改造工程，2005年6月全面竣工。2005年9月实施了第一次提速，2006年中进行新的提速，2007年4月18日大提速。两侧有特大桥17座，新建大中桥63座，改建7座，新建、改建小桥涵781座。两侧有胜利油田、博山煤矿、坊子煤矿、金岭镇铁矿、昌乐金刚石矿。胶济铁路连接济南、青岛两大城市，是横贯山东的运输大动脉，与邯济线一起构成晋煤外运的南线通道，是青岛、烟台等港口的重要疏港通道。

胶济客运专线 370300-30-A-b03
[Jiāojǐkèyùn Zhuānxiàn]

国有铁路。东起青岛，向西经潍坊、淄博至济南，设计客运正线长度362.5千米，较之现有铁路线缩短了21.5千米。其中新建客线173千米，利用胶济铁路电气化工程改造后的线路149千米，利用既有老线42千米。沿线设有11个车站，新建青州市站、周村东站和胶州北站。2008年北京奥运会开幕前建成投产运营。既有线路改为货运专线，使山东省经济的"黄金通道"胶济铁路真正实现客货分线，进一步释放运输能力，形成区域内1小时交通圈，构筑半岛地区城际客运网络，满足山东省东部地区快速增长的客货运需求。

张博线 370300-30-A-b04

[Zhāngbó Xiàn]

国有铁路。起点淄博张店区，终点为淄博博山区，全长64.018千米。沿线与胶济线相连。1903年5月至1904年6月，建设张博支线及淄洪支线，博八支线于1920年7月至1921年冬建，1975年后张博支线正线换为水泥轨枕，改铺碎石道床，加固路基、浆砌护坡、翻修道口。单线铁路。该线淄川段有桥涵67处。为博山工矿区通往胶济铁路的主要通道，外运物资以煤炭、陶瓷为主。

辛泰铁路 370300-30-A-c01

[Xīntài Tiělù]

地方铁路。起点辛店站（现名临淄站），终点泰山站。全长161.75千米。沿线与津浦铁路相接。1970年开工，1974年全线贯通。有桥梁17座，长1 291.6米，涵洞268座，长6 298.2米。辛泰铁路连接了胶济、津浦两大铁路干线，缓和了济南的交通压力，起到铁路分流、加强备战和发展山区经济的作用。

淄东铁路 370300-30-A-c02

[Zīdōng Tiělù]

地方铁路。起点淄博市，终点东营市。全长89千米。1959年开工，1960年通车。对促进地方经济发展具有重要作用。

博八铁路 370300-30-A-c03

[Bóbā Tiělù]

地方铁路。起点博山站，终点八陡站。全长21.5千米。1920年7月开工，1921年建成。1923年、1936年改建。有桥涵37座。为博山工矿区通往胶济铁路的主要通道，外运物资以煤炭、陶瓷为主。

淄八铁路 370300-30-A-c04

[Zībā Tiělù]

地方铁路。起点胶济铁路淄博站，终点博山八陡站。全长49.2千米。1903年开工，1904年9月至博山段通车，1923年延至八陡。单线，采用电气路牌闭塞，臂板电销器联锁，线芯路最小曲线半径200米。桥涵37座。为博山工矿区通往胶济铁路的主要通道，外运物资以煤炭、陶瓷为主。

公路

青银高速公路 370300-30-B-a01

[Qīngyín Gāosù Gōnglù]

高速公路。起点山东省青岛市，终点宁夏回族自治区银川市。沿线经过潍坊、淄博、济南、德州、邢台、石家庄、阳泉、太原、榆林、吴忠等城市。全长1 610千米，山东境内长419千米。1990年7月开工，1993年11月全线贯通。等级为高速一级公路。沥青水泥路面，路面宽度为40米。在淄博境内与北京路、世纪路、北西五路、柳泉路、金晶大道等相交。是中国能源东送及出口的主要通道，对于加强西北内陆和东部沿海之间的资源互通，促进沿线地区的经济发展发挥着巨大作用。

京沪高速公路 370300-30-B-a02

[Jīnghù Gāosù Gōnglù]

高速公路。起点北京，终点上海。途径北京、河北、天津、山东、江苏、上海。全长1 262千米，山东境内长76千米。于1987年12月开工，1993年9月25日全线贯通。等级为高速一级公路，沥青水泥路面，路面宽度为35米。淄博境内共有隧道3处，特大桥2座、大桥3座，分离立交2座，互通立交1处。隧道最长814米，设左右连体、分体各1处。加强了北京、天津、河北、山东、江苏、上海之间的经济联系与合作，对促进沿线地区乃至中国的经济发展具有重要意义。

济青高速公路 370300-30-B-a03
[Jǐqīng Gāosù Gōnglù]

高速公路。西起济南市大桥路，东至青岛市西元庄。经历城、章丘、张店、青州、潍坊、高密、胶州、即墨等。全长318.3千米。1990年1月始建，土建工程于1993年底全部完成，1995年底建成并全线通车。双向4车道，中间分隔。宽23~26米。一级公路。沥青路面。有淄河大桥、潍河大桥、大沽河大桥、桃园河大桥等特大桥4座，大桥15座。对促进山东半岛经济发展和商品流通，建设开发胜利油田和黄河三角洲，加快山东西部的开放开发具有十分重要的意义。

滨博高速公路 370300-30-B-a04
[Bīnbó Gāosù Gōnglù]

高速公路。起点滨州，终点博山。全长84.6千米。2000年3月开工，2002年8月建成。一级公路。沥青路面。路面宽23.5米。沿线与济青高速、莱新高速公路相接。滨博高速公路的高速运输服务和物流管理不仅改变了沿线制造业和流通领域的经营方式，提高了经济效率，而且对产业结构及分布、城市结构和规模、中小城镇的发展，以及在提高居民生活水平、缩小城乡差别方面起着重要的作用。

胶海公路 370300-30-B-b01
[Jiāohǎi Gōnglù]

国道。起点山东省青岛市，终点青海省海北藏族自治州。沿线经过山东、河南、山西、陕西、甘肃、宁夏、青海。全长1 610千米，山东境内长44.5千米。境内段于1958年修建南麻至草埠段，1967年修建

南麻至上枝段，高庄至莱芜段于2010年开展大修工程，高庄至矩庄段新建于2009—2011年，矩庄至临朐界于2012年开展大中修工程。国家二级公路。沥青混凝土路面，路面宽度为10~21米。该国道是国家东西干线之一，利于集中连片贫困地区的扶贫开发。

荣成—兰州公路 370300-30-B-b02
[Róngchéng Lánzhōu Gōnglù]

国道。起点山东荣成市，终点甘肃兰州。沿线经过山东、河北、山西、陕西、宁夏、甘肃。全长377千米，境内全长75.9千米。1956年4月20日开工，1958年6月30日通车。1991年2月，309国道张（店）辛（店）路段进行拓宽改建，1992年9月竣工通车。2002年1月，309国道张（店）周（村）路段进行拓宽改建，主车道当年10月竣工通车。国家一级公路。沥青混凝土路面。路面宽23~47米。沿线与湖南路、张店绕城公路相交。是中国东西走向的国家干线公路之一，是连接各重要经济中心、商品生产基地和战略要地的公路交通。

山海关—深圳公路 370300-30-B-b03
[Shānhǎiguān Shēnzhèn Gōnglù]

国道。起点河北省秦皇岛市，终点广东省深圳市。全长3 009.533千米，境内长52.12千米。1994年3月，205国道张（店）北（镇）路段进行拓宽改建，当年11月竣工通车。1998年4月，205国道张（店）博（山）路段进行改建，当年竣工通车。二级公路。沥青路面。是中国南北走向的国家干线公路之一，联通中国华北、华东、华南地区，是连接各重要经济中心、商品生产基地和战略要地的公路交通。

济南—青岛公路 370300-30-B-c01
[Jǐnán Qīngdǎo Gōnglù]

省道。起点济南，终点青岛。淄博境内全长 15.5 千米。1936 年开工。1959 年铺为矿渣石路面，至 1970 年全线完成，达四级公路标准。2005 年、2009 年，临淄区又对金岭回族镇以东部分路段大修、改线。二、三级公路。沥青混凝土路面。路面最宽处 21 米。济青公路对加强淄博市与省会济南、胶东经济圈的联系，促进区域经济融合发展具有重大意义和作用。

张店—博山公路 370300-30-B-c02
[Zhāngdiàn Bóshān Gōnglù]

省道。起点张店，终点博山。全长 41.2 千米。1931 年，淄城至博山段已修；1938 年，拓宽为 18 米；1946 年 7 月，铺设碎石；1985 年底，桥涵齐全，晴雨通车；1993 年 7 月，路面硬化；1998 年 4 月，实施改造工程，按一级公路设计施工；2002 年 12 月，张博路淄川段 20.4 千米由国道改为省道。一级公路。沥青混凝土路面。沿途建有淄川立交桥、淄川大桥等 6 座，共 185.6 米。其中中桥 1 座，小桥 5 座。涵洞 17 道，防护工程 43 处。系淄博市较繁忙的运输路线。

庆云—淄川公路 370300-30-B-c03
[Qìngyún Zīchuān Gōnglù]

省道。起点庆云县，终点淄川区。淄川段，全长 8.8 千米。原是清代淄川通往西北向的驿路。1956 年修复周村至淄川公路，1959 年改善路面、拓宽路基和路面。至 1964 年，用碎砖石料重铺石埠村南至淄川张博铁路立交桥段路面。1980 年改线，铺筑成泥结碎石路面。1984 年 5 月，进行补强加宽，铺筑成灌入式沥青路面。四级公路，沥青路面，宽 15 米，有桥梁 8 座、涵洞 12 道。

周村段，长 18 千米。1987 年 11 月和 1991 年 11 月建成通车，1998 年周村以南段改道。沥青路面，宽 12 ~ 24 米。高青段，全长 21.17 千米。1958 年展宽，铺碎砖颗粒路面。1971 年 9 月建成沥青路，后在原址上进行多次维修改造。2011—2012 年，分段对全线进行升级改造。按一级和二级标准建设不同路段，沥青路面，宽 17 米。沿线与广青公路相接，是淄川、博山通往鲁北平原主要道路。

泉头—王村公路 370300-30-B-c04
[Quántóu Wángcūn Gōnglù]

省道。起点泉头，终点王村。全长 27.8 千米。该路由历史上的昆（仑）王（村）路和昆（仑）西（河）路的一部分（昆仑至泉头）相结而成。1964 年、1978 年、1985 年分别进行改扩建。三级公路。沥青路面。路面宽度 7.5 ~ 12 米。沿线建有桥梁 9 座、涵洞 41 道。沿线与滨莱高速、205 国道、294 省道等相交。是淄川区国防和工业干线道路，也是博山、沂源通向济南距离较近的道路。

胶州—王村公路 370300-30-B-c05
[Jiāozhōu Wángcūn Gōnglù]

省道。起点胶州，终点王村。淄川段长 49.6 千米。1977 年 5 月开工，1989 年 9 月建成。一、二级公路。沥青混凝土路面。路面宽度 22 米。建有辛泰铁路公铁立交桥和五里河中桥，涵洞、辅道涵等。为横贯山东的国防交通干线。

博山—沂水公路 370300-30-B-c06
[Bóshān Yíshuǐ Gōnglù]

省道。起点博山，终点沂水。全长 103.81 千米。1951 年开工，2005 年改建。沥青混凝土路面。沿线与仲临路、湖南路相连。为博山至沂水重要交通干线。

博山—草埠辅线公路 370300-30-B-c07

[Bóshān Cǎobù Fǔxiàn Gōnglù]

省道。起点博山，终点草埠。全长 28.586 千米。1999 年开工，同年建成。沥青混凝土路面。路面宽度 11 米。沿线与博沂公路相连。为博山至草埠重要交通干线。

湖田—南庄公路 370300-30-B-c08

[Hútián Nánzhuāng Gōnglù]

起点为湖田，终点为南庄。自张店区湖田连王潍路复线起，至南庄南接博沂、仲临两公路止。1957 年 10 月始建，2003 年路面升级，2008 年进行改造。博山区境内长 6.8 千米，宽 12 米。路面为水泥、沥青。二级公路。沿线与之相连的有博沂公路、仲临公路。为淄博市南北交通重要干线。

寿光—济阳公路 370300-30-B-c09

[Shòuguāng Jǐyáng Gōnglù]

省道。起点寿光，终点济阳。淄博境内路段长 28.7 千米。1964 年开工，1968 年、1999 年改扩建，淄博段 2000 年 11 月建成。二级公路。沥青混凝土路面。路面宽度 18 米。沿线与辛广路、河辛路、博临路、兴边路相连。

河口—辛店公路 370300-30-B-c10

[Hékǒu Xīndiàn Gōnglù]

省道。起点河口，终点辛店。1962 年 12 月开工，1963 年 12 月建成。1965 年、1981 年改建。一级公路。沥青路面。路面宽度 24 米。沿线与寿济路、古侯路、张皇路、荣兰路相交。

博兴—临朐公路 370300-30-B-c11

[Bóxīng Línqú Gōnglù]

省道。起点博兴，终点临朐。全长 46.66 千米。1940 年开工，1956 年重修，1982 年、1984 年、1994—1995 年、2002 年、2009 年改扩建。二级公路。沥青路面。路面宽度 25 米。沿线与寿济路、荣兰路、济青路、齐鲁石化厂区路相连。

高青—淄博公路 370300-30-B-c12

[Gāoqīng Zībó Gōnglù]

省道。起点高青，终点淄博。全长 16.114 千米。2007 年开工，2008 年建成。二级公路。沥青路面。路面宽度 23~24 米。沿线与广青路、滨莱高速公路、潍高路相连。

广北农场—青城公路 370300-30-B-c13

[Guǎngběinóngchǎng Qīngchéng Gōnglù]

省道。起点广北农场，终点青城。全长 30.638 千米。1955 年开工，1971 年改建。二级公路。沥青路面。路面宽度 18~23 米。沿线与高淄路、潍高路、滨莱高速公路相连。是连接高青与滨州地界的交通要道。

张台公路 370300-30-B-c14

[Zhāngtái Gōnglù]

省道。起点淄博市张店区，终点枣庄市台儿庄，途经南鲁山镇、历山、南麻街道和大张庄镇。全长 48.7 千米。1951 年修建博山上结老峪至芦芽段，后该线不断延伸、改扩建。二级公路。沥青混凝土路面。路面宽度 8~15 米。

沂邳公路 370300-30-B-c15

[Yípī Gōnglù]

省道。起点淄博沂源，终点江苏邳州，途经历山街道和悦庄、石桥、张家坡等镇。境内全长 43.766 千米。1952 年开工，后不断延伸、改扩建。二级公路，沥青混凝土路面，路面宽度 12 米。

临历公路 370300-30-B-c16
[Línlì Gōnglù]

省道。起点潍坊市临朐县，终点济南市历城区，途经南鲁山镇。淄博境内全长12.25千米。1967年开工，2004年改建。二级公路。沥青混凝土路面。路面宽度9~10米。

惠沂公路 370300-30-B-c17
[Huìyí Gōnglù]

省道。起点滨州市惠民县，终点临沂市沂水县，途经大张庄、西里、东里镇。淄博境内全长40.21千米。二级公路。沥青混凝土路面。路面宽度8.5~15米。

张鲁公路 370300-30-B-c18
[Zhānglǔ Gōnglù]

省道。起点淄博市张店区，终点沂源县鲁村镇。淄博市境内全长9.8千米。二级公路。沥青混凝土路面。路面宽度9米。

淄川区

城市道路

颐泽将军大道 370302-K01
[Yízéjiāngjūn Dàdào]

在区境南部。西起淄城路，东至聊斋路。沿线与张博公路、山川路、吉祥路、淄城东路、鲁泰文化路、淄矿路等相交。长7千米，宽42米，沥青路面。1992年10月建成，1996年升级改建。2012年，完成园林景观大道工程建设。原名将军路，以途经将军头村命名。2008年，更名为颐泽将军大道。两侧有淄川区教育体育局、淄川中学、将军路街道办事处等单位和留仙湖公园、柳泉湿地等公园。通公交车。

般阳路 370302-K02
[Pányáng Lù]

在区境中部。西起淄川大桥东首，东至鲁泰文化路。沿线与淄城路、吉祥路、淄城东路、淄矿路等相交。长2千米，宽40米。沥青路面。1992年建成，2010年改建，对般阳路实施慢行一体化改造。以般阳古城命名。两侧有新华书店、区政府、消防队、般阳广场、淄川图书馆等。通公交车。

城里大街 370302-K03
[Chénglǐ Dàjiē]

在区境中部。西起淄城路，东至鲁泰文化路。沿线与吉祥路、淄城东路相交。长2千米，宽20米。1993年开工，1997年建成，1994年改（扩）建。以所处地理位置更名为城里大街。沿途多商铺，商业气氛浓厚。两侧有忠亲王祠、淄川工商联合会、淄川实验中学、淄川区水务局等单位。通公交车。

松龄东路 370302-K04
[SōngLíng DōngLù]

在区境中部。东起聊斋路，西至淄城路。沿线与鲁泰文化路、淄城东路、吉祥路、通济街、华洋街等相交。长4千米，宽42米。沥青路面。其前身为淄城三路，1977年，以其所在地加数字顺序命名。1987年建成。1992年扩建，在该路基础上向东延伸至聊斋路。以蒲松龄名字和所处地理方位而得名。沿途有杜坡山景区、奎盛公园、般阳山庄。两侧有鲁泰公司、淄川区民政局、星辰供水集团、淄川区中医院、淄川实验中学、供电中心等单位。通公交车。

松龄西路　370302-K05

[Sōnglíng XiLù]

在区境西部。东起淄城路，西至西山路。沿线与滨河路步行街、商城东街、商城西街、华齐街、张八铁路等相交。长 2.4 千米，宽 42 米。沥青路面。1987 年建成，1992 年扩建，以蒲松龄名字和所处地理方位命名。两侧有银座购物广场、跨孝妇河淄城大桥、淄城医院等。通公交车。

雁阳路　370302-K06

[Yànyáng Lù]

在区境北部。西起淄城路，东至与建设路交会处。沿线与鲁泰文化路、聊斋路相交。长 3 千米，宽 30 米。沥青路面。1950 年土路始建，1992 年建成，2009 年改扩建。以途经淄博雁阳实业总公司命名。沿途多商铺，商业氛围浓厚。两侧有淄川再生资源公司、生活小区。附近有山东新星集团。通公交车。

鲁泰文化路　370302-K07

[Lǔtàiwénhuà Lù]

在区境东部。北起胶王路，南至文峰山路。沿线与胶王路、雁阳路、淄矿铁道、松龄路、城里大街、般阳路、将军路和文峰山路等相交。长 4.8 千米，宽 42 米。沥青路面。1985 年开工，1994 年扩建，续建般阳至颐泽将军大道段。2002 年扩建，建淄洪铁路至胶王路段。因其途经文化广场且为鲁泰公司投资建设，故命名为鲁泰文化路。两侧有鲁泰公司、鲁泰体育场等单位。通公交车

淄城东路　370302-K08

[Zīchéngdōng Lù]

在区境中部。北起淄城路，南至文峰路。沿线与颐泽将军大道、般阳路、松岭东路相交。长 3.8 千米，宽 30 米。沥青路面。1950 年开工，1977 年建成。以位于东关而名东关路。沿途有商铺，商业气氛浓厚。两侧有五金大世界、川鹰酿造公司、淄川区国税局、淄川政务中心、般阳生活区等。通公交车。

吉祥路　370302-K09

[Jíxiáng Lù]

在区境中部。北起淄城路，南至颐泽将军大道。沿线与松龄东路、般阳路相交。长 2.8 千米。沥青混凝土路面。1949 年后，随城市建设逐渐拓宽和延伸。1991 年、1992 年扩建。因该路所经之旧城南门上曾有"回头盘羊"石刻，"盘羊"即"般阳"谐音，"羊"与"祥"谐音，故以"吉祥"之意命名。该路是以经营饮食业为主的商业街，商业氛围浓厚。两侧有吉祥广场、中国银行淄川支行、中国人民银行淄川支行等。通公交车。

淄矿路　370302-K10

[Zīkuàng Lù]

在区境东部。西起鲁泰文化路，东至聊斋路。沿线与鲁泰文化路、般阳路、聊斋路、洪山大街、车站路等相交。长 2.2 千米，宽 40 米，沥青混凝土路面。1958 年，是淄洪路东部地段。2005 年，更名为淄矿路，完成人行道改造工程。2008 年 6 月，向东延伸至聊斋路，覆盖原将军路东段 1 千米。以淄矿集团命名。两侧有淄博市第五人民医院、山东煤炭技术学院、海天大酒店、淄博第十五中学等。通公交车。

淄矿北路　370302-K11

[Zīkuàng Běilù]

在区境东部。西起鲁泰文化路，东至聊斋路。长 2.3 千米，宽 20 米。沥青混凝土路面。2012 年改建，进行拓宽绿化等升

级改造。曾用名淄城二路东段、洪山北山路，1992 年命名为杜坡山路，2005 年更名为淄矿北路。两侧有文化广场、淄川区风景园林局、淄川烈士陵园、淄博煤矿展览馆等。通公交车。

留仙湖路 370302-K12

[Liúxiānhú Lù]

在区境西部。东起沿河街，西至庆淄路。沿线与商城西街、商城东街等相交。长 1.5 千米，宽 16 米。混凝土路面。1990 年至 1992 年改建。因留仙湖而得名。沿途多商铺，商业气氛浓厚。两侧有柳泉大厦小商品市场、温州商厦、殷龙大厦、鲁中国际商贸城等。通公交车。

仙乡路 370302-K13

[Xiānxiāng Lù]

在淄川区境北部。西起聊斋路，东至蒲家村西门。长 0.45 千米，宽 30 米。沥青路面。1992 年，经淄博市政府批准命名。沿途为商铺，多经营古玩字画、奇石根雕、旅游纪念品和服装、日用百货等。西首有"聊斋故里"石牌坊。通公交车。

簧阳路 370302-K14

[Hóngyáng Lù]

在淄川区境北部。西起聊斋路，东至一干渠管理处，长 5 千米，宽 20 米。沥青路面。2010 年改建。以位于簧山之阳命名。沿途有绿化景观，街景秀丽。两侧有簧阳中学等。通公交车。

特色街巷

通济街 370302-A01-L01

[tōngjì Jiē]

在区境中部。北起松龄东路，南至般河街西首。长 1 千米，宽 22 米。沥青混凝土路面。1977 年曾命名为淄城一街，1992 年经淄博市人民政府批准沿用古街名，1993 年改建为商业街。有营业门店 168 个，以经营家电、通信器材、饮食业等为主，商业气氛浓厚。

育英街 370302-A01-L02

[Yùyīng Jiē]

在区境中部。北起松龄东路，南至祥和巷。沿线与般阳路、城里大街、松龄东路相交。长 0.8 千米，宽 6 米。混凝土路面。建国初期旧城改造，将该街向北延伸至淄城三路，覆盖原精忠街，命名为淄城二街。1993 年，经淄川区政府通知，恢复育英街名称。以其街东为般阳书院，后为县学，命名育英街。两侧有西邻区人民武装部、区委区政府大院、西邻区邮政局。

般河街 370302-A01-L03

[Pānhé Jiē]

在区境南部。东起淄城东路，西至通济街。沿线与般龙街、通济街、淄城东路相交。长 1.5 千米，宽 5~10 米。沥青路面。1986 年，曾命名为般河三街。1992 年，经淄博市政府以其位于般河北侧批准命名。通公交车。

魁星楼街 370302-A01-L04

[Kuíxīnglóu Jiē]

在区境东南部。西起长廷街南首，东至鲁泰文化路。沿线与长廷街、友谊街、花纸巷相交。长 0.74 千米，宽 10 米。1990 年开工。1991 年建成。因其西首 1949 年前原有魁星楼得名。有商务局、区计生服务站、般阳派出所。通公交车。

塔寺巷 370302–A02–L01
[Tǎsì Xiàng]

在区境中部。南起城里大街，北至松龄东路。长0.4千米，宽4.5米。混凝土路面。以原来古寺中的佛塔而得名。塔寺巷为淄川古城主要街巷之一，文化氛围浓厚。两侧有古县衙、普照寺、高家宅院，有明崇祯十六年（1643）进士高珩读书之处栖云阁。交通便利。

华洋街 370302–A02–L02
[HuáYáng Jiē]

在区境西北部。南起松龄东路，北至淄城路。长500米，宽20米。1991年开工。以华洋实业公司命名。沿街商铺主营各类日用百货商品，商业氛围浓厚。两侧有北关小学、松龄路街道办事处驻地。交通便利。

大钟街 370302–A03–L01
[Dàzhōng Jiē]

在区境西北部。南起张博铁路涵桥，北至建设路。长1.35千米，宽度20米。沥青混凝土路面。1993年建成。2002年改建。因所在位置有一大钟楼而得名。该街为商业街，沿街多店铺和住宅。两侧有大钟街游园等。通公交车。

华齐街 370302–A04–L01
[Huáqí Jiē]

在区境西部。北起松龄西路，南至淄城路与淄博啤酒厂交汇处。长0.6千米，宽22米。沥青路面。1995年修建。1993年，经区政府批准命名。主要经营服装、百货、饮食等，商业氛围浓厚。两侧有淄川区商城路小学。通公交车。

车站

淄川站 370302–R01
[Zīchuān Zhàn]

铁路四等客货运站。位于区境西北，在松龄路街道三里社区，属张（店）八（陉）铁路线。1903年5月开工修建，1904年9月建成。原名以位于三里沟村得名三里沟车站，后以所在政区改为淄川站。设装兽台（即装牲畜专用货台）1座，客运站台2个，站舍面积404平方米。年度货物发送（装车）量677/4.4万吨，到达（卸车）量899车/5.81万吨。

洪山站 370302–R02
[Hóngshān Zhàn]

铁路四等客货运站。在区境中部。1903年开始修建，1905年建成。初以站址位于原"黉山炭矿局"近旁而名黉山站，1949年前更称洪山站。站舍面积797平方米。设德国造30吨磅桥（地磅）2具。年货运量发出10.52万吨。系淄川火车站至龙泉煤矿专用线的中途货运站，主要装运煤炭、耐火材料等。

大昆仑站 370302–R03
[Dàkūnlún Zhàn]

铁路三等客货运站。在区境西南部。1903年开工，1905年建成。因所在地命名。有候车室、客运站台、货运站台350平方米，站舍面积1 130平方米。日客货车9对，客运日平均1 000人次，货运量日平均3 500吨，年货运量发出12万吨。

黑旺站 370302–R04
[Hēiwàng Zhàn]

铁路四等客货运站。在区境东部。1974年建成。因位于寨里镇黑旺村而得名。

每天有 10 对列车运行，年客运 10 余万人次，货物年运输量 66 万吨。年货运量发出 53.68 万吨。系辛店至泰安钢铁、石油战略联络线车站。

西桐古站 370302-R05
[Xītónggǔ Zhàn]

铁路站点。四等客货运站。在区境东南部。1958 年始建，1974 年建成。以位于太河镇西同古村得名。站舍面积 3 500 平方米。有铁路站台 1 个。日到发线的数量 2，日接发车量 30 次。该火车站连接了胶济、津浦两大铁路干线，缓解了济南枢纽压力，起到铁路分流、加强备战和发展山区经济的重大作用。

北牟站 370302-R06
[Běimóu Zhàn]

铁路站点。四等客货运站。在区境东南部。1958 年始建，1974 年建成。以位于太河镇北牟村故名。站舍面积 3 500 平方米。有铁路站台 1 个。日到发线的数量 2，日接发车量 30 次。当年，火车站建成后，它连接了胶济、津浦两大铁路干线，缓解了济南枢纽压力，起到铁路分流、加强备战和发展山区经济的重大作用。

口头站 370302-R07
[Kǒutóu Zhàn]

铁路四等客货运站。在区境东南部。1958 年始建，1974 年建成。因坐落在原口头公社驻地而得名。站舍面积 2 500 平方米，年吞吐量 1.5 万吨。

淄川长途汽车站 370302-S01
[Zīchuān Chǎngtúqìchē Zhàn]

二级长途汽车站。在区境西南部。1962 年 12 月，山东省交通厅淄博汽车运输公司在淄川设货运组，驻原淄川大桥西路北小楼上。1965 年，改称北镇汽车运输公司淄川长途汽车站，迁至淄城三路西首。1986 年，在区境一路 10 号。1991 年，迁至淄城路 3 号。1993 年 12 月，淄川长途汽车站新站启用。以行政区域名称和单位性质命名。建筑面积 6 500 平方米，有营运客车 69 辆，营运线路 23 条，始发班次 95 个，过路班次 236 个，日客流量平均 2 200 人次。是集客运、货运、车站、修理等多种经营为一体的综合性运输企业。

桥梁、立交桥、隧道

六龙桥 370302-N01
[Liùlóng Qiáo]

在区境西北部。桥长 87 米，桥面宽 15 米，最大跨度 5.7 米，桥下净高 6.2 米。明万历四十三年（1615）始建，修有七大八小共 15 个石拱桥孔。历史上曾多次修葺，并有 6 次被洪水冲毁重建。现石桥为明代建筑结构，历代重修对桥面、护栏改动较大，1956 年、1981 年、2006 年多次维修。以古代淄川县一科中了六个举人，取名"六龙桥"。古称"孝感桥""六济桥"。为大型河道石结构拱形桥。是淄城通向西关的主要桥梁。无公交车辆通过。

淄川大桥 370302-N02
[Zīchuān Dàqiáo]

在区境西北部。桥长 113.9 米，桥面宽 24 米，最大跨度 30 米，桥下净高 10.8 米。1959 年动工，1960 年 5 月建成。1998 年、2000 年、2006 年改扩建。因位于区境而得名。为大型河道沥青混凝土桥梁，结构型式为三孔石砌桥拱，每孔跨径 30 米。担负城区道路干道交通任务，最大载重量 80 吨。通公交车。

幸福大桥 370302-N03
[Xìngfú Dàqiáo]

在区境东南部。桥长 240 米，桥面宽 12 米，最大跨度 22 米，桥下净高 11 米。1990 年 9 月开工，同年 11 月建成，2008 年 10 月改扩建。因其是进出幸福溜的唯一大桥而命名。为大型河道桥梁，结构型式为钢筋混凝土简支梁桥。最大载重量 80 吨。通公交车。

小康大桥 370302-N04
[Xiǎokāng Dàqiáo]

在区境东南部。桥长 666 米，其中引桥长 426 米，桥面宽 12 米。2008 年 4 月开工，2008 年 12 月建成。以美好愿景命名。为大型河道桥梁，结构型式为钢筋混凝土简支梁桥。最大载重量 80 吨。通公交车。

苏相水库大桥 370302-N05
[Sūxiàng Shuǐkù Dàqiáo]

在区境中西部。桥长 246.04 米，桥面宽 33 米，桥下净高 8.4 米。2005 年修建。因跨越沟壑，紧邻苏相水库得名。为大型公路桥、简支梁桥。最大载重量 55 吨。

张博铁路大桥 370302-N06
[Zhāngbó Tiělù Dàqiáo]

在区境中部。桥长 102.9 米，宽 7.5 米，高 11.7 米。主桥长 102.9 米。1903 年开工，1904 年建成。1921—1985 年，先后维修过 6 次。以铁路名桥。由 3 孔 31.25 米的下承桁梁组成，U 型桥台。桥墩上游呈尖端型，下游呈园端型。桥全长 102.9 米，宽 7.5 米，高 11.7 米。桥身用高 2.5 米，宽 5.5 米的 U 型桁梁做成。铁路从 U 型桁梁底部通过。U 型桁梁的两侧各设 1 米宽的人行道并设有护栏。促进了沿线经济发展。

淄川立交桥 370302-P01
[Zīchuān Lìjiāo Qiáo]

在区境北部。占地 18 万平方米。有三层互不交叉的不同方向的城市道路在此立体相交。最高层离地面 12 米。1988 年 9 月开工，1989 年 12 月建成。为淄川区第一座公路立交桥，也叫"淄川半互通式立交桥"。为大型公路半互通式立体交叉结构型式立交桥。日车流量 2 万余辆次，为四方交通枢纽。

黑峪隧道 370302-30-E01
[Hēiyù Suìdào]

在区境东部。长 550 米，高 4.5 米，宽 6 米。1979 年开工，1983 年 8 月建成通车。因位于寨里镇赵家岭村淄峨公路分界的黑峪山下，故名。双向 2 车道公路隧道。该隧道通车后，缩短了淄川区东南山区和城区距离，对于开发东南山区和改善革命老根据地人民的物质文化生活具有重大意义。

张店区

城市道路

淄河大道 370303-K01
[Zīhé Dàdào]

在区境南部。东起鲁山大道，西至原山大道。沿线与原山大道、南京路、山泉路、鲁山大道等主干道相交。长约 0.8 千米，宽约 60 米，沥青路面。1990 年 3 月始建，1990 年 12 月建成。因淄河而得名，也称张店南外环。两侧有中国财富陶瓷城等单位。为贯通城市东西的主干道。通公交车。

昌国路 370303-K02

[Chāngguó Lù]

在区境南部。东起鲁山大道,西至滨博高速。沿线与北京路、南京路、世纪路、南西五路、宝泭路等相交。长约 1.5 千米,宽约 60 米,沥青路面。1958 年按规划建成,当时系土路面,1976 年铺设沥青路面。1977 年整顿城区街巷名称时,更名为朝阳北路。1982 年地名普查时更名为昌国路。因沿途有昌城旧址而得名。两侧有淄博市客运中心、昌国医院、淄博警察训练基地、淄博国际商贸城等单位。通公交车。

洪沟路 370303-K03

[Hónggōu Lù]

在区境南部。东起宝泭路,西至金晶大道。沿线与金晶大道、东一路、东二路、东三路、宝泭路等道路相交。长约 0.3 千米,宽约 12 米,沥青路面。因中华人民共和国成立前是张店至洪沟的乡村大道而得名。两侧有新华医院、淄博市第五中学等单位。通公交车。

新村东路 370303-K04

[Xīncūn Dōnglù]

在区境东部。东起宝泭路,西至金晶大道。沿线与金晶大道、东一路、东二路、东三路、宝泭路等相交。长约 2.3 千米,宽约 12 米,沥青路面。1958 年建成。因位于工人新村北侧,金晶大道以东(原中心路)而得名。两侧有蓝星东大化工、温州大厦等单位。通公交车。

新村西路 370303-K05

[Xīncūn Xīlù]

在区境西部。东起金晶大道,西至滨博高速。沿线与柳泉路、南西四路、西五路、西六路、世纪路、南京路、北京路等相交。长约 9.6 千米,宽约 12 米,沥青路面。1958 年建成。因位于工人新村北侧,金晶大道以西(原中心路)而得名。两侧有张店区中医院、淄博市国土资源局张店分局、淄博市博物馆、张店区国税局、张店区政务中心、淄博市实验中学、山东理工大学等单位。通公交车。

人民东路 370303-K06

[Rénmín Dōnglù]

在区境东部。东起宝泭路,西至金晶大道。沿线与东三路、东二路、金晶大道等主干道相交。长约 2.3 千米,宽约 14 米,沥青路面。1982 年建成。因淄博市党政军机关多数驻此路,故取"人民政府为人民"之意命名。两侧有体育场街道办事处、张店区第二中学、张店东方双语学校、人民东路小学等单位。通公交车。

人民西路 370303-K07

[Rénmín Xīlù]

在区境西部。东起金晶大道,西至滨博高速。沿线与北京路、南京路、世纪路、西六路、西五路、柳泉路等相交。长约 9.6 千米,宽约 22.5 米。沥青路面。1958 年建成,1960 年铺成沥青路面。因淄博市党政军机关多数驻此路,故取"人民政府为人民"之意命名。两侧有淄博市人民政府、淄博市委、淄博市规划局、淄博市国土资源局、淄博市不动产交易中心、淄博市体育中心等单位。通公交车。

华光路 370303-K08

[Huáguāng Lù]

在区境北部。东起宝泭路,西至原山大道。沿线与北京路、南京路、世纪路、北西六路、西五路、柳泉路、金晶大道等主干道相交。长约 1 千米,宽约 85 米。沥青路面。1981 年建成。由华光陶瓷集团有限公司冠名而得名。两侧有淄博市车管所、莲池公园、淄博义乌小商品城、张店区第八中学等单位。通公交车。

鲁山大道 370303-K09

[Lǔshān Dàdào]

在区境东部。南起淄河大道，北至黄河大道。沿线与新村东路、联通路、联通路、中润大道、鲁泰大道等相交。长约2.1千米，宽约60米。沥青路面。1989年3月开工，1990年5月建成。2009年12月命名为鲁山大道。两侧有青银高速大河南立交、湖田公铁立交、金泰物流园等。通公交车。

金晶大道 370303-K10

[Jīnjīng Dàdào]

在区境东部。南起火车站广场，北至华光路。沿线与新村西路、共青团路、人民西路、华光路等相交。长约4千米，宽约14米。沥青路面。1958年扩建。由金晶集团企业冠名而得名。两侧有张店区人民医院、齐商银行总行、淄博市交通银行淄博分行、淄博市第八人民医院、淄博商厦、华润万象汇、淄博饭店、玫瑰大酒店等单位。通公交车。

柳泉路 370303-K11

[Liǔquán Lù]

在区境中部。南起胶济铁路，北至鲁泰大道。沿线与王舍路、和平路、新村西路、人民西路、商场西街、共青团西路、华光路、联通路、中润大道等相交。长约5.7千米，宽约14米。沥青路面。1958年建成。因蒲松龄的号"柳泉居士"而得名。两侧有淄博市邮政局、淄博市公安局交警支队、淄博市中心医院北院区、中国联通淄博分公司、淄博日报社、淄博市人民公园、银座广场等单位。通公交车。

世纪路 370303-K12

[Shìjì Lù]

在区境西部。南起华福大道，北至鲁泰大道。沿线与昌国路、王舍路、和平路、新村西路、华光路、联通路、中润大道等相交。长约9.7千米，宽约50米。沥青路面。在新世纪即将到来之时命名的道路。两侧有张店区实验中学、张店区第九中学、淄博市技师学院、淄博市植物园等单位。通公交车。

兰雁大道 370303-K13

[Lányàn Dàdào]

在区境中部。东起金晶大道，西至西十三路。沿线与张田路、西六路、石桥大道、西四路、泰美路、鼎宏路、柳泉路相交。长4.0千米，宽40.0米。沥青路面。2009年开工，同年建成。为促进企业发展，兰雁集团有限责任公司申请冠名，故名。两侧有南营便民市场、淄博第十一中学、高新区第一中学等。为贯通城市东西的主干道，通公交车。

花山路 370303-K14

[Huāshān Lù]

在区境东部。南起尚庄路，北至凤凰路。沿线与联通路、中润大道、鲁泰大道相交。长5.7千米，宽16.0米。混凝土路面。2003年开工，2004年建成。因该道路经过花山，为突出花山特色，便于群众知晓，故名。两侧有花山、民营科技工业园等。为贯通城市南北的主干道，通公交车。

宝山路 370303-K15

[Bǎoshān Lù]

在区境东部。南起新村东路，北至傅山路。沿线与联通路、中润大道、鲁泰大道相交。长10.2千米，宽21.0米。混凝土路面。1990 年开工，1991 年建成。因贯穿四宝山，为突出四宝山特色，故名。两侧有四宝山派出所、张店农商行四宝山支行等。通公交车。

裕民路 370303-K16
[Yùmín Lù]

在区境中部偏西。东起金晶大道，西至张田路。沿线与南石路、西六路、石桥大道、赵庄路、柳泉路相交。长 5.7 千米，宽 30.0 米。沥青路面。2001 年开工，2002 年建成。为促进企业发展，裕民耐火材料有限公司申请冠名，故名。两侧有淄博高新区第三小学、石桥工商所等单位。通公交车。

万杰路 370303-K17
[Wànjié Lù]

在区境南部。东起金晶大道，西至北西五路。沿线与西四路、泰美路、天鸿路、柳泉路相交。长 3.2 千米，宽 30.0 米。沥青路面。2001 年开工，2002 年建成。为促进企业发展，万杰集团有限公司申请冠名，故名。两侧有淄博高新区审计物价局等单位。通公交车。

北京路 370303-K18
[Běijīng Lù]

在区境西部。南起淄河大道，北至济青高速。沿线与王舍路、和平路、新村西路、人民西路、华光路、联通路相交。长 18.2 千米，宽 60 米。沥青路面。2006 年始建，2007 年建成。两侧有齐盛湖公园、淄博市直机关综合楼、张店区第八中学、淄博市体育中心等单位。为贯通城市南北的主干道，通公交车。

和平路 370303-K019
[Hépíng Lù]

在区境南部。东起柳泉路，西至北京路。沿线与重庆路、南京路、世纪路、西六路、南西五路、柳泉路等主干道相交。长约 0.5 千米，宽约 12 米。沥青路面。1982 年建成。因和平小区位于道路北侧而得名。两侧有张店一中、张店区教师进修学校、淄博市公安局交通警察支队张店大队等单位。通公交车。

车站

淄博站 370303-R01
[Zībó Zhàn]

铁路三等客货运站。在区境南部。1899 年开工，1904 年建成。由主站房（候车厅、售票厅及贵宾室）和行李房组成，其中候车厅面积 13 000 多平方米。淄博站日接发旅客列车 150 趟，年客运量 1000 万人次，年货运量 200 万吨。是集客运、货运等功能于一体的综合性铁路车站，为淄博市交通中心枢纽。

杜科站 370303-R02
[Dùkē Zhàn]

铁路四等货运车站。在区境东部。1959 年开工，1960 年建成。因车站邻杜科村而得名。配套设施有候车室、售票厅、安检口、检票台。年货运量 152.11 万吨。

湖田站 370303-R03
[Hútián Zhàn]

铁路四等货运车站。在区境东部。1899 年开工，1904 年建成。因邻下湖田村而得名。配套设施有候车室、售票厅、安检口、检票台。年货运量 232.17 万吨。

马尚站 370303-R04
[Mǎshàng Zhàn]

铁路四等货运车站。在区境西部。1899 年开工，1904 年建成。配套设施有候车室、售票厅、安检口、检票台。年货运量 3.53 万吨。

南定站 370303-R05
[Nándìng Zhàn]

铁路四等货运车站。在区境南部。1903 年开工，1905 年建成。配套设施有候车室、售票厅、安检口、检票台。年货运量 767.59 万吨。

淄博客运中心 370303-S01
[Zībó Kèyùnzhōngxīn]

长途汽车一级客运站。在区境西南部。1977 年 10 月开工建设。2013 年迁往新址，更名为淄博客运中心。占地面积 21.62 万平方米，总建筑面积 5.4 万平方米。运营线路 300 余条，运营线路辐射 23 个省、直辖市，日均班次 1 200 余班，日均发送旅客 13 000 人次，高峰期 30 000 多人次，运营车辆总数 2 000 余台，年发送旅客数量 474.5 万人。该客运中心联系淄博各城区及淄博周边城市，并具备城市公交服务功能。

淄博东城汽车客运站 370303-S02
[Zībó Dōngchéng Qìchē Kèyùnzhàn]

长途汽车一级客运站。在区境东南部。1985 年 1 月开工建设，2003 年 7 月至 2004 年 7 月，对原有车站进行改扩建。因在区境东部，故名淄博东城汽车客运站。占地面积 1.01 万平方米，站前广场 1 000 平方米，停发车场 7 288 平方米，综合办公楼 8 024 平方米，候车厅面积 1 280 平方米。车站开通省内外客运班线 89 条，日发班次 650 余台次，日发送旅客 7 000 余人次。是淄博东部城区重要交通枢纽。

桥梁、立交桥

黄桑桥 370303-N01
[Huángsāng Qiáo]

在区境中部。桥长 50 米，桥面宽 14 米。1991 年扩建。因张店古称黄桑店，此桥为张店东西大街（现美食街）西端跨越猪龙河东支的小石桥，故称为"黄桑桥"。通公交车。现有"黄桑桥"纪念碑立于柳泉路和美食街的交叉路口东北角，为老张店街历史标志。

盘龙立交桥 370303-P01
[Pánlóng Lìjiāoqiáo]

在区境南部。占地面积 67.3 万平方米，有三层互不交叉的不同方向的城市道路在此立体相交。最高层离地面 16 米。2006 年动工，2007 年建成。为大型双层互通式、双首蓿叶结构型式立交桥。日交通流量为机动车 10 余万量，在城市交通中起到缓解交通堵塞的作用。

博山区

城市道路

中心路 370304-K01
[Zhōngxīn Lù]

在区境中部。东起秋谷路，西至西环路。沿线与金晶路、双山路、沿河东路、沿河西路、大街、峨嵋山路、龙泉街、新建三路相交。长 3.7 千米，宽 38 米。沥青路面。1991 年始建完工，1992 年、1997 年扩建。因位于城区中心位置而得名。是城区商业文化中心。两侧有考院小学、中心路小学、博山区住房和城乡建设局、银座商城、财富大厦、博山公园等。是城区东西向主干道之一。通公交车。

沿河东路 370304-K02

[Yánhé Dōnglù]

在区境中部。南起新博路口，北至柳杭东路。沿线与柳行东路、青龙山北路、中心路、大街、秋泉路、新博路相交。长2.8千米，宽20米。沥青路面。1950年始建，1986年扩建。因位于孝妇河东岸得名。是城区商业中心。两侧有创富大厦、新华书店、特信商城等。是城区南北向主干道之一。通公交车。

沿河西路 370304-K03

[Yánhé Xīlù]

在区境中部。南起神头永济桥，北至金晶路。沿线与柳杭路、金晶路、中心路、泉水路相交。长2.7千米，宽20米。沥青路面。1950年开始整修孝妇河堤岸时形成道路干线，2002年改造。因位于孝妇河西侧而得名。是城区商业文化中心。两侧有博山交通运输局、博山区艺术小学、淄博市公安局交通警察支队博山大队、博山陶瓷琉璃艺术中心、老干部活动中心等企事业单位，有炉神庙、红门、文姜广场、AAAA级旅游景区原山国家森林公园等风景名胜。是城区南北向主干道之一。通公交车。

特色街巷

大街 370304-A01-L01

[Dàjiē]

在区境西北部。长0.1千米，宽15米。石料青石条石路面。因该街宽而且长，人烟稠密，比较古老，为贯通沂蒙和莱芜等县的孔道，故名"大街"。建于明末清初，

20世纪80年代初改扩建。此街为步行商业街，沿街两侧多手工作坊及经营土产杂品和地方风味小吃的店铺，是商业繁华区。两侧有帝师孙廷铨故居，同盟会会员民主革命先驱蒋洗凡故居等，沿街商铺为仿古建筑。通公交车。

税务街 370304-A02-L02

[Shuìwù Jiē]

在区境西北部。长0.4千米，宽6米。沥青路面。1937年始建，20世纪80年代改扩建。1937年《续修博山县志》载："税课司：因金、元时于此街设税务司征税，故名'税务司街'。清末，改称为'税务街'。"此街现为商业街，两侧有多家家具店铺，是博山区最古老的街道之一。通公交车。

西冶街 370304-A02-L02

[Xīyějiē]

在区境西部。长800米，宽15.1米。条石路面。因所住居民多以冶炼琉璃、珐琅为业，故以其方位及行业得名西冶街。宋代已形成街巷。沿途以商铺、饭店为主，富有浓郁的现代商业气息，是主要的商业区。两侧有百姓商厦、中国农业银行博山支行、淄博市博山景德东食品有限公司、西冶街中心小学等单位。通公交车。

车站

博山站 370304-R01

[Bóshān Zhàn]

铁路三等客货运站。在区境北部。清光绪二十九年（1903）建成。因驻博山，故名。占地面积124 250平方米，主要设置到发线6条、货物线6条、专用线10条、高货台位27个，年客运量190万人次，货物发送量达85万吨。是博山区重要的交通枢纽。

南博山站 370304-R02
[Nánbóshān Zhàn]

铁路三等客货运站。在区境南部。1973 年建成。因火车站坐落在南博山村西,故名。占地面积 50 000 平方米,年客运量 5 万人次左右,年货运量约 3.43 万吨。是博山南部山区重要的交通枢纽。

源迁站 370304-R03
[Yuánqiān Zhàn]

铁路四等客货运站。在区境东南部。1974 年始建,2013 年改扩建。因从源泉迁址到西高村,故名源迁站。占地面积 20 000 平方米,最盛时,年客运量 39.66 万人次,年货运量 177.1 万吨。是博山南部山区重要的交通枢纽。

博山长途汽车站 370304-S01
[Bóshān Chángtúqìchē Zhàn]

长途汽车站。在区境西北部。2007 年始建,2009 年建成。因驻博山,故名。占地面积 61 000 平方米,双层架空式环形孤岛建筑结构,上层为长途汽车总站,设计建设大型客车停车位 50 余个。下层为公交客运中心,容纳 30 余路公交车停靠。日接发车辆 60 余量,年客运量 360 万人。是博山区重要的交通枢纽。

桥梁、隧道

永济桥 370304-N01
[Yǒngjì Qiáo]

在区境西南部。桥长 39 米,宽 6.6 米,最大跨度 5.5 米,桥下净高 4.5 米。明万历前,即建有此桥。1950 年沿河东、西公路拓宽,将七孔埋为五孔,2013 年进行维修。建桥后虽洪水横溢,亦可畅通,定名曰"永济桥",即永远济世利民之意。又因其原桥孔七个,故俗称"七孔桥"。为中型河道桥梁,石台石墩重力式结构,16 块雕花栏板和 8 个柱头石狮刻工良好。旧为博莱古道上的重要桥梁,现担负连接沿河东、西路的交通任务,最大载重量 10 吨。无公交车辆通过。

孝妇河铁路大桥 370304-N02
[Xiàofù Hé Tiělù Dàqiáo]

在区境北部。桥长 104.7 米。1936 年 10 月开工,次年 6 月建成,历经 1949 年、1954 年、1976 年三次改扩建。1947 年,第 2 孔梁体在战乱中被炸断。1949 年初在第 2 孔梁下增加 1 桥墩,利用第 2 孔残梁截为 1 孔,另一孔用工字梁补充。1954 年拆除 1949 年增建的桥墩,1976 年,纵梁中心距加宽为 2 米,第 3 孔整孔和第 2 孔横梁未加宽,军用桁梁仍侵入限界 247 毫米。因跨越孝妇河得名。采用混凝土 U 型桥台,尖端型桥墩,扩大型基础,3 孔,跨度 15.875 米。是张店站-八陡站间最大的铁路桥。因该桥处在次要线路上,故仍保留使用。

辛泰铁路源泉隧道 370304-30-E01
[Xīntài Tiělù Yuánquán Suìdào]

在区境东部。全长 987 米,高 4.8 米,宽 4.88 米。1970 年 11 月开工,1973 年 6 月建成。因隧道北边出口是源泉镇源北村,故名。钢筋混凝土结构,单向火车隧道。该隧道的建成缩短了线路,减小了坡度,改善了运营条件,提高了火车牵引能力。

邀兔崖隧道 370304-30-E02
[Yāotùyá Suìdào]

在区境中部。全长 725 米,高 5.8 米,宽 5 米。1973 年建成。钢筋混凝土结构,单向隧道。用于辛泰铁路的火车通行,其建成缩短了线路,减小了坡度,改善了运营条件,提高了火车牵引能力。

凤凰山上行隧道 370304-30-E03
[Fènghuáng Shān Shàngxíng Suìdào]

在区境西南部。全长 814 米，高 7.24 米，宽 10.66 米。1998 年开工，同年建成。因该隧道位于山头街道凤凰山，坡度走势上行，故名。钢筋混凝土结构。是一条公路型中长隧道。为滨莱高速路的通行隧道，其修建在改善公路技术状态、缩短运行距离、提高运输能力、减少事故等方面起到重要的作用。

凤凰山下行隧道 370304-30-E04
[Fènghuáng Shān Xiàxíng Suìdào]

在区境西南部。全长 803 米，高 7.24 米，宽 10.66 米。1998 年开工，1998 年 10 月建成。因该隧道位于山头街道凤凰山，坡度走势下行，故名。钢筋混凝土结构。为滨莱高速路的通行隧道，其修建在改善公路技术状态、缩短运行距离、提高运输能力、减少事故等方面起到重要的作用。

乐疃上行隧道 370304-30-E05
[Lètuǎn Shàngxíng Suìdào]

在区境西南部。全长 530 米，高 7.24 米，宽 10.61 米。1998 年开工，1998 年 10 月建成。因该隧道位于山头街道乐疃村境内，坡度走势上行，故名。钢筋混凝土结构。为滨莱高速路的通行隧道，其修建在改善公路技术状态、缩短运行距离、提高运输能力、减少事故等方面起到重要的作用。

乐疃下行隧道 370304-30-E06
[Lètuǎn Xiàxíng Suìdào]

在区境西南部。全长 530 米，高 7.24 米，宽 10.61 米。1998 年开工，1998 年 10 月建成。因该隧道位于山头街道乐疃村境内，坡度走势下行，故名。钢筋混凝土结构。为滨莱高速路的通行隧道，其修建在改善公路技术状态、缩短运行距离、提高运输能力、减少事故等方面起到重要的作用。

马公祠隧道 370304-30-E07
[Mǎgōngcí Suìdào]

在区境西南部。全长 735 米，高 6.9 米，宽 12 米。2008 年开工，2008 年 11 月建成。因该隧道位于山头街道马公祠村境内，故名。钢筋混凝土结构。是一条公路型中长隧道。为山海关通往深圳的公路隧道，其修建在改善公路技术状态、缩短运行距离、提高运输能力、减少事故等方面起到重要的作用。

樵岭前隧道 370304-30-E08
[Qiáolǐngqián Suìdào]

在区境西南部。全长 800 米，高 5 米，宽 15 米。建于 2003 年。因隧道位于博莱高速路樵岭前地段，故名。钢筋混凝土结构。是一条公路型中长隧道。为滨莱高速路的通行隧道，其修建在改善公路技术状态、缩短运行距离、提高运输能力、减少事故等方面起到重要的作用。

临淄区

城市道路

临淄大道 370305-K01
[Línzī Dàdào]

在区境中部。西起张店界，东至 309 国道。沿线与雪宫路、闻韶路、稷下路、遄台路、天齐路、稷山路、齐都路、牛山路相交。长 21.7 千米，宽 46 米。沥青路面。1973 年 12 月建设淄河店至郑家沟段，1976 年通车。2012 年 4—10 月实施慢行一体化改造工程。因横贯临淄区而命名。东段商业繁华。两侧有人民广场、齐都文化体育城、齐广场、齐文化博物院。西段有淄博齐鲁化学工业区。通公交车。

桓公路 370305-K02
[Huángōng Lù]

在区境中部。西起辛化路，东至齐都路。沿线与桑坡路、杨坡路、大顺路、雪宫路、闻韶路、稷下路、遄台路、天齐路相交。长5.9千米，宽32米。沥青路面。1964年始建，1998年9月拓宽改造，2004年12月修建延长路段。以名列"春秋五霸之首"的齐桓公命名。整条道路商业繁华，两侧有山东化工职业学院、齐鲁石化公司、工商银行、临淄公安分局、人民医院、临淄一中、封神宫。通公交车。

闻韶路 370305-K03
[Wénsháo Lù]

在区境中部。南起临淄火车站，北至309国道。沿线与牛山路、齐城路、桓公路、太公路、晏婴路、临淄大道、齐兴路、学府路相交。长3.7千米，宽34米。沥青路面。1976年5月始建，建设牛山路至晏婴路段。1986年齐鲁石化公司重新建设火车站至临淄大道段，1987年5月竣工。1996年延伸至齐兴路。2005年6—12月，建设齐兴路至齐盛路段。因孔子闻韶处而命名。整条道路商业繁华。两侧有火车站、齐都大酒店、邮电大楼、公交公司、齐鲁石化体育场、人民广场。为临淄区贯通南北的主要通道。通公交车。

淄江路 370305-K04
[Zījiāng Lù]

在区境东南部。南起辛化路，北至牛山路。沿线与加华路、南外环相交。长13.2千米，宽28米。沥青路面。1991年始建，1992年建成，2004年翻建东段，2009年拓宽改造，同年竣工验收并通车。因靠近淄

河（古称淄水、淄江）而命名。两侧有金山工业园、烈士陵园。为临淄区贯通南北的主要通道。通公交车。

晏婴路 370305-K05
[Yànyīng Lù]

在区境中部。西起河里庄，东至齐都路。沿线与桑坡路、杨坡路、大顺路、雪宫路、闻韶路、稷下路、遄台路、天齐路、花园路、稷山路、齐都路、临淄大道相交。长7.2千米，宽22米。沥青路面。1988年初开工，1988年7月建成。以齐国政治家、思想家、外交家晏婴命名。整条道路商业繁华，两侧有区审计局、化工商城、茂业百货广场店、区特殊教育中心、区园林局、区农业局、交通银行、齐鲁石化体育场、北大医疗鲁中医院、临淄环保分局、区教育局、区粮食局、区财政局等。通公交车。

太公路 370305-K06
[Tàigōng Lù]

在区境中部。东起遄台路，西至大顺路。沿线与雪宫路、闻韶路、稷下路相交。长2.7千米，宽14米。沥青路面。1987年12月建成，1990年6月拓宽改造。1994年9—11月完工。以齐国的缔造者姜太公命名。两侧有齐鲁石化公司、齐鲁石化体育场、工人文化宫、北大医疗鲁中医院、齐鲁石化幼教集团、青少年宫、闻韶小学、齐鲁石化公司社区管理部等单位。为临淄区贯通东西的通道。通公交车。

齐城路 370305-K07
[Qíchéng Lù]

在区境中部。东起稷下路，西至大顺路。沿线与岳里街、雪宫路、管仲路、闻韶路相交。长1.7千米，宽9米。沥青路面。1970年始建，1971年建成，1973年扩建至稷下路，2006年9—11月改造闻韶路至商

场街（今岳里街）段，2009 年 2 月齐城路延至大顺路。因临淄为齐国故都而命名。两侧有区检察院、区党史志研究中心、区人武部、雪宫街道、闻韶街道、临淄宾馆、区城管执法局、临淄公交分公司等。为临淄区贯通东西的通道。通公交车。

牛山路 370305-K08
[Niúshān Lù]

在区境南部。西起淄源路，东至临淄大道。沿线与辛化路、桑坡路、杨坡路、大顺路、岳里街、雪宫路、管仲路、闻韶路、稷下路、遄台路、天齐路、稷山路、齐都路相交。长 10.4 千米，宽 32 米。沥青路面。1958 年始建，1972 年扩建。以临淄名山牛山而得名。两侧有临淄地税分局、齐园、齐鲁文化市场、区交运局、临淄口腔医院、临淄新华书店、临淄火车站、区环卫局、辛店街道、美陵集团等。通公交车。

齐都路 370305-K09
[Qídū Lù]

在区境东部。南起桓公路，北至张皇路。沿线与张皇路、青银高速公路、齐盛路、学府路、齐兴路、临淄大道、花园北路、晏婴路相交。长 5.7 千米，宽 14 米。沥青路面。1970 年始建，2006 年 4 月翻建齐盛路至齐国故城遗址博物馆段，2010 年对齐都路北段进行改造提升。因至临淄齐国故都而命名。两侧有齐都镇政府、临淄中学、中轩热电厂、容百亿塑编厂、天地人驾校等。为临淄区贯通南北的主要通道。通公交车。

稷山路 370305-K10
[Jìshān Lù]

在区境东部。南起牛山路，北至齐盛路。沿线与学府路、齐兴路、临淄大道、花园北路、晏婴路、花园南路、桓公路相交。长 3.8 千米，宽 32 米。沥青路面。2009 年翻建稷山路南段，2010 年扩建。以山（稷山）名称命名。两侧有临淄中学、天齐渊供水公司等。为临淄区贯通南北的通道。通公交车。

天齐路 370305-K11
[Tiānqí Lù]

在区境东部。 南起牛山路，北至齐兴路。沿线与临淄大道、晏婴路、桓公路相交。长 2.4 千米，宽 32 米。沥青路面。1992 年8 月开工，2009 年 9 月翻建，2010 年完工，2012 年建设临淄大道至齐兴路段。因临淄名泉天齐渊得名。两侧有临淄泰东生活广场等。为临淄区贯通南北的通道。通公交车。

遄台路 370305-K12
[Chuántái Lù]

在区境中部。南起牛山路，北至齐盛路。沿线与学府路、齐兴路、临淄大道、晏婴路、太公路、桓公路相交。长 3.5 千米，宽 32 米。沥青路面。1986 年建设桓公路至晏婴路段，2001 年北延至人民路（今临淄大道），2002 年起人民路延伸至齐兴路，2007 年南起齐兴路延伸至齐盛路。因齐国遗址遄台而命名。两侧有齐鲁旧货交易市场、临淄公路分局、齐鲁石化客运管理中心客运二队和四队、遄台小学、区广电局、姜太公祠、辛店街道办事处等。通公交车。

稷下路 370305-K13
[Jìxià Lù]

在区境中部。 南起牛山路，北至齐盛路。沿线与学府路、齐兴路、临淄大道、晏婴路、太公路、桓公路、齐城路相交。长 3.5 千米，宽 25 米。沥青路面。1986 年齐鲁石化公司建设桓公路至晏婴路段。1986 年 10 月扩建，1987 年 5 月竣工。1989 年 4 月南段开工建设。2012 年建设齐兴路至齐盛路段。因临淄历史上最早的官办学府稷下学宫而命名。两侧有区保险公司、区疾控中心、区粮食局、遄台中学、闻韶小学、齐鲁石化社区管理部、稷下小学等。通公交车。

管仲路 370305-K14
[Guǎnzhòng Lù]

在区境中部。南起淄江路,北至桓公路。沿线与齐城路、牛山路、辛二路、南二路、辛安路、合安路、乙烯路相交。长4千米,宽14米。沥青路面。1973年建设胶济铁路至桓公路段,1998年翻修,2014年改造胶济铁路立交桥南端至淄江路段。因齐国著名的政治家、军事家管仲而命名。两侧有临淄人民会堂、区民防局、闻韶街道办事处、辛店派出所、区教育中心、车管所、英才中学等。为临淄区贯通南北的主要通道。通公交车。

雪宫路 370305-K15
[Xuěgōng Lù]

在区境中部。南起淄江路,北至青银高速公路。沿线与齐盛路、学府路、齐兴路、广场路、临淄大道、晏婴路、太公路、桓公路、齐城路、牛山路、辛二路、南二路、南三路、辛安路、合安路、乙烯路相交。长6.7千米,宽32米。沥青路面。1973年延伸到今桓公路路。1987年9月竣工。2014年11月,复名雪宫路。因齐国遗址雪宫台而命名。两侧有临淄二中、兴齐社区、淄博市工业学校、区行政办公中心西楼、临淄人民广场、区园林局、临淄国土资源分局、雪宫小学、雪宫中学、区盐务局、区法院、临淄交警大队、临淄消防中队、圃田园、区实验小学、雪宫街道办事处、临淄八中等。为临淄区贯通南北的主要通道。通公交车。

大顺路 370305-K16
[Dàshùn Lù]

在区境中部。南起辛三路,北至齐兴路。沿线与临淄大道、中兴路、晏婴路、太公路、桓公路、齐城路、牛山路相交。长2.6千米,宽14米。沥青路面。1972年8月建成辛三路至桓公路段,1997年延伸至人民路(今临淄大道),2002年北延至齐兴路,2014年改造牛山路至临淄大道段。道路原为齐园路,后大顺集团购买冠名权,故名。两侧有齐都医院、齐都体育城、茂业百货广场店、齐园等。为临淄区贯通南北的主要通道。通公交车。

杨坡路 370305-K17
[Yángpō Lù]

在区境西部。南起乙烯路,北至齐盛路。沿线与齐兴路、临淄大道、晏婴路、桓公路、牛山路、辛三路、辛合路相交。长5.4千米,宽24米。沥青路面。2005年修建。因通过雪宫街道杨家坡社区西而得名。两侧有齐都花园小学、淄博市齐鲁化工区国税局、齐翔腾达办公楼、齐鲁石化办公大楼、临淄地税分局、齐鲁文化市场等。为临淄区贯通南北的主要通道。通公交车。

桑坡路 370305-K18
[Sāngpō Lù]

在区境西部。南起牛山路,北至齐兴路。沿线与临淄大道、晏婴路、桓公路相交。长2.4千米,宽32米。沥青路面。2002年修建桑坡路,2007年完工。因通过雪宫街道桑家坡社区而得名。两侧有晏婴小学、外国语实验学校、实验中学、区人社局、工商银行临淄支行、山东化工职业学院等。为临淄区贯通南北的主要通道。通公交车。

辛化路 370305-K19
[Xīnhuà Lù]

在区境西部。南起淄江路，北至张皇路。沿线与张皇路、宏达路、青银高速公路、齐盛路、齐兴路、临淄大道、晏婴路、桓公路、牛山路、辛三路、乙烯路、胜利路、炼厂中心路、向阳路、加华路、一化北路、一化南路相交。长 17.7 千米，宽 23 米。沥青路面。1966 年始建，1967 年 5 月竣工通车。因自辛店至十化建而得名。两侧有齐城农业高新技术开发区、国际塑化城、天华大厦、齐鲁石化公司研究院、机械厂社区、第二化肥厂、胜利炼油厂、铁石站、供排水分厂、金山工业园区、第一化肥厂等。为临淄区贯通南北的主要通道。通公交车。

广场路 370305-K20
[Guǎngchǎng Lù]

在区境中部。东起闻韶路，西至雪宫路。沿线与雪宫路、闻韶路相交。长 0.5 千米，宽 17 米。沥青路面。2007 年开工，2012 年建成。因位于区委区政府大楼与人民广场之间而得名。两侧有临淄区人民政府、临淄人民广场等。为临淄区贯通东西的通道。通公交车。

齐盛路 370305-K21
[Qíshèng Lù]

在区境北部。东起临淄与青州交界点，西至临淄与张店交界点。沿线与凤凰路、兴边路、博临路、河辛路、广辛路、临淄大道、北齐路相交。长 20.39 千米，宽 24 米。沥青路面。1998 年始建，1998 年建成，2003 年 11 月至 2004 年 12 月建成安平路至临淄青州交界点，2009 年建成辛化路至临淄张店交界点段。因象征临淄作为齐国故都繁荣昌盛而命名。两侧有临淄经济开发区、临淄中学、齐都文化城、太公湖等。

通公交车。

学府路 370305-K22
[Xuéfǔ Lù]

在区境北部。东起齐都路，西至合里庄。沿线与闻韶路、稷下路、遄台路、北四路等相交。长 4 千米，宽 28 米。沥青路面。1996 年 8 月，临淄二中建成后，区政府将同时建成的道路命名为齐胜路。2006 年更名为学府路。2009 年扩建。2010 年新建雪宫路至东外环段。2012 年，建设完成遄台路至中轩路段。因毗邻临淄中学而命名。两侧有临淄二中、临淄中学等单位。通公交车。

齐兴路 370305-K23
[Qíxīng Lù]

在区境北部。东起齐都路，西至辛化路。沿线与桑坡路、杨坡路、中兴路、大顺路、雪宫路、闻韶路、稷下路、遄台路、天齐路等相交。长 6 千米，宽 28 米。沥青路面。2002 年前，建成辛化路至雪宫路段。2003 年 11 月、2013 年 12 月扩建。因寓意齐国故都兴旺发达而命名。两侧有稷下街道办事处、齐都体育城、淄博工业学校、临淄农村商业银行办公楼、中轩集团等。通公交车。

纬一路 370305-K24
[Wěi 1 Lù]

在区境西部。东起经一路，西至清田路。沿线与经九路、经十路相交。长 0.8 千米，宽 22 米。沥青路面。2006 年 4 月开工，2007 年 5 月建成，2010 年修建。因经纬及序数词名称而命名。两侧主要为居民生活区。通公交车。

纬二路 370305-K25

[Wěi 2 Lù]

在区境西部。东起经二路,西至辛化路。沿线与经九路、经十路相交。长 0.8 千米,宽 22 米。沥青路面。2002 年 11 月开工,2003 年 12 月建成,2010 年修建。因经纬与序数词名称而命名。两侧有中润建设公司等单位。通公交车。

纬三路 370305-K26

[Wěi 3 Lù]

在区境西部。东起清田路,西至金烯路。沿线与清田路、经九路、经十路相交。长 3.7 千米,宽 22 米。沥青路面。2004 年 3 月开工,2005 年 6 月建成,2005 年修建。因经纬及序数词名称而命名。两侧有星团纺织有限公司、齐鲁塑编公司、特种设备检验研究院临淄分院。通公交车。

纬四路 370305-K27

[Wěi 4 Lù]

在区境西部。东起澅源路,西至福瑞特公司门口。沿线与清田路、经九路、经十路、经十一路相交。长 3.3 千米,宽 13 米。沥青路面。2002 年 11 月开工,2003 年 12 月建成,2006 年修建。因经纬及序数词名称而命名。两侧有恒河机械制造公司。通公交车。

纬六路 370305-K28

[Wěi 6 Lù]

在区境西部。东起经八路,西至经二路。沿线与经七南路、金烯路相交。长 3.3 千米,宽 13 米。沥青路面。2004 年 3 月开工,2005 年 6 月建成,2006 年修建。因经纬及序数词名称而命名。两侧有恒河机械制造公司。通公交车。

经七路 370305-K29

[Jīng 7 Lù]

在区境西部。北起临淄大道,南至金岭南路。沿线与纬三路、纬四路、纬五路、纬六路相交。长 2 千米,宽 16 米。沥青路面。2005 年 3 月开工,2006 年 4 月建成,2002 年修建。因经纬及序数词名称而命名。两侧有亿家喜工程有限公司、安业装饰公司、清源集团。为城区次干道,通公交车。

经八路 370305-K30

[Jīng 8 Lù]

在区境西部。南起纬六路,北至纬五路。沿线与纬五路、纬六路相交。长 0.7 千米,宽 24 米。沥青路面。2002 年 11 月开工,2003 年 12 月建成,2007 年修建。因经纬与序数词名称而命名。两侧有清源加油站、高阳安装工程有限公司、蓝帆塑胶公司、雄峰包装公司、高氏集团等。通公交车。

经九路 370305-K31

[Jīng 9 Lù]

在区境西部。南起大杨村,北至临淄大道。沿线与纬一路、纬二路相交。长 1.5 千米,宽 15 米。沥青路面。2006 年 4 月开工,2007 年 5 月建成,2010 年修建。因经纬与序数词名称而命名。两侧主要为村庄。通公交车。

经十路 370305-K32

[Jīng 10 Lù]

在区境西部。南起大杨村,北至临淄大道。沿线与纬一路、纬二路相交。长 0.7 千米,宽 22 米。沥青路面。2006 年 4 月开工,2007 年 5 月建成,2007 年修建。因经纬与数词名称而命名。两侧有鹏翔集团等。通公交车。

清田路 370305-K33
[Qīngtián Lù]

在区境西部。南起纬五路，北至临淄大道。沿线与纬一路、纬二路、纬三路、纬四路、纬五路、纬六路相交。长2.4千米，宽32米。沥青路面。2003年开工，2004年竣工。因道路所在地点名称而命名。两侧有方太仓储公司、齐鲁武峰塑胶有限公司、山东新风股份有限公司等。通公交车。

冯北路 370305-K34
[Féngběi Lù]

在区境西部。南起乙烯北路，北至临淄大道。沿线与乙烯南路、乙烯路、乙烯北路、金岭南路相交。长2.4千米，宽14米。沥青路面。1984年开工，1985年建成。因道路所在地点名称而命名。两侧主要为村庄。通公交车。

金烯路 370305-K35
[Jīnxī Lù]

在区境西部。南起金岭公铁立交桥，北至乙烯南路。沿线与乙烯北路、纬六路相交。长2千米，宽14米。沥青路面。1985年开工，1986年建成，1986年修建。因道路所在地点名称而命名。两侧主要为村庄。通公交车。

胜利路 370305-K36
[Shènglì Lù]

在区境南部。南起南沣路过胜炼隧道，北至辛化路。沿线与炼厂中路、大庆一路、一化北路、一化南路相交。长4.6千米，宽10米。沥青路面。1984年修建。因胜利炼油厂生活区通往外界的道路而得名。两侧有胜利医院、胜利大厦、山东锐博化工有限公司、齐华制衣有限公司、峰山医院、

齐都公安局等。通公交车。

铁石西路 370305-K37
[Tiěshí Xīlù]

在区境南部。南起炼厂中路，北至火炬二路。沿线与胜利路相交。长1.2千米，宽10米。沥青路面。1985年开工，1986年建成，1976年修建。因位于济南铁路局铁石站西围墙外而命名。两侧有胜利建筑有限公司等。通公交车。

建设路 370305-K38
[Jiànshè Lù]

在区境南部。东起建设路，西至建设北生活区。沿线与建设中路相交。长1.7千米，宽9米。沥青路面。1981年开工，1982年建成，1970年修建。因道路在大型国有企业中石化第十建设有限公司生活区（十化建生活区）而命名。两侧有齐翔石油化工、金鼎建筑公司、奥华购物中心、十化建集团第十建筑公司。通公交车。

车站

东风站 370305-R01
[Dōngfēng Zhàn]

铁路一等客货运站。在区境中部。1965年开工，1966年4月建成，1978年扩建。有客运台2个、专用线1条、货运线1条、到发线17条、编组线11条。客、货列车每昼夜平均62对。

金岭镇站 370305-R02
[Jìnántiělù Jú Zībóchēwùduàn Jīnlǐngzhèn Zhàn]

铁路车站。三等客货运站。在区境中部。1903年7月建站。有正线2条，到发线5条，站台2个。日均接发旅客列车23列、货物列车192列。与车站接轨的铁路专用线有

山东清源集团有限公司专用线、胜利钢管有限公司专用线、淄博赛力贸易有限公司专用线，主要承担石灰石、成品油、集装箱、钢管发送，年发送 85 万吨，到达燃料油、聚乙烯、卷钢、水泥熟料，年到达 150 万吨。

南仇站 370305-R03
[Nánqiú Zhàn]

铁路三等客货运站。在区境南部。1976 年开工，1978 年 1 月建成。有候车大厅 1 个、站台 2 个。占地面积 15 000 平方米。日通过列车为 36 列。

刘征站 370305-R04
[Liúzhēng Zhàn]

铁路四等客货运站。在区境南部。1971 年开工，1975 年 3 月建成。有候车大厅 1 个、站台 2 个。占地面积 15 000 平方米。日通过列车为 32 列。

临淄长途汽车站 370305-S01
[Línzī Chángtúqìchē Zhàn]

长途汽车站。在区境中部。1955 年建立。占地面积 7 337 平方米，候车厅面积 700 平方米，有 4 个售票窗口。本站客车可达省内其他 16 市 30 个站点。

桥梁、立交桥、隧道

崖傅大桥 370305-N01
[Yáifù Dàqiáo]

在区境东南部。桥长 156 米，桥面宽 35 米，最大跨度 20 米，桥下净高 6 米。2011 年动工，2012 年建成。因位于崖傅村西南而得名。为空心板梁结构，双向六车道。担负张皇路的交通任务，最大载重量 60 吨。通公交车。

淮阳乌河中桥 370305-N02
[Huáiyáng Wūhé Zhōngqiáo]

在区境西北部。桥长 33 米，桥面宽 13.5 米，最大跨度 20 米，桥下净高 3 米。2006 年建成通车。因位于原淮阳公社境内跨乌河而得名。为大型公路桥梁，空心板梁结构，双向两车道。最大载重量 50 吨。通公交车。

淄河大桥 370305-N03
[Zīhé Dàqiáo]

在区境东部。桥长 441.42 米，宽 9 米，最大跨度 20 米，桥下净高 10.5 米。2004 年建成通车。因所在河流及桥梁性质而得名。为大型公路桥，空心板梁结构，双向四车道。担负荣兰路交通任务，最大载重量 60 吨。通公交车。

乌河桥 370305-N04
[Wūhé Qiáo]

在区境西部。桥长 43.04 米，桥面 25 米，最大跨度 13 米，桥下净高 5 米。2009 年建成通车。因坐落于乌河而得名。为大型公路桥，空心板梁结构，双向四车道。担负荣兰路交通任务，最大载重量 60 吨。通公交车。

孙娄立交桥 370305-P01
[Sūnlóu Lìjiāoqiáo]

在区境西部。桥长 106.7 米，桥面宽 9 米，最大跨度 4.5 米，桥下净高 4.5 米。2002 年建成通车。因位于原孙娄镇（今稷下街道）郑王村村西，跨越青银高速而得名。为大型公路桥梁，箱型结构，单车道。担负博临路交通任务，最大载重量 100 吨。通公交车。

寿济路立交桥 370305-P02
[Shòujì Lù Lìjiāoqiáo]

在区境北部。桥长 65.04 米，桥面宽 25 米，最大跨度 20 米，桥下净高 4.9 米。2005 年建成通车。因跨越寿济路而得名。为大型公路桥梁，空心板梁结构，双向四车道。担负河辛路交通任务，最大载重量 60 吨。通公交车。

虎山隧道 370305-30-E01
[Hǔshān Suìdào]

在区境西南部。全长 988 米，高 6.4 米，宽 7 米。1974 年 11 月开工，1988 年建成。因隧道穿过打虎山而得名。钢筋混凝土结构。原为胜利炼油厂防空洞，现为厂区隧道。

周村区

城市道路

周隆路 370306-K01
[Zhōulóng Lù]

在区境南部。东起西陈水库，西至信阳路。沿线与正阳路、米河路、体育场路相交。长 5 千米，宽 30 米。沥青路面。以希望周村兴隆之意命名。两侧有山东周村烧饼有限公司、大染坊丝绸集团、联通公司和周村实验中学等。是周村贯通东西、接连南北主干道，为周村经济、社会、文化发展兴隆提供便利条件。通公交车。

新建西路 370306-K02
[Xīnjiàn Xīlù]

在区境西部。东起浊河大桥，西至信阳路。沿线与永安南路相交。长 1.9 千米，宽 30 米。沥青路面。20 世纪 80 年代末，从浊河往西拓宽傅后街，将新建路西延至西外环。因为新建道路加方位命名。东临周村古商城，两侧有周村齐纳电影城、周村老字号知味斋大饭店、周村区城市执法局、自然资源局、淄博六中和山东宏信化工股份有限公司等。西与邹平县接壤，是贯通周村东西的道路。通公交车。

新建中路 370306-K03
[Xīnjiàn Zhōnglù]

在区境中部。东起丝绸路，西至浊河大桥。沿线与丝绸路、东街、东门路、长行街、保安街和北门街相交。长 1.7 千米，宽 30 米。沥青路面。因东连新建东路，西接新建西路，故得名新建中路。沿途旅游业和餐饮业发达，富有浓郁的现代商业气息，两侧有周村银座商城、周村人民广场、中国银行股份有限公司淄博周村支行、中国建设银行股份有限公司淄博周村支行、大世界布匹城、淄博市中医医院、周村宾馆、周村古商城和千佛阁寺。是贯通周村区最繁华地段和中心城区的道路。通公交车。

新建东路 370306-K04
[Xīnjiàn Dōnglù]

在区境东部。东起昼翔路，西至丝绸路。沿线与柳园路、兴鲁大道、昼翔路、德阳路、凤鸣路、正阳路、和阳街相交。长 7.5 千米，宽 38 米。沥青路面。因城区扩建，新建路向东延伸，故命名为新建东路。两侧有周村区工商局、周村区广电局、周村区人民检察院、周村区人民法院、淄博市公安局周村分局、周村区政务中心、交通银行股份有限公司淄博周村支行等。是贯通周村城区中心地段的道路。通公交车。

青年路 370306-K05
[Qīngnián Lù]

在区境中部。东起凤鸣路，西至信阳路。沿线与凤鸣路、正阳路、丝绸路、东街、东门路、国泰街、北门街、永安南路、信阳路相交。长 4.5 千米，宽 27 米。沥青路面。原名城北路，后改为青年路。道路沿途商业发达，两侧有富瑞特城市广场、周村区环卫局、周村区第二人民医院、妇幼保健医院、淦河公园等。通公交车。

机场路 370306-K06
[Jīchǎng Lù]

在区境中部。东起飞机场，西至凤阳路。沿线与昼翔路、明阳路、德阳路、正阳路、丝绸路、东街、东门路、凤阳路相交。长 4 千米，宽 20 米。沥青路面。周村城区扩建后，此路在城区范围内且通往飞机场，故将原北郊路更名为机场路。沿途商业发达，两侧有兰雁医院、朝阳花苑生活区、天香公园、淄博市第六中学北校区、金周沙发材料市场、凤阳沙发厂等。通公交车。

电厂路 370306-K07
[Diànchǎng Lù]

在区境北部。东起黄家营村，西至信阳路。沿线与德阳路、正阳路、丝绸路、东门路相交。长 5.7 千米，宽 30 米。沥青路面。因周村电厂位于该路而得名。沿途工商业发展繁荣，餐饮业发达，两侧有财富广场、灯塔民族园、周村电厂等。通公交车。

恒星路 370306-K08
[Héngxīng Lù]

在区境北部。东起广电路，西至西环路。沿线与广电路、正阳路、丝绸路、东门路、西环路相交。长 4.6 千米，宽 30 米。沥青路面。因山东恒星集团公司位于此路而得名。两侧有长兴农贸市场、周村区国税局南闫分局、东塘小学、山东恒星集团公司等。通公交车。

德阳路 370306-K09
[Déyáng Lù]

在区境东部。南起太和路，北至新华大道。沿线与太和路、新建东路、机场路、电厂路、恒星路、新华大道相交。长 3.8 千米，宽 30 米。沥青路面。1996 年开工，1998 年建成。两侧有凤鸣小学附设幼儿园、兰馨书院、淄博兴鲁化工有限公司等。通公交车。

信阳路 370306-K10
[Xìnyáng Lù]

在区境西部。南起 309 国道，北至新华大道。沿线与 309 国道、和平路、新建西路、青年路、凤阳路、电厂路、恒星路、新华大道相交。长 4.7 千米，宽 22 米。沥青路面。1996 年建成。两侧有山东蓝天家具有限公司、和平大酒店。贯通南北，同时连接周村西部，是周村区和邹平县通行的主要道路。通公交车。

体育场路 370306-K11
[Tǐyùchǎng Lù]

在区境西部。南起米山路，北接东门路。沿线与米山路、周隆路、东门路相交。长 1 千米，宽 15 米。沥青路面。该路为原庆淄路一部分，与原体育场路相接，故名。两侧有齐鲁石化公司催化剂厂、华信大厦、周村区体育场、大染坊丝绸发展有限公司职工医院等。是辐射联通周村中部和南部的重要道路。通公交车。

正阳路 370306-K12
[Zhèngyáng Lù]

在区境东部。南起文昌湖旅游度假区，北至周村邹平界。沿线与庆淄路、周隆路、站北路、太和路、新建东路、青年路、机场路、电厂路、恒星路、新华大道、城北路相交。

长 16.3 千米，宽 40 米。沥青混凝土路面。此路正南正北，像时针正指中午，有象征周村经济繁荣之意，又代表白天最好时节，故名。1992 年始建，1993 年建成，1996 年后多次分段拓宽改造。该路沿途工商业繁荣，两侧有周村不锈钢市场、联启大厦、周村市民之家、周村区政务中心、财富广场等。是贯通周村、邹平和文昌湖旅游度假区的主干道，也是进出中心城区的主要通道。通公交车。

丝绸路 370306-K13
[Sīchóu Lù]

区境中部。南起站北路，北至城北路。沿线与站北路、太和路、新建东路、青年路、机场路、电厂路、恒星路、新华大道、城北路相交。长 5 千米，宽 25 米。沥青路面。由于此路段有数家丝绸企业，故由原建国八路更名为丝绸路。1997 年后陆续建成。沿途经济活动繁荣，两侧有周村区人民广场、周村银座商城、周村二中、农业银行股份有限公司淄博周村支行、淄博商厦周村家电分公司、淄博机电工程学校等。贯通南北多条主干道，通公交车。

东门路 370306-K14
[Dōngmén Lù]

在区境中部。南起体育场路，北至新华大道。沿线与体育场路、站北路、中和街、新建中路、青年路、机场路、电厂路、恒星路、新华大道相交。长 4.8 千米，宽 21 米。沥青路面。因其位于周村老城东门外，故由原建国六路更名为东门路。是周村区经济最繁荣路段之一，两侧有小商品批发市场、太乙门农贸市场、工商银行股份有限公司淄博周村支行、淄博市中医医院、东海鲜味园大酒店、周村区第二人民医院、福瑞特城市广场、周村区卫生防疫站等。是周村南北交通干线之一，通公交车。

军民路 370306-K15
[Jūnmín Lù]

在区境南部。东起周村火车站，西至东门路南端。长 0.9 千米，宽 8 米。沥青路面。1984 年修建。沿途商业繁荣，两侧有周村火车站、周村汽车站、小商品批发市场等。通公交车。

太和路 370306-K16
[Tàihé Lù]

在区境东部。东起管家庄，西至丝绸路。沿线与昼翔路、德阳路、正阳路、丝绸路相交。长 1.8 千米，宽 23 米。沥青路面。此路从太和庄（现建国社区）里穿过，故名。沿途商铺较多，两侧有周村三中、外贸宾馆、公交公司等。连接周村城区和北郊镇，通公交车。

站北路 370306-K17
[Zhànběi Lù]

在区境南部。东起建国村，西至东门路。沿途与正阳路、米河路、丝绸路、步行街、东门路相交。长 1.3 千米，宽 25 米。沥青路面。原为工农一路一部分，因位于火车站北侧，故名。沿途多医院、学校和酒店，商业较为发达，两侧有周村市政公司、站北路便民市场、盛唐斋大酒店、齐悦国际大酒店、148 中心医院、中和街小学、周村区人民医院等。通公交车。

南长行街 370306-K18
[Nánchángxíng Jiē]

在区境南部。南起城南路，北至丝市街。沿线与城南路、棉花市街、丝市街相交。长 0.9 千米，宽 18 米。沥青路面。此路形成于清初，因街窄长，分为南、中、北三段，此为南段，故命名为南长行街。紧邻太乙门农贸市场和周村区人民医院，原集市贸易较为繁荣。

两侧有太乙门农贸市场、周村区人民医院等。通公交车。

中长行街 370306-K19
[Zhōngchángxíng Jiē]

在区境中部。南起丝市街,北至新建中路。沿线与丝市街、新建中路相交。长 0.4 千米,宽 18 米。沥青路面。此路形成于清初,因街窄长,分为南、中、北三段,此为中段,故命名为中长行街。位于周村区最早的商业中心区域内,两侧有大街派出所等。通公交车。

北长行街 370306-K20
[Běichángxíng Jiē]

在区境中部。南起新建中路,北至青年路。沿线与新建中路、青年路相交。长 0.6 千米,宽 20 米。沥青路面。此路形成于清初,因街窄长,分为南、中、北三段,此为北段,故命名为北长行街。位于周村区最早的商业中心区域内。通公交车。

永安南路 370306-K21
[Yǒng'ān Nánlù]

在区境西部。南起南下河街,北至凤阳路。沿线与南下河街、新建西路、凤阳路相交。长 1.7 千米,宽 20 米。沥青路面。城区区划调整后,为加强办事处名称与地名的统一,将永安街街道办事处辖区的凤阳南路更名为永安南路。沿途以商铺为主,商业氛围浓厚。两侧有通济街农贸市场、凤翔大酒店等单位。通公交车。

永安北路 370306-K22
[Yǒng'ān Běilù]

在区境西北部。南起凤阳路,北至城北路街道沈家庄。沿线与凤阳路相交。长 5 千米,宽 10 米。沥青路面。城区区划调整后,为加强办事处名称与地名的统一,将

永安街街道办事处辖区的凤阳北路更名为永安北路。沿途多村庄。通公交车。

新华大道 370306-K23
[Xīnhuá Dàdào]

在区境北部。东起周村张店交界处,西至西外环路。沿线与柳园路、姜萌路、德阳路、正阳路、东门路、西外环路相交。长 9.5 千米,宽 28 米。沥青路面。两侧有淄博职业学院、周村区北郊镇政府、山东兴鲁生物科技有限公司、周村区北郊镇黑土村商贸市场等。通公交车。

特色街巷

中和街 370306-A02-L01
[Zhōnghé Jiē]

在丝绸路街道西部。长 1.8 千米,宽 15 米。沥青路面。此街原名太和街,因东邻太和庄,为避免混淆,将太和街更名为中和街。位于周村区经济繁荣的商贸中心区域,沿街有周村规模最大的公园——周村人民公园,有周村新华书店、金城商厦和周村大酒店等,位于街北的纺织大世界北方布匹城是以纺织品批发为主的大型专业市场。通公交车。

东街 370306-A02-L02
[Dōng Jiē]

在丝绸路街道和青年路街道西部。长 1.1 米,宽 18 米。沥青路面。因当时在周村城区以东,故称东街。曾设集市,称东街集。后又扩建,并向北延伸 500 余米。其名仍称东街。是周村区商业中心路段,原为步行街,各类商铺林立,经济繁荣。沿街主要有齐悦国际大酒店、金城商厦、周村大酒店、纺织大世界北方布匹城、淄博奥德隆超市连锁有限公司周村东街店等。

通公交车。

南下河街 370306-A03-L01

[Nánxiàhé Jiē]

在大街街道西部。长 1.2 千米，宽 15 米，沥青路面。该街地处南下河，将原祠堂南街并入，故名南下河街。是周村区最早的商业中心，紧邻周村古商城，北侧有汇龙园，于 2010 年在原文昌阁胡同、汇龙街、化龙街、盘龙街等建筑遗址上建成，集文博展销、商业购物、餐饮美食、园林景观、娱乐休闲、庙宇文化等多功能为一体。沿街有旱码头、花鸟市、文昌阁、周村区教师进修学校等。通公交车。

大街 370306-A03-L02

[Dà Jiē]

在大街街道西部。长 0.6 千米，宽 10 米。石板路面。因是周村最早又最大的商业街，俗称大街。此街北端原来建有镇武阁，又名北极阁。自阁向南始建房屋、作坊、店铺等，此后，逐年增多，成为集市。始建于宋元，清代中叶形成规模。清朝后期，章丘旧军镇孟氏"八大祥号"先后来这里营业经商，远近富商巨贾竞相云集，逐渐成为布行、杂货行聚集经营的商业贸易中心。位于国家 4A 级旅游景区、省级重点文物保护单位、省级优秀历史建筑——周村古商城内，是周村区最古老的历史文化古街和商业街，拥有中式、徽派、欧式、山陕等建筑，最大特色是中西合璧，南北交融。有周村特色小吃周村烧饼和餐饮美食丁家煮锅。主要景点有三益堂印刷展馆、谦祥益、瑞蚨祥、民俗展览馆、英美烟草公司展览馆和周村烧饼博物馆等。通公交车。

棉花市街 370306-A03-L03

[Miánhuāshì Jiē]

在大街街道中部。长 0.7 千米，宽 20 米。沥青路面。清初在此形成市场，凡销售棉花者多集中于此，每逢周村集日更为繁荣，故名。沿途商铺众多，以餐饮美食和五金土产销售为主。主要单位有周村区人民医院。北侧紧邻国家 AAAA 级旅游景区、省级重点文物保护单位、省级优秀历史建筑——周村古商城，与银子市街相交。通公交车。

芙蓉街 370306-A03-L04

[Fúróng Jiē]

在大街街道中部。原长 0.3 千米，宽 7 米，2003 年建设周村古商城拆除旧建筑，建设为仿古街区，向东延伸到银子市南首，总长 0.4 千米，加宽到 12 米。石板路面。经人民政府命名为芙蓉街。此街形成于清康熙年间，原分小米市、棺材市、铁器市，中华人民共和国成立后合并，以文化用品、特色商铺为主。通公交车。

平等街 370306-A03-L05

[Píngděng Jiē]

在大街街道中部。长 0.2 千米，宽 2.2~4.5 米。石板路面。曾名工农二路 324 号巷，又称后街，于民国初年（1912），改为平等街。沿街均平房及旧式二层小楼。明末清初，周村工业商业兴盛，集市贸易发达，银子市街设有几家较大的银号，建有前后院落，后院坐落于此，形成街巷，故称后街。2003 年兴建古商城，平等街同时改造，拆除旧房，修建仿古建筑，以特色商铺为主。通公交车。

银子市街 370306-A03-L06

[Yínzishì Jiē]

在大街街道中部。长 0.2 千米，宽 7 米。石板路面。明末清初，周村工商业兴盛，集市贸易发达，当时以银作为货币交易。此街设有几家较大银庄，专为商家储存、出卖和调换整、零银两，故名。拥有中式、徽派、欧式、山陕等建筑，最大特色是中西合璧，南北交融，以特色商铺为主。主要景点有票号展览馆、杨家大院、大染坊、魁星阁庙宇等，街北首有"今日无税"碑。通公交车。

保安街 370306-A03-L07
[Bǎoān Jiē]

在大街街道中部。长0.6千米，宽15米，沥青路面。清康熙年间，原保安街有十余家银号和店铺，为此设有岗哨，日夜守卫，并经常洒扫，街容整洁，管理正规，保证安全，故名。此街原南段称保安街，北段称下沟街（又名福鹤街）。1982年恢复街巷名称将二街合并，统称保安街。沿街有保安小区、长安小区和长安幼儿园等。西邻周村古商城景区，商铺众多。通公交车。

丝市街 370306-A03-L08
[Sīshì Jiē]

在大街街道中部。长0.7千米，宽15米，保安街以东为沥青路面，以西为石板路面。清代中叶，此街约有八家较大丝店，外省与周村附近农村之蚕丝大部在此销售，当时成为周村蚕丝交易最大市场，故名。沿街有周村基督教堂、周村区邮政局、大街街道办事处等。保安街以东路段位于周村古商城景区内，现有保存完好的明清古建筑，店铺林立，建筑风格迥异，中西文化合璧。主要景点有状元府、旱码头牌楼等，街中段有"今日无税"碑。通公交车。

车站

周村站 370306-R01
[Zhōucūn Zhàn]

铁路二等货运站。在区境中部。1897年建成，1986年扩建。有装卸待工楼和客运行包房，面积1 100平方米。年货运量26.45万吨。提高了铁路区段通过能力，在促进地区经济发展繁荣和城市间交流方面发挥重要的作用。

王村站 370306-R02
[Wángcūn Zhàn]

铁路三等货运站。在区境西部。1986年是四等客货中间站，1996年升格为三等站，是年7月1日起车站停办客运业务，9月实行铁路内部车站与装卸部门分立。因邻王村，故名。建有货运办公楼、候车室、站台、货场，内设高货台、平货台，有零担仓库1座。在满足地方工农业生产发展需求，促进地区经济发展方面发挥了重要作用。

周村公路客运中心 370306-S01
[Zhōucūn Gōnglù Kèyùnzhōngxīn]

长途汽车站。在区境南部。2011年8月建成使用。总占地面积54 000平方米，总建筑面积45 800平方米，其中主站房1.1万平方米，客运调度中心2.1万平方米，附属用房7 185平方米，地下停车场6 600平方米，设计客运量108万人/年，货运量1.09万吨/年。该站功能齐全，布局合理，设施完善，对改善城区交通秩序、方便群众安全出行、促进周村区经济发展、改善城市布局结构等方面具有重要的促进作用。

桓台县

城市道路

中心大街 370321-K01

[Zhōngxīn Dàjiē]

在县城中部。东起张北路，西至唐华路。沿线与张北路、兴桓路、东岳路、少海路、柳泉北路、唐华路相交。长 4.2 千米，宽 16~37 米。沥青路面。2004 年 3 月开工，2004 年 8 月建成。该街是桓台县的商业街，商业气氛浓厚。沿途有桓台商厦、桓台百货大楼、惠仟佳等大型知名商家，县委、县政府、人武部、县人大、县政协、邮政局、博物馆、桓台第一中学、少海公园位于其两侧。通公共车。

渔洋街 370321-K02

[Yúyáng Jiē]

在县城南部。东起顺河路，西至桓台二中。沿线与顺河路、张北路、兴桓路、东岳路、少海路、柳泉北路相交。长 3.5 千米，宽 27~29 米。沥青路面。2005 年开工，2012 年建成。因其附近渔洋中学而得名。两侧有城标广场、县财政局、县审计局、县国税局、便民服务中心、渔洋中学、桓台第二中学、县妇幼保健医院。通公共车。

桓台大道 370321-K03

[Huántái Dàdào]

在县城南部。东起铁西路，西至唐华路。沿线与乌河建国桥、顺河路、张北路、东岳路、少海路、柳泉北路、唐华路相交。长 5.7 千米，宽 43 米。沥青路面。2006 年开工，2013 年建成。两侧有绿圣林度假村、桓台骨伤医院、桓台县医院、文体中心、东岳国际等。通公共车。

柳泉北路 370321-K04

[Liǔquán Běilù]

在县城西部。南起伊家村，北至工业街。沿线与石化路、205 国道、果里大道、寿济路、桓台大道、渔洋街、中心大街、建设街相交。长 7.4 千米，宽 16~43 米。沥青路面。2004 年开工，2005 年建成。因其位于柳泉路北段，故名柳泉北路。两侧有红莲湖公园、县妇幼保健医院、少海公园、文体中心、县实验学校等。是连接张店区、高新区、桓台县的重要交通要道。通公共车。

兴桓路 370321-K05

[Xìnghuán Lù]

在县城中部。南起城标广场，北至王徐路。沿线与渔洋街、中心大街、建设街、工业街、王徐路相交。长 3.4 千米，宽 32 米。沥青路面。1988 年开工，1989 年建成，2003 年翻修扩建。为吸引外资来桓建厂、兴商，促进桓台经济的发展，故命名兴桓路。两侧有城标广场、县委、县政府、县环保局、县信访局、县法院、实验小学、桓台县中医院、喜乐佳超市等。通公交车。

车站

桓台站 370321-R01

[Huántái Zhàn]

铁路车站。在区境西部。1959 年开工，1960 年建成。有营业大厅、货运站台和办公楼。货运站内有 5 条线路，另有 2 条专用线，一条为石油卸油线，一条为国家粮食储备库专用线。年货运量 200 万吨，运送人数 5.6 万人次。是促进桓台县贸易沟通、经济发展、人们生活便利的交通枢纽。

桓台长途汽车站 370321-S01

[Huántái Chángtúqìchē Zhàn]

长途汽车二级客运站。在区境西部。有候车厅、售票厅、发车区、停车场、小件寄存处等设施，占地面积 1.1 公顷，建筑面积 4 560 平方米。运输线路 18 条，其中省际 4 条、市际 4 条，日过往车辆 60 个班次，日客流量 500 人。极大地方便了桓台群众出行，增加了区县之间的贸易联系。

高青县

城市道路

青城路 370322-K01

[Qīngchéng Lù]

在县城中部。西起唐北路，东至国井大道。沿线与青苑路、齐东路、文化路、中心路、蒲台路、芦湖路相交。长 4.1 千米，宽 28.0 米。沥青路面。20 世纪 50 年代初开工建设，1987 年竣工，1995 年、2000 年、2006 年、2008 年改造扩建。因纪念原青城县而得名。是城区较早的商业街，西部以商业为主，东部以单位、住宅为主。两侧有农贸市场、体育场、学校、高青人民剧场旧址、商城、医院、公园等。通公交车。

黄河路 370322-K02

[Huánghé Lù]

在县城中部。西起东邹路，东至国井大道。沿线与唐北路、营丘大道、齐东路、文化路、中心路、蒲台路、芦湖路相交。长 2.31 千米，宽 35 米。沥青路面。20 世纪 50 年代初开工建设，1978 年竣工，1985 年、1986 年、1998 年、1999 年改造扩建。因北临黄河而得名。沿途商业气氛浓厚，两侧有高青县政府、田镇街道办事处、高青县汽车总站、高青县实验小学、高青县

第一中学等。通公交车。

芦湖路 370322-K03

[Lúhú Lù]

在县城中部。北起广青路，南至南外环。沿线与黄河路、青城路、高苑路、大悦路相交。长 5.11 千米，宽 38 米。沥青路面。2005 年开工建设，2008 年竣工。因大芦湖位于县城东北 8 千米芦湖街道境内而得名。南部为商业区，商场、餐饮业聚集，商业气氛浓厚。是县城内最为繁华的道路。两侧有芦湖公园、千乘湖生态文化园、检察院、银座商场等。通公交车。

文化路 370322-K04

[Wénhuà Lù]

在县城中部。北起田横路，南至北支新河。沿线与黄河路、青城路、高苑路、大悦路相交。长 2.79 千米，宽 21 米。沥青混凝土路面。20 世纪 50 年代初开工建设，1971 年竣工，1988 年、1991 年、2009 年改造扩建。因高青县文化馆、高青二中（原高青一中）在此而得名。是一条富有文化气息的道路。两侧有高青县人民政府、人民剧院、高青县第二中学、高青县博物馆、高青迎宾馆等。为城区主要交通线路，通公交车。

中心路 370322-K05

[Zhōngxīn Lù]

在县城中部。北起田横路，南至大悦路。沿线与田镇街、黄河路、青城路、高苑路、大悦路相交。长 3.08 千米，宽 32 米。沥青混凝土路面。1971 年 4 月开工建设，1971 年 10 月竣工。1985 年、1990 年、1995 年改造扩建。因是县城主干道而得名。是高青老城区最宽的一条南北路，与黄河路构成了老城区的十字轴。两侧有高青县汽车总站、高青县电业公司、高青县住建局、

扳倒井老厂、民政局婚姻登记处、中心路小学等。通公交车。

车站

高青长途汽车站 370322-S01

[Gāoqīng Chángtúqìchē Zhàn]

长途汽车二级客运站。在县城中部。1953 年建成，1957 年、1978 年、1995 年扩建。有候车厅、售票厅、发车场、停车场、行包存放处、小件寄存、超市等。候车室建筑面积 3 000 平方米，停车场 5 000 平方米，发车位 13 个。车辆 150 多部，日发班车 300 多班次。是高青县唯一的客运交通枢纽站。

桥梁

千乘湖桥 370322-N01

[Qiānshènghú Qiáo]

在县城南部。桥长 90.54 米，宽 39 米，最大跨度 84 米，桥下净高 7 米。2002 年动工，2003 年建成通车。因大桥南北横跨千乘湖而得名。属小型河道钢筋混凝拱形桥。是南部进出县城的主要枢纽。通公交车。

沂源县

城市道路

华源路 370323-K01

[Huáyuán Lù]

在县城西部。北起螳螂河西路，南至青兰高速公路辅线。沿线与鲁山西路、振兴西路、荆山西路相交。长 4.6 千米，宽 15 米。沥青混凝土路面。2007 年修建。以

为使沂源更加繁盛、美丽之意而命名。沿街多商铺，商业气氛浓厚。系城区西部主干道之一。通公交车。

南麻大街 370323-K02

[Nánmá Dàjiē]

在县城西部。北起鲁山西路，南至沂河西路。沿线与鲁山西路、振兴西路、荆山西路相交。长 2.3 千米，宽 32 米。沥青路面。2014 年建成。以地处南麻街道而命名。此路跨沂河，南与沂源火车站相接，属县城主干道之一。通公交车。

螳螂河西路 370323-K03

[Tánglánghé Xīlù]

在县城中部。南起沂河路，北至人民路。沿线与鲁山西路、振兴西路、荆山西路、沂河西路相交。长 3.9 千米，宽 12 米。沥青路面。1993 年完成西台大桥至鲁阳路路段建设，2006 年新建西台大桥至人民路段，2010 年完成南延工程建设。以地处螳螂河西岸而得名。沿街多商铺，商业气氛浓厚。通公交车。

螳螂河东路 370323-K04

[Tánglánghé Dōnglù]

在县城中部。北起人民路，南至沂河北岸沂河路。沿线与鲁山路、振兴路、荆山路、沂河路相交。长 4.39 千米，宽 20 米。沥青路面。1971 年修建至南麻大桥，2009 年完成向南延伸至沂河路。以地处螳螂河东岸而得名。沿街多商铺，商业气氛浓厚。通公交车。

历山路 370323-K05

[Lìshān Lù]

在县城中部。南起荆山路，北至人民路。沿线与新城路、鲁山路、胜利路、振兴路相交。长 3.12 千米，宽 14 米。沥青路面。

1983 年、1999 年、2006 年进行改扩建。以通历山方向和原属历山区而得名。两侧有东方购物广场、京源商厦、影剧院、实验小学附属幼儿园、历山中学等。通公交车。

健康路 370323-K06
[Jiànkāng Lù]

在县城中部。南起东埠下路，北至人民路。沿线与新城路、鲁山路、胜利路、振兴路相交。长 3.45 千米，宽 19 米。沥青路面。1983 年、1999 年、2002 年、2010 年、2013 年进行改扩建。因东侧建有县医院，以体现人民身体健康的意愿而得名。两侧有友和大酒店、妇保院、粮食局、百货大楼、县医院、成和商厦等。

药玻路 370323-K07
[Yàobō Lù]

在县城中部。北起胜利路东首，南至药玻公司，与振兴路、南麻老街、荆山路相交，长 1 556 米，宽 6~36 米。水泥路面。1995 年、2001 年进行改建。因南至山东药玻公司而得名。通公交车。

瑞阳路 370323-K08
[Ruìyáng Lù]

在县城中部。北起人民路，南至沂河路。沿线与新城路、鲁山路、振兴路、荆山路相交。长 3.8 千米，宽 26 米。沥青路面。2005 年修建，当年竣工通车。原以企业名称而冠名为瑞阳大道，后改为瑞阳路。两侧有瑞阳制药、正大家居、县法院等单位。通公交车。

润生路 370323-K09
[Rùnshēng Lù]

在县城中东部。北起人民路，南至荆山路。沿线与新城路、鲁山路、振兴路相交。长 4.83 千米，宽 26 米。沥青路面。2011 年完成荆山路至鲁山路段，2013 年完成人民路至翡翠山景段。以滋润众生、方便人民行走的含义命名。两侧有源能热电公司、沂河源学校、沂源县妇幼保健院等单位。通公交车。

富源路 370323-K10
[Fùyuán Lù]

在县城中西部。北起人民路，南至荆山路。沿线与新城路、鲁山路、振兴路相交。长 2.56 千米，宽 14~20 米。沥青路面。以期望沂源富有而命名。两侧有建材城、第二实验幼儿园等单位。通公交车。

兴源路 370323-K11
[Xīngyuán Lù]

在县城东部。北起人民路，南至青兰高速辅线。沿线与新城路、鲁山路、振兴路相交。长 3.48 千米，宽 15 米。沥青路面。以振兴沂源之意而命名。沿街多商铺，商业气氛浓厚。通公交车。

人民路 370323-K12
[Rénmín Lù]

在县城北部。西起东鱼台，东至兴源路。沿线与历山路、健康路、瑞阳路、富源路相交。长 8.6 千米，宽 15 米。沥青路面。2006 年建成。以体现人民意愿而命名。沿街多居民小区。通公交车。

新城路 370323-K13
[Xīnchéng Lù]

在县城中北部。西起螳螂河东路，东至兴源路。沿线与历山路、健康路、瑞阳路、润生路、富源路相交。长 6.4 千米，宽 40 米。沥青路面。2006 年开始兴建，一期为历山路至瑞阳路，2007 年建成。二期为瑞阳路至祥源路，2008 年建成。三期为祥源路至兴源路，2013 年建成。以体现新城道路发展而命名。两侧有沂源一中、全民健身广场等。通公交车。

鲁山路 370323-K14
[Lǔshān Lù]

在县城北部。东起祥源路，西至螳螂河东路。沿线与富源路、润生路、瑞阳路、健康路、历山路相交。长6.0千米，宽26米。沥青路面。1992年建成一期工程，1994年全线通车。2000年道路东延工程竣工，2003年至2006年扩建慢车道和人行道。因鲁山而得名。两侧有沂河源学校、妇幼保健院、鲁中义乌商贸城、县法院、儿童乐园、文化苑等。通公交车。

鲁山西路 370323-K15
[Lǔshān XīLù]

在县城中部。东起螳螂河西路，西至华源路。沿线与松山路、南麻大街相交。长0.98千米，宽20米。沥青路面。2011年建设。道路沿街多商铺，商业氛围浓厚。两侧有鲁阳小学等。通公交车。

振兴路 370323-K16
[Zhènxīng Lù]

在县城中部。东起兴源路，西至螳螂河东路。沿线与祥源路、富源路、润生路、瑞阳路、健康路、历山路相交。长6.51千米，宽24米。沥青路面。明清时期即有小街，俗称后街。1966年拓宽至16米，1978年铺筑沥青路面。2004年、2005年进行了改扩建。1982年以时代精神命名为振兴路。两侧有县政府、新华书店、银河幼儿园、振兴路小学等。通公交车。

振兴西路 370323-K17
[Zhènxīng XīLù]

在县城中部。东起螳螂河西路，西至华源路。沿线与松山路、南麻大街相交。长1.8

千米，宽20~26米。沥青路面。2011年修建。两侧有县职业教育中心学校、银座商城等。通公交车。

南麻老街 370323-K18
[Nánmá Lǎojiē]

在县城中部。西起螳螂河东路，东至陵南路。沿线与历山路、健康路、药玻路相交。长1.57千米。沥青路面。历史悠久，已见文献记载修建年代为唐朝贞观年间。1987年拆迁拓宽。2002年、2005年改建。1982年被命名为南麻老街。两侧有历山街道办事处、光明照相馆、工商分局、友谊商场等。通公交车。

荆山路 370323-K19
[Jīngshān Lù]

在县城中南部。东起沂河东路，西至螳螂河东路。沿线与历山路、健康路、药玻路、瑞阳路相交。沥青路面。1985年修建，1989年拓宽，1998年至2004年先后多次进行改扩建。以荆山而得名。西段以商业企业居多，商业氛围浓厚。两侧有友和大酒店、县交警大队、山东药用玻璃股份有限公司、淄博绿新燃气有限公司等。通公交车。

荆山西路 370323-K20
[Jīngshān XīLù]

在县城中西部。东起南麻大桥，西至华源路。沿线与贤山路、松山路、南麻大街相交。长2.9千米，宽26米。沥青路面。2012年建设。以荆山而得名。两侧有沂源县第二中学、南麻街道中心小学、河湖中学、东高庄小学。通公交车。

沂河路 370323-K21
[Yíhé Lù]

位于县城南部。东起儒林路，西至华源路。沿线与瑞阳路、专利园路相交。长

13 千米，宽 15~20 米。沥青路面。2009 年 6 月开工，2010 年 6 月建成通车，因沿沂河走向修建而得名。两侧有鲁阳节能材料股份有限公司、山东药用玻璃股份有限公司、瑞阳制药有限公司、鑫泉药业等。为城区南部对外交通线。通公交车。

胜利路 370323-K22
[Shènglì Lù]

在县城中部。西起历山路，东至胜利山公园西门。沿线与健康路相交。长 0.96 千米，宽 14 米。沥青路面。1982 年、1999 年、2002 年、2008 年进行改扩建。以胜利山而得名。两侧有县委、县民政局、县医院等单位。通公交车。

车站

沂源站 370323-R01
[Yíyuán Zhàn]

铁路三等客货运站。在县城中部。2010 年 9 月开工建设，2014 年 12 月投入使用。因地处沂源县而得名。车站综合楼为地上两层建筑，设有进出站厅、候车厅、售票室、管理办公用房、设备用房等，钢筋混凝土框架结构，设计使用 50 年。东西长 3 100 米，南北宽 40 米，总面积 12.67 公顷。站内设 5 条到发线。

沂源县长途汽车站 370323-S01
[Yíyuán Xiàn chángtúqìchē Zhàn]

长途汽车二级客运站。在县城中部。1974 年迁建于振兴路西首与沿河东路交会处。2009 年 9 月，县城历山路与人民路交汇处的新站建成投入使用。占地面积 41 024.8 平方米，建筑面积 13 000 平方米。有客运线路 24 条，发往各地班车 241 个班次 / 天，长途客运线路 22 条，发往各地班

车 64 班次 / 天。年平均客流量 2 500 人次 / 天，高峰期达 6 000 余人次 / 天。

桥梁、隧道

螳螂河大桥 370323-N01
[Tánglánghé Dàqiáo]

在县城西部。桥长 220 米，桥面宽 30 米，最大跨度 16 米，桥下净高 3.5 米。2012 年动工，2013 年 8 月建成。因所跨河道螳螂河而命名。为大型门式斜拉景观桥梁，上部采用 8 孔预应力组合式箱梁，下部采用桩基础。最大载重量为荷载汽车 15 吨。通公交车。

复兴大桥 370323-N02
[Fùxīng Dàqiáo]

在县城西部。桥长 182 米，桥面宽 29.4 米，最大跨度 16 米，桥下净高 3.5 米。1995 年建成，初称新城大桥。2012 年振兴路改造，重修此桥，取名复兴大桥。为大型河道桥梁，上部采用先张法预应力混凝土空心板梁，下部采用桩基础。最大载重量为荷载汽车 15 吨，挂车 80 吨。通公交车。

西台大桥 370323-N03
[Xītái Dàqiáo]

在县城西部。桥长 230 米，桥面宽 36 米，最大跨度 16 米，桥下净高 3.5 米。1992 年始建，2012 年重建，2013 年建成。以大桥位于西台村而得名。该桥梁为大型河道桥梁，结构型式为上部结构采用后张法预应力混凝土空心板梁，下部结构桥墩采用柱式墩、桩基础，桥头采用柱式墩、桩基础。最大载重量为 20 吨，荷载汽车 20 吨。

田庄 1 号大桥 370323-N04
[Tiánzhuāngáhào Dàqiáo]

位于沂源县城西部。桥长 806 米，桥面宽 16.75 米，最大跨度 40 米，桥下净高 12 米。2005 年 3 月始建，2007 年投入使用。因横跨田庄水库、为该条道路上大型的跨水库河道桥梁而命名。结构型式为装配式预应力钢筋混凝土连续"T"型梁结构，桥面铺装沥青混凝土，下部结构为双柱墩、肋板式桥台，钻孔灌注桥桩基础。最大载重量为 49 吨，荷载汽车 15 吨，挂车 80 吨。

红水河特大桥 370323-N05
[Hóngshuǐ Hé Tèdàqiáo]

在县城东部。桥长 1 176 米，桥面宽 24.60 米，桥下净高 22 米，桥墩跨径 30 米。2005 年 3 月修建，2007 年 12 月投入使用。因跨张家坡镇红水河而得名。为现浇箱梁式桥。上部采用预应力连续箱式梁结构，下部结构为钢筋混凝土双柱墩，钢混柱式桥台和肋板桥台，钻孔钢混灌注桥桩基础。

沂源隧道 370323-30-E01
[Yíyuán Suìdào]

在县城中西部。长 1 710 米，净高 5 米，宽 14.5 米。2005 年 3 月开工，2007 年 12 月投入使用。以所在行政区域得名。双向六车道，为青兰高速沂源境内的主要隧道之一。

黄家峪隧道 370323-30-E02
[Huángjiāyù Suìdào]

在县城东部。长 1 207 米，高 5 米，宽 14.5 米。2005 年 3 月开工，2007 年 12 月投入使用。以所在地命名。隧道双向六车道，为青兰高速沂源境内较大隧道之一。

亳山隧道 370323-30-E03
[Háoshān Suìdào]

在县城东部。长 715 米，高 5 米，宽 14.5 米。2005 年 3 月开工，2007 年 12 月投入使用。以所在山峰亳山命名。双向六车道，跨张家坡镇、石桥镇，为青兰高速沂源境内的重要隧道之一。

四 自然地理实体

淄博市

山

鲁山 370300-21-G01
[Lǔ Shān]

在省境中部，市境南部。相传春秋末年，鲁国的国君鲁哀公命令鲁班在6个月内为他修造宫殿，鲁班带领工匠跋山涉水来这里伐树。人们就把此山叫鲁班山，后来简称鲁山。海拔1 108.3米，山体系砂石构成。鲁山是淄、汶、弥、沂四河的发源地，博山与沂源的界山。有植物1 300多种、鸟类168种、兽类22种、昆虫561种，水杉、银杏、中华结缕草、野大豆、紫椴等是国家级重点保护植物。有公路通过。

天堂寨 370300-21-G02
[Tiāntáng Zhài]

属泰沂山脉。在省境中部，市境东南部。相传古时候此山寨内的人有食同吃，有福同享，妇孺老幼皆无欺，到了山寨如同到了天堂，故名天堂寨。海拔509.4米。山上植被主要有松柏，植树面积约1 056平方千米。通公交车。

大奎山 370300-21-G03
[Dàkuí Shān]

在省境中部，市境南部。因山体高而庞大得名。海拔480.8米。植被面积约600余亩，主要树种有柏树、刺槐、枣树、柿子树、核桃树、桃树、梨树、花椒树、香椿树等。

山顶峰东侧石壁有大奎山摩崖石刻，为阴文楷书，字迹可辨。山东坡有黑山爷爷庙，建于清光绪三十二年（1906）。通公交车。

狼峪顶 370300-21-G04
[Lángyù Dǐng]

在省境中部，市境西南部。传说这狼峪顶原来叫老峪顶。清朝时候，有几个不务正业的小混混，经常在这山上披着狗皮装狼，夜间在山路上吓唬并抢劫路人，后来被一个会武术的买卖人降服了。之后，人们就把这里叫狼峪顶。海拔392米。属砂石山。此山为博山区白塔镇和淄川区西河镇的界山。多梯田，山顶较平坦，荒坡处多荆棘杂草。交通便利。

太平山 370300-21-G05
[Tàipíng Shān]

在省境中部，市境南部。据传，明末清初匪徒据山为害，百姓希望安居乐业，过太平日子，故名太平山。海拔903米。山体由青石、红土石灰岩、页岩构成。主要植物有槐树、柏树、胡树、连翘、酸枣树等。通公交车。

三府山 370300-21-G06
[Sānfǔ Shān]

属泰沂山脉。在省境中部，市境南部。以历史上地处青州府、泰安府、沂州府三府交界处而得名。海拔698米。为沂源、莱芜、博山三县（市、区）界山。山体由片麻岩、花岗岩构成。山上杂树丛生，荆棘如织。山坡已绿化，以刺槐、马尾松为主。有公路经此。

长城岭 370300-21-G07
[Chángchéng Lǐng]

在省境中部，市境西南部。因岭上建有齐长城，故名。海拔 360 米。山体为石灰岩地质。山顶柏树林立，山间乔灌间杂，高低错落有致。野花野草繁茂，蒲公英、丹参、茵陈、苦荬等几十种中草药遍地皆是。山间野兔、野狸、猪獾、山鸡、鹌鹑等经常出没。画眉、鹁鸪、喜鹊等十几种鸟类栖息于此。交通便利。

河流

黄河 370300-22-A-a01
[Huáng Hé]

外流河。在省境北部。因水色浑黄而得名。在古籍中最早称"河"，《汉书》中始有黄河之称。发源于青藏高原巴颜喀拉山北麓的约古宗列盆地，自西向东分别流经青海、四川、甘肃、宁夏、内蒙古、陕西、山西、河南及山东 9 个省（自治区），最后流入渤海。全长约 5 464 千米，流域面积约 752 443 平方千米。河水夹带到下游的泥沙总量，平均每年超过 16 亿吨，其中有 12 亿吨流入大海，剩下 4 亿吨长年留在黄河下游，形成冲积平原，有利于种植。黄河是中华文明最主要的发源地，中国人称其为"母亲河"。黄河流域有肥原沃土，物产丰富，山川壮丽，居民几占中国总人口四分之一，耕地则约占全国 4 成。黄河源流段从星宿海至青海贵德，上游段自贵德至江西省河口镇，中游段从河口镇到河南孟津，下游段自孟津到山东利津县注入渤海。主要支流有汾河、洮河、渭河等。

小清河 370300-22-A-a02
[Xiǎoqīng Hé]

外流河。在省境中北部。因别于大清河，故名。金天会八年（1130），大齐王刘豫导洛水，筑堰于历城华山之南，拥水东流后，始称小清河。发源于济南市南部山区及济南诸泉，向东北流经济南市区及章丘市、邹平县、高青县、桓台县、博兴县、广饶县、至寿光市羊角沟注入渤海。河道长 237 千米，河宽 38~80 米，流域面积 10 572 平方千米。历史上沿河涝灾频繁。1949 年后，相继进行了较大规模的疏竣复堤和切滩分洪、滞洪及上游水库蓄水工程。沿河建柴庄、水牛韩、金家埝、金家桥、浒山、贾刘、利群等节制闸及船闸，兴建了青沙湖滞洪区和金家北分洪道工程，并建了太河等大中型水库蓄水工程，对主要支流进行了初步治理，基本控制了小清河洪水威胁。1985 年全河渠化工程竣工（包括港口和桥涵建设），航道达 6 级标准，可常年通航。两岸堤防全长 448.7 千米（包括分洪道左堤），防洪能力 500 立方米 / 秒，排涝能力 200 立方米 / 秒。主要支流有巨野河、绣江河、杏花沟、孝妇河、淄河等。

涝淄河 370300-22-A-a03
[Làozī Hé]

外流河。在省境中北部，市境中部。古称"五里泉水"。《益都县志》云："涝淄河源于益都县白马关。"发源于淄川区大北山、长岭山等丘陵的北麓。从临淄区边河乡进入张店区，经石桥镇流入桓台县，经果里镇甘家、果里、义和、姜坊至于家磨北汇入乌河。河道全长 39.25 千米，流域面积 105.54 平方千米。行洪流量 20 立方米 / 秒。

猪龙河　370300-22-A-a04

[Zhūlóng Hé]

外流河。省境中北部，市境中部。据清道光《济南府志》载"淄川德会水，俗称沣水，源出淄川县东北三十五里，名泉河头，可三亩余，诸泉进发，形如串珠，曰珠龙河。北经长山曰郑潢沟，又北经新城东，系河左注之，又北入锦秋湖"。后来珠龙河传为猪龙河。发源于为张店区南定镇白家闸，流经张店区、高新区、桓台县，至桓台县荆家镇崔家村汇入小清河。河道全长38.4千米，流域面积154平方千米。有东支、西支、南部排洪沟和玉龙河等主要支流。

淄河　370300-22-A-b01

[Zī Hé]

内流河，小清河支流。在省境中北部，市境东南部。西周时称淄水，秦代称菑水，当时汇入济水。东汉时复称淄水，下游曾穿巨淀湖后注入渤海，直至南宋时始入小清河。《史记正义·括地志》载："俗传云：禹理水功毕，土石黑，数里之中，波若漆，故谓之淄水也"，今称淄河。淄河源头有二，主流发源于莱芜大英章村附近海拔631米无名高地，另一源在博山区池上镇鲁山北麓。经莱芜市、淄博市博山区和淄川区、青州市、淄博市临淄区、东营市广饶县等，于广饶县大营村北入小清河。长141.5千米，河槽宽200~800米，流域面积1521平方千米，最大流量2030立方米/秒。上游潜流时出地表，因其河床沿山坡断裂层伸延，多渗漏，故有"淄河十八漏"之说。河底多为沙、卵石。上、中游经中低山区和丘陵区，下游段流经平原，无支流汇入。淄河雨季水势汹涌丰溢，旱季时断时流。沿河村庄多以发展种植业、旅游业为主。河道干流及各支流部分河段现建有拦砂、拦

水坝及桥梁等工程，起到滞洪、拦沙、蓄水和交通的作用。是一条具排洪、灌溉之利的中型河道。淄博境内有峨庄支流、田庄支流、幸福支流、聚峰支流、黑山支流、余粮支流6条支流。

孝妇河　370300-22-A-b02

[Xiàofù Hé]

内流河。在省境北部，市境西部。古时有袁水、孝水、笼水、陇水、泷水各名。清乾隆《博山县志·卷一·山川》载："陇水，古袁水也。见《水经注》。因孝妇感灵泉之异，一名'孝水'，又名'孝妇河'。"发源于博山区凤凰山南麓的灵泉庙，孝妇河源头以上岳阳河、白杨河两条河流在神头桥汇入孝妇河。全长135.9千米，流域总面积1733平方千米。孝妇河穿博山城南北而过，从神头桥至白塔镇区界，长12千米，河床宽度20~50米。沿干流河道两侧，左侧有白杨河、羊栏河、水河、石沟河、沙沟河5条支流，右侧有岳阳河、范河、后峪河、倒流河、万山河5条支流。向北入淄川区境。淄川境内26.5千米，支流有般河、范阳河上游段、范阳河下游段、七星河、漫泗河、三里沟河、五里河等10余条。从淄川区双杨镇入张店区，流经傅家镇的黄家、傅家、河崖头和马尚镇的小套、大套、班家、周家等村庄，向西北流入周村区，全长17千米。周村区段先由南郊镇张楼村入境，旋即出境，又从北郊镇北涯村东北再次入境，北至北郊镇大七村出境，长约13.48千米。桓台段从桓台县原陈庄乡东宰村北入境，经后薛折向陈庄、傅桥到荆家镇东北，注马踏湖，桓台县内长27.5千米。主要用于灌溉，沿岸建有孝妇湖湿地公园。

范阳河 370300-22-A-b03

[Fànyáng Hé]

孝妇河支流。在省境中北部。原称明水河，又叫返阳河，后讹为范阳河。发源于邹平县白云山跑马岭南麓，于商家镇馆里村东入文昌湖。范阳河系有两支，其西支为大，称白泥河，在王村站与彭家庄站之间穿过胶济铁路，进入淄博市，流向东南，在淄川区冶头村西相继与由南而北的吕家河、沈古溜和黄家峪、口子溜相汇，经冶头村南向东，再折向东北，于前太村东汇入文昌湖，流域面积178平方千米；南支名汩阳河，源于博山区蕉庄镇刁虎峪西南一带，东北流至淄川区三台山西侧折向北，于商家镇馆里村东入文昌湖，流域面积92平方千米。两支汇流穿过文昌湖流向东北，经周村区萌水村北，至该村东北2.5千米处，沿周村与淄川两区界，再沿周村与张店两区界北流，于胶济线马尚铁桥南约100米处汇入孝妇河。

乌河 370305-22-A-b04

[Wū Hé]

内流河。在省境中北部，市境北部。因水色乌黑，故名乌河。发源于临淄区大武公社矮槐树庄东，流经辛店街道、稷下街道、凤凰镇、朱台镇，由凤凰镇六天务村西出境进入桓台县，最后在博兴县湾头入小清河。全长86.5千米，河床平均宽度60米。流域面积184平方千米，径流量120立方米/秒。汛期是每年的6~9月。该河对下游河道防洪和拦蓄径流、发展灌溉都发挥了重要作用。主要支流有涝淄河、绪河子、老梧河等。

淄川区

山

马鞍山 370302-21-G01

[Mǎ'ān Shān]

在省境中部，市境南部。远望状似马鞍，故名。海拔615.6米。山上有"马鞍山抗日遗址"，南麓有烈士纪念设施多处。主峰有守山掩体、英雄碾、战斗指挥所、天梯、南天门等。有凌云阁、玉皇殿、御门阁、南天门、碧霞祠、齐长城、烽火台、仙人桥等景点。通公交车。

鹿角山 370302-21-G02

[Lùjiǎo Shān]

在省境中部，市境南部。因形似割过鹿茸的鹿角而得名。海拔858米。山系石灰岩。主峰下边盘山路边的石缝中有一清泉，天旱不涸，天涝不溢，令人称奇。山上有国家级重点文物保护单位齐长城遗址。抗日战争时期曾为八路军根据地，曾先后发生过三次战斗。通公交车。

黑虎寨 370302-21-G03

[Hēihǔ Zhài]

在省境中部，市境南部。传说曾有仙至此，带来一黑虎咆哮于峰顶而得名。海拔924米。峰顶三面悬崖峭壁，北面山势较缓，属原始大峡谷的最南端。黑虎寨西侧沟谷林木茂密。通公交车。

雁门寨 370302-21-G04

[Yànmén Zhài]

在省境中部，市境南部。因秋末大雁南飞，从南峰垭口过，形如雁门，并有石寨，故名。海拔937米。为寒武系石灰岩和页岩地层。山势高峻挺拔，沟谷切割强烈，顶部南北狭长。林木覆盖率30%。名胜古迹有仙人桥、石寨遗址、清同治四年（1865）《避难碑记》石刻等。通公交车。

簧山 370302-21-G05
[Hóng Shān]

在省境中部，市境南部。"簧"字意指教学之地，以汉儒郑康成曾在此山设帐授徒得名。海拔320米。林木覆盖率80%以上。北坡自东而西凿有千米山洞，东麓原有与大牛山之间2千米的锦川渡槽。通公交车。

悬羊山 370302-21-G06
[Xuányáng Shān]

在省境中部，市境南部。早因齐桓公小白在此悬羊击鼓取得王位，从而成就霸业而得名。海拔773米。现存有齐国的兵营、城墙。悬羊山的围墙均依山而建，整个围墙为"北斗星"形，北斗所指的方向就是齐国故都临淄。现有悬羊山景群，占地面积2.9平方千米，景观以古街、古树、古寨和森林为主。通公交车。

焕山 370302-21-G07
[Huàn Shān]

在省境中部，市境南部。旧山上有烟火台，焕山得名于此。海拔236米。山形嶙峋，眺之葱而秀厥。通公交车。

三台山 370302-21-G08
[Sāntái Shān]

在省境中部，市境南部。因有三个山头拔地而起，鼎立一处，故名三台山。海拔263.2米。系火成岩。三台山系青石山，石多土少，多荆棘，少树木。通公交车。

王母山 370302-21-G09
[Wángmǔ Shān]

在省境中部，市境西南部。清同治年间于山上南峰建王母庙，遂称王母山。海拔90米。山上植柏树。通公交车。

唐三寨 370302-21-G10
[Tángsān Zhài]

在省境中部，市境南部。由唐王寨、岌岌寨、石棚寨三个山寨组成，故名。海拔868米。山体主要由寒武系灰岩构成。通公交车。

孟梁台 370302-21-G11
[Mèngliáng Tái]

在省境中部，市境南部。相传与孟姜女的传说有关，故名。海拔667米。山势陡峭，植被茂密。通公交车。

鸡鸣山 370302-21-G12
[Jīmíng Shān]

在省境中部，市境南部。古时候，行至此山时，经常听见山上有金鸡啼鸣的声音，人们便称此山为"鸡鸣山"。海拔375米。山上植被茂密。通公交车。

三佛山 370302-21-G13
[Sānfó Shān]

在省境中部，市境南部。因山顶有三座石塔，外貌极像三座佛像而得名。海拔150米。山中有松树、杉树、板栗、银杏、樱桃、山榆、栀子、连翘、流苏、黄栌等50多种树木。山后的悬崖上有山泉。通公交车。

摘星山 370302-21-G14
[Zhāixīng Shān]

在省境中部，市境南部。以形容山势高得名。海拔774.5米。山北麓有一水井曰"荒露井"，每逢雨季，水满溢出成溪，穿山越涧，沿途收纳百泉，汇溪成河，奔腾跌宕，汹涌北去。通公交车。

孟子山 370302-21-G15

[Mèngzǐ Shān]

属泰沂山脉。在省境中部，市境南部。相传孟子至齐曾游其上，故后人便把此山称为孟子山。海拔 576 米。该山植被种类与物产有 130 多种，系石灰岩。通公交车。

大牛山 370302-21-G16

[Dàniú Shān]

在省境中部，市境南部。该山和其西南面的一座较低的山，群众多在其上放牧牛羊，故称大牛山。海拔 272.9 米。属青石山，地质为石灰岩、砂土。通公交车。

兆福寨 370302-21-G17

[Zhàofú Zhài]

在省境中部，市境南部。古时候，在青沙埠中段山顶上，建有两座石寨，初名招抚寨，因官府对农民起义者招抚得名，后取吉祥之意名兆福寨。海拔 628 米。通公交车。

昆仑山 370302-21-G18

[Kūnlún Shān]

在省境中部，市境南部。因山形如车辊辘，便以谐音更名为昆仑山。海拔 238.4 米。明清时，"昆仑叠翠"为邑内八景和二十四景之一。通公交车。

卧虎山 370302-21-G19

[Wòhǔ Shān]

在省境中部，市境南部。山形似一卧虎，故名。海拔 382 米。山中有溶洞、古松、古槐、山林红叶、泉水小溪等。通公交车。

冲山 370302-21-G20

[Chōng Shān]

在省境中部，市境南部。旧县志言"其形突然上起"，故名冲山。海拔 352 米。冲山蕴藏石质属石英石，质地坚硬，且有褐、淡黄、灰白之色别。通公交车。

东宝山 370302-21-G21

[Dōngbǎo Shān]

在省境中部，市境南部。因古时山上建有豹岩观，亦名豹山。后因山下蕴藏铝矾土、煤炭等，资源丰富，故更名为宝山。后又因该山西面有西宝山，遂更名为东宝山。海拔 305.4 米。山麓多杨树、刺槐，山上有柏树。通公交车。

蒲笠顶山 370302-21-G22

[Púlìdǐng Shān]

在省境中部，市境南部。该山早年山顶建有蒲林寺，并以山形似苇笠，得名蒲笠顶。海拔 285 米。山下有一泉，常年不涸，清澈见底，名"白水泉"。通公交车。

天台山 370302-21-G23

[Tiāntái Shān]

在省境中部，市境南部。相传村民发现山顶有仙人往来于天地，遂称天台山。海拔 318 米。通公交车。

人和寨 370302-21-G24

[Rénhé Zhài]

在省境中部，市境南部。清同治元年（1862），乡长陈志远带领众人修建山寨，新起名曰"人和寨"，山以寨名。海拔 389 米。通公交车。

五松山 370302-21-G25

[Wǔsōng Shān]

在省境中部，市境南部。因山上原有五棵古松而得名。海拔 416 米。有仙人台、聚趋崖、增福庙等八景。悬崖如斧劈刀削，崖下是深谷。通公交车。

杜坡山 370302-21-G26

［Dùpō Shān］

在省境中部，市境南部。据史料记载，县东五里有狮驼埠，以山形得名。海拔166.3米。东麓有杜坡村，西麓有淄川烈士陵园。通公交车。

青崖顶 370302-21-G27

［Qīngyá Dǐng］

在省境中部，市境南部。以山崖多为青石命名。海拔953米。青崖顶是一个上层花岗岩基岩的山峰，沉积岩多为青色和赭黄色，石板上均匀地镶嵌着大小不等而形状各异的紫红色鹅卵石，酷似人造水磨石。通公交车。

黑石寨 370302-21-G28

［Hēishí Zhài］

在省境中部，市境南部。因山石为黑色，故名黑石寨。海拔923米。其间沟壑纵横，地面切割严重。山峰陡峻，峡谷幽深。属石灰岩，山下蕴藏铁矿石。山上有刺猬、野兔、山鸡等野生动物，鸟类有啄木鸟、喜鹊、野鸽等，植被有柏、槐、桑、榆、杨、柳、椿等树种，果树有桃、杏、梨、山楂、苹果、枣等，草药有黄芪、枸杞子、瓜蒌、柴胡、半夏、车前子等。通公交车。

黄崖顶 370302-21-G29

［Huángyá Dǐng］

在省境中部，市境南部。以山崖多为黄石命名。海拔908米。黄崖顶山顶没有树，只被黄草覆盖。为老的沉积岩和页岩，沉积岩多为青色和赭黄色，石板上均匀地镶嵌着大小不等而形状各异的紫红色鹅卵石。山上有刺猬、野兔、山鸡等野生动物，鸟类有啄木鸟、喜鹊、野鸽等，植被有柏、槐、桑、榆、杨、柳、椿等树种，果树有桃、杏、梨、山楂、苹果、枣等，草药有黄芪、枸杞子、瓜蒌、柴胡、半夏、车前子等。通公交车。

洞穴

桃源洞 370302-21-N01

［Táoyuán Dòng］

天然洞穴。在省境中部，市境南部。为天然洞穴，因洞外山上满种桃树，故名。洞全长350米，洞内宽3.5米，高8.9米，最高处可达20米。洞内有仙人桥、粮食囤、飞来石、长廊、钟乳石等人文及自然景观。洞分两层，洞中有洞，里外两个洞口，分为五段，各段长、宽、高、低各不相同。洞内曲折，怪石嶙峋。通公交车。

普陀洞 370302-21-N02

［Pǔtuó Dòng］

天然岩洞。在省境中部，市境南部。因近旁有普陀寺，故名。洞深155米，洞口直径2.5米，洞外有八棱石碑。通公交车。

河流

漫泗河 370302-22-A-a01

［Mànsì Hé］

外流河。在省境中部，市境南部。以美好愿望命名。源于淄川区寨里镇朱水湾，该河在西官村入张店区南定镇岳店村，流经小旦村、漫泗河村、傅家镇黄家庄、唐家村、浮山驿村南，流入孝妇河汇流。全长21.22千米，流域面积115.9平方千米，径流量3立方米/秒。是小型常年外流地上河，每年汛期为6~9月，河道宽度10米，无航运设施，主要用于灌溉。

般河 370302-22-A-b01
[Pán Hé]

内流河。在省境中部，市境南部。河自源头盘折而下，后传为般河。源于淄川城南部山区，流经敦仁、广仁、矾场、泉头、渭一、渭二、圈子、台头、龙一、龙二、龙三、龙四、韩圣、和庄、尚庄、韩庄、北旺、前来等 18 个村居后汇入孝妇河。全长 28.8 千米，宽度 4.27 千米。流域面积 123 平方千米。属于季节河。明嘉靖四十四年（1565），在城南般河上筑石坝障水，建官坝水库。设有般河公园等。东南支流有两条：一条经大土屋、小韩庄、到麓村汇入般河；再一条经龙湾峪、台头、龙一村外汇入般河；东支流经五松山南、凤凰台、涧北桥，在龙河湾（马家大湾）与般河交汇。泉水汩汩涌流，支流淙淙汇聚。几大泉群及几大支流，共同形成了般河丰沛的水流量。

泉

柳泉 370302-22-I01
[Liǔ Quán]

冷泉。在省境中部，市境南部。因清代著名文学家蒲松龄雅爱"柳泉"，自号"柳泉居士"，常在"柳泉"旁、茅屋下设茶待客，收集《聊斋志异》创作素材，故称"柳泉"。青石砌甃，东西长 0.85 米，南北宽 0.55 米，泉深 1.5 米，泉井台正方形边长 6 米，占地面积 36 平方米。泉四周用砖垒砌花墙并铺设平台，柳泉北侧竖立一石碑，上面镌有一代文学巨匠沈雁冰先生亲书"柳泉"二字。水清味甘，适合酿酒煮茶。通公交车。

梦泉 370302-22-I02
[Mèng Quán]

冷泉。在省境中部，市境南部。传说孙膑与庞涓交战，孙膑兵败被围，人马困乏，口渴难耐。夜间，孙膑躺在一堰跟下忽做一梦，见一白须老翁站在面前慈祥地对他说："年轻人，勿灰心，你身下之泉水会救你。"孙膑醒后，令将士在此处下挖，不到三尺，一股清泉汩汩而出，将士们喝后精神抖擞，一鼓作气打败敌军。得胜后，孙膑在泉水旁挥剑写下"梦泉"二字，故名。泉池以块石垒砌，长 1.6 米，宽 1.4 米，水深 1 米。通公交车。

张店区

山

黑铁山 370303-21-G01
[Hēitiě Shān]

在省境的北部，区境东北部。古时人们就发现此山藏铁，故称"铁山"。后来抗日将士将铁山冠以"黑"字以体现队伍的钢铁意志。海拔 254.6 米。有公路经此。

炒米山 370303-21-G02
[Chǎomǐ Shān]

在省境的北部，区境东部。名称来历不可考。海拔 194 米。自 1964 年开始封山造林，严禁采矿取土，已形成 3 000 余亩山林，绿化覆盖率达 92% 以上。山上有多处景点。有公路经此。

九泉山 370303-21-G03
[Jiǔquán Shān]

在省境的北部，区境东南部。据传，春秋时齐国有一个宰相自鲁国归来，路经此山饮马时，发现该山有九泉，故名为九泉山。海拔 98.9 米。山上植被种类有针叶林、阔叶林等，该山蕴藏丰富的岩石、黏土和铝土矿等资源。有公路经此。

四宝山 370303-21-G04

[Sìbǎo Shān]

属鲁沂山系余脉。在省境的北部，区境中部。《新城县志》记载："四角山在城东南五十里，远望芨然，若有头角，故名四角山，俗称四宝山。"山体为石灰岩，主要种植蜀桧、火炬树、栾树、黑松等树木。通公交车。

花山 370303-21-G05

[Huā Shān]

在省境的北部，区境中部。据《山东通志》记载："花山在新城县东南四十里，土崖无石，原谷绣错，远望如莲花，故名花山。"海拔178米。主要植被有松树、槐树等。通公交车。

九顶山 370303-21-G06

[Jiǔdǐng Shān]

属鲁沂山系余脉。在省境的北部，区境中部。此山有九个山头，状似蟠龙，称为蟠龙九顶山，习惯称九顶山。海拔222米。属砂石山，山势南高北低，主要种植黑松、榆树等树木。通公交车。

柳毅山 370303-21-G07

[Liǔyì Shān]

在省境的北部，区境中部。名称来历不可考。海拔150.3米。植被以灌木为主。通公交车。

玉皇山 370303-21-G08

[Yùhuáng Shān]

在省境的北部，区境中部。据传旧时山顶有大松树一株并建有玉皇庙，故名。海拔233.5米。主要种植黑松、紫叶李、国槐、栾树等树木。通公交车。

蟠龙山 370303-21-G09

[Pánlóng Shān]

属鲁沂山系余脉。在省境的北部，区境中部。山呈圆形，平地突起，状似盘龙，故名蟠龙山。海拔76.5米。山体为火成岩。通公交车。

青龙山 370303-21-G10

[Qīnglóng Shān]

系鲁沂山系余脉。在省境的北部，区境中部。据传，因山势由南向北，蜿蜒起伏像一巨龙，故名。海拔高度76.2米。山体为石灰岩。通公交车。

博山区

山

西黑山 370304-21-G01

[Xīhēi Shān]

在省境中部，市境南部。因山北侧悬崖岩石呈黑褐色，故名。海拔511米。山体主要由石灰岩构成，西侧陡峭，东面坡缓，山北侧为高30余米的悬崖峭壁，东西两侧为斜坡。1995年开始栽种侧柏，现已绿树成荫。山腰天然怪石多，形态各异，观赏价值高。交通便利。

霹雳尖山 370304-21-G02

[Pīlìjiān Shān]

在省境中部，市境南部。雷雨季节，是落雷区，山名因此而得。海拔833米。系石灰岩结构，山腰处建有山寨，齐长城由此入境博山。交通便利。

双嘴山 370304-21-G03

[Shuāngzuǐ Shān]

在省境中部，市境南部。双嘴山由三

座山峰一字排开，三峰中间低洼处像两个人的嘴，故名。海拔828米。系石灰岩结构，双嘴山下埋藏有"十八层"优质岩石，现已广泛开采。双嘴山是博山和莱芜的界山。山势陡峻，山腰以上多荆棘、杂草，山下低洼处树木茂密，有柏树、槐树、梧桐、白杨、檞树等。著名的孟良泉就在双嘴山下，山北侧有历史上有名的齐长城风门道关。交通便利。

原山 370300-21-G04
[Yuán Shān]

在省境中部，市境南部。原山一名最早见于《汉书·地理志》："烟岚苍漭，禅有齐对，千里胜概，表为原山。"海拔797.8米。西南部地层多古生代变质岩，东北部为寒武纪石灰岩和页岩。原山峰高雄秀，陡峭挺拔。此山植被覆盖面积90%以上，主要树种有刺槐、侧柏、枫树、松树。产樱桃、蟠桃、香椿、花椒等。药用植物有半夏、金银花、柴胡、沙参等。有公路经此。

龙堂寨 370304-21-G05
[Lóngtáng Zhài]

在省境中部，市境南部。地名来历不可考。海拔787米。山体为石灰岩结构，多石坎和洞穴，怪石嶙峋，四面陡峭。主要植物有连翘、护山棘、柏树、丁香、山榆树。山体椭圆形，三面绝壁，一面山脊小道，顶部平坦，山下有龙堂大峡谷，谷内泉水众多，树木遮天。交通便利。

野马岭 370304-21-G06
[Yěmǎ Lǐng]

在省境中部，市境南部。相传春秋时期，齐国与鲁国在夹谷台会盟，因野马岭山势较平缓，齐国就把此地作为亮马台，在此亮马，以壮军威，从此人们把此岭叫亮马岭，

后又传为野马岭。海拔724米。山体为石灰岩结构。植被茂密，檞树特别高壮挺拔。有柴胡、黄芩、丹参、益母草等多种中药材。交通便利。

金牛崮堆 370304-21-G07
[Jīnniú Gùduī]

在省境中部，市境南部。山上有一巨石，远望似牛蹲山顶，百姓便把这山称为金牛崮堆。海拔716米。石灰岩结构。盛产椿芽、花椒、山果及中草药。交通便利。

夹谷台 370304-21-G08
[Jiágǔ Tái]

在省境中部，市境南部。地名来历不可考。海拔709米。山顶较平坦。夹谷台为石灰岩结构，白石裸露、树木很少，特别是山腰以上几乎全是杂草和裸露的岩石。山腰以下柏树居多，杂以梧桐、国槐、黄栌等。西面的附属山头叫北岭头，绿化较好，几乎全是柏树。交通便利。

栏杆顶 370304-21-G09
[Lángān Dǐng]

在省境中部，市境南部。据传当年在两个山顶中凹处，用条石栏杆围囤过牛羊等，所以叫栏杆顶。海拔705米。石灰岩结构，山顶树种主要是侧柏，山腰以下树种繁多，有梧桐、槐树、白杨、青杨、花椒等。交通便利。

黑山 370304-21-G10
[Hēi Shān]

在省境中部，市境南部。因该山的石头成黑褐色，故名黑山。海拔646米。山体为石灰岩结构，山势陡峭，多悬崖峭壁。树种以柏树、刺槐、黄荆、椿芽树、花椒树为主，植被覆盖率为50%。多石坎和洞穴，怪石嶙峋。交通便利。

柿岩 370304-21-G11
[Shìyán]

在省境中部，市境南部。因当地有柿林千树，得名柿岩。海拔639米。山体为石灰岩结构，沟壑相连，林木遮天。交通便利。

西寨 370304-21-G12
[Xī Zhài]

在省境中部，市境南部。地名来历不可考。海拔630米。山体为石灰岩结构，植被以柏树、刺槐为主，覆盖率达60%。交通便利。

孟良寨 370304-21-G13
[Mèngliáng Zhài]

在省境中部，市境南部。相传孟良曾在山上扎寨，占山为王，广积粮草，打败了敌寇，从此人们就将山称为孟良寨。海拔622米。山体为石灰岩结构，山势险峻，四面群山环绕，山上植被丰厚，以刺槐、侧柏、白杨、黄栌居多，还有柴胡、黄芩、甘草等药材。交通便利。

三棱寨 370304-21-G14
[Sānléng Zhài]

在省境中部，市境南部。名称来历不可考。海拔612米。山体为石灰岩结构。主要植物有侧柏、荆棘。交通便利。

小黄山 370304-21-G15
[Xiǎohuáng Shān]

属原山支脉。在省境中部，市境南部。此山怪石嶙峋，与黄山怪石相比，形象逼真，散布各处，有几个山头直插云天，故有小黄山之称。海拔600米。山体为石灰岩结构，山顶平坦，东西较长，阴面陡峭。主要植物有侧柏、刺槐、灌木、荆棘。有象形巨石、桃花峪、响泉等主要景点。山陡谷深，植被茂盛，林木覆盖率达90%。交通便利。

过雨岩 370304-21-G16
[Guòyǔ Yán]

在省境中部，市境南部。《山东古迹名胜大观》记述："山多白石，巉岩欲坠，洞在半山，有龙神祠。林壑幽深，间以枫树。每逢岁寒，霜叶松涛点缀其间，诚佳境也。"又记："县城西北十里，西域城西，柿岩以北，参政赵进美（明崇祯间进士），易名过雨岩。"海拔585米。山体为石灰岩结构，整座山植被茂密，野生的山榆、山荆、翠柏互相交错，遮天蔽日。交通便利。

瑚山 370304-21-G17
[Hú Shān]

属原山山脉。在省境中部，市境南部。名称来历不可考。海拔575米。山体为石灰岩结构，山呈南北走势。植被资源丰富，有野生植物400多种，其中木本植物近200种，以侧柏、黄栌为主，还有柞树、黄楝、毛枥、雀檀等，山前山后，郁郁苍苍，绵延十余里。山内盛产中草药，有柴胡、黄芩、远志、桔梗、穿山龙、何首乌、金银花等。交通便利。

挂山橛 370304-21-G18
[Guàshānjué]

在省境中部，市境南部。传说，古时此地一片海洋，石柱露于海面，上有拴船的铁环。因地壳变动，沧海桑田，石柱仍立于山顶，虽无铁环，百姓仍称挂船橛，后叫挂山橛。海拔535米。山体由片麻岩构成，植被以柏树、刺槐、黄荆、春芽树、花椒树为主，森林覆盖率达40%。交通便利。

大尖山 370304-21-G19

[Dàjiān Shān]

在省境中部，市境南部。地名来历不可考。海拔 296 米。山体为石灰岩结构，植被以松柏、杨柳、刺槐及各种果树为主。交通便利。

明石崖 370304-21-G20

[Míngshí Yá]

在省境中部，市境南部。山崖陡峭光滑，崖面约 5000 平方米，由一面大光石板构成。雨季，崖面流水不断，被阳光照射耀眼夺目，故而得名明石崖。海拔 991 米。山体为砂石山，明石崖林海茫茫，森林覆盖率 97%，木本植物 270 余种，野生动物 22 种，禽类 168 种，昆虫 561 种，还有中草药、可食用的菌类。交通便利。

大光头顶 370304-21-G21

[Dàguāngtóu Dǐng]

在省境中部，市境南部。因其主峰只有一块光秃秃的大石头而得名大光头顶。海拔 968 米。属砂石山，林深树茂，怪石突兀，有形象的神雕石、三品石和逼真的十二生肖石等。交通便利。

雁门寨 370304-21-G22

[Yànmén Zhài]

在省境中部，市境南部。每年秋天，南飞雁群常于此山山口停息，故名雁门寨。海拔 932 米。山体为砂石山，此山战国时曾是齐、楚国界。四面峭壁，犹如刀削。山腰以槐树、柏树为主，山下遍植杏树、桃树、梨树。交通便利。

蟠龙山 370304-21-G23

[Pánlóng Shān]

属鲁山山脉。在省境中部，市境西南部。

地名来历不可考。海拔 865 米。山体由石灰岩构成，山上翠柏掩映。交通便利。

老和尚寺 370304-21-G24

[ǎohéshangsì]

在省境中部，市境南部。因山顶有几块巨石，如和尚头一样光滑明亮，故名。还有一说，山之阳面平坦处，曾有寺庙，有一位老和尚住在里面。后来，人去寺空，直至坍塌，故名。海拔 900 米。山体为砂石山，树木以槐树、松树为主，杂以栗子、柿子、软枣、山桃、山杏等树木，森林覆盖率 98% 以上。交通便利。

槽碾子顶 370304-21-G25

[Cáoniǎnzi Dǐng]

在省境中部，市境南部。山腰有一平石，石上有春米的槽子，山名因之而来。海拔 885 米。山体为砂石山，树木以槐树为主，杂以栗子、松树等树木，遍山多是连翘、荆条、酸枣等灌木。交通便利。

黑虎寨 370304-21-G26

[Hēihǔ Zhài]

在省境中部，市境南部。传说，此山绝壁曾有黑色大壁虎（当地称蝎虎），常祸害家禽，因而得名黑虎寨。海拔 859.2 米。山体为青石山，呈南北走向。北与鹿角寨、棺材山、三台山、马鞍山相接。植被以柏树为主，杂有松树、槐树、黄栌，森林覆盖率 80% 以上。交通便利。

油篓寨 370304-21-G27

[Yóulǒu Zhài]

在省境中部，市境南部。远看此山酷似古时油篓子形状，故名油篓寨。海拔 859 米。山体由石灰岩构成。交通便利。

北坪 370304-21-G28

[Běi Píng]

在省境中部，市境南部。地名来历不可考。海拔 857 米。属砂石山，植被茂密，自下而上多桃树、栗树、山楂、樱桃、松树、麻栎、水杉、刺槐等树木。森林覆盖率 97% 以上。交通便利。

志公坪 370304-21-G29

[Zhìgōng Píng]

在省境中部，市境南部。名称来历不可考。海拔 848 米。属砂石山，为温带季风性气候。有公路经此。

福山 370304-21-G30

[Fú Shān]

在省境中部，市境南部。相传，一只凤凰飞来，化为此山，故名凤凰山。人们说凤凰不落无宝之地，落则给山里人带来福气，故名福山。海拔 608 米。属青石山，植被以槐树为主，兼有柏、杏、桃等。交通便利。

鹿角山 370304-21-G31

[Lùjiǎo Shān]

在省境中部，市境南部。据《续修博山县志卷二·方舆志一·山脉》记载："鹿角山，县东南六十里，远望形如鹿角。"海拔 843 米。石灰岩结构，除悬崖外都被植被覆盖，以柏树为主。交通便利。

岳阳山 370304-21-G32

[Yuèyáng Shān]

在省境中部，市境南部。地名取岱岳向阳之意。海拔 811 米。石灰岩结构，植被覆盖率达 80%，山中生长着上百种中草药，还有多种矿产资源。交通便利。

大寨 370304-21-G33

[Dà Zhài]

在省境中部，市境南部。地名来历不可考。海拔 768 米。石灰岩结构，丛林茂密，植被覆盖率 90% 以上，西部地下有铅矿和铁矿。交通便利。

大荫顶 370304-21-G34

[Dàyīn Dǐng]

在省境中部，市境南部。因此山层峦叠嶂、林深树旺，人在山中不见天日，故名大荫顶。海拔 767 米。石灰岩结构，山腰有白石洞。交通便利。

四座山 370304-21-G35

[Sìzuò Shān]

在省境中部，市境南部。四座山是岳阳山头中的四个，因簇拥在一块，被人称作四座山。海拔 754.2 米。山峰雄奇挺拔，四个山头参差错落，其顶峰柏树密不透风。交通便利。

小寨 370304-21-G36

[Xiǎo Zhài]

在省境中部，市境南部。因其矗立在大寨山脉中，故名小寨。海拔 715 米。属青石山，地势险要，三面是悬崖，只有西面山势较缓，柏树密布。交通便利。

围屏山 370304-21-G37

[Wéipíng Shān]

在省境中部，市境南部。山势起伏而平缓，酷似四扇屏，故名。海拔 633 米。属石灰岩结构。有陶土、耐火土、石英、云母、白石等多种矿藏。交通便利。

马兰山 370304-21-G38
[Mǎlán Shān]

在省境中部，市境南部。传说是因皇家兵在此山峪内拦过马而得名，后称马兰山。海拔 490 米。山势呈东西走向。石灰岩结构，山半有开元溶洞。交通便利。

小崮山 370304-21-G39
[Xiǎogù Shān]

在省境中部，市境南部。因是一座孤零零的小山，又名小孤山，后称小崮山。海拔 441 米。山势呈南北走向。石灰岩结构。交通便利。

青云山 370304-21-G40
[Qīngyún Shān]

在省境中部，市境南部。因山崖上有青云洞而得名。海拔 425 米。山势呈南北走向。石灰岩结构。淄河从山脚下淌过，山水相依。紧邻悬崖处，是传说中的孟姜女投水处。山南端悬崖上有一青云洞，亦名朝阳洞。每当阴雨连绵，常有云雾从洞口喷出。交通便利。

青龙山 370304-21-G41
[Qīnglóng Shān]

在省境中部，市境南部。地名来历不可考。海拔 404 米。山势呈南北走向。石灰岩结构。山上植物茂密，山顶以侧柏为主，山腰多为混杂林。交通便利。

二郎山 370304-21-G42
[Èrláng Shān]

在省境中部，市境南部。传说隋末农民领袖王薄在邹平的长白山起义，遭官兵围攻，二郎神显灵解救百姓，故名。海拔 375 米。山势呈东西走向。石灰岩结构。植被茂盛，侧柏、黄栌和荆棘藤萝覆盖全山。

有公路经此。

瓦泉寨 370304-21-G43
[Wǎquán Zhài]

在省境中部，市境南部。因上、中、下三个瓦泉村坐落于此山脚下，故名瓦泉寨。海拔 751 米。地质岩层属太古代前震旦系泰山群花岗片麻岩。山势雄伟高大，西麓下多裸露花岗岩巨石，形态各异。交通便利。

天佛山 370304-21-G44
[Tiānfó Shān]

在省境中部，市境南部。近年发现山上有巨石如佛，改称天佛山。海拔 718 米。山势呈南北走向。植被覆盖良好，山多象形石，或佛或龟，不一而足。沟壑中多泉，常年多水，石蟹草虾颇多。交通便利。

肖泰山 370304-21-G45
[Xiāotài Shān]

在省境中部，市境南部。《续修博山县志卷二·方舆志一·山脉》载："县正南五十里，以形肖泰山，故名。"海拔 641 米。石灰岩结构。三面悬崖，唯西南一隅可登。山前淄水弯绕，山阴有深沟大壑数条，东倚砚台山，上部柏林茂密，沟壑多植刺槐。交通便利。

五福山 370304-21-G46
[Wǔfú Shān]

在省境中部，市境南部。因有龙卧福地之说，故名五福山。海拔 575.2 米。山体蜿蜒曲折，形似蟠龙，关节隐现，直伸谷底。属青石山。主要树种为侧柏，森林覆盖率达 90% 以上。交通便利。

九龙山 370304-21-G47
[Jiǔlóng Shān]

在省境中部，市境南部。九龙山因其绵延九道山岭，故名。海拔 566 米。属青石山。植被以黄栌、松柏为主，覆盖率达 80% 以上。淄河石马支流由西向东蜿蜒而过。交通便利。

玉皇山 370304-21-G48
[Yùhuáng Shān]

在省境中部，市境南部。《博山乡土志·山脉·参考》："云行山，俗叫玉皇山。"海拔 529 米。山势呈南北向。地质属喀斯特类型，此山以寒武纪石灰岩为主，南侧有震旦纪片麻岩。山中树高林密，满山披绿。交通便利。

汉王寨 370304-21-G49
[Hànwáng Zhài]

在省境中部，市境南部。《博山名山大观》载：汉王寨的命名不知源于何时，当地人传说，有一个农民起义领袖自称"汉王"，率众占据此山，故名。海拔 512 米。山势呈南北走向。石灰岩结构，喀斯特地貌。有野兔、山鸡、山雀等动物，有柏树、刺槐、臭椿等植被。交通便利。

辰巳山 370304-21-G50
[Chénsì Shān]

在省境中部，市境南部。《博山志稿·山川第二》中记载："辰巳山，县东南四十里，亦名'博山'。下有南博山庄、北博山庄。邑得名以此。"海拔 483 米。山势呈东西走向，山体为石灰岩结构。山阳坡势和缓，石海嶙峋；山阴陡峭，悬崖绝壁。此山植被丰茂，柏多槐少，近年又植火炬，多树相杂，藤萝挂壁。野生中草药有元胡、黄芩、丹参、大蓟、远志、连翘等几十种之多。交通便利。

笔架山 370304-21-G51
[Bǐjià Shān]

在省境中部，市境南部。因山似巨佛坐东面西，主峰高，两侧峰略低，左右对称，形似笔架，故名。海拔 477 米。山势呈南北走向。石灰岩结构。山上植被丰茂，柏树、黄栌相杂，山的顶部崖下有三条较大的石灰岩溶洞：朝阳洞、吊石古洞、吕祖洞。交通便利。

砚台山 370304-21-G52
[Yàntái Shān]

在省境中部，市境南部。因与笔架山东西相峙，山顶平坦处有一面积 20 平方米的石台，凿有深 1.5 米、边长 2 米见方的水池，宛如一方砚台，故名。海拔 443 米。山体为石灰岩，地表土层较厚。半山以上翠柏覆盖，以下黄栌茂密。交通便利。

五阳山 370304-21-G53
[Wǔyáng Shān]

在省境中部，市境南部。因其五峰簇拥向阳，故名五阳山。海拔 688.5 米。山体为石灰岩结构。峰峦叠嶂，沟壑幽深，悬崖绝壁，怪石嶙峋。自然植被旺盛，以柏树居多，间有国槐、黄栌树、灯笼树等，灌木及藤本植物多达百种。国宝级柏树有 5 棵，树龄 500 年以上，其中醉酒台边一棵为唐柏，树龄已达 1300 余年。有公路经此。

紫罗山 370304-21-G54
[Zǐluó Shān]

在省境中部，市境南部。《续修博山县志卷二·方舆志一·山脉》载："紫罗山，县东南三十里蛟龙庄东，山产紫石，为炉业原料。"因早年乡人多于山上采矿，故名。海拔 650 米。山体为石灰岩。此山大东顶悬崖下有观音洞，洞下有一泉。交通便利。

南坪山 370304-21-G55
[Nánpíng Shān]

在省境中部，市境南部。山体陡峭，但顶巅平阔，故谓之南坪山。海拔 649 米。属青石山，石灰岩结构。植被种类与物产有侧柏、柿子、软枣、山楂、桃、杏、铁矿石。主要动物有山鸡、喜鹊、山雀等。交通便利。

凤凰山 370304-21-G56
[Fènghuáng Shān]

在省境中部，市境南部。站在凤凰山牌坊门楼下，眺望凤凰山主峰，两道峻岭，岭脚相连，岭顶张开，中间隆起，牌坊门楼恰似凤凰头上的冠，就像一只振翅欲飞的凤凰，故名凤凰山。海拔 648 米。石灰岩结构。东麓有花古洞，西麓有仙人洞。有公路经此。

大寨山 370304-21-G57
[Dàzhài Shān]

在省境中部，市境南部。因大寨山最高处有一石寨，依山而建三十多间石房，故名大寨山。海拔 621 米。石灰岩结构。山上植被以枫树、侧柏、刺槐为主。交通便利。

云洞山 370304-21-G58
[Yún Dòng Shān]

在省境中部，市境南部。地名来历不可考。海拔 608 米。属青石山。山上植被丰茂，柏林中有三株皂角树，树身高大，另有杜仲数十株，是当地稀有树种。交通便利。

丁香山 370304-21-G59
[Dīngxiāng Shān]

在省境中部，市境南部。地名来历不可考。海拔 594 米。石灰岩结构。山崖下

的两洞口并列，面向东北。洞深约 30 米，呈大厅状。洞内北侧有两块因长年滴水而形成的钟乳石，一块形似睡卧的乌龟，长 3 余米，高约 1.5 米；另一块形似蘑菇，长、宽、高都在 1 米左右。洞内不时有水滴滴下，叮咚作响。交通便利。

明德山 370304-21-G60
[Míngdé Shān]

在省境中部，市境南部。《续修博山县志卷二·方舆志一·山脉》："明德山，在五阳山之左，蛟龙庄西，上有雾云洞。"海拔 589 米。属青石山。山上有多处天然洞穴，有各种鸟类，刺猬、獾、野兔等动物。交通便利。

五凤山 370304-21-G61
[Wǔfèng Shān]

在省境中部，市境南部。据传，清嘉庆年间，曾有 5 个信女修道于山上，故名。海拔 581.7 米。山势呈东西走向。属青石山。有五凤山庙群，在柏树林中更显庄重巍峨。主要树种有柏树、杨树、槐树。有公路经此。

当阳山 370304-21-G62
[Dāngyáng Shān]

在省境中部，市境南部。因距村极近，天短时会遮挡太阳，所以有"挡阳山"之说。后因"挡"字不雅，更名为"当阳"。海拔 579 米。属青石山。山中树种达 40 余种，多为阔叶灌木，有乔木掺杂其中。主要树种有黄楝、紫檀、山榆、皂角、流苏、山楂、梨树、软枣等；灌木有山葡萄、油荔、连翘、丁香、漆树等。山中盛产中草药，有柴胡、远志、玉竹、黄芩、苍术、白术、何首乌、连翘、半下、南星、穿地龙等 40 余种。有公路经此。

金牛山 370304-21-G63
[Jīnniú Shān]

在省境中部，市境南部。因整个山体似一卧牛，故名。海拔 433 米。属青石山。山上松柏林密密丛丛、百鸟争鸣，杂有槐树、杨树。有公路经此。

雕狐峪顶 370304-21-G64
[Diāohúyù Dǐng]

在省境中部，市境南部。《续修博山县志·卷二·方舆志二·古迹》载："系船环……八陡西南山，地名船傍峪，悬崖上有大铁环"，故名。海拔 604 米。为喀斯特地貌。悬崖上有一大二小三个溶洞，山中槐、柏、杨连片，苹果、樱桃、桃等果树生长旺盛。有公路经此。

鞍子顶 370304-21-G65
[Ānzi Dǐng]

在省境中部，市境南部。因山形似马鞍而得名。海拔 546 米。属石灰岩地貌。山北为孝妇河流域，是淄河、孝妇河的分水岭之一。交通便利。

黑山 370304-21-G66
[Hēi Shān]

在省境中部，市境南部。因山顶覆盖黝黑色岩石而得名。海拔 504 米。山体岩石以石英砂岩和页岩为主。地下蕴有丰富的煤、铝土、矽砂等矿产资源。地表植被茂密，林木覆盖率 95% 以上。山麓泉眼众多，主要有接龙泉、柳树井、九龙泉、甜水沟泉、红渣窝泉、雁鸣泉、罗圈崖泉等，大都长年不涸且水质优良，是理想的饮用水源。交通便利。

东顶 370304-21-G67
[Dōng Dǐng]

在省境中部，市境南部。因此山是岳阳河南岸东端的一座山头，故名。海拔 320 米。是一座典型的土山，黄土厚度深达 30 米。主要树种有刺槐、柏树。交通便利。

白虎山 370304-21-G68
[Báihǔ Shān]

在省境中部，市境西南部。其山形似卧虎，故名。海拔 194.6 米。地质为片麻砂岩。植物有杨树、槐树等。有公路经此。

太阳山 370304-21-G69
[Tàiyáng Shān]

在省境中部，市境西南部。地名来历不可考。海拔 439.9 米。山间沟壑甚多，山势坡度缓，砂石结构，属沙石岩竖石山。山中泉眼众多，常年流水不断的山泉有十几处，而且水质优良。山上植被较多，主要有槐树、柏树、火炬树、桑树、桃树等，植被覆盖率达 90% 以上。各种野生植物满山皆有，林间各种鸟类栖聚，山兔、獾、蛇等野生动物出没山林。交通便利。

西阜 370304-21-G70
[Xī Fù]

在省境中部，市境西南部。因城西之山而得名。海拔 209 米。属典型的石灰岩地貌。有公路经此。

国家峪顶 370304-21-G71
[Guójiāyù Dǐng]

在省境中部，市境西南部。因山腰有国家老洞，故名。海拔 360 米。属砂石山。主要树种有刺槐、柏树。交通便利。

万山 370304-21-G72
[Wàn Shān]

在省境中部，市境西南部。《淄川县志》载，万山在县治南三十里，以群山环绕不可数计，故名万山。海拔 324 米。山势呈南北走向，南高北低，沉积岩结构。矿产丰富，盛产焦宝石、煤炭。此山植被完好，森林覆盖率达到72%，主要树木以刺槐和侧柏为主。交通便利。

凤凰山 370304-21-G73
[Fènghuáng Shān]

在省境中部，市境南部。凤凰山的得名源于民间传说。海拔214.6米。属砂石山。主要树木以刺槐和侧柏为主。交通便利。

杏树峪大顶 370304-21-G74
[Xìngshùyù Dàdǐng]

属于泰山山脉。在省境中部，市境西南部。据传，原来峪内杏树满山，故名。海拔730.5米。山势呈南北走向。地质属花岗岩。此山脉地表水含量丰富，池沼较多，常年水流不断。山高林密，松槐成林，植被茂盛。交通便利。

大崮顶 370304-21-G75
[Dàgù Dǐng]

在省境中部，市境西南部。因山势巍峨陡峭，山顶平坦而得名。海拔561米。大崮顶地质复杂，西面铁矿石，东面石灰岩、片麻岩相间。北坡陡峭，葛条遍山，刺槐成林。山上柏树成林，刺槐、黄楝、柿子、山楂、花椒等树繁多。交通便利。

梯子山 370304-21-G76
[Tīzi Shān]

在省境中部，市境西南部。山势险峻，形如阶梯，故名。又名梯山。主峰海拔534米。大致呈东西走向。梯子山大岭，主峰上部为石灰岩，下部为花岗岩。植被以侧柏、刺槐、麻栎为主。梯子山山脊、山南坡及山南谷底有残留的防捻墙遗址及保留较好的石拱洞门一座，当地村民称"桥门"。交通便利。

李家寨 370304-21-G77
[Lǐjiā Zhài]

在省境中部，市境西南部。因山顶石寨曾为李东岱盘踞而名。海拔517米。具有典型的喀斯特地貌特征。山顶有古寨残垣，东、南、北三面均为悬崖绝壁，石壁多洞穴，大小不一。李家寨东边悬崖下，是号称"北国第一洞天"的博山溶洞。李家寨植被茂密，柏树成林，野生中草药有柴胡、远志、丹参、何首乌、连翘等多种。交通便利。

老猫头 370304-21-G78
[Lǎomāotóu]

在省境中部，市境西南部。因山顶东面岩石形似猫头而得名。又名老獐林岭。主峰海拔503米。山势东西走向，西高东低。地质属花岗岩。东部山脚下是风景区，有王母池水库、王母池、天星湖等景点。山体植被茂密，柞树、刺槐、槲树、杨树成林，山中有丹参、何首乌、远志等几十种中草药。交通便利。

揽月山 370304-21-G79
[Lányuè Shān]

在省境中部，市境西南部。传说，圆月升起，总想揽住月宫嫦娥在此做客，故名。海拔393米。山体呈南北走向，南高北低。山体为石灰岩。白杨河从山前流过。山南峪中有一山泉，为村民饮水之源。山中有黄楝等树木10余种。交通便利。

团山 370304-21-G80
[Tuán Shān]

在省境中部，市境西南部。《续修博山县志卷二·方舆志一·山脉》载："团山，在凤凰山之右，相距二里余。山势长展如屏，顶圆凝重，故名。"海拔376米。山体为石灰岩。该山集山、水、林、泉、洞于一身，植被丰茂。乔木、灌木、果树、野菜和中草药繁多。有公路经此。

金銮顶 370304-21-G81
[Jīnluán Dǐng]

在省境中部，市境西南部。该山沿石阶登顶，如登金銮之殿，故称金銮顶。海拔352米。山体属石灰岩。金銮顶柏林茂密，苍松翠柏，花椒连片，百年柿树十数余株，山中植被较好。交通便利。

万松山 370304-21-G82
[Wànsōng Shān]

在省境中部，市境西南部。因松柏树繁多而得名。海拔228米。山体为石灰岩。山南东寨街有一棵古槐，胸径0.7米，树龄已有450年左右。有公路经此。

莲花山 370304-21-G83
[Liánhuā Shān]

在省境中部，市境西南部。远观此山，形似莲花，故名。海拔439.9米。山体由震旦纪沙质岩构成。山上多槐、柏、黄荆、五角枫等树种，山周围蕴藏有焦宝石、铝石、煤炭等。山顶中部有莲花泉、钓鱼台，偏西北有沧泉，钓鱼台东南方山腰处有江米泉。有公路经此。

荆山 370304-21-G84
[Jīng Shān]

在省境中部，市境西南部。地名来历不可考。海拔292米。面积0.3平方千米。属喀斯特地貌，以寒武纪石灰岩为主。植被以侧柏、刺槐为主。有公路经此。

峨嵋山 370304-21-G85
[Éméi Shān]

在省境中部，市境西南部。据《颜山杂记·卷一·山谷》载："峨岭者，峨嵋也。峨嵋也者，蛾眉也。山形秀曲，如眉之临目也。北来者十里间，遥见四山高寒，一峰隐秀，楼阁三成，在青苍烟霭中，峨岭上文昌祠也。在城南关。"海拔281米。属喀斯特地貌，以寒武纪石灰岩为主。植物以侧柏、刺槐为主。有公路经此。

三泉山 370304-21-G86
[Sānquán Shān]

在省境中部，市境西南部。此山泉水众多，其中尤以滴水泉、蛇泉、引泉最有名气，故名。海拔260米。山体为石灰岩。有几十种动植物：狐狸、獾、野兔、斑鸠、山鸡、野鸽等禽兽，槐、桑、榆、柳、梧桐等树种分布山中，覆盆子、酸枣、赤李等野果随手可摘，黄芪、枸杞子、苦荬、丹参、柴胡、半夏、车前子等中草药遍地皆是。交通便利。

凤凰山 370304-21-G87
[Fènghuáng Shān]

在省境中部，市境西南部。《续修博山县志卷二·方舆志一·山脉》载："凤凰山，县西南三里。原山之支东出，峰回翔折，如凤之矫翼，故名。"海拔420米。属青石山。森林资源丰富，有木本植物120余种，草本植物600余种。有公路经此。

洞穴

云窟窿洞 370304-21-N01
[Yúnkūlong Dòng]

石灰岩洞穴。在省境中部，市境南部五福峪。每逢阴雨天，洞内喷白雾似云升腾，故名云窟窿。洞垂直50米，粗处直径近10米，因常年积淤，横向洞口未发现。近期无开发条件。交通便利。

吊石鼓洞 370304-21-N02
［Diàoshígǔ Dòng］

石灰岩洞穴。在省境中部，市境南部。远看似吊一黑鼓，故名。洞口离崖根约6米高。深约10米，高如夹缝，内有竖井。近期无开发条件。交通便利。

伏龙洞 370304-21-N03
［Fúlóng Dòng］

石灰岩洞穴。在省境中部，市境南部凤凰山中岭东侧。1938年为避侵扰，村民藏身洞中，但人多难容，便向深处挖掘，期间曾挖出龙骨化石若干，故取名伏龙洞。洞向西南，深约30米，宽处约3米，窄处仅容一人侧身而过，高处约5米，低处则不足2米。伏龙洞与西面藏书洞相通，只因中间隔一深潭，人不能过。近期无开发条件。交通便利。

雾云洞 370304-21-N04
［Wùyún Dòng］

石灰岩洞穴。在省境中部，市境南部。夏秋之季山雨欲来之时，常有云雾从"喷云坛"涌出，环绕在周围山头之间，故名雾云洞。洞中有一竖洞直通山顶，洞口处过去曾有一个圆柱形建筑，称作"喷云坛"，坛高3米左右，洞门轩敞，依山而立，蔚为壮观。洞顶上常年滴水，石隙中涓涓细流溢出，洞内顶部、壁间有乳白色的石幔、石笋、石钟乳等。近期无开发条件。交通便利。

柴谷洞 370304-21-N05
［Cháigǔ Dòng］

石灰岩洞穴。在省境中部，市境南部。地名来历不可考。洞口修成门形，高2米，宽1米，砖垛，门框门楣为石质，光滑如漆，雕刻图案，门楣上雕一精致石匾，上书"柴谷洞"三字。此洞深不得知，外宽内狭，上下呈椭圆形，仅供一人行进，周围四壁皆有洞坎缝隙，青苔布列，上有钟乳，下有石笋。近期无开发条件。交通便利。

孟良洞 370304-21-N06
［Mèngliáng Dòng］

石灰岩洞穴。在省境中部，市境南部孟良寨北侧悬崖下。因北宋名将孟良传说故事得名。洞旁多年形成的钟乳石呈海螺状。洞口两侧有两组刺槐树，上方悬崖上松柏千姿百态。洞口北侧不远处的寨墙高4米，长60余米。近期无开发条件。交通便利。

泉

桃花泉 370304-22-I01
［Táohuā Quán］

冷泉。在省境中部，市境西南部。因泉边有桃树，花谢时落于泉中，故名。其东南有丈余高巨岩临于泉上，泉水自岩缝中潺潺流出，常流不绝。泉下形成一泓水潭，方圆5丈，四周草木丰茂，潭水清澄，水质好。近期无开发条件。交通便利。

姚家峪泉 370304-22-I02
［Yáojiāyù Quán］

冷泉。在省境中部，市境西南部。因位于姚家峪村，故名。泉口标高300米左右，系花岗片麻岩孔隙裂缝水，沿河谷两岸的构造裂隙下降溢出成泉，常年不断，但水量较小，水质好，是饮用水源。近期无开发条件。交通便利。

八卦池 370304-22-I03
［Bāguà Chí］

冷泉。在省境中部，市境南部。因池口砌有八块石板，故名八卦池。泉池呈正方形，用石板砌成，边长为 2.62 米，池深 1.8 米。八卦池内正北方向的石板下，居中一个石雕龙头与南面的石窗正对，水从石窗泄出，无论旱涝，水位不涨不落，水深保持在 1.52 米。近期无开发条件。交通便利。

泉子村泉 370304-22-I04
[Quánzicūn Quán]

冷泉。在省境中部，市境南部。因该泉位于泉子村而得名。青石砌成方形，拱顶发券，上泉隐藏于拱形顶下，下泉裸露。据考，下泉与上泉出于同一泉脉，两泉常年有水，水质好，是饮用水。1971 年，重新修建泉池，容量为 60 立方米，可供全村人饮用，1985 年又扩建为 80 立方米容量的水池，可供多村饮用。近期无开发条件。交通便利。

龙湾泉群 370304-22-I05
[Lóngwān Quánqún]

冷泉。在省境中部，市境南部。因于青龙山断裂两侧分别涌出两股泉水，故名。常年有水，水质良好。泉水涌水量较稳定，每天为 1.04 ~ 2.49 万立方米。近期无开发条件。交通便利。

上瓦泉泉群 370304-22-I06
[Shàngwǎquán Quánqún]

冷泉。在省境中部，市境南部。因位于上瓦泉村，故名。水质好，供应全村用水。近期无开发条件。交通便利。

谢家店泉群 370304-22-I07
[Xièjiādiàn Quánqún]

冷泉。在省境中部，市境南部。因处谢家店村境而得名。为上升泉。泉口标高 295 米，出露地层为奥陶系中统灰岩与第四系。泉水涌水量每天为 0.025 ~ 4.32 万立方米，流量变幅大。受气象因素影响明显，现泉群仅在雨季涌水。近期无开发条件。交通便利。

西老泉 370304-22-I08
[Xīlǎo Quán]

冷泉。在省境中部，市境南部。平水年秋季可达 50 立方米 / 小时，泉流成溪，东注淄河。经化验，属偏硅酸型矿泉水，含硒 0.04 毫克 / 升，已被开发销售。交通便利。

尹家峪泉 370304-22-I09
[Yǐnjiāyù Quán]

冷泉。在省境中部，市境南部。因在尹家峪村，故名。此泉在砂石山中，自古水丰，水质优良，现建水厂一处。近期无开发条件。交通便利。

盆泉 370304-22-I10
[Pén Quán]

冷泉。在省境中部，市境南部。因状似盆形得名。年均水温 11℃，状若盆形，直径近 3 米，由青石块铺成。盆泉旺盛时，水量很大。水质纯净，清凉甘甜，常有数里路外的人前来取水，水丰时也用于灌溉。近期无开发条件。交通便利。

石马泉 370304-22-I11
[Shímǎ Quán]

冷泉。在省境中部，市境南部。因位于石马镇而得名。此泉历史悠久，有"先有石马泉，后有孝妇河"之说。石马泉水质清澈，久旱不枯。此泉年均水温 10℃，有"博山南部山区的趵突泉"之称。近期无开发条件。交通便利。

响泉 370304–22–I12

[Xiǎng Quán]

冷泉。在省境中部，市境南部。山泉涌泻，撞击岩石，空谷回响，声若洪钟，因之得名响泉。泉水有水桶般粗，泉水常年不枯，年均水温 10℃，水质纯正，含有多种矿物质，适合泡茶饮用。近期无开发条件。交通便利。

黑山泉群 370304–22–I13

[Hēishān Quánqún]

冷泉。在省境中部，市境南部。因位于黑山附近而得名。此泉群涌水量较大，流量较稳定，多数长年水流不竭且杂质少、水质优良，适于饮用。近期无开发条件。交通便利。

簸箩峪泉 370304–22–I14

[Bǒluoyù Quán]

冷泉。在省境中部，市境南部。因在簸箩峪而得名。泉上方石壁刻有"簸流不息"四字。簸箩峪泉水质好，常年不竭。雨水旺季，昼夜流量达 3 立方米。近村百姓常来取水饮用。近期无开发条件。交通便利。

北万山泉 370304–22–I15

[Běiwànshān Quán]

冷泉。在省境中部，市境南部。因北万山村而得名。泉口标高 185.51 米。泉水水质好，水源旺。雨季流量每小时 4 立方米，旱季流量减少，但从不断流。近期无开发条件。交通便利。

太阳山泉群 370304–22–I16

[Tàiyángshān Quánqún]

冷泉。在省境中部，市境西南部。因处太阳山南端山坡，故名太阳山泉群。雨季流量每日 3.5 立方米，旱季流量虽减，但

却常年不竭。近期无开发条件。交通便利。

文昌阁泉 370304–22–I17

[Wénchānggé Quán]

冷泉。在省境中部，市境西南部。因处文昌阁旁，故名文昌阁泉。雨季流量较大，每日可达 3 立方米，旱季流量虽减少，但不干涸。近期无开发条件。交通便利。

张家井泉 370304–22–I18

[Zhāngjiājǐng Quán]

冷泉。在省境中部，市境西南部张家峪顶。泉水从青石劈缝中喷涌而出，当地百姓叫"张家劈缝"。"纯阳洞"修庙时又在泉下建"张家劈缝大池"。后来，水位下降，又在劈缝旁穿一深井，故名"张家井泉"。该井深 20 多米，水质甘洌，常年不涸。近期无开发条件。交通便利。

大洪泉 370304–22–I19

[Dàhóng Quán]

冷泉。在省境中部，市境西南部。该泉水势洪大，故名大洪泉。水质好，为饮用水。近期无开发条件。交通便利。

灵泉 370304–22–I20

[Líng Quán]

冷泉。在省境中部，市境西南部。因颜文姜孝感灵泉的故事得名。又因孝妇河源于灵泉，也称孝妇泉。水质好，为饮用水，深度 1.5 米。泉水常年不竭，荇藻郁茂。近期无开发条件。交通便利。

团山泉 370304–22–I21

[Tuánshān Quán]

冷泉。在省境中部，市境西南部。因泉出团山崖下，故名。估计常年流量每小时 3.5 立方米。水质好，为饮用水。近期无开发条件。交通便利。

雪浪泉 370304-22-I22
[Xuělàng Quán]

冷泉。在省境中部，市境西南部。夏秋季节，泉水喷涌，水流湍急，砰訇作响，声传数里，颇有"惊涛拍岸，卷起千堆雪"的气势，因而得名。水质好，为饮用水。近期无开发条件。交通便利。

范泉 370304-22-I23
[Fàn Quán]

冷泉。在省境中部，市境西南部。《续修博山县志卷二·方舆志一·河流》载："范泉，出荆山麓范公祠堂下。祠前临秋谷，涧道迴合，其泉下流入涧，平流过后乐桥上。注范河而入陇水。"水质好。泉池为长方形，长 6.7 米，宽 5.4 米，深 2.6 米，周围石栏。近期无开发条件。交通便利。

引泉 370304-22-I24
[Yǐn Quán]

冷泉。在省境中部，市境西南部。因泉水从石缝中引流而出，故名。水质好。引泉生于山岩之中，南北两侧山体均高 5 米左右，为页岩构造，多见季节性小型瀑布。泉眼在东侧陡壁下，泉水从石缝中流出，水质纯净。近期无开发条件。交通便利。

滴水泉 370304-22-I25
[Dīshuǐ Quán]

冷泉。在省境中部，市境西南部。水极清冽，但出水量极少，因而得名滴水泉。含有多种矿物质。近期无开发条件。交通便利。

珠龙泉群 370304-22-I26
[Zhūlóng Quánqún]

冷泉。在省境中部，市境西南部。因在北龙泉寺中，故名。泉群出露标高196.06 米，为季节性泉，只在丰水期显露，流量为 720 立方米／时。水质好。"颜神八景"之一的"珠泉印月煮新茶"即指此泉。近期无开发条件。交通便利。

姜女泉 370304-22-I27
[Jiāngnǚ Quán]

冷泉。在省境中部，市境西南部。传说孟姜女千里寻夫，滴泪成泉，当地人便称之为"姜女泉"。泉上砌有石栏，井深约 5 米。泉水长年不竭，饮之甘甜。其下方建有一龙潭与此相连，雨季时泉水注入龙潭。周围植被茂密，环境优美。近期无开发条件。交通便利。

临淄区

山

黄山 370305-21-G01
[Huáng Shān]

属泰沂山脉。在省境中北部，市境东部。黄山原名"黔山"，因峰岩青黑，遥望苍黛而名。后因传说轩辕黄帝曾在此炼丹，故改名为"黄山"。海拔 80 米。黄山经历了造山运动和地壳抬升，以及冰川和自然风化作用，才形成其峰林结构。山上植被主要有侧柏、枣树等。矿藏有石灰石。有公路经此。

蛟山 370305-21-G02
[Jiāo Shān]

属泰沂山脉。在省境中北部，市境东部。远处看形似一条蛟龙盘卧在淄河南岸，因而得名蛟山。海拔 121 米。属低山缓陵。东边山坡比较陡峭，其余三坡比较平缓，东坡长 200 米，西坡长 350 米，南坡长 400 米，北坡长 500 米。山上植被主要有针叶林等。

矿藏有青质岩石。有公路经此。

稷山 370305-21-G03
[Jì Shān]

属泰沂山脉。在省境中北部，市境东部。《齐乘》中说，山上旧有后稷祠，故名稷山。海拔 171 米。山上植被主要有松树林等。矿藏有青质岩石。有公路经此。

鼎足山 370305-21-G04
[Dǐngzú Shān]

属泰沂山脉。在省境中北部，市境东部。因此山有三个山头，成鼎足状，故名。海拔 125.4 米。山上植被主要有松树、杨树等。有公路经此。

牛山 370305-21-G05
[Niú Shān]

属泰沂山脉。在省境中北部，市境东部。相传公元前 26 世纪，黄帝在涿鹿大战蚩尤，屡战不胜，命令大将神荼、郁垒在东海流波山捉了一只夔牛，在淄河岸边一座山下，做了一面大战鼓，把牛头、牛骨埋在山上，以后每年夏天雨季淄水爆发，夜间，就听见山上牛叫，后来人们称此山为牛山。海拔 174 米。山上植被主要有松树。矿藏有石灰岩。有公路经此。

四王冢 370305-21-G06
[Sìwángzhǒng]

属泰沂山脉。在省境中北部，市境东部。《齐记补遗》云"齐威、宣、湣、襄四王墓"，由此得名。海拔 107 米。山上植被主要有松柏。矿藏有石灰岩。有公路经此。

凤凰山 370305-21-G07
[Fènghuáng Shān]

属泰沂山脉。在省境中北部，市境东部。因山的南、北两山脚长且宽，形似凤凰展翅，故名。海拔 187 米。山上植被主要有松树、火炬树、刺槐等。矿藏有石灰岩、松散岩、碎屑岩。有公路经此。

打虎山 370305-21-G08
[Dǎhǔ Shān]

属泰沂山脉。在省境中北部，市境东部。大虎山，又作"打虎山"，《临淄县志·舆地志下·山川》记载"迤南有大雁山、屏山、王喁山、大虎山、卧虎山"。海拔 246.49 米。山上植被主要有法桐、垂柳、刺槐、合欢、侧柏、香椿、泡桐、文竹、雪松、白蜡、蜀桧、国槐、樱花、碧桃、黑松、青檀、山楂、银杏、榆树、柏树等 35 种。灌木有迎春、紫荆、连翘、桃梅、金银花等。有公路经此。

焦山 370305-21-G09
[Jiāo Shān]

属泰沂山脉。在省境中北部，市境东部。焦山据传原叫东山，北宋时，青州府台郑大人来百乡祝家，问其山后，地方官回答叫东山。大人摇头道："此乃青州最西边，能算东山吗？"地方官说请赐名，郑大人思索道："我家乡有镇江，有金山、焦山，金山有寺，焦山无庙，我看此山貌似焦山，而东南有金山作村，以此故称焦山。"海拔 194 米。山上植被主要有松柏。有公路经此。

赵台山 370305-21-G10
[zhàotái Shān]

属泰沂山脉。在省境中北部，市境东部，临淄区与淄川区交界处，金山镇辛庄村西 1 000 米处。又名赵庄山。据传秦时赵高命术士为自己到全国各地勘察，修建茔田陵园。术士们来到古齐国国都西南 40 千米处的赵家茔，看到此地后有靠山，右有虎山，左有青龙，前有案山，且有清泉二眼，实乃五子登科之宝地，赵家在此建起了后花园。海拔 294 米。山上植被主要有松柏、灌木丛。矿藏有石灰石。有公路经此。

摩天岭 370305-21-G11
[Mótiān Lǐng]

属泰沂山脉。在省境中北部，市境东部。因峰入云端，高为群山之最，故名。海拔304 米。北麓有谷，名"公泉峪"。峪中有泉，名"白龙泉"。初时水大，周围数十里受其益，故又称"公泉"，峪因泉名。今泉尚在，虽以乱石填平，但仍有泉水可见。山阴有"白龙洞"，深不见尽头。山上植被主要有松柏。矿藏有石灰岩。有公路经此。

愚公山 370305-21-G12
[Yúgōng Shān]

属泰沂山脉。在省境中北部，市境中北部。《太平寰宇记·卷十八》载："愚公谷，在县西二十五里，本社山，一名愚公山。"海拔 121 米。山上植被主要有针叶林、灌木丛等。矿藏有铁矿石。有公路经此。

金山 370305-21-G13
[Jīn Shān]

属鲁中山脉。在省境中北部，市境东部。因此山出产金雀石，故名。海拔 420 米。山中出产优质金雀石，可制砚。有公路经此。

河流

运粮河 370305-22-A-a01
[Yùnliáng Hé]

在临淄区中北部。系人工开挖，相传为古齐国漕河。河长 8.88 千米，流域面积80 平方千米。径流量 60 立方米 / 秒。河道平均宽度 8 米，水深 2 米。无通航能力及航运设施。今水资源开发利用已将临淄运粮河建成湿地。

裙带河 370305-22-A-b01
[Qúndài Hé]

内流河。在省境中北部，市境东部。名称来历不可考。发源于临淄鼎足山下。流经临淄区驻佛村、杨西村、郑家村和聂仙庄村等几个村庄，于 309 国道淄河桥下游汇入淄河。全长 17 千米，河道平均宽度50 米，流域面积 174.1 平方千米，径流量50 立方米 / 秒。河道除滨河公园段外，其余河道非汛期基本无水。新裙带河河道综合治理后，河道防汛能力和过流能力的提高，减少了因暴雨造成的直接损失和间接损失，保障了沿河人民群众的生命财产安全，改善了沿河居民生活环境质量。

周村区

山

米山 370306-21-E01
[Mǐ Shān]

在省境中北部，市境西部。东临米山村，西靠杜家村，南接郭家村，北邻周村城区。东西走向。米山又名虚粮塾，传说为齐桓公为完成"九合诸侯，一匡天下"的赫赫霸业，出于战略需要，夸耀齐国强盛，迷惑邻国使其怯于进攻而虚设的一个粮囤，故而得名米山。海拔 124 米。孔雀庵位于米山山半，初建于明，重修于清乾隆年间，碑石尚存。古时建有谷梁寺。原有优质泉水，下流入绕山北去的米河，成为米河的补给水源之一。各泉今已不存。通公交车。

西豹山 370306-21-E02
[Xībào Shān]

在省境中北部，市境西部。东与东豹山接连，西邻李家疃村，南靠淄川区巩家坞村，北面为辛庄和苏李村。东西走向。

该山因与东豹山相连，两山对峙，形似一对卧豹，统称为豹山。海拔351.8米。地质以青砂石质为主，绿化面积0.63平方千米。地下矿藏有焦宝石。通公交车。

东豹山 370306-21-E03
[Dōngbào Shān]

在省境中北部，市境西部。东临淄川区朱家庄村，西与西豹山相连，南依淄川区刘家河，北靠沈谷城、苏李庄。东西走向。该山因与东豹山相连，两山对峙，形似一对卧豹，统称为豹山。海拔305米。地质为青砂石质，绿化面积0.75平方千米。地下矿藏为煤。通公交车。

马鞍山 370306-21-G01
[Mǎ'ān Shān]

在省境中北部，市境西部。因山形似马鞍，故名。海拔125米。为黄沙石质。绿化面积200亩。通公交车。

凤凰山 370306-21-G02
[Fènghuáng Shān]

在省境中北部，市境西部。《长山县志》记载："凤山，县南36里，东西横列若屏，中锋秀丽，左右张拱，后麓翘伏，宛若飞凤，故名。"海拔270米。山体为青砂石、白砂石质。绿化面积400亩。通公交车。

萌山 370306-21-G03
[Méng Shān]

在省境中北部，市境西部。该山有萌水（范阳河别称）流经山下，水清澈见底，故名萌山。海拔163米。地质为白砂石和红砂石。绿化面积250亩。通公交车。

大埠山 370306-21-G04
[Dàbù Shān]

在省境中北部，市境西部。名称来历不可考。海拔158米。地质为玄武岩。植被以松树和绿化苗木为主。通公交车。

碾子山 370306-21-G05
[Niǎnzi Shān]

在省境中北部，市境西部。因石材被当地居民利用制作石碾，故名。海拔140米。地质以褐紫色石英沉积岩为主，土壤以黏土、沙土为主。植被主要是槐树、核桃树、枣树、速生杨、榆树、国槐，特产猕猴桃、葡萄、花生、红薯等。交通便利。

桓台县

河流

杏花河 370321-22-A-b01
[Xìnghuā Hé]

内流河。在省境中北部，市境西部。杏花河古称清河沟，1935—1936年，邹平段进行一次大的疏挖，取名为杏花沟，后改为杏花河。发源于章丘县的芽庄湖，桓台县河段位于桓台县西部，流经马桥镇辛庄村，于马桥镇五庄村流入小清河。全长90千米，桓台县境内长6.96千米，河宽27~4米，流域面积16平方千米。河流级别为中型河流。汛期是每年的6~9月。该河河道上有金家节制闸、北营进水闸等建筑物。是小清河的一大支流，是排泄邹平县小清河以南几乎全部山洪和内涝及章丘内部分山洪的大型排涝河道，对下游河道防洪和拦蓄径流发展灌溉发挥了重要作用。主要支流有永红沟等。

胜利河 370321-22-A-b02
[Shènglì Hé]

内流河。在省境中北部，市境西部。为纪念社会主义建设已走向胜利的开端，故名。恒台县河段于马桥镇冯马村始，经马桥镇辛庄村，北入小清河。桓台县境内长 4.0 千米，流域面积 12.0 平方千米，径流量 600 立方米/秒。河流级别为中型河流，汛期是每年的 6~9 月。为小清河的一级支流，对下游河道防洪和拦蓄径流发展灌溉发挥了重要作用。

预备河 370321-22-A-b03
[Yùbèi Hé]

内流河。位于县境北部。为治理小清河以南的涝灾，在该段小清河水顶托的情况下，排该地的水起小清河排涝的预备作用，故命名为预备河。本县境内起点是起凤镇华沟村，止点为起凤镇夏七村，至与博兴县交界处折向东去，至东营市广饶县的北营村入小清河。全长 42.5 千米，河底宽 10~15 米，河口宽 16~47 米，桓台县境内长度 1.89 千米，流域面积 113 平方千米，径流量情况夏七大闸以上 40 立方米/秒，以下 80 立方米/秒。汛期是每年的 6—9 月。该河河道上有华沟节制闸、崔家进水闸等建筑物。水质状况为污水 V 类。所在（跨）行政区为荆家镇、起凤镇。水资源开发利用情况，为引黄蓄水补源工程、南水北调工程主要引水渠道，对桓台马踏湖补源发挥了重要作用。预备河是排泄马踏湖区汛期积水的主要出口，也是控制和保持湖区生产水位的主要控制点。主要支流有永红沟等。

湖泊

马踏湖 370321-22-D-a01
[Mǎtà Hú]

在省境北部，市境北部。面积约 50 平方千米。相传，齐桓公在此会盟六国诸侯，而六国诸侯担心被擒，亦以大军相随，于是众马踏平地成湖，故名马踏湖。湖区建设有马踏湖国家级湿地公园，有著名的文化古迹五贤祠、会城遗址、冰山遗址、鲁连井、锦秋亭、徐叶书屋、东坡登临处等名胜古迹。主要水产品有芦苇、白莲藕、鲈鱼、金丝鸭蛋等。马踏湖为常年湖、淡水湖。东西长 12.5 千米，南北宽 4 千米，湖底海拔（黄海）高程 5.7~9 米。湖洼面积 2.72 万亩，蓄水量 500 万立方米。交通便利。

高青县

河流

支脉河 370322-22-A-a01
[Zhīmài Hé]

外流河，人工河道。在省境北部，市境西北部。原名支脉沟，1965 年扩大治理后改名为支脉河。因位于黄河与小清河之间而得名。发源于高青县西部黄河南大堤下吉池沟东，流经高青、博兴、广饶县注入渤海。全长 134.6 千米。总流域面积 3 382 平方千米，高青县流域面积 747 平方千米。流域地处黄淮海平原开发和黄河三角洲农业综合开发区，具有丰富的加工生产原料资源，植桑养蚕历史悠久，渔业、农副产品、石油资源丰富，具有独特的地理位置和优势。流域内文化源远流长，环境优美，自然景观和人文景观众多，狄城遗址和宋朝的"扳倒井""滚龙桥"，清代的文昌阁，均为省级重点保护文物。该河已形成干、支配套体系，对高青县的防洪、灌溉、排涝、改碱起到了十分重要的作用。主要支流有北支新河、干二排、杜姚沟、东干排、胜利河、三号沟、工农河、打渔张河、群众沟、武家大沟、新广蒲沟、广北新河等。

沂源县

盆地

沂源盆地 370323-21-B01

[yíyuán péndì]

在省境中部,市境南部。北依泰鲁沂山地,南临沂蒙低山丘陵。面积约 350 平方千米。因在沂源县境内而得名。沂河沿盆地南侧东流。属暖温带半湿润气候区,四季分明,光照充足,年平均气温 14℃,年平均降水量 714 毫米。土地分为棕壤、褐土和潮土 3 个类别。植被主要有赤松、油松、黑松、落叶松、雪松、侧柏、水杉、银杏、刺槐、白杨、柳树、榆树、五角枫、梨、苹果、山楂、桃、李、杏、枣、柿、桑、花椒、板栗、核桃树等。为山东古人类的发源地、中国牛郎织女传说之乡、中国矿泉水之乡、中国北方溶洞之乡、国家可持续发展实验区、国家全域旅游示范区、国家重点生态功能区。境内有沂源猿人遗址、齐长城遗址、东安古城遗址、唐山隋唐摩崖石刻、牛郎织女景区、鲁山国家森林公园、溶洞群等众多景点。地下矿藏有铁、金、煤、铝矾土、石灰石等 23 种矿产资源。为沂源县重要农业区,产小麦、玉米、花生。有公路经此。交通便利。

山

唐山 370323-21-G01

[Táng Shān]

属泰沂山脉。在省境中部,县境东南部。据清道光七年(1827)修《沂水县志》载:"塔山,县西北九十里,沂水经其北",后演变为唐山。海拔 516 米。山腰有数丈高悬崖环绕,远眺似黑色腰带相束。山坡植被以松柏、刺槐为主。交通便利。

大贤山 370323-21-G02

[Dàxián Shān]

属泰沂山脉。在省境中部,县境西南部。海拔 532 米。西南侧山坡较平缓,东北部悬崖峭壁,野生松柏倒挂崖上,沂河水从山脚流过,山水相接,景色秀丽。悬崖处有织女洞,隔河相望牛郎庙。交通便利。

凤凰山 370323-21-G03

[Fènghuáng Shān]

属泰沂山脉。在省境中部,县境北部,明代万历年间,乡民于洞口处修玉皇庙,故名玉皇山。1952 年八一电影制片厂在此拍摄电影《南征北战》外景时,改名凤凰山。海拔 627 米。南坡悬崖峭壁,松柏倒挂其上。缓坡处植黄栌,深秋绿松红叶风景如画。在树木掩映的山崖上,有上、下两个石灰岩洞,以村取名为丝窝洞。山坡宜林处,绿化以松、柏、黄栌为主。西坡及山脚处,以果树为主。山中多生药材,主要有全蝎、远志、柴胡等。交通便利。

亳山 370323-21-G04

[Háo Shān]

属泰沂山脉。在省境中部,县境东部。汛期洪水泄下,声似嚎泣,取名"嚎山",后雅化为亳山。海拔 676 米。山体由花岗岩、变质岩、砂岩构成。山峰陡峻,怪石嶙峋。亳山山顶松柏带帽,山下经济林缠绕,盛产大枣、苹果等。山中水草丰盛,为天然牧场。植被以马尾松、刺槐为主。山中多野生中药材,主要有远志、苦参、黄芩、柴胡等。山上建有凉亭、石桥等,有多处石刻。交通便利。

八十崮 370323-21-G05

[Bāshí Gù]

　　属泰沂山脉。在省境中部，县境西南部。以山周八十里而得其名。海拔 601 米。整个八十崮四周悬崖峭壁，高数米。崮周多清泉，终年不涸。崮体由页岩、石灰岩构成。植被良好。交通便利。

松山 370323-21-G06

[Sōng Shān]

　　属泰沂山脉。在省境中部，县境西南部。以山坡古老松柏树而得名。由花岗岩、片麻岩构成。山坡宜林处已绿化，主要以马尾松、刺槐为主。是松山林场场区，沂河的发源地之一。交通便利。

历山 370323-21-G07

[Lì Shān]

　　属泰沂山脉。在省境中部，县境北部。因山势陡峭取名立山，后沿革为历山。海拔 499 米。山势南北走向，由石灰岩、页岩、花岗岩和片麻岩构成。山坡绿化以松柏为主，刺槐、黄栌次之。山脚下栽植部分梨树、枣树等经济树木。山中多野生中药材，主要有全蝎、苦参、远志等。交通便利。

马头崮 370323-21-G08

[Mǎtóu Gù]

　　属泰沂山脉。在省境中部，县境东北部。因极像马头而得名。海拔 655 米。上半部分由石灰岩构成，下半部分由花岗岩和页岩构成。植被多为松柏、刺槐等。交通便利。

玉皇山 370323-21-G09

[Yùhuáng Shān]

　　属泰沂山脉。在省境中部，县境西部。因曾建有玉皇庙而得名。海拔 719 米。由石灰岩、页岩构成。山坡已绿化。山中有全蝎、苦参、茵陈等中药材。交通便利。

金骡顶 370323-21-G10

[Jīnluó Dǐng]

　　属泰沂山脉。在省境中部，县境西部。山名出自一神话传说：古代此山是一座宝山，有一匹金骡子藏在山中，故名。海拔 652 米。因山顶部平坦，山坡已全部绿化。交通便利。

石柱 370323-21-G11

[Shízhù]

　　属泰沂山脉。在省境中部，县境西南部。因山体呈柱形而得名。山体由花岗岩、片麻岩组成。植被以松树、刺槐为主。山上建有寺庙。交通便利。

大直山 370323-21-G12

[Dàzhí Shān]

　　属泰沂山脉。在省境中部，县境北部。以山高且陡而得名。海拔 668 米。呈东西走向，由石灰岩、页岩构成。山顶岩石裸露，山坡已绿化。交通便利。

大崮顶 370323-21-G13

[Dàgù Dǐng]

　　属泰沂山脉。在省境中部，县境东部。海拔 809 米。以山顶部悬崖高于近山、山体雄伟而得名。崮顶平坦、草深。山崮呈南北、东西走向，由石灰岩、页岩构成。绿化以松树、刺槐为主。交通便利。

龙王崮 370323-21-G14

[Lóngwáng Gù]

　　属泰沂山脉。在省境中部，县境东北部。山上建有龙王庙、古碑等，山以庙得名。海拔 725 米。山呈南北走向，由石灰岩、页岩构成。山坡已绿化。交通便利。

青龙山 370323-21-G15
[Qīnglóng Shān]

属泰沂山脉。在省境中部，县境东南部。传说明朝横王在此住过，称青龙山。海拔455米。山体由石灰岩、页岩构成。植被以柏树、刺槐居多。交通便利。

张家寨 370323-21-G16
[Zhāngjiā Zhài]

属泰沂山脉。在省境中部，县境北部。为防御土匪袭击，有张氏为主在此山建寨而得名。海拔815米。山势陡峭，岩石裸露，呈东西走向，由石灰岩构成，山顶平缓，山坡已绿化，多松柏。交通便利。

烟花台 370323-21-G17
[Yānhuā Tái]

属泰沂山脉。在省境中部，县境北部。因山中出产可做烟花火药原料的矿物质，又山顶部平坦似台而得名。海拔788米。山呈东西走向，由石灰岩、页岩构成。岩中含铁矿。交通便利。

摩天岭 370323-21-G18
[Mótiān Lǐng]

属泰沂山脉。在省境中部，县境东部。岭坡平缓且高，取名摩天岭。海拔735米。呈南北走向，山体由花岗岩、砂岩、片麻岩构成。东坡以马尾松为主，全部绿化成林。西坡林地呈片状分布，以马尾松、刺槐为主。岭下沟壑纵横，山泉众多，岭坡水草丰盛。岭西南坡30余米的悬崖上，泉水汇集，急流直下，似水帘。交通便利。

葫芦棚顶 370323-21-G19
[Húlupéng Dǐng]

属泰沂山脉。在省境中部，县境北部。以山梁多，似葫芦棚支架而得名。海拔759

米。山体由石灰岩、页岩构成。山坡已绿化。交通便利。

黑虎台 370323-21-G20
[Hēihǔ Tái]

属泰沂山脉。在省境中部，县境北部。以山上雄伟的黑色巨石似卧虎而得名。海拔875米。山体呈东西走向，由花岗岩、片麻岩构成。山坡已绿化，山上牧草丰盛。多野生中药材。交通便利。

大峪顶 370323-21-G21
[Dàyù Dǐng]

属泰沂山脉。在省境中部，县境北部。西北部有一大峪，此山为山峪制高点，得名大峪顶。海拔772米。南北走向，由花岗岩、片麻岩构成。山坡已绿化，植被以刺槐、马尾松为主。交通便利。

唐家寨 370323-21-G22
[Tángjiā Zhài]

属泰沂山脉。在省境中部，县境北部。传说明朝时期唐赛儿率领起义军在此山筑寨驻扎而得名唐家寨。寨顶有多处"天坑"，为少见之仰天地形地貌。寨顶呈南北、东西走向，为"L"形，四面悬崖，由寒武纪石灰岩、页岩等构成。植被多松柏、刺槐、杨树和槲树等，灌木丛生。交通便利。

眉弯山 370323-21-G23
[Méiwān Shān]

属泰沂山脉。在省境中部，县境北部。以山体形状像弯弯的眉毛而得名。海拔755米。由花岗岩、片麻岩构成。山坡已绿化，以刺槐为主。山中多野生中药材。交通便利。

无路岭 370323-21-G24
[Wúlù Lǐng]

属泰沂山脉。在省境中部，县境东部。

悬崖峭壁，人马车辆过往困难极大，以"车到山前疑无路"，得名无路岭。海拔548米。山呈东西走向，山体由石灰岩、页岩构成。交通便利。

蚕姑山 370323-21-G25
[Cángū Shān]

属泰沂山脉。在省境中部，县境东北部。因山上建有蚕姑庙而得名。海拔720米。山体由石灰岩构成。山高坡陡，悬崖绝壁，山上有零星树木，东坡多植松柏，鲍庄河从山东脚下流过。交通便利。

东封山 370323-21-G26
[Dōngfēng Shān]

属泰沂山脉。在省境中部，县境北部。以山上树木茂盛、野草丛生得名封山，与西封山对应称东封山。海拔712米。由石灰岩构成，山坡已绿化。交通便利。

挂船橛 370323-21-G27
[Guàchuánjué]

属泰沂山脉。在省境中部，县境北部。因状似一根拔地而起且能拴船的石橛子而得名。海拔千米以上。山体由页岩、石灰岩构成，顶部多乔木，橛下山体山坡多植柏树。交通便利。

大佛山 370323-21-G28
[Dàfó Shān]

属泰沂山脉。在省境中部，县境北部。此山像盘坐在四围高山群峰中间的一尊大佛，以此得名。海拔551米。1986年，在此开发一处洞。以洞内钟乳石酷似珊瑚，得名珊瑚洞。山坡已绿化，以侧柏为主。交通便利。

白草坪 370323-21-G29
[Báicǎo Píng]

属泰沂山脉。在省境中部，县境西部。以山顶平坦，秋末冬初草枯呈白色而得名。海拔715米。以花岗岩、片麻岩构成。山坡绿化以松柏、刺槐等为主，山下经济树木相间。交通便利。

北慢山顶 370323-21-G30
[Běimànshān Dǐng]

属泰沂山脉。在省境中部，县境东南部。海拔742米。因与南慢山顶相连，中间坡度平缓，冠以方位而称为北慢山顶。南北走向，由石灰岩、页岩构成。山坡已绿化。赵家庄东山古城堡寨围子坐落在两慢山顶之间的平缓处。交通便利。

尹家崮 370323-21-G31
[Yǐnjiā Gù]

属泰沂山脉。在省境中部，县境南部。以尹氏居民曾在山坡住过而得名。海拔692米。山势呈东北、西南走向，由石灰岩、页岩构成。山坡已绿化。顶部植松柏、刺槐等，下部多花椒、柿子、苹果树。山中多产野生中药材。交通便利。

张良墓 370323-21-G32
[Zhāngliángmù]

属泰沂山脉。在省境中部，县境东南部。悬崖以上的山峰顶部呈圆锥形，似坟头状，百姓为纪念汉朝名臣张良而得名。海拔662米。山坡已绿化，以马尾松、刺槐为主。交通便利。

螳螂崮 370323-21-G33
[Tángláng Gù]

属泰沂山脉。在省境中部，县境北部。以山梁似螳螂形状而得名。海拔687米。

山势呈南北、东西走向。山体构成为石灰岩。交通便利。

圣佛山 370323-21-G34
[Shèngfó Shān]

属泰沂山脉。在省境中部，县境东部。以山上巨大石块似盘坐的"石佛"而得名。海拔683米。山势南北走向，由花岗岩、片麻岩构成。山坡已绿化。此处山水相依，瀑布连串，乃一大景观。交通便利。

天门顶 370323-21-G35
[Tiānmén Dǐng]

属泰沂山脉。在省境中部，县境西南部。以山上悬崖处有一窄狭山口似门而得名。海拔694米。山势呈南北走向，由花岗岩、片麻岩构成。交通便利。

狼窝山 370323-21-G36
[Lángwō Shān]

属泰沂山脉。在省境中部，县境西南部。相传，古代此山周围人烟稀少，野狼成群在此出没，故名。海拔675米。山势呈东西走向，由花岗岩、片麻岩构成。山坡已绿化，植被以马尾松、刺槐为主。交通便利。

方山 370323-21-G37
[Fāng Shān]

属泰沂山脉。在省境中部，县境西南部。因山顶部为方形而得名。海拔676米。山体构成主要以花岗岩、片麻岩为主，石灰岩、页岩次之。山坡已绿化。交通便利。

小寨 370323-21-G38
[Xiǎozhài]

属泰沂山脉。在省境中部，县境南部。旧时附近百姓曾在山上筑寨避匪，取名小寨。海拔660米。山势呈南北走向，山体由花岗岩、片麻岩构成。山坡已绿化，以

马尾松、刺槐为主。交通便利。

宝山 370323-21-G39
[Bǎo Shān]

属泰沂山脉。在省境中部，县境南部。以山形似元宝而得名。海拔667米。山势呈东西走向，由石灰岩、页岩构成。山坡栽刺槐、花椒、山果等树木。交通便利。

驴皮崮 370323-21-G40
[Lǘpí Gù]

属泰沂山脉。在省境中部，县境东部。以山坡呈灰褐色似驴皮而得名。海拔642米。山势呈东西走向，由石灰岩、页岩构成。战国齐长城东西路过此崮。宜林处已绿化，崮下种植丹参等多种中药材。交通便利。

奶奶顶 370323-21-G41
[Nǎinǎi Dǐng]

属泰沂山脉。在省境中部，县境南部。因山上有泰山奶奶行宫得名奶奶顶。海拔659米。山势呈东西走向，由石灰岩、页岩构成。植被呈片状分布，以松柏、刺槐、杨树为主，下部周围多植苹果树。交通便利。

天子山 370323-21-G42
[Tiānzǐ Shān]

属泰沂山脉。在省境中部，县境西部。因山南侧悬崖处有丫口俗称南天门，相传山上有玉皇大帝行宫而得名。海拔638米。是琉璃河的发源地。山坡已绿化。交通便利。

松崮顶 370323-21-G43
[Sōnggù Dǐng]

属泰沂山脉。在省境中部，县境西南部。山顶如桌状，多松柏树，故名。海拔662米。山体由石灰岩、变质岩构成。远眺此山又如壶状，崮顶平坦，四周悬崖如削，高20余米，突兀峭立，是沂蒙山区典型的崮。

山坡绿化以松柏、刺槐为主。山坡多野生中药材，主要有全蝎、黄芪、远志、丹参等。交通便利。

九顶莲花山 370323-21-G44
[Jiǔdǐngliánhuā Shān]

属泰沂山脉。在省境中部，县境南部。因悬崖以上有大小九个山头形似莲花而得名。海拔621米。山势呈东西走向，由石灰岩、页岩构成。顶部悬崖陡壁如刀削，像玉带绕山一周。山北坡黑虎泉居高临下，常流不息，为人们提供自流灌溉之利。苹果园、花椒园、桃、杏、柿子、大樱桃布满山坡。陡峭处植有松柏、刺槐等。交通便利。

坐盘顶 370323-21-G45
[Zuòpán Dǐng]

属泰沂山脉。在省境中部，县境南部。以山顶部圆而平似盘状而得名。海拔661米。山体东西走向，由花岗岩、片麻岩构成。植被以马尾松为主。山中多野生中药材，主要有全蝎、丹参等。山下多植苹果树。交通便利。

三角山 370323-21-G46
[Sānjiǎo Shān]

属泰沂山脉。在省境中部，县境南部。因三条山梁在此向上延伸而得名。海拔636米。山坡已绿化，顶部以松、刺槐树为主。山腰处开垦为梯田，多植花椒、苹果等树。交通便利。

于家崮 370323-21-G47
[Yújiā Gù]

属泰沂山脉。在省境中部，县境南部。以山坡于氏迁此居住而得名。山体南北走向，由石灰岩、页岩构成。山顶有寨围子遗址，山坡已绿化。植被以用材林、经济林木为主。山中多野生中药材，主要有全蝎、

刘寄奴、蒲公英等。交通便利。

石人崮 370323-21-G48
[Shírén Gù]

属泰沂山脉。在省境中部，县境西部。海拔640米。因崮南首有巨石矗立似人形，故名。山体呈南北走向，由石灰岩、页岩构成。山顶有寨围子遗址，山坡多植刺槐、松柏等。交通便利。

田家崮 370323-21-G49
[Tiánjiā Gù]

属泰沂山脉。在省境中部，县境东部。以田氏曾在此山坡居住而得名。海拔642米。山体东西走向，由花岗岩、片麻岩构成。山坡绿化，为亳山国有林场林区一部分。交通便利。

大安顶 370323-21-G50
[Dà'ān Dǐng]

属泰沂山脉。在省境中部，县境东部。中间形成洼，似马鞍状，故得名大鞍顶，后沿革为大安顶。海拔639米。山势东西走向，由花岗岩、片麻岩构成。山坡绿化，植被以马尾松、刺槐为主。交通便利。

石老婆顶 370323-21-G51
[Shílǎopó Dǐng]

属泰沂山脉。在省境中部，县境西部。以山顶部悬崖处，有巨大石块像一盘坐的妇人而得名。海拔635米。山势呈南北走向，由花岗岩、片麻岩构成。山坡已绿化，多野生中药材黄芪、远志等。交通便利。

老峰山 370323-21-G52
[Lǎofēng Shān]

属泰沂山脉。在省境中部，县境西部。以在附近众多山岭中海拔较高而得名。海拔651米。山势呈东西走向，由石灰岩、

页岩构成。山坡已绿化。交通便利。

人崮顶 370323-21-G53
[Réngù Dǐng]

属泰沂山脉。在省境中部，县境东部。以山崖处巨石似人状而得名。海拔 625 米。山势呈东西走向，由石灰岩、页岩构成。山坡已绿化，上部有松柏、刺槐，下部有苹果、花椒等。交通便利。

人头山 370323-21-G54
[Réntóu Shān]

属泰沂山脉。在省境中部，县境东南部。以山顶部巨石似人头状而得名。海拔 624 米。山势呈南北走向，由花岗岩、片麻岩构成。西坡为国营毫山林场林区。交通便利。

千人洞山 370323-21-G55
[Qiānrén Dòng Shān]

属泰沂山脉。在省境中部，县境北部。以山东北部悬崖处有千人洞而得名。海拔 611 米。山势呈东西走向，由石灰岩构成。山坡已绿化，以侧柏、枫树为主，为国营鲁山林场林区。交通便利。

雕崖山 370323-21-G56
[Diāoyá Shān]

属泰沂山脉。在省境中部，县境西南部。此山悬崖峭壁如削，高数丈且松柏倒挂，山上林木茂盛，大雕栖息繁衍于崖洞，由此渐称雕崖山。海拔 611 米。山体由石灰岩、页岩构成。山坡已绿化。交通便利。

王葫芦山 370323-21-G57
[Wánghúlu Shān]

属泰沂山脉。在省境中部，县境南部。以居民姓氏及山形状似葫芦而得名，海拔 604 米。山坡大部为梯田，堰边栽培花椒、苹果等经济树。交通便利。

松多山 370323-21-G58
[Sōngduō Shān]

属泰沂山脉。在省境中部，县境东南部。传说有一牧童将松树苗栽到"聚宝盆"内，一夜之间，山坡上长满松树，故名。海拔 600 米。山势呈东西走向，由花岗岩、片麻岩构成。植被以松树、刺槐为主。交通便利。

老鸹洞山 370323-21-G59
[Lǎoguā Dòng Shān]

属泰沂山脉。在省境中部，县境北部。因山崖处有老鸹栖息的洞穴而得名。海拔 604 米。与马头崖、楼青山连成南北走向的山岭。山体由石灰岩、页岩构成。山坡宜林处已绿化。交通便利。

万泉崮 370323-21-G60
[Wànquán Gù]

属泰沂山脉。在省境中部，县境西南部。相传早年闹匪患，百姓筑寨于此。匪切断水源围困数日，粮尽水绝，百姓危在旦夕。时人想出退敌之策：用人畜尿液浸泡衣物晾晒于围墙之上，众人高喊："山上有泉万眼！"计退寇匪后，以此得名万泉崮。海拔 539 米。由石灰岩、页岩构成。山坡宜林处已绿化，多刺槐。交通便利。

杨家崮 370323-21-G61
[Yángjiā Gù]

属泰沂山脉。在省境中部，县境南部。因杨氏在此山坡居住，故名。海拔 617 米。山顶呈 L 形，山体由石灰岩、页岩构成。山坡宜林处已绿化，多为用材林、经济林木。交通便利。

透明崮 370323-21-G62
[Tòumíng Gù]

属泰沂山脉。在省境中部，县境东部。

据《临朐县志》载："大崮海拔 750 余米，山顶有洞穿透石崖。十里外望之若镜，又如晚间明月悬于山巅。"崮以此状而得名透明崮。海拔 750 米。山势为东西走向，山体由石灰岩、页岩构成。交通便利。

团圆崮 370323-21-G63
[Tuányuán Gù]

属泰沂山脉。在省境中部，县境南部。因该崮状似两个中秋月饼相连而得名。由石灰岩、页岩构成。崮顶平坦，树茂草盛。崮体四周多植刺槐、桃树、苹果树。交通便利。

桃花崮 370323-21-G64
[Táohuā Gù]

属泰沂山脉。在省境中部，县境东南部。清末民初，由崮西的曹氏家族在此筑寨拒匪，民间称其为曹家崮。后因崮东有桃花坪村，2004 年正式取名桃花崮。海拔 412 米。由页岩、石灰岩构成。交通便利。

凤凰崮 370323-21-G65
[Fènghuáng Gù]

属泰沂山脉。在省境中部，县境东南部。此崮以吉祥言得名。海拔 454 米。山呈南北走向，由石灰岩、页岩构成。悬崖以下植刺槐、松柏树，山腰植花椒、苹果、山楂树。交通便利。

文山 370323-21-G66
[Wén Shān]

属泰沂山脉。在省境中部，县境东南部。因山似"文"形得名文山。海拔 498 米。此山呈南北走向，由石灰岩、页岩构成。山上部主要树种有刺槐、松柏，山脚植有苹果、花椒等经济树木。交通便利。

鼎足崮 370323-21-G67
[Dǐngzú Gù]

属泰沂山脉。在省境中部，县境南部。崮的南面有三条延伸山梁，恰似鼎之足，故名。海拔 578 米。崮体由石灰岩、页岩构成，局部有岩石露出。植被以枫、松、槐、花椒为主。交通便利。

锥子崮 370323-21-G68
[Zhuīzi Gù]

属泰沂山脉。在省境中部，县境东北部。因崮顶高而尖、似锥子状而得名。海拔 705 米。崮体呈东西走向，由石灰岩、页岩构成。崮顶崖高达 30 多米，有刺天之势。宜林崮体已绿化，崮后多植被，以刺槐、柏树等为主，灌木多为野生连翘、荆棵和山棘等。崮前和东西两面多是密密的牧草，崮下鞍垭处和缓坡处有当地村民种植的中药材丹参和桔梗等。交通便利。

钻天崮 370323-21-G69
[Zuāntiān Gù]

属泰沂山脉。在省境中部，县境东部。名称来历不可考。海拔 720 米。崮顶北面是如削的悬崖，南侧陡，悬崖高 30 多米。崮顶平，崮峰北部主体为一巨石，平坦光滑，整洁无痕。崮顶宽 21 米，长 40 米。崮峰和崮体由花岗岩巨石构成。崮峰南部多荆棘，宜林地带已全部绿化。交通便利。

核桃崮 370323-21-G70
[Hétao Gù]

属泰沂山脉。在省境中部，县境东部。因崮顶似核桃状而得名。海拔 713 米。崮东北端有大片裸露的岩石，平坦、无寸草。崮顶有山泉，四周平坦，中间有岩石构成的一个小包，顶平，面积在 280 平方米左右。崮上植被为刺槐、杏树、柏树，灌木多是荆棵、山榆和酸枣，杂草丛生。交通便利。

牛心崮 370323-21-G71

[Niúxīn Gù]

属泰沂山脉。在省境中部，县境南部。因崮顶呈牛心状而得名。海拔600米。由石灰岩、页岩构成，山坡全部绿化，崮体下多植大樱桃和苹果等经济树。交通便利。

娘娘顶 370323-21-G72

[Niángniang Dǐng]

属泰沂山脉。在省境中部，县境南部。山顶西部悬崖处有两座屹立在崖旁的石柱，像一位年轻母亲托着个婴儿，以此得名。海拔590米。东西走向，由石灰岩、页岩、花岗岩、片麻岩构成。顶部建有寺庙。山坡已绿化，上部有刺槐、马尾松，下部是苹果园、花椒园。交通便利。

柴崮 370323-21-G73

[Chái Gù]

属泰沂山脉。在省境中部，县境南部。因多产柴草而得名。海拔543米。呈南北走向，由石灰岩、页岩构成。崮顶呈三角形，南宽北窄。崮峰在东南，西北渐低，四面峭壁。该崮寒武纪石灰岩层高20米以上，周长0.75千米。崮顶多平整的岩石，无乔木，灌木多为茂密的山榆。崮周多刺槐、花椒等，各种柴草应有尽有。中药材主要有远志、苦参等。交通便利。

莺莺崮 370323-21-G74

[Yīngying Gù]

属泰沂山脉。在省境中部，县境东南部。传说阴雨天正面远观，悬崖上有一古装美女出现，因酷似《西厢记》中的崔莺莺而得名。海拔456米。呈东西走向，由石灰岩、页岩构成。崮顶周边低，中间略高，乔木为柏树和刺槐，其他为荆棘和杂草，多半

为棘。交通便利。

曾家崮 370323-21-G75

[Zēngjiā Gù]

属泰沂山脉。在省境中部，县境东北部。以姓氏得名曾家崮。海拔730米。由寒武纪石灰岩、页岩构成。曾家崮产有五加皮、益母草、丹参、黄芪、翻白草、旋复花、桔梗、何首乌、连翘、柴胡、艾蒿、远志、苦参、地榆、刘寄奴、蒲公英、全蝎、小人参等中药材百余种。交通便利。

大崮坪 370323-21-G76

[Dàgù Píng]

属泰沂山脉。在省境中部，县境东部。名称来历不可考。海拔729米。由石灰岩、页岩构成。大崮坪顶南高北低，面积阔大。崮顶无乔木，灌木多为矮矮的荆棵，其他则是羊胡子草和狼尾草。坪顶东、西、南侧是挺立的悬崖，缝隙中多荆棵、山榆。北部稍缓。东部悬崖处多野生柏树，绿白相间。悬崖以下坡缓处至崮根是密密匝匝的杏树、苹果树和花椒树等。交通便利。

鹰嘴崮 370323-21-G77

[Yīngzuǐ Gù]

属泰沂山脉。在省境中部，县境南部。远观酷似鹰嘴，两边对称的长长的悬崖也像雄鹰展开的两翅，以此得名鹰嘴崮。海拔600米。南北最宽处160米。崮体构成为石灰岩、页岩等。崮南面是陡峭悬崖，最高处在30米以上，有地方是两层的悬崖。在东西悬崖正中位置有一凸出的崖头，面南。崮顶植被多为茂密的柏树，少量刺槐。灌木多荆棵，少量山棘。各类野草深密，多种野生中草药遍布其中。交通便利。

界石崮 370323-21-G78
[Jièshí Gù]

属泰沂山脉。在省境中部，县境南部。因崮顶为窄而长的悬崖，远眺像田地中的"界石"，以此得名界石崮。海拔 594 米。由石灰岩、页岩和少量片麻岩构成。顶部平坦而广阔，无乔木，杂草极少，清一色大荆棵遍布崮顶。崮前是柏树，崮后为刺槐，崮坡以下多果园。交通便利。

寨山 370323-21-G79
[Zhài Shān]

属泰沂山脉。在省境中部，县境西部。因山上建有寨围子而得名。海拔 550 多米。东西两侧为几丈高的垂直悬崖，南北两端略缓。交通便利。

苇子坪 370323-21-G80
[Wěizi Píng]

属泰沂山脉。在省境中部，县境北部。因顶部平坦，早年长满野生苇草而得名。海拔 892 米。由石灰岩构成。坪脚下有桃园，坪上、坪腰已不见苇草，多松柏，且茂密如林。野生动物、中药材多。四周悬崖高低不一，错落有致，陡峭如削。崖南有著名的皇姑洞，崖北有蛤蟆洞等。交通便利。

青草顶 370323-21-G81
[Qīngcǎo Dǐng]

属泰沂山脉。在省境中部，县境南部。因山坡土质肥沃，多生青草而得名。当地人又称青云山。海拔 544 米。由页岩、石灰岩构成。植被为柏树、刺槐、荆棵和杂草。顶部面积约 30 平方米，圆形，周边悬崖。交通便利。

樱桃崮 370323-21-G82
[Yīngtao Gù]

属泰沂山脉。在省境中部，县境西南部。因山顶部悬崖凸出呈圆形，远观与樱桃相似，取名樱桃崮。海拔 578 米。由石灰岩、页岩构成。崮顶悬崖根部周边平整如席，像个平底而有沿的大盘子。宜林山体已绿化，刺槐成林，松柏茂盛。交通便利。

青石坪 370323-21-G83
[Qīngshí Píng]

属泰沂山脉。在省境中部，县境东部。由石灰岩、页岩构成。石灰岩，民间方言称青石，由此得名青石坪。山坡已绿化。海拔 639 米。山呈东西走向，顶部平坦。交通便利。

二郎山 370323-21-G84
[Èrláng Shān]

属泰沂山脉。在省境中部，县境北部。明万历年间，山前西麓鞍垭处曾建有二郎庙，以真君杨二郎镇山保平安而得山名。海拔 635 米。呈"L"形，东西、南北走向，由页岩、石灰岩构成。山中多野生中药材，山坡已绿化。交通便利。

松树顶 370323-21-G85
[Sōngshù Dǐng]

属泰沂山脉。在省境中部，县境南部。以山顶部生长一株千年古柏，枝叶茂盛，树冠如伞状，傲然屹立于山顶而得名。海拔 469 米。山体以石灰岩、页岩为主，含少量石英石。顶部有古柏，山脚处是柿子树、苹果树和花椒树等。交通便利。

荆山 370323-21-G86
[Jīng Shān]

属泰沂山脉。在省境中部，县境北部。

因山上荆树丛生得名。海拔458米。山体呈圆锥形，由花岗岩、片麻岩、石灰岩构成。交通便利。

琵琶词 370323-21-G87

[Pípací]

属泰沂山脉。在省境中部，县境西南部。传说一位仙人常在此山边弹琵琶边唱曲，以此典故而得名。海拔713米。山势呈东西走向。南坡属蒙阴县辖。山体由花岗岩、片麻岩构成。山坡植被以马尾松、刺槐为主。交通便利。

洞穴

九天洞 370323-21-N01

[Jiǔtiān Dòng]

石灰岩洞穴。在省境中部，市境南部。洞内有九个穴厅，其景观可与天宫相媲美，故称九天洞。该洞发育于古生代奥陶纪石灰岩层中，洞内沉积的钟乳石如晶似玉，绚丽多彩。洞内景观200多处，在常见的40多种常规化学堆积类型中，该洞占有38种。洞内大面积的石花、石莲、方解石晶花和月奶石，被称为"九天洞四绝"。其中，大面积的石花质地纯净、玲珑剔透、组合精巧细腻。是我国目前发现的最大的石花洞，目前已经开发为旅游景区。交通便利。

扁扁洞 370323-21-N02

[Biǎnbiǎn Dòng]

岩厦结构洞穴。在省境中部，市境南部。地名来历不可考。扁扁洞是一处新时期时代早期的人类活动遗址，距今已有11 000~9 500年。这一发现在山东以及当时整个黄河流域均属首次，为探索新石器时代山东地区文化起源以及早期发展提供重要线索。交通便利。

千人洞 370323-21-N03

[Qiānrén Dòng]

石灰岩溶洞。在省境中部，市境南部。因洞厅宽阔高大可容千余人而得名。洞口高13米，宽20米，洞厅呈s形，长105米，宽26米，高15米。在宽阔高大的千人洞洞壁上雕有23尊佛像。近期无开发条件。交通便利。

丝窝洞 370323-21-N04

[Sīwō Dòng]

石灰岩洞穴。在省境中部，市境南部。以靠近丝窝村而得名。明万历年间，乡民集资于洞外修建玉皇庙，立碑铭之。并植树、修路、筑墙保护。现遗址尚存。近期无开发条件。交通便利。

下崖洞 370323-21-N05

[Xiàyá Dòng]

石灰岩溶洞。在省境中部，市境南部，县境南鲁山镇政府驻地东南4.5千米。因在博沂公路以北骑子鞍山下，故名。洞口高10米，宽7米，洞深旱季可测约715米，顶部呈穹隆形，洞内冬暖夏凉。整个洞又是一条罕见的地下河道。每到汛期，流水顺洞体高低宽窄奔腾流出，隆隆作响，十分壮观。洞巷平均高10米，宽5米，地势平直略上，后转下，有一深潭，深不可测，有鱼类生存。每到冬季水涸洞干，白沙卵石铺地，四周多钟乳石。近期无开发条件。交通便利。

上崖洞 370323-21-N06

[Shàngyá Dòng]

石灰岩洞穴。在省境中部，市境南部。因洞口高得名上崖洞。洞高20米，进深830米。洞内宽阔高大，可容纳数千人。洞的尽头与洞口高相差20米。洞中构造极为复杂，巨石悬垂岌岌可危，使人望之却步。近期无开发条件。交通便利。

老子洞 370323-21-N07
[Lǎozǐ Dòng]

石灰岩洞穴。在省境中部，市境南部。传说为老子休息的地方，故名。洞口前各种树木形成绿色屏障，有五块大石头，洞口在刀削样悬崖处，石壁下方城门似的拱形大洞雄伟壮观。洞壁有各种各样的钟乳石，绚丽多彩。近期无开发条件。交通便利。

珊瑚洞 370323-21-N08
[Shānhú Dòng]

石灰岩洞穴。在省境中部，市境南部。因洞内多珊瑚状钟乳石而得名。该洞穿山而过，全长 350 米。1986 年底对外开放为旅游景点。交通便利。

玄云洞 370323-21-N09
[Xuányún Dòng]

石灰岩洞穴。在省境中部，市境南部。以云蒸雾漫而得名。洞口海拔 650 米，入洞口比出洞口低 22 米，洞长 355 米。近期无开发条件。交通便利。

河流

沂河 370323-22-A-a01
[Yí Hé]

外流河。在省境中南部，市境南部。沂河，史称沂水，属沂沭泗水系、淮河流域。2001 年淮河水利委员会专家组两赴沂源，对沂河源头进行考证，确定鲁山南麓三府山以东为沂河源头。沂河经沂源、沂水、沂南、临沂、苍山、郯城、江苏省邳县至骆马湖，最终流入黄海。县境内自西北向东南流经南麻街道、悦庄、石桥、中庄、西里、东里镇，在东里镇石马山村东南流出沂源。全长 386 千米，沂源段长 90.1 千米，平均宽度上游约 145 米，下游约 353 米。流域总面积 11 600 平方千米。沂河流域降雨集中，汛期洪水迅猛，含沙量大，易造成下游洪涝灾害。下游多浅滩沙洲。中华人民共和国成立后，为根治沂河水患，在下游疏通河道，分沂入沭；在上游及其支流建有众多水库，使鲁南、苏北平原地区基本免除了洪涝灾害。主要支流有螳螂河、梓河、蒙河、东汶河、白马河等。

三岔河 370323-22-A-a02
[Sānchà Hé]

弥河支流。三岔河位于县境东北部的南鲁山镇三岔店村西。以流经三岔店村而得名。源头有鲍庄河、文坦河、璞邱河。河水经原沂源临朐边界龙门河后注入临朐县嵩山水库，后进入弥河，最终流入渤海。县境内全长 13.89 千米，河床最宽 100 米，流域面积 105.26 平方千米。

白马河 370323-22-A-a03
[Báimǎ Hé]

沂河支流。白马河发源于蒙阴县王家峪村南，流经沂源县燕崖镇，在牛郎官庄西北汇入沂河，最终流入黄海。全长 23.08 千米，河道平均宽度 39.4 米，流域面积 109 平方千米。河道上游河床岩石裸露，大部分河段经过治理，基本满足河道防洪要求。

石桥河 370323-22-A-a04
[Shíqiáo Hé]

沂河支流。石桥河发源于县境石桥镇郭家上峪、错石村上游山谷，流入马庄河，流经石桥镇、悦庄镇，于西小水村南汇入沂河，最终流入黄海。全长 17 千米，河道平均宽度 59 米，流域面积 899 平方千米。

基本满足河道防洪要求。交通便利。

杨家庄河 370323-22-A-a05

[Yángjiāzhuāng Hé]

沂河支流。杨家庄河发源于县境中庄镇焦家上庄村、阮南峪村，于杨家庄村东汇入沂河，属沂沭泗水系、淮河流域，最终流入黄海。全长 14.3 千米，河道平均宽度 25.74 米。流域面积 50 平方千米。

韩庄河 370323-22-A-a06

[Hánzhuāng Hé]

沂河支流。韩庄河发源于县境中庄镇西柳峪、薄板子峪村，于东韩庄村东汇入沂河，最终流入黄海。全长 11.9 千米，河道平均宽度 49.6 米，流域面积 32.6 平方千米。

水北河 370323-22-A-a07

[Shuǐběi Hé]

沂河支流。水北河发源于县境石桥镇枣杨河、北者峪村，流经石桥镇、东里镇，于水北村南汇入沂河，最终流入黄海。全长 13.8 千米，河道平均宽度 21.8 米，流域面积 45.4 平方千米。

马庄河 370323-22-A-a08

[Mǎzhuāng Hé]

沂河支流。马庄河发源于县境西里镇石拉村、凤凰峪村，流经西里镇、东里镇，于东里镇西河南村东北汇入沂河，最终流入黄海。全长 18 千米，河道平均宽度 33 米，流域面积 92.3 平方千米。

红水河 370323-22-A-a09

[Hóngshuǐ Hé]

沂河支流。红水河发源于临朐县九山镇牛寨村神牛谷，在沂源县张家坡镇入境汇入北店子水库。流经张家坡镇、东里镇，于东里镇院峪村西南汇入沂河，属沂沭泗水系、淮河流域，最终流入黄海。河道沂源境内全长 16.56 千米，平均宽度 55.5 米，流域面积 97.3 平方千米。河道经过治理，可满足行洪要求。

暖阳河 370323-22-A-a10

[Nuǎnyáng Hé]

沂河支流。因沿河东北岸多山，西南岸向阳，冬季一般不结冰，故名暖阳河。暖阳河发源于县境东部松多山南麓张家坡镇后峪村，于南流泉村东流入沂水县境，注入沂河。全长 23 千米，流域面积 133 平方千米，系常年性河流。

螳螂河 370323-22-A-a11

[Tángláng Hé]

沂河支流。螳螂河又名沧浪河，源于县境鲁山西南，三府山东，经董家庄东流，汇鲁山南麓之水，经南鲁山镇继续向东南流，经沂源县城，在城南入沂河干流。河长 28.48 千米，河道平均宽度 40 米，流域面积 143 平方千米。自芦芽水库至南鲁山镇驻地大桥段，自南鲁山镇驻地大桥至县城段，两岸主要为自然河堤，少量砌石堤，主要分布在沿河村周围。建成 5 座橡胶坝，两岸堤防标准高，可满足正常行洪要求。

两县河 370323-22-A-a12

[Liǎngxiàn Hé]

弥河支流。位于县境悦庄镇两县村南，故名。发源于米山子村龙王崮（古称龙山），流经悦庄镇上枝村出境，经临朐县的龙响店子、白沙、冶源水库注入弥河，最终流入渤海。河长 6.7 千米。

徐家庄河 370323-22-A-b01

[Xújiāzhuāng Hé]

内流河。因流经政区而得名。发源于

鲁村镇龙子峪村西北小黑山北麓、石疙瘩山西，北流经徐家庄东艾山之西，继往东北流，在鲁村西南汇合三府山南麓之水草埠河，东流入田庄水库。全长 28 千米，河道平均宽度 26 米，流域面积 170 平方千米。河道窄浅，河床略有泥沙沉积。

大张庄河 370323-22-A-b02
[Dàzhāngzhuāng Hé]

内流河。发源于县境大张庄镇老松山北麓，东北流经大张庄、沟泉东、许村后进入田庄水库。河长 29 千米，河道平均宽度 32 米，流域面积 95.8 平方千米。该河自水营水库至大张庄南村桥，两岸多为自然河堤，河床窄浅，略有泥沙沉积。

南岩河 370323-22-A-b03
[Nányán Hé]

内流河。南岩河也称仁里庄河，源于县境大张庄镇张家旁峪南，东北流向，在仁里庄北左汇支流四面地河，入田庄水库。河长 27 千米，河道平均宽度 60 米，流域面积 84 平方千米。

高村河 370323-22-A-b04
[Gāocūn Hé]

内流河。源于县境大张庄镇狼窝山北麓，天门顶东侧，东北流入田庄水库，河长 18.4 千米。河道平均宽度 22.9 米，流域面积 52.3 平方千米。大部分河段经过治理，基本满足河道防洪要求。

淤土地河 370323-22-A-b05
[Yūtǔdì Hé]

新汶河支流。淤土地河为汶河（柴汶河）源头之一。以流经大张庄镇淤土地村边而得名，属大汶河水系。发源于县境大张庄镇石柱村和牛栏峪，流经大张庄镇恶沟，西流出境，后汇入新泰市新汶河。河长 10

千米，流域面积 33.04 平方千米。交通便利。

姚宅河 370323-22-A-b06
[Yáozhái Hé]

内流河。因起源于西里镇姚宅村而得名。发源于县境西里镇姚宅村北的马家山之阳、黄屏鞍以西的 3 条山沟，经瓦屋河（自该村以下为常流河）、梅家庄村出境，流入沂水县高庄镇石井水库。南北流向。沂源境内全长 6.2 千米，河宽平均 7 米。

瀑布

青龙湖瀑布 370323-22-H01
[Qīnglónghú Pùbù]

在省境中部，市境南部。因位于青龙湖而得名。宽约 10 米，落差为 50 米左右。近期无开发条件。交通便利。

泉

九龙泉 370323-22-I01
[Jiǔlóng Quán]

冷泉。在省境中部，市境南部。相传九女葬父于此得名九女泉，后称九龙泉。泉深不可测，现已覆盖保护。该泉是典型的地下流动暗河、沂源县目前最大的天然涌泉。常年喷涌，久旱不涸，清澈甘甜，四季恒温。出水量约 0.1 立方米 / 秒。泉边古柏茂盛，环境优美，并有龙王庙、吕祖洞、精美的凉亭和龙的图腾标志，悬崖上刻有九龙泉泉名。近期无开发条件。交通便利。

老泉 370323-22-I02
[Lǎo Quán]

冷泉。在省境中部，市境南部。地名来历不可考。1958 年，村中民众用料石垒砌筑高使其成为长方形水池保护。池长10米，宽8米，池深5米，常年水深2.5米。此泉常年不涸，泉水由池壁出水口自然流出，形成小溪。溪水从村中房前屋后穿过，先入璞邱河，后进三岔河，出沂源县境汇入临朐县的嵩山水库，后注入弥河。最大自流量456.24立方米/天，水温常年16℃，锶含量高。近期无开发条件。交通便利。

大旺泉 370323-22-I03
[Dàwàng Quán]

冷泉。在省境中部，市境南部。地名来历不可考。《临沂地区志·卷二·泉》记载：年最大日涌水量20 390立方米。泉边栽树种草，新上净化水配套设施，成为东里镇村村通人畜饮水水源地之一。近期无开发条件。交通便利。

方山泉 370323-22-I04
[Fāngshān Quán]

冷泉。在省境中部，市境南部。泉因位于县境南鲁山镇璞邱村南方山峪口而得名。1971年11月，村民在此泉头处打一眼121米的深井。成井后，不用电力，清水自涌，昼夜不息，干旱不变。被专家们称为"自流井""自流泉"。2013年12月15日至2014年8月31日进行地下水动态观测，最大自流量241.78立方米/天，最小自流量71.05立方米/天。经平、枯、丰水期水质检测和抽水试验，水温恒定17℃。近期无开发条件。交通便利。

小水泉 370323-22-I05
[Xiǎoshuǐ Quán]

冷泉。在省境中部，市境南部。因泉在小水村边而得名。泉池周围用条石砌成，南北长约10米，东西宽约6米，水深3米。水清澈透明，日出水量1 680立方米。水中

含有丰富的矿物质。泉口水温16℃。近期无开发条件。交通便利。

东沟泉 370323-22-I06
[Dōnggōu Quán]

冷泉。在省境中部，市境南部，南鲁山镇曾家崮西北山体下山沟里。村民以地形、地貌和方位称之为东沟泉。此泉原先为一处涝滩，泉水从芦苇丛中自然涌出。1969年，村里在此扩建一眼大口井用于浇灌农田。1984年，又在大口井北沿钻一眼深井，井深176.39米，井水自涌，常年流淌。此后，东沟泉变成井，两井即为原来的泉，井泉合一。该泉（井）水最大涌流量107.42立方米/日，最小自流量27.72立方米/日。为富锶型矿泉。近期无开发条件。交通便利。

文坦泉 370323-22-I07
[Wéntǎn Quán]

冷泉。在省境中部，市境南部。泉以村命名。水温15~17℃，最大自流量463.7立方米/天。经水质检测、抽水试验和综合分析鉴定，各项指标达到《饮用天然矿泉水》标准。近期无开发条件。交通便利。

荆山泉 370323-22-I08
[Jīngshān Quán]

冷泉。在省境中部，市境南部。以荆山、荆山寺命名。荆山泉出自古银杏树以西的明代老石拱桥下，日出水量112立方米。泉头由石隙间喷涌，旱涝不改。近期无开发条件。交通便利。

黑虎泉 370323-22-I09
[Hēihǔ Quán]

冷泉。在省境中部，市境南部。因泉旁黑色石崖像虎而得名黑虎泉。有条石砌成的六角形、直径约3米、水深1米的泉池。

日出水量 456 立方米，四季长流。近期无开发条件。交通便利。

织女泉 370323-22-I10
[Zhīnǚ Quán]

冷泉。在省境中部，市境南部。因牛郎织女的典故而得名。泉水呈弱碱性，常年水温 12℃。近期无开发条件。交通便利。

马家泉 370323-22-I11
[Mǎjiā Quán]

冷泉。在省境中部，市境南部。以马氏祖茔在泉边而得名。泉用料石砌成 70 余平方米的水池保护，泉深约 3 米。泉旁建有水泵房。泉水冬夏温差小，日出水量 2590 立方米。近期无开发条件。交通便利。

龙王堂泉 370323-22-I12
[Lóngwángtáng Quán]

冷泉。在省境中部，市境南部。名称来历不可考。有用条石砌成边长 1 米、深 1.5 米的泉池。泉水冬夏长流，日出水量 135 立方米。近期无开发条件。交通便利。

老龙潭泉 370323-22-I13
[Lǎolóngtán Quán]

冷泉。在省境中部，市境南部。因泉眼在深汪内，取名老龙潭泉。日出水量 108 立方米。泉周围用条石混凝土砌成，泉池东西长约 40 米，南北宽约 15 米，深约 3 米。近期无开发条件。交通便利。

汇泉 370323-22-I14
[Huì Quán]

冷泉。在省境中部，市境南部。因泉上游有众多小山泉而得名。泉池用条石砌成，水温恒定，久旱不涸。近期无开发条件。交通便利。

玉泉 370323-22-I15
[Yù Quán]

冷泉。在省境中部，市境南部。以泉水晶莹得名玉泉。用条石砌成边长约 1.5 米、深约 2 米的泉池，两个泉眼相距约 1 米。雨季水量丰沛，可自流灌溉农田数百亩。近期无开发条件。交通便利。

大泉 370323-22-I16
[Dà Quán]

冷泉。在省境中部，市境南部。以泉水旺、泉池大而得名大泉。泉水清澈甘洌，水温恒定。泉池呈纺锤形，用条石混凝土砌成，南北长约 110 米，东西宽约 60 米，水深 2.5 米，日出水量 2 260 立方米。近期无开发条件。交通便利。

南泉 370323-22-I17
[Nán Quán]

冷泉。在省境中部，市境南部。名称来历不可考。泉池由条块料石砌成正方形，长宽均在 2 米左右，水深 1.5 米。泉水从东面泉沿上溢出，注入下面大蓄水池，再由池中流出，沿小河沟进入南岩河，后流入天湖。日出水量 876 立方米。泉上、泉下的平地处建有两个大水池，作蓄水用。近期无开发条件。交通便利。

南流泉 370323-22-I18
[Nánliú Quán]

冷泉。在省境中部，市境南部。因泉水南流而得名。泉池用条石砌成边长为 10 余米的方形，日出水量 169 立方米，泉上有凉亭保护。泉水常年流淌，久旱不涸，水温恒定。近期无开发条件。交通便利。

凉泉 370323-22-I19
[Liáng Quán]

冷泉。在省境中部，市境南部。泉水

冬温夏凉，人们取名凉泉。泉水清澈，泉深5.8米。近期无开发条件。交通便利。

狗跑泉 370323-22-I20
[Gǒupǎo Quán]

冷泉。在省境中部，市境南部。泉因义犬救主而得名。水质清冽，长流不息，水温恒定。北端留有泉口，南端有条石覆盖。筑起的泉台长、宽各8米，高1.5米。泉台凸出地面，泉眼隐匿，其上巨石覆盖，状如堡垒。北面留一拱门，泉水流出。水流之处垒成全封闭水池，池上留一天窗，用以汲水。池底部留出水孔，泉水自然流出，日出水量382立方米。近期无开发条件。交通便利。

涝洼泉 370323-22-I21
[Làowā Quán]

冷泉。在省境中部，市境南部。地名来历不可考。现泉用石砌成堡垒状保护，顶部留天窗用以汲水。近期无开发条件。交通便利。

老泉头 370323-22-I22
[Lǎoquántóu]

冷泉。在省境中部，市境南部。地名来历不可考。每逢雨季来临，泉水喷出有半米高，随水柱喷出的地方青沙翻滚，景色很是壮观。喷涌的泉水非常清澈，冬暖夏凉，终年不息。如今的老泉头池长52米，宽50米，深10米。近期无开发条件。交通便利。

福源泉 370323-22-I23
[Fúyuán Quán]

冷泉。在省境中部，市境南部。地名来历不可考。该泉高挂在村南山西沟悬崖边，清澈的泉水从悬崖下的缝隙里喷涌而出。泉水清冽甘甜，久存而不腐。有两个

方形泉池，泉深两米有余，水离地面不过半米，掬水可饮。近期无开发条件。交通便利。

花水泉 370323-22-I24
[Huāshuǐ Quán]

冷泉。在省境中部，市境南部。因泉头出水量大，泉水沸腾，能泛起半尺多高的浪花，泉以状而得名。泉水从石板缝隙中冒出，流进青龙湖。近期无开发条件。交通便利。

响水泉 370323-22-I25
[Xiǎngshuǐ Quán]

冷泉。在省境中部，市境南部。因源头流水汩汩有声，故取名响水泉。该泉清澈甘甜，从泉头流出来的水淅沥沥、哗啦啦作响，夜深人静时，如珠落玉盘，传之甚远。近期无开发条件。交通便利。

人泉 370323-22-I26
[Rén Quán]

冷泉。在省境中部，市境南部。传说明末清初，村民们清淤淘泉。在清除周边及底部淤泥时，发现泉底为一巨大的青石，酷似人首，仰面朝上。清澈的泉水从人首石的七窍中喷涌而出，故名。上用料石和混凝土覆盖，留有汲水的小方口。泉池的北边留有溢水道，溢出之水向下流淌，进入杨家庄河，后注入沂河。该泉日出水量141立方米，清澈优质。近期无开发条件。交通便利。

十二股老泉 370323-22-I27
[Shí'èrgǔlǎo Quán]

冷泉。在省境中部，市境南部。因水母奶奶的传说而得名。日出水量2 487立方米，主要用于饮用、养殖和灌溉。现在的十二股老泉，已被钻成深井。近期无开发

泉头泉 370323-22-I28
[Quántóu Quán]

冷泉。在省境中部，市境南部。《沂源县地名志》记载："元朝至正年间，陈氏迁至此立村。以村东北部有一清泉长流，久旱不涸，故名泉头。"日出水量184立方米。近期无开发条件。交通便利。

古泉 370323-22-I29
[Gǔ Quán]

冷泉。在省境中部，市境南部。地名来历不可考。古泉很早以前是一个原始的天然泉口，泉水清澈甘洌，水涌如柱，冬暖夏凉，四季不涸。整修泉池后，水深约3米，清澈见底，出水量大。泉的南北和东边留有出水孔，出水孔周围的小河边还有5处泉眼，清澈的泉水顺小河叮咚而下，后注入刘家庄村边的沂河。近期无开发条件。交通便利。

芙蓉泉 370323-22-I30
[Fúróng Quán]

冷泉。在省境中部，市境南部。名称来历与当时泉边广植芙蓉树实景有关。日出水量58立方米。近期无开发条件。交通便利。

泰清泉 370323-22-I31
[Tàiqīng Quán]

冷泉。在省境中部，市境南部。地名来历不可考。泉深约2.5米，直径1.2米，水深1米，泉眼在井底西侧，水清如许。泉已改造成浅井状，井台用大块料石铺成。近期无开发条件。交通便利。

青牛泉 370323-22-I32
[Qīngniú Quán]

冷泉。在省境中部，市境南部。青牛泉就在青牛山南的神清宫中，以山命名。现在的清泉已被砌成圆池保护，水清见底，常年不涸。该泉含有对人身体有益的多种微量元素，质量上乘。近期无开发条件。交通便利。

斜山泉 370323-22-I33
[Xiéshān Quán]

冷泉。在省境中部，市境南部。因位于状如斜插的山岩根部而得名。泉头呈半圆形天然状，水出斜岩之隙，四季不涸，日涌水量约900立方米。泉水顺势而下，经过两个水塘（库），流向东北，进入刘家石沟村南的徐家庄河，经天湖流入沂河，成为沂河源头众多清泉中的一员。近期无开发条件。交通便利。

裂缝泉 370323-22-I34
[Lièfèng Quán]

冷泉。在省境中部，市境南部。泉水从悬崖直立的裂缝下端汩汩涌出，水清透明，泉以地形地貌而得名。该泉是沂河源头较大的清泉之一，日流量1 084立方米。水温恒定，水质纯净。近期无开发条件。交通便利。

老泉 370323-22-I35
[Lǎo Quán]

冷泉。在省境中部，市境南部。地名来历不可考。泉水常年流淌，日出水量121立方米，已垒围墙并覆盖保护。近期无开发条件。交通便利。

浇花泉 370323-22-I36
[Jiāohuā Quán]

冷泉。在省境中部，市境南部。传说，过去此处只有一户人家，北宋末年因避乱世而迁居此处，已历数代。其家有一老翁喜独居，爱花木，令儿、孙于宅旁崖下筑茅屋两间，设竹篱柴扉，广植花卉、树木、蔬菜等，怡然自乐。但附近无水浇花，老翁遂令家人于崖下试掘，欣幸得泉，喜出望外，乃取名"浇花泉"。日出水量1 227立方米。近期无开发条件。交通便利。

东里店泉 370323-22-I37
[Dōnglǐdiàn Quán]

冷泉。在省境中部，市境南部。地名来历不可考。水质清冽，常年不涸。1974年春，泉边山沟里居住的东里店村民为了吃水方便，进行修缮，以料石砌成长方形水池保护该泉，内外、上下有两层石拱。泉前石壁上设台阶和出水孔。泉的正面宽2.5米，地上高度为2.6米，两侧设挡墙。近期无开发条件。交通便利。

五 名胜古迹、纪念地和旅游地

淄博市

重点文物保护单位

齐长城遗址 370300-50-B-a01
[Qíchángchéng Yízhǐ]

淄博境内在博山区、淄川区、沂源县。因齐长城而得名。建于春秋战国时期。西接博山区八陡镇的苏家沟与西河镇薛家峪村交界的围屏山,到岳庄北峪、石龙山,再到护宝泉村,向东至岳阳山主峰,沿岳阳山脉向东,在城子村西跨淄水,进入太河镇城子村,由城子村向东南三台山、鹿角山、黑虎寨、油篓寨,东向沿山梁至盘龙山、梦泉劈山,过雁门寨至太平山进入沂源,经沂源后与临朐、沂水境内的穆陵关相接向东延伸入海,淄川境内全长共计40.35千米。齐长城(淄川段)沿线有护宝泉墙体、岳阳山墙体、城子村东墙体、雁门寨遗址、太平山遗址、劈山、马鞍山(烽火台)两处重要古兵营遗址等。春秋战国时期,这里是齐鲁、齐楚的重要古战场之一。齐长城历经 2500 多年风雨,是我国最早的长城建筑遗存,对考察中国古代文化有重要的历史价值。2001 年 6 月被批准为国家级重点文物保护单位。通公交车。

重要景点和一般名胜古迹

鲁山国家森林公园 370300-50-D-a01
[Lǔshān Guójiā Sēnlíngōngyuán]

在市境南部。面积 42 平方千米。因公园地处鲁山山脉而得名。景区主要由鲁山云梯、雨林景区、万石迷宫、鲁山一线天、观云峰、驼禅寺组成。鲁山云梯,是从陡峭的裸岩巨石上凿出的台阶,共有 302 级。雨林景区负氧离子的含量达每立方米 1 800~2 000 个,被专家学者赞誉为"天然氧吧"。万石迷宫占地 300 多亩,是由无数巨大浑圆的"石蛋"堆积而成的一处天然支架洞,在地质学上叫"石蛋地貌"。像这样处于近千米高海拔位置且大面积聚集的石蛋地貌,在华北地区是非常罕见的。鲁山一线天,长 100 余米,高 20 余米,宽仅容一人侧身而过,经专家考证,在华北地区独一无二。鲁山主峰——观云峰,海拔 1 108.3 米,为鲁中最高峰,山东省第四高山。驼禅寺建于南北朝时期的梁武帝年间,由大雄宝殿、志公塔、志公庙三部分组成,距今已有 1 400 余年。2009 年 2 月,被批准为国家 AAAA 级旅游风景区。是博山区与沂源县的界山,淄博主要景区之一,丰富了市民的休闲娱乐生活。通公交车。

自然保护区

鲁山省级自然保护区 370300-50-E-b01
[Lǔshān Shěngjí Zìránbǎohùqū]

位于山东省淄博市博山、沂源两区县。东至沂源县璞邱村,西至博山区博山镇上瓦泉村,南至沂源县南鲁山镇黄崖村,北至淄川区西股村。面积 13 070 公顷。因鲁山得名。地势高峻挺拔,沟壑纵横交错,地貌类型为中低山丘陵，主峰位于南鲁山镇北部、池上镇小峰村南十余里处，海拔1 108.3米。除主峰外，还有沙沟山、黑虎顶、志公平山、三山、二郎山、松仙岭、三府山、大顶山、凤凰山、金牛山、风山、松子崖等近200座海拔500米以上的山头绵延相连。自然保护区涵盖整个鲁山山脉。属暖温带季风区域大陆性气候，其气候特点是四季分明，季风气候明显。是淄河、汶河、沂河、弥河的发源地之一。鲁山植被资源丰富，维管植物有124科480属1 006种。2006年6月经山东省人民政府批准设立省级自然保护区。有国家Ⅱ级保护植物3种，列入《濒危野生动植物种国际贸易公约》植物3种，《中国珍稀濒危植物红皮书》中所列植物5种，"山东省稀有濒危植物"28种、山东特有植物7种、中国特有植物9种。有国家Ⅱ级保护野生动物16种，山东省重点保护野生动物34种，列于《濒危野生动植物种国际贸易公约》中的保护动物26种。保护区是一个集环境、资源和人文历史的自然综合体，是自然科学理想的教育科研基地，也是美术、摄影、音乐、文学等艺术家创作的源泉，是一座内容丰富的自然景观陈列馆，其科研教育价值很高。通公交车。

淄川区

纪念地

淄博煤矿展览馆 370302-50-A-c01
[Zībó Méikuàng ZhǎnlǎnGuǎn]

位于淄川区政府驻地东2千米。因展览主题而得名。1981年7月1日建成开馆，2011—2013年进行改造。建筑面积5 700平方米。设置10个展室，陈列反映淄博煤矿的历史图片、实物、文物1 177件。展览内容包括淄博地区煤炭资源的开采利用、翻身得解放的革命斗争、自强不息的创业之路、百年淄矿的美好未来、淄博矿区的重要人物、淄博矿区的主要荣誉六个部分。是淄博市最早命名的爱国主义教育基地之一。通公交车。

淄川炭矿工人俱乐部旧址
370302-50-A-c02
[Zīchuān Tànkuàng Gōngrén Jùlèbù Jiùzhǐ]

位于淄川区洪山镇三圣街，原洪山镇三马路，现洪山大街南邻。因原单位而得名。1925年10月，在洪山组织成立了"淄川炭矿工人俱乐部"，设秘书、组织、宣传、财政、交通等部门，其宗旨是团结工友、联络感情、为工人谋利益。2006年3月，中共淄博市委设置"淄川炭矿工人俱乐部旧址"标志碑，以此纪念工人俱乐部在淄川炭矿"失业团"罢工斗争中发挥的重要作用。通公交车。

中共淄川县委员会旧址 370302-50-A-c03
[Zhōnggòng Zīchuān Xiàn Wěiyuánhuì Jiùzhǐ]

位于淄川区寨里镇南佛村。因原单位而得名。1938年6月，在中共清河特别委员会的领导下，中共淄川县委建立。中共淄川县委建立后，即领导建立了工、农、青、妇各抗日救国群众团体。县委通过举办三期抗日干部训练班，培养了人才，发展了一批党员，为淄川地区抗日斗争的开展创造了条件。2006年3月，中共淄博市委制设"中共淄川县委员会旧址"标志碑1座，安放在淄川区寨里镇南佛小学校门前。对弘扬爱国主义精神具有重要意义。通公交车。

淄川县抗日民主政府旧址

370302-50-A-c04

[Zīchuān Xiàn Kàngrìmínzhǔzhèngfǔ Jiùzhǐ]

位于淄川区寨里镇东井村。因原单位而得名。1939年6月1日，中共淄川县委在淄东井筒村（今寨里镇东井村）召开由淄博特委、益都四区和县内各区及各群众团体负责人共150余人参加的会议，县委书记孟金山宣告淄川县抗日民主政府成立。淄川县抗日民主政府领导淄川人民积极开展抗日斗争，同时组建了二、九区公所，加强了抗日基层政权的建设。2006年3月，中共淄博市委制设"淄川县抗日民主政府旧址"标志碑1座，安放在淄川区寨里镇东井村内。对弘扬爱国主义精神具有重要意义。通公交车。

中共益临工作委员会旧址

370302-50-A-c05

[Zhōnggòng Yìlín Gōngzuòwěiyuánhuì Jiùzhǐ]

位于淄川区太河镇常新庄村。因原单位而得名。1941年7月，益都县委代理书记赵西林主持筹建了中共益临工作委员会和益（都）、临（朐）、淄（川）、博（山）四县联合办事处（简称四联办）。工委和四联办以领导四县边区人民坚持抗日斗争，打通鲁中区至清河地区的交通线为主要任务，采取"隐蔽精干""敌进我退"的斗争方针，积极发展党的组织，发动群众开展生产自救和减租、减息，配合主力部队抗日、讨吴（化文），在敌人的夹缝中和十分困难的条件下坚持斗争。2006年3月，中共淄博市委制设"中共益临工作委员会旧址"标志碑1座，安放在淄川区太河镇齐山风景区内。对弘扬爱国主义精神具有重要意义。通公交车。

华野整军司令部旧址　370302-50-A-c06

[Huáyězhěngjūn Sīlìngbù Jiùzhǐ]

位于淄川区洪山镇蒲家村中，在蒲松龄故居西临。因原单位而得名。华野整军司令部通过对战时的严密部署，圆满完成了上级交付的多项任务，进一步增强了全局观念和必胜信心，提高了军事素质和部队战斗力，为粉碎国民党军队的重点进攻做了充分准备。1996年8月，淄川区委、区政府制设华野整军纪念碑，由舒同题写碑名。对弘扬爱国主义精神具有重要意义。通公交车。

南庙工人大罢工旧址　370302-50-A-c07

[Nánmiào Gōngrén Dàbàgōng Jiùzhǐ]

在淄川区洪山镇马家村南部文昌阁。因原罢工活动而得名。1928年6月25日晨6时，淄川炭矿工会领导人组织矿工在洪山镇马家庄南庙举行罢工大会，宣布罢工。在工会的组织和宣传鼓动下，淄川炭矿及所属的十里庄、南旺、大昆仑分矿的4 000多名工人全部实行了罢工。2007年9月，立南庙大罢工纪念碑。新修建的南庙占地3 730平方米，建筑面积200平方米，设有大殿5个，塑像32个，供社会各界群众在这里缅怀先烈。淄川炭矿南庙工人大罢工使广大工人进一步认识到国民党对内欺骗工人、对外投靠帝国主义的反动实质，有力地争取了广大工人群众更紧密地团结在中国共产党的领导下，打击了日本帝国主义在济南惨案后的嚣张气焰，也为以后的斗争积累了革命力量。是市级爱国主义教育基地，发挥"红色文化"阵地作用。通公交车。

河东惨案纪念地　370302-50-A-c08

[Hédōng Cǎn'àn Jìniàndì]

在淄川区政府驻地东北12千米处，罗

村镇河东村烈士祠院内。因惨案发生地而得名。1995 年始建，以此纪念 1938 年 1 月，日军在此屠杀的河东村村民 276 人。院中央有高 5 米纪念碑一座，正面刻有"河东惨案纪念碑"七个大字，碑身后面为河东惨案祭文。纪念碑北侧为河东惨案烈士祠，面阔三楹 10.8 米，进深 8 米，砖混结构，混凝土浇筑屋面，东西墙体呈扇形状。对弘扬爱国主义精神具有重要意义。通公交车。

杨寨惨案纪念地 370302-50-A-c09
[Yángzhài Cǎn'àn Jìniàndì]

位于淄川区双杨镇杨寨村南。因惨案发生地而得名。2003 年，在惨案发生处建立纪念墙和纪念馆，以此纪念 1938 年 2 月 2 日，日军在杨寨惨案中杀害的 133 名无辜村民。纪念碑用花岗岩大理石砌筑，高 3.8 米，长 13.3 米，寓意杨寨惨案发生在 1938 年。为地方爱国主义教育的重要基地，对弘扬爱国主义精神具有重要意义。通公交车。

黄家峪惨案旧址 370302-50-A-c10
[Huángjiāyù Cǎn'àn Jiùzhǐ]

位于淄川区岭子镇黄家峪村。因惨案发生地而得名。2009 年 6 月，黄家峪村制设"黄家峪惨案纪念碑" 3 座，安放在惨案发生处，以此纪念 1938 年 6 月 26 日，日军对黄家峪村民进行的惨绝人寰的大屠杀。对弘扬爱国主义精神具有重要意义。通公交车。

马鞍山抗战纪念馆 370302-50-A-c11
[Mǎ'ān Shān Kàngzhàn Jìniànguǎn]

位于淄川区太河镇马鞍山南麓。以纪念 1942 年 11 月 9 日发生在马鞍山上的抗日保卫战命名。2002 年始建。纪念馆坐北朝南，二层，面阔 13.43 米，进深 8.45 米，占地面积 113.5 平方米。一楼室内塑造了"一

门忠烈"烈士群雕。该馆名称及馆前马鞍山抗战纪念碑均为时任军委副主席迟浩田题写。对弘扬爱国主义精神具有重要意义。通公交车。

中共淄博支部旧址 370302-50-A-c12
[Zhōnggòng Zībózhībù Jiùzhǐ]

位于淄博市淄川区洪山镇洪山市场内。因原单位而得名。1924 年 7 月，经中共中央批准，直属党中央领导的淄博第一个党的基层组织——中共淄博支部正式成立。2006 年 3 月，中共淄博市委设置"中共淄博支部旧址"标志碑 1 座。中共淄博支部旧址是继济南、青岛后，山东建立的第三个直属中央的支部，是淄博革命史上开天辟地的大事，是马克思主义和淄博工人运动相结合的必然结果，给当时处在漫漫黑夜中的淄博人民带来了光明和希望。对弘扬爱国主义精神具有重要意义。通公交车。

中共清河特别委员会旧址
370302-50-A-c13
[Zhōnggòng Qīnghé Tèbiéwěiyuánhuì Jiùzhǐ]

位于淄川区太河镇金鸡山之阴，即东下册村旧址。因原单位而得名。1938 年 5 月，中共清河特别委员会在博山县太河（现淄川区太河镇）东下册村建立。2006 年 3 月，中共淄博市委制设"中共清河特别委员会旧址"标志碑 1 座。对弘扬爱国主义精神具有重要意义。通公交车。

华东野战军前委扩大会议旧址
370302-50-A-c014
[Huádōng Yězhànjūn Qiánwěikuòdàhuìyì Jiùzhǐ]

位于淄川区政府驻地东 2.7 千米。因原会议地点而得名。1908 年 4 月建成，德式建筑，二层楼房，砖石结构。占地面积 1 039.76 平方米，建筑面积 1 340 平方米。为广大群众缅怀革命前辈丰功伟绩，接受

革命传统教育和爱国主义教育的场所。通公交车。

重点文物保护单位

蒲松龄故宅 370302–50–B–a01

[Púsōnglíng Gùzhái]

位于淄川区政府驻地东 4 千米，在洪山镇蒲家村东西大街中段路北。因是蒲松龄先生生前宅第，故名。1938 年遭日军焚毁。1954 年，山东省人民政府拨专款修葺一新。1956 年扩建。故居坐北朝南，中院有正房三间，配以东、西两厢。正房是蒲氏诞生地，也是他的书斋“聊斋”。屋内路大荒手书的“聊斋”匾额迎门高悬，匾下悬蒲松龄 74 岁时的画像，上有本人亲笔题字，两旁配以郭沫若题书木制金字楹联：“写鬼写妖高人一等，刺贪刺虐入骨三分”，并陈列蒲氏用过的桌、椅、床、几、砚等。南院花木石景，水池瓜架，古色古香。西院为扩建的陈列室，内有蒲氏部分手稿，中外版《聊斋志异》及抄本杂著、俚曲等。北院北屋三间，宽敞明亮，挂有多幅名人题赠书画。郭沫若题写的“蒲松龄故居”金字门匾高悬于故居大门楼上。2006 年 5 月被批准为国家级重点文物保护单位。通公交车。

寨里窑址 370302–50–B–a02

[Zhàilǐ Yáozhǐ]

位于淄川区政府驻地东 6.5 千米，在寨里镇寨里村、大张村之间田野。因所在地而得名。1957 年，全市第一次文物普查时发现，1976—1977 年发现两处青瓷窑址。遗址地势东高西低，北为河道，南为台地，台地南北和东西方向均有数道断崖，东南部和南部为窑址重点分布区域，文化层堆积厚约 40~100 厘米。东西长 650 米，南北宽 500 米，总面积约 32 万平方米，年代为北魏至北齐时期。出土器物主要有碗、罐、高足盘等，釉色不纯正，窑具多用三足支钉，具有早期烧制的特点。寨里窑址是目前唯一已知的北方青瓷产地之一，它发展较早，持续生产时间颇长。2006 年 5 月被批准为国家级重点文物保护单位。通公交车。

北沈遗址 370302–50–B–a03

[Běishěn Yízhǐ]

位于淄川区寨里镇北沈村西。因所在地得名。2001 年进行抢救性发掘。遗址为一高台地，高出地面 3~6 米。地势北高南低，南北长 400 米，东西宽 300 米，面积约 12 万平方米。该遗址东、北、西均为临河台地，南部台地被切割为三级，自北向南有数道断崖，断崖上可见清晰的文化堆积分布。文化堆积层厚约 1~3.5 米，包含了龙山文化、岳石文化及至商周时期的遗存。遗址除一座汉墓外，其余遗存分属商代、西周和战国几个时期。以商代西周遗存最为丰富。战国遗存均为墓葬。北沈遗址面积大、资料丰富，是该地区境内一处重要的早期人类聚落遗址，也是到目前为止淄潍河流域最为重要的商末周初遗址，对商末周初文化遗存的研究起到重要作用。2013 年 3 月被批准为国家级重点文物保护单位。通公交车。

磁村瓷窑址 370302–50–B–a04

[Cícūn Cíyáozhǐ]

位于淄川区昆仑镇磁村村东至西南的华严寺间。因所在地而得名。磁村瓷窑址始于唐终于元，烧造年代较长，是北方窑的重要窑口之一。北宋初期，官府在磁村专门设“务”收税，故称“磁窑务”，可证当时烧制瓷器的规模和产业兴隆景况。唐末、五代时期，磁村窑开始生产白釉瓷器，并盛行在白釉上加点绿釉，开创淄博生产彩瓷的先河，在我国陶瓷史上占有重要地位。磁村窑为北方陶瓷的发展奠定了基础，为北方陶瓷的研究提供了实物资料。2013年3月被批准为国家级重点文物保护单位。通公交车。

淄博矿业集团德日建筑群

370302-50-B-a05

[Zībó Kuàngyèjítuán Dérì Jiànzhùqún]

位于淄川区洪山镇矿务局机关院内。因建筑风格而得名。自1904年，整个建筑群由德国人开始兴建，1914年11月日本人取代德国人在淄川所享有的特权后续建。2002年后，由同济大学对该建筑群进行了保护性维修。总占地面积4 661.07平方米，总建筑面积7 179.63平方米。其中，有德国建筑13座，日本建筑5座。主要建筑有德国营业大楼、德国大夫住宅楼、德国炮楼、日本神社、日建碧霞祠和日本钟楼等。德国建筑为砖石结构，门窗全用砂岩毛石砌筑，呈半圆形。日本建筑门窗为长方形。日本神社建筑始建于1917年，全部为钢筋混凝土建筑，这种风格建筑在国内实属罕见。2013年3月被批准为国家级重点文物保护单位。通公交车。

马鞍山抗日遗址 370302-50-B-b01

[Mǎ'ānshān Kàngrì Yízhǐ]

位于淄川区政府驻地东南22千米，太河镇东石门村南2千米的淄河东。因遗址为抗日战争战斗点而得名。2014年，对马鞍山抗日遗址实施了规划设计和提升改造工程，对马鞍山革命烈士祠堂、抗战纪念馆内部展陈设施进行了设计改造。马鞍山抗战纪念馆坚持以唯物史观来反映和记述历史，突出马鞍山抗日保卫战斗的主题思想，进行合理编排，内容集中、逻辑清晰，共分"出其不意，智取奇峰；三严壁垒，众志成城；浴血奋战，气壮山河；烈士英名，

与世长存"四个篇章，记录了整个战斗过程。展厅设计配备影像设备1套，播放抗日战争相关影片。根据中共淄博市委党史资料征集研究委员会整理的《马鞍山保卫战》的内容，修改完善了《马鞍山保卫战解说词》，并配备专门的解说人员，通过影视展现、战斗解说、文艺演出等展示方式，增强爱国主义教育的时代感和吸引力，切实发挥了爱国主义教育基地的有效作用。1977年12月被批准为省级文物保护单位。通公交车。

马鞍山革命烈士纪念堂 370302-50-B-b02

[Mǎ'ān Shān Gémìnglièshì Jìniàntáng]

位于淄川区太河镇马鞍山南麓。因纪念在马鞍山革命中牺牲的烈士而得名。始建于1995年。纪念堂坐南朝北，有厅堂5间，面阔17.5米，进深10.45米，面积182.9平方米。砖石结构，单脊歇山顶，斗拱，鱼吻，孔雀蓝琉璃瓦覆顶，是重要的爱国主义教育和国防教育基地。1977年12月被批准为省级文物保护单位。通公交车。

淄川区革命烈士陵园 370302-50-B-b03

[Zīchuān Qū Gémìnglièshì Língyuán]

在区境东部的杜坡山西麓。因纪念革命烈士而得名。1945年始建，1958年因修建贾村水库，烈士陵园由朱家社区北面迁于现址。1962年建成烈士纪念堂5间，坟墓664座。1963年3月迁葬结束。1964年始，陆续修建办公室、烈士亲属接待室、宿舍等11间。1971年又翻建了烈士纪念堂，在5间的基础上扩建成11间。1978年以后，又修建围墙600余米、贮花室3间。2006年对烈士陵园进行升级改造。2009年再次改建。主墓区占地面积2 600平方米，周围绿化面积8 500平方米。对466位散葬烈士进行集中安葬，统一保护，使散葬烈士墓集中管理率达到98.5%。是广大群众

缅怀革命前辈丰功伟绩，接受革命传统教育和爱国主义教育的重要场所。1990 年被批准为省级重点烈士纪念建筑物保护单位。通公交车。

高汝登墓 370302-50-B-b04

[Gāorǔdēng Mù]

位于淄川区双杨镇月庄村北。因墓主人而得名。明代嘉靖年间始建，是占地 20 余亩的高氏家族墓地。高汝登墓封土后期被平。2004 年，其后人重堆封土，重立碑碣、碑楼，四周重砌护栏。高汝登墓坐北朝南，封土 1.5 米，直径 4 米，墓前有石供桌和碑楼，向南有 3 米宽的南北神道。是境内保存完好的一处明代家族墓地，具有重要的考古价值。2013 年 10 月被批准为省级文物保护单位。通公交车。

蒲鲁浑墓 370302-50-B-b05

[Púlǔhún Mù]

位于淄川区钟楼街道店子社区西 400 米处。因墓主人而得名。元代谕葬。墓坐北朝南，原占地 40 余亩。墓前有神道、牌坊，石像生分列东西。后牌坊、石碑等地面遗物被毁掉。现存墓葬地址，占地 80 平方米。具有重要的考古价值。2006 年 12 月被批准为省级文物保护单位。通公交车。

苏秦墓 370302-50-B-b06

[Sūqín Mù]

位于淄川区钟楼街道南苏社区西。因墓主人而得名。建于东周时期。坐北朝南，墓封土高 6 米，东西长 40 米，南北宽 30 米，呈椭圆形，面积 1 200 平方米。苏秦墓是目前境内保存较好的一处东周时期的墓葬，具有重要的考古价值。2006 年 12 月被批准为省级文物保护单位。通公交车。

洄村古楼 370302-50-B-b07

[Huícūn Gǔlóu]

位于淄川区昆仑镇洄村村内。因古楼所在地而得名。建于明朝。古楼坐北朝南，占地 437 平方米。古楼为北方四合院楼阁建筑形式，砖石结构，石棂窗，门上部为石发券，呈半圆形。现存北楼和东西阁楼。北部主楼为四层，面阔三楹 11.5 米，进深 6.1 米，每层高低不同，全楼高 20 米。在一楼与二楼中间设置露天楼梯，直接登上二楼，门前配有护栏和月台，二、三楼均为方砖地板，四楼木质地板。室内楼梯较狭窄陡峭，只容一人上下。四楼空间宽大，向上可看到楼顶的脊梁椽瓦构造。东西两阁楼皆面阔三楹 11 米，进深 5.7 米，楼高 14 米。整个楼群属一体化，主次分明，功能明确。是北方保存较好的明代乡土建筑，对研究典型民居建筑具有重要意义。2013 年 10 月被批准为省级文物保护单位。通公交车。

渭一窑址 370302-50-B-b08

[Wèiyī Yáozhǐ]

位于淄川区龙泉镇渭一村东。因窑址所在地而得名。相传，是清末村里的司姓人家建造。窑炉坐东朝西，直径 13.4 米，占地 140 平方米。窑炉外壁为块石与砖砌成，内壁为耐火砖砌成，顶为砖攒的半球形。窑炉火膛和窑室合为一个馒头形的空间，称"馒头窑"，是我国北方地区流行的陶瓷窑炉形制之一。原以烧造日用瓷器为主，窑内还散落许多的残损瓷器，此窑能够反映当时瓷器烧造技术，为研究陶瓷烧造工艺和技术等保存实体物证。2013 年 10 月被批准为省级文物保护单位。通公交车。

公孙遗址 370302-50-B-b09

[Gōngsūn Yízhǐ]

位于淄川区将军路街道公孙村。因遗

址所在地而得名。为新石器时代聚落遗址。2008 年进行了考古挖掘。遗址南北长 1 600 米，东西宽 500 米，面积约 83 万平方米。遗址被城市道路分隔为南北两部分。南部现有一村庄，村南为农田，村西为墓葬区。北为临河台地。遗址文化层厚度 0.5~2 米，内主要出土物有灰陶鬲口沿、罐口沿、豆、板瓦等，纹饰为粗、细绳纹，材质为泥质。该遗址足以证明淄川是早期人类活动的地区之一。2006 年 12 月被批准为省级文物保护单位。通公交车。

前来遗址 370302-50-B-b10
[Qiánlái Yízhǐ]

位于淄川区将军路街道前来村。因遗址所在地而得名。为商周时期遗址。遗址南高北低，总占地面积约 38 万平方米，文化层堆积在 1 米左右，最厚约 3 米。村北最大的一片南北长 600 米，东西宽 400 米，面积 24 平方千米。20 世纪 90 年代，在遗址范围内曾出土商周时期玉璧、战国剑、铜镞等。是一处典型的商周文化遗址，具有重要的研究价值。2006 年 12 月被批准为省级文物保护单位。通公交车。

西坡地窑址 370302-50-B-b11
[Xīpōdì Yáozhǐ]

位于淄川区西河镇西坡地村和东坡地村之间。因遗址所在地而得名。1977 年进行了试掘，发现窑炉一座，破坏严重，基本形状尚可分辨。南窄北宽，大体呈梯形，占地 89 940 平方米。乡村路将窑址一分为二，窑址自东至西有东坡地、中坡地、西坡地三个自然村，村子内外地面上散布有丰富的瓷片、窑具、窑壁砖及炉灰垃圾，出土器物胎骨坚致，釉面光洁，以白釉为主，也有黑釉、酱釉。主要装饰有刻花、划花、黑釉粉杠、白地黑花等。主要器物为碗、盆、瓶、盘、缸、罐等。烧造年代为北宋中、

晚期至金、元时期，明清主要生产生活器皿，清末民初烧造的各类鱼盘颇具特色。具有重要的考古价值。2013 年 10 月被批准为省级文物保护单位。通公交车。

"太河惨案"纪念地 370302-50-B-c01
[Tàihé Cǎn'àn Jìniàndì]

位于淄川区区政府驻地东南 19 千米。因是"太和惨案"的发生地而得名。1985 年为缅怀在"太河惨案"中牺牲的革命先烈，修建"太河惨案死难烈士纪念碑"。占地 1.5 万平方米，碑高 13.58 米，宽 2.5 米，厚 1.97 米，由白色花岗岩砌成，象征着革命先驱高大无比和纯洁的革命意志。1984 年 6 月被批准为市级文物保护单位。通公交车。

般阳故城遗址 370302-50-B-c02
[Pányáng Gùchéng Yízhǐ]

位于淄川城区留仙湖公园内。因淄川古称而得名。距今已 2 200 多年。遗址南北长 1 022 米，东西宽 916 米，面积 936 152 平方米。汉初般阳故城，建有土城。据《淄川县志》记载：淄川土城，周围七里三十步，城高两丈，池深八尺，阔一丈五尺，四门皆砌以砖，各设更楼。原城内矗立着数十座坊表，大都建于明代。县衙规模宏大，内有戒石，上书"下民易虐，上天难欺"。还有城隍庙、文庙（般阳书院）、魁星楼等。具有重要的考古价值。1997 年 6 月被批准为市级文物保护单位。通公交车。

莱芜古城遗址 370302-50-B-c03
[Láiwú Gǔchéng Yízhǐ]

位于淄川区太河镇城子村。因当时淄河岸边虽山青水秀，但树密草萋，一片荒芜，故名莱芜。该古城遗址建成于汉代。遗址周长 1 558 米，面积 159 737 平方米。地处淄河上游，一面临山，三面环水，战略位置极为显要。莱芜古城建有庞大的城

堡，城子四周建有土筑城墙，城门为楼阁式建筑，一层为券洞式，二层建有房屋，上面可驻军防守。原城墙高约 7 米，宽 3 米，南北有城门通道，是一处重要的早期军事防御设施。1956 年拆墙挖土造田时，曾出土过战国时期的铜镞、铜剑。1964 年曾在遗址范围内出土了彩绘红陶壶、白陶单耳杯、红陶罐等一批陶器，为典型大汶口文化晚期器物。具有重要的考古价值。1997 年 6 月被批准为市级文物保护单位。通公交车。

"大汉政府"旧址 370302-50-B-c04
[Dàhànzhèngfǔ Jiùzhǐ]

位于淄川区般阳路街道城三社区城里大街路北 299 号。因该地为清同治元年（1862）淄川纸坊庄（今开河村）人刘德培抗漕起义而设的"大汉政府"驻所，故名。20 世纪 80 年代，二路粮店将前檐用砖垒砌成墙体，2005 年，正殿重修时更换了屋面。殿宇坐北朝南，现存正堂三楹，北殿三间，正堂面阔 12 米，进深 9.8 米，北殿面阔 11 米，进深 9.8 米，面积 225 平方米。旧址原为城里翟氏景山堂，房屋砖石结构，设有前廊，檐柱 4 根，圆形柱础，抬梁式木结构，硬山灰瓦顶，要头规矩，原为槅扇门窗，正脊，添有走兽。1984 年 6 月被批准为市级文物保护单位。通公交车。

郝家古瓷窑址 370302-50-B-c05
[Hǎojiā Gǔcíyáozhǐ]

位于淄川区岭子镇郝家庄村东。因窑址所在地而得名。建于北宋年间。20 世纪 80 年代初期，淄川区文物普查队和淄博市博物馆先后考察。窑址东西长 155 米，南北宽 67 米，面积 20 000 平方米。窑址瓷片以白釉为主，黑釉次之，品种多为日常用瓷，整器多用单色釉，有灰、白、黑、褐釉等，另外还有绞胎瓷、三彩瓷和粉杠瓷等装饰工艺。雨滴釉、兔毫釉、茶叶末釉等结晶釉瓷器产品的烧制已十分成熟，白地绿斑釉瓷更加精美，并偶有少量窑变釉器。主要器形有碗、罐、灯。从标本的造型、釉色看，郝家窑烧造年代主要在北宋，与磁村窑南北窑洼区的兴盛时代同期。具有重要的考古价值。1984 年 6 月被批准为市级文物保护单位。通公交车。

张庄石寨遗址 370302-50-B-c06
[Zhāngzhuāng Shízhài Yízhǐ]

位于淄川区西河镇梨峪口村西南雁门山顶。因原属张庄乡，故名。是当地人在清末时期为避战乱修筑。石寨占地 4 515 平方米，由南北两个山寨构成，中间相隔 100 米，由小路相连。根据建筑风格，北边的山寨要早于南边的山寨，南边山寨尚有一垒于墙内的石碑，刻有"大清同治元年十一月初六"字样。现山寨只剩残墙，残墙最高处 6 米，最宽处 1 米左右，每个山寨都有两个寨门，仍保存完整。2006 年 6 月被批准为市级文物保护单位。通公交车。

淄砚生产作坊旧址 370302-50-B-c07
[Zīyàn Shēngchǎnzuōfáng Jiùzhǐ]

位于淄川区罗村镇河东村东北仙岩洞下。因旧址原有作坊而得名。建于汉代。该生产作坊洞口朝东，宽 1.8 米，高 1.7 米，洞长 5 000 余米，洞内砚石分十二层，面积 3 万余平方米。淄砚石矿洞遗址保护完整，对于研究淄砚文化具有重要的意义。2010 年 7 月被批准为市级文物保护单位。通公交车。

巩家坞窑址 370302-50-B-c08
[Gǒngjiāwù Yáozhǐ]

位于淄川区岭子镇巩家坞村东北的坡地上。因旧址所在地而得名。该窑址建于宋元时期。势北高南低，呈梯形。东、南两面临河，西部为一条村级公路，面积9万多平方米。巩家坞窑始于北宋，以白瓷为主，其次有白地黑花、黑釉、白釉黑边、茶叶末釉印花、酱色釉等，在装饰技法上多采用划花、剔花、印花等工艺。主要器物有碗、盘、罐、灯等日常用具。具有重要的考古价值。2014年3月被批准为市级文物保护单位。通公交车。

淄川煤矿北大井遗址 370302-50-B-c09
[Zīchuān Méikuàng Běidàjǐng Yízhǐ]

位于淄川区洪山镇东工村北，中舜集团锅炉房西。为纪念北大井惨案死难的矿工，故名。1904年由德国人开凿，1935年5月13日毁于透水事件，时称大荒地，是当时山东大型矿井之一。现存遗址中井口、井架、工房基本结构较完整。井架用混凝土浇筑，呈四边形，边长4.8米，四角井柱直径0.4米，井架高17.5米，井架西3米处，现存矿工下井房一间，长宽各7.5米，门朝西。遗址占地面积101.8平方米。2014年3月被批准为市级文物保护单位。通公交车。

西河火车站旧址 370302-50-B-c10
[Xīhé Huǒchēzhàn Jiùzhǐ]

位于淄川区西河镇广仁村东北。因原单位而得名。1924年始建。为坐北朝南二层小楼，呈"L"形，南北长10米，东西宽10米。上面起脊，硬山红瓦顶，砖石结构。2014年3月被批准为市级文物保护单位。通公交车。

鲁大小学旧址 370302-50-B-c11
[Lǔdàxiǎoxué Jiùzhǐ]

位于淄川区洪山镇太和社区东。因原单位而得名。1925年始建。旧址建筑面积5000余平方米，有教室5栋、礼堂1栋、食堂1栋，原为鲁大公司开设的矿工子女学校。建筑总体保存完整，结构稳定，具有典型的德、日建筑风格。是近现代重要史迹及代表性建筑。2006年6月被批准为市级文物保护单位。通公交车。

刘志霞墓 370302-50-B-c12
[Liúzhìxiá Lièshìmù]

位于淄川区罗村镇罗村村东。墓坐东朝西，南北长4.28米，东西宽3.56米，占地面积15.2平方米。墓高1米，四周砌有花墙。墓前有一墓碑，砖砌碑楼，材质为石灰石。碑高1.18米，宽0.62米。碑文阴刻，碑上方文字为"一九四八年二月殉难"，中间大字为"刘志霞烈士之墓"，下方字为"一九六四年三月罗村公社大队全体社员敬礼"。是纪念烈士、开展爱国主义教育的场所。1997年6月被批准为市级文物保护单位。通公交车。

路大荒故居 370302-50-B-c13
[Lùdàhuāng Gùjū]

位于淄川区松龄路街道菜园社区207号。因故居原主人而得名。故居坐北朝南，为一进院落，面阔25.3米，进深22.2米，面积561.7平方米。属北方农村四合院建筑形式，进大门往西，有正房三楹，为路大荒的出生地，东西配房各三间，西北屋两间，南厢屋各三间，北屋前有月台，砖石结构，硬山顶，木质门窗，屋面现已换成红瓦，整体结构为北方四合院建筑风格。对研究典型民居建筑具有重要意义。2006年6月被批准为市级文物保护单位。通公交车。

张至发故居 370302-50-B-c14
[Zhāngzhìfā Gùjū]

位于淄川区钟楼街道贾村大街路北。因故居原主人而得名。明末崇祯年间始建，清代均屡有修葺。现存建筑为明代遗构，距今已有370余年。原建筑坐北朝南，有两个院落、大门和二门，主要建筑有大、中两门，北厅和东、西厢房。现存故居为一过厅式建筑，房屋三楹，面阔 11.45 米，进深 7.1 米，面积 81 平方米。建筑砖石结构，抬梁混合结构，硬山式布灰瓦顶，设有前廊、檐柱 4 根、圆形柱础，廊柱刻有垂珠、雀替，要头规矩，槅扇门窗，正脊正吻，添有走兽。二门为过厅式大门，木结构，保存较好。2014 年 3 月被批准为市级文物保护单位。通公交车。

张至发墓 370302-50-B-c15
[Zhāngzhìfā Mù]

位于淄川区双杨镇坡子村东南。因墓主人而得名。墓坐北朝南，占地 200 平方米。原墓前有神道、牌坊、旗杆、石像生等，墓室为木棺墓，青砖砌筑墓室。墓于 20 世纪 60 年代被盗掘。现存祠堂一处，房屋 9 间，大部分砖墙剥蚀，屋顶漏雨。墓址尚存。在祠堂西南角有 3 通石碑，为张氏家族墓碑，年代为清乾隆四年（1730）。原牌坊上"圣旨特旌"碑，现保存在村民张银辉家中。具有一定的考古价值。2006 年 6 月被批准为市级文物保护单位。通公交车。

唐梦赉墓 370302-50-B-c16
[Tángmènglài Mù]

位于淄川区钟楼街道前孟社区南。因墓主人而得名，当地人称唐太史墓。1958 年后被挖掘，墓碑被砸，现墓址尚存。原墓封土高 4 米，直径 15 米。墓前有石供桌、墓碑。具有一定的考古价值。2006 年 6 月被批准为市级文物保护单位。通公交车。

昆仑汉墓 370302-50-B-c17
[Kūnlún Hànmù]

位于淄川区昆仑镇奎四村北 1 200 米处砖厂北。因墓所在地和朝代而得名。当地群众称之为"王坟"。墓周长 128 米，直径 40 米，占地面积 860 平方米，封土高 12 米，四周陡峭，曾在墓周围出土过斗、盘、陶片、人骨、牙齿等文物。冢顶长满灌木和杂草，封土顶部散落着陶器残片。墓南 50 米处原有一巨石称拜将台，现已被村民当石料开采，荡然无存。该墓墓主不详，墓尚未盗掘。该墓的保存对于研究淄川地区汉代丧葬习俗及社会经济文化提供了实体物证。2010 年 7 月被批准为市级文物保护单位。通公交车。

庞涓墓 370302-50-B-c18
[Pángjuān Mù]

位于淄川区将军路街道将军头社区东 50 米处。因墓主人而得名。原墓毁于 20 世纪 60 年代，现存墓址为 2009 年复筑。墓坐北朝南，原墓封土高 8 米，直径 25 米，墓冢前立石碑 1 通，高 1 米，宽 0.6 米，碑额刻"昭明古迹"四字，中间刻"魏将军庞涓墓"，上首刻"明嘉靖十三年冬月上浣谷旦"，下首刻"济南府知淄川县事李公立"。2010 年 7 月被批准为市级文物保护单位。通公交车。

风景名胜区

淄川风景名胜区 370302-50-C-b01
[Zīchuān fēngjǐngmíngshèngqū]

在区境中东部。范围包括聊斋城景区、留仙湖景区、杜坡山景区、簧山景区、梓橦山景区、文峰山景区、马鞍山景区七大景区。面积 48.48 平方千米。以淄川城区及近郊风景名胜资源为主体，故名。2003 年 6 月被批准为省级风景名胜区。柳泉景区是淄川风景名胜区的核心景区，位于清代著名文学家蒲松龄先生的故里淄川区洪山镇蒲家庄，包括蒲松龄故居和聊斋园两部分。1980 年以故居为基础建立了蒲松龄纪念馆。

聊斋园内有蒲松龄墓园、柳泉、蒲松龄艺术馆、狐仙园、石隐园、满井寺、观狐园、柳泉山庄等景点。留仙湖景区由留仙湖公园和淄川游乐园两部分组成,主要景点有:儿童乐园、长廊、汉阳轩、水榭歌台、湖心亭、九曲桥、凌虹桥、澹泊桥、般阳古城、湖心岛等。杜坡山景区以奎盛公园为主体,另有般阳山庄、烈士陵园、风景林等景点。黉山景区有中天门、南天门、玉皇阁、郑公书院、碧霞祠、仙姑庄、功德林等9处景点。梓橦山景区有蟠龙门、龟托碑、鬼谷祠、鬼谷洞、刻瓷龙腾壁、孝子祠、魁星阁、梓橦泉、鬼谷泉、步云桥、八棱碑、野生动物园等景点。文峰山景区以文峰山公园为主体,主要景点有文峰湖、将帅园、奇石林、文昌阁、树林山庄、各种石牌坊、石雕等。马鞍山景区是以抗日遗址而闻名的革命纪念地。淄川风景名胜区以自然景观和历史人文景观相结合,以蒲学研究、蒲文化开发为特色,在省内乃至全国具有较高的知名度和较强的影响力。通公交车。

重要景点和一般名胜古迹

聊斋城景区 370302-50-D-a01
[Liáozhāichéng Jǐngqū]

位于淄川区洪山镇蒲家村东。因景区主题而得名。总规划面积0.53平方千米。包括蒲家庄、蒲松龄故居、聊斋园等景点,是山东省人民政府批准的淄川风景名胜区核心景区。以聊斋文化为主线,以蒲松龄故里、生平事迹、《聊斋志异》故事情节为主题,融纪念性、思想性、艺术性、趣味性于一体的世界级人文景观园林和风景游览胜地。蒲松龄故居位于蒲家庄石街路北,是典型的明清风格院落,一连七进;聊斋园借地势而建,景景相连,错落有致,各具特色;蒲松龄艺术馆在蒲家庄东首,为清代建筑,四个居室,展现了其生平与著作、名人书画、刻瓷艺术等展品;狐仙园位于艺术馆东侧,依据北方风格再现聊斋故事情;石隐园紧靠狐仙园,原为毕自严私家花园,后蒲公在此园绰然堂设帐授书30年,现为复原品;柳泉又名满井,位于蒲家庄以东百米;玄夜院自柳泉向东南百米即到,其景观石是按《连琐》文情而设的农家小院;聊斋宫自柳泉向南300米即到,有翠仙湖碧水环绕的仙人岛,有奇石、仙女和神童,总建筑面积2600平方米;蒲松龄墓园四周砖砌围墙,墓穴有"头向西南枕万山,足向东北踏黉山"之势;满井寺,"满井"指"柳泉",原满井古寺已毁,本为本地男、女求神拜佛处。聊斋景区历史悠久、环境幽雅、内容丰富、国内外知名度高,已成为具有国家和世界影响的人文景观旅游热点,成为淄川风景名胜区的亮点之一。2003年2月被批准为国家AAAA级旅游景区。通公交车。

马鞍山景区 370302-50-D-a02
[Mǎ'ān Shān Jǐngqū]

位于淄川区东南约35千米,在太河镇西南淄河片区。规划总面积约25.6平方千米,是淄川风景名胜区一个相对独立的景区。分别有三个主要景群:一是马鞍山景群,总面积10平方千米,包括南天门组团、纪念堂组团、孟良台组团三个组团。马鞍山是以抗日遗址而闻名的革命纪念地。马鞍山主要景点有烈士祠、纪念碑、摩崖石刻、战场遗迹。二是莲花山景群,位于马鞍山东南部,面积约11.6平方千米,包括莲花山、幸福崮等景点。梦泉位于幸福崮最顶端,村庄海拔600余米,三面环山,是著名的长寿村,现仍然完好地保存着康熙年间的村碑。山岳风景主要以独山寨、仙人峰、一线天、双面武士、骆驼峰为主。涌泉坐落于永泉村。有孟姜女文化园、孟姜女故居纪念馆、齐长城遗址保护园、达摩堂、孙膑歇马堂等国家级历史遗迹。三是淄河湾景群，总面积约 4 平方千米，包括淄河流经马鞍山西侧和南部区段、太河水库北段、沿水河滩、河湾及南部"九十九峰岳阳山"侧之岳岭游龙山庄和城子村西圣水观、红叶山庄等。2006 年 7 月被批准为国家 AAA 级旅游景区。通公交车。

峨庄瀑布群景区 370302-50-D-a03
[Ézhuāng Pùbùqún Jǐngqū]

位于淄川区境东南部。因景区内的自然景点而得名。分别由八个独立景群组成：响水溪景群 2.9 平方千米，主要依托水利工程，以水为主景观，包括紫峪湖、情侣岛、响水溪栈道瀑布群、地泉群、溪畔游乐园及溪畔花果园等景点；三教堂景群 0.9 平方千米，是以始建于隋唐时期的三教堂庙群为主题的宗教活动区；昭阳洞景群 2.4 平方千米，是以奇石、峡谷、仙洞等自然景观和昭阳太子、李半仙、唐赛儿等人文景观为主的综合景观游览区；草峪崛景群 1.8 平方千米，以溶洞、野生动物园为主景观；石安峪景群 1.6 平方千米，以黄栌、红叶、古树群为主景观；云明山景群 1.2 平方千米，主要以民居古楼为主要景观；悬羊山景群 2.9 平方千米，以古街、古树、古寨和森林为主景观；凤凰山景群 1.0 平方千米，主要以凤凰山、长城寨山地景观为中心。各景群以响水溪为中轴，分列两侧，构成了"丰"字形布局。各景群相对独立，又相互补充、相互依托，使峨庄景区形成了综合景观群体。历史遗迹自上而下有玉皇阁、药王庙、玄武庙、碧霞之君祠、颜奶奶庙、蚕姑庙等诸庙宇，组成一个较为完整的庙群。丰富了市民的休闲娱乐生活。2012 年 9 月被批准为国家 AAA 级旅游景区。通公交车。

潭溪山地质公园 370302-50-D-a04
[Tánxīshān Dìzhìgōngyuán]

在区境东部。面积 9 平方千米。因公园内的潭溪山而得名。迎宾瀑布位于景区大门入口处，落差达 30 余米，宽度 50 余米，气势磅礴，蔚为壮观，有"鲁中第一瀑"之称。逍遥桥位于九龙潭东侧，潜龙洞洞口侧面，为木质吊桥，横贯于九龙潭之上，是连接旅游中线与南线的必经之地，有"逍遥桥上走一走，快乐活到九十九"之说。自醉亭位于潭溪山庄东侧小山顶，登亭可俯视九龙潭，遥观美女峰，眺望祥云桥，因"景不醉人人自醉"而命名。"一线天"位于旅游南线，是大裂谷一处最险要的景点，在"一线天"看天一线。两边巨石矗立，只有这狭窄的一道缝隙，山水汇集到这，急流飞湍，轰鸣震耳，很远都能听得到。步云梯位于旅游南线，从下到上，一共有 488 级阶梯，上下直线距离近两百米，是连接南线进入景区的必经之路，直上直下，有"平步青云"的寓意。石权洞位于景区山顶部，洞口像是一个大大的公章，叫作"石权洞"，谐音"实权"。石权洞与水帘洞相连。龙凤台位于景区山顶，两个天然形成的青石平台相连，象征一龙一凤，有"龙凤呈祥，心心相印"之意。美女洞位于景区山顶，是典型的岩溶洞穴遗迹，横向溶洞，洞全长有 88 米。从地质遗迹的角度，美女洞属于海沟的一种。三教祠位于旅游南线，是昭阳洞古建筑群重要组成部分，石质建筑，巧妙嵌于天然石洞之间，供奉儒、释、道三教。三教祠南侧有三股清泉，水质特佳，叫作"三映泉"。上天桥位于旅游南线甘露泉边，又名"生命之源"。通天洞狭窄幽深，直通山顶，洞顶则是直指蓝天。在这通天洞上，又有一道天然形成的石桥，与"下天桥"遥相呼应，相映成趣。仙人桥位于旅游南线，由两块巨大的石块连接两山悬崖形成天然石桥，桥下深涧近百米，为古青州的"八景之一"。立于桥上，抬头仰望山顶，也有一桥与之对应，称为"上下天桥"。昭阳洞位于旅游南线，为古建筑群主体建筑之一。高门洞位于旅游南线与北线交汇处，是典型岩溶洞穴遗迹，纵向溶洞。三寨关位于旅游北线。祥云桥位于旅游北线，是北线代表景观之一，坐落于700余米的山巅之上，两侧悬崖峭壁，连接三寨关与悬崖栈道，每逢雨季，烟云缭绕，如同仙境。龙脊峰位于旅游北线，是北线代表景观之一，山势蜿蜒险峻，山脊陡峭、植被茂密，如同巨龙的脊背。悬空寺遗址位于旅游北线，传说为唐赛儿藏"天书剑匣洞"的地方，原先供奉九天玄女，在这可俯瞰潭溪山全景，遥想古人"喝茶赏月，迎彩送霞"之境，是北线最佳观景点之一，石壁上有天然菩萨像一处。丰富了市民的休闲娱乐生活。2011年被评为国家AAAA级旅游景区。通公交车。

文峰山景区 370302-50-D-a05
[Wénfēngshān Jǐngqū]

位于淄川区将军路街道查王村东南文峰山一带。因景区内的文峰山而得名。已建成山川禅寺、五孔牌坊、景区广场、环山路、金水桥、弥勒佛雕像、天王殿、观音殿、钟楼、鼓楼、功德碑廊、佛塔、讲经堂、寮房、文峰湖、山川湖、月亮湾、月亮池、迎宾湖、静心池、碧莲池、荷花池、石龙亭、石凤亭、湖中亭、文昌阁、将帅园、宗树坤烈士墓园、西游记、八仙过海、十二生肖、二十四孝群雕、单孔牌坊、三孔牌坊、假山、泰山巨山、太湖石等景点。各景点依山就势，依山傍水，亭、台、榭、阁布局合理，殿、堂、楼、宇错落有致；顺应地势，筑坝成湖，颗颗明珠，大小不一，清澈发亮；景点顺山就势，曲径通幽，环山山路，蜿蜒舒展；环湖长廊，三步一景，景景密布，五步一韵；

移步换景，别有洞天，景景优美，特色各具。丰富了市民的休闲娱乐生活。通公交车。

黉山－梓橦山景区 370302-50-D-a06
[Hóngshān Zǐtóngshān Jǐngqū]

在区境东北部。因景区内的黉山、梓橦山而得名。黉山分为六区、八景。六区为：进山过渡区、中心观景区、神话传说区、书院文化区、休闲娱乐区、民俗文化区。八景是：书院红枫、书台香雪、黉峰落照、碧霞钟声、黉山松涛、梓橦茶香、鬼谷探幽、虎潭荡舟。现已建成中天门、南天门、玉皇阁、郑公书院、碧霞祠、仙姑庄、功德林等9处景点。梓橦山鬼谷洞景区位于双杨镇藏梓村，因山上多梓树，遂称梓橦山。是鬼谷子文化的发祥地之一。有鬼谷洞、鬼谷祠、王樵茧室、蟠龙门、龟托碑、刻瓷龙腾壁，孝子祠、魁星阁、梓橦泉、鬼谷泉、步云桥等景点。孝子祠、王樵茧室是为纪念孝子王樵而建。梓橦山树茂谷深，密林深处有鬼谷泉，常年不涸。峡谷中的梓橦湖上高悬步云桥，桥长50多米，宽2米，桥面是5条大铁链，上铺木板而成，两侧栏杆分别由3条铁链组成。景群还建有集熊、猴、鸵鸟等珍禽异兽为一隅的野生动物园和汇各种游乐设施于一体的儿童游乐园。丰富了市民的休闲娱乐生活。2009年被评为国家AAA级景区。通公交车。

杜坡山景区 370302-50-D-c01
[Dùpōshān Jǐngqū]

在区境东部。因景区内的杜坡山而得名。总面积113万平方米，最高海拔166.3米。景区东南阳坡有巨石文化遗址，长5.4米，宽3米，厚1.5米，像一只翘首东望的青蛙，人称蛤蟆石，距今已有5000多年的历史。是一处集自然山水景观、生态科普、健体运动、地方文化展示、休闲娱乐于一体的城市景区。通公交车。

柳泉湿地公园 370302-50-D-c02
[Liǔquán Shīdì Gōngyuán]

在区境南部。以蒲松龄名号命名。园内以南北主路为界，分为东、西两大区域。西部区域为陆地景观区，以休闲、健身为主，设有景观广场、健身广场、儿童乐园、戏曲平台等设施。东部区域为湿地景观区，设有木栈道、茅草亭、亲水平台等设施。全园植物配置以乡土树种白蜡等为主，引种荷花、香蒲等水生植物。景观精品园包括孝妇烟柳、留仙草堂、长堤春晓、凭栏远眺、芦溪探幽、荷香饮虹、兰舟待发等精品景群。都市农业园包括伴月茶庄、渔舟唱晚、临水瀛台、柴房农家、中心垂钓、台地林圃等景点。湿地特色景点主要有芦苇丛、荷花廊、植物迷宫、百鸟园等，自助农业主要活动包括河塘垂钓、农林摘果、赏荷采菱等。向社会免费开放，丰富了市民的休闲娱乐生活。通公交车。

留仙湖景区 370302-50-D-c03
[Liúxiānhú Jǐngqū]

在区境中部。以蒲松龄字"留仙"命名。景区总面积 0.9 平方千米，是一个以聊斋文化和般阳古文化为主题，以水、陆景观为载体，以现代化文化休憩活动为主要内容的景区。主要景点有长廊、汉阳轩、水榭歌台、湖心亭、九曲桥、凌虹桥、澹泊桥、湖心岛、郢中诗社、喷泉、疏林草地、红飘带、音乐广场、木栈道、太极拳练习场、荷花池等。景区布局以湖面为中心，各个景点向四周辐射。向社会免费开放，丰富了市民的休闲娱乐生活。通公交车。

山东峨庄古村落国家森林公园
370302-50-D-c04
[Shāndōng Ézhuāng Gǔcūnluò Guójiā Sēnlíngōngyuán]

位于淄川区太河镇。因所在地而得名。公园包括峨庄管理区所有林地、水域面积及部分古村落、村居，森林公园总面积 6 800 公顷，南北长 15.13 千米，东西长 6.11 千米。公园现有八大景点，分别以森林、人文、水文、地文等景观进行建设，各具特色。潭溪山、三教堂、瀑布群、云明山等景区相继开业。明清古村、石房、石街保存完整，是全国美术、摄影写生基地。2010 年 12 月 28 日，国家林业局批准设立山东峨庄古村落国家森林公园，成为全国首个以古村落命名的国家级森林公园。通公交车。

张店区

纪念地

黑铁山抗日武装起义纪念馆
370303-50-A-c01
[Hēitiěshān Kàngrì Wǔzhuāng qǐyì Jìniànguǎn]

位于四宝山街道东北部，黑铁山西坡。因馆中纪念主题而得名。1995 年奠基，1996 年 8 月 1 日落成开馆。主要建筑物为纪念馆，主体分为两层，附属设施有纪念碑。主要陈列黑铁山起义各个阶段的历史图片，起义部队用过的桌椅、武器、生活用具及文字介绍图板资料等。对弘扬爱国主义精神具有重要意义。2009 年 7 月被评为市级重点烈士纪念物建筑保护单位。通公交车。

重点文物保护单位

昌国遗址 370303-50-B-b01
[Chāngguó Yízhǐ]

位于张店区沣水镇昌城村。因遗址内容而得名。建于战国时期。遗址占地面积 43.75 万平方米，遗址基本呈正方形，只西北角稍缺，四周各近 1.5 千米，有东、南、西、北四座城门，以及东北、东南、西北、西南四个角门。该遗址东南约 2.5 千米处有东西艺台，是当时的练武之地；南约 3.5 千米有当年操练兵卒的场所。城垣已平，其西北角一段已改为路基，高出地表。经钻探，文化层厚 1 米左右，地表多战国时期至汉代遗物。昌国遗址蕴含的春秋战国时代的历史文化，对齐国历史文化遗存的研究起到重要作用，颇具价值。2006 年 12 月被批准为省级文物保护单位。通公交车。

浮山驿遗址 370303-50-B-b02
[Fúshānyì Yízhǐ]

位于傅家镇正南方向，距傅家镇政府 0.9 千米。1981 年发现并定名为浮山驿遗址。形成时间为商周，占地面积 7 万平方米，采集有夹砂灰陶、绳纹鬲等残片。遗址东西长 210 米，南北宽 290 米。遗址地面暴露有许多陶片，为夹砂和泥质红陶、灰陶，以红陶居多，纹饰多为素面，有的为素面磨光。收集的石器有铲、斧，陶器有鼎、罐、钵等。从遗物特征分析，该遗址的时代是北辛文化和大汶口文化时期。是淄博地区目前所见唯一的一处北辛文化类型遗址，对鲁中地区原始文化的研究颇具价值。1992 年 6 月被批准为省级文物保护单位。有公路经此。

黑铁山起义指挥部旧址 370303-50-B-b03
[Hēitiěshān Qǐyìzhǐhuībù Jiùzhǐ]

位于淄博高新区卫固镇太平村。因原单位而得名。1937 年 7 月 7 日，抗日战争爆发，9—11 月，姚仲明、廖容标受党组织派遣来到长山，在长山中学校长马耀南支持、参与下，组织培训抗日力量，在 40 里外的黑铁山西麓太平村小学发动了震惊山东省的抗日武装起义，成立了山东人民抗日救国军第五军。半年内，这支队伍发展到 30 多个中队、近 6 000 名战士，成为一支无坚不摧的铁军，为民族解放立下不朽功勋。1992 年 6 月被批准为省级文物保护单位。通公交车。

军屯汉墓 370303-50-B-b04
[Jūntún Hànmù]

位于淄博高新区军屯村。以所在地命名。建于汉代。古墓坐落于九顶山南坡上，坐北朝南，墓冢呈覆斗状，高 20 余米，底部直径约 110 米，墓上松林茂密。2006 年 12 月被批准为省级文物保护单位。通公交车。

杏园天主教堂 370303-50-B-b05
[Xìngyuán Tiānzhǔ Jiàotáng]

位于湖田街道西南方向，距湖田街道办事处 5 千米，杏园东路 11 号。因教堂所在地而得名。据记载，1880 年左右，德籍神父在此建堂，1932 年竣工。中华人民共和国成立后，仍作为教区活动中心。1986 年被定为淄博教区主教府堂。1998 年又拆除了堂东靠街的修女楼。该天主教堂占地面积 2.07 万平方米，建筑面积 532 平方米，教堂属典型的哥特式建筑，几何线条明晰流畅，各部分尺寸比例搭配合理。对研究宗教发展历程具有重要意义。2013 年 10 月被批准为省级文物保护单位。通公交车。

万章墓 370303-50-B-b06
[Wànzhāng Mù]

位于四宝山街道东南部。因墓主人而得名。建于战国时期。当地人称"万子冢"，俗名"棉花山"。据《中国文物地图集山东分册》记载，万章，生卒年不详，战国齐人，孟子弟子。相传曾在此讲学，死后葬于此。墓位于土丘陵顶部，夯筑封土，平面呈正方形，边长约 100 米，高 16 米。具有重要的考古价值。2006 年 12 月，入选山东省第三批省级文物保护单位。交通便利。通公交车。

邹振岳故居 370303-50-B-c01
[Zōuzhènyuè Gùjū]

位于沣水镇西北方向,距沣水镇政府1.6千米。因故居原主人而得名。清代翰林邹振岳于1875年左右相继建成现存"故居"。建筑面积1530平方米,中心人物是清代翰林邹振岳,故居为南北轴向进门的三套四合院,是张店区唯一一处保存比较完整的清代官宅。该故居建筑庄重典雅、美观坚固,有显著的清代民族建筑特色。整座建筑框架为既相互贯通又相对独立的三套四合院。其建筑多采用雕琢精细的大方石砌墙基,大青砖垒墙,四梁八柱做房架,木椽黄板做屋顶,其门窗宽大厚重,房顶一律精细黑瓦,许多石雕精美异常。对更好地保护名人故居,让后人缅怀名人,具有重要的历史、艺术和文化价值。2010年7月被批准为市级文物保护单位。通公交车。

高西村民居建筑群 370303-50-B-c02
[Gāoxīcūn Mínjū Jiànzhùqún]

位于沣水镇东北方向,距沣水镇政府4.6千米。该建筑群因位于高炳西村,得名高西村民居建筑群。建成时间为清代。占地面积360平方米,包括二层小楼一座,北屋一座。其楼为砖石木结构,硬山顶,一层墙基为石砌,二层楼为砖砌,楼内存木质楼梯及地板、南北山墙有窗,窗上部砖砌起券,西山墙窗上部饰有仿木结构垂花门檐砖雕,有垂柱、花板、斗拱等。结构精巧细致,北屋为抬梁式砖石木结构,其后院有西门保存尚好。此宅砖雕、木雕保存较好。体现传统文化特色,对加强乡村传统文化遗产的保护和利用起到重要作用。2010年7月被批准为市级文物保护单位。通公交车。

范王宋宅 370303-50-B-c03
[Fànwángsòngzhái]

位于沣水镇西南方向,距沣水镇政府0.3千米。因位于范王村,原主人姓宋,定名为范王宋宅。建成时间为20世纪30年代。占地面积300平方米,建有砖石结构二层楼,硬山顶,石质墙基,砖垛中填土坯,门窗上部砖砌起券成拱形。格子窗,东西山墙及北墙各有一窗,南墙5窗一门,北墙中部装饰一圈三角形砖雕。是中国传统文化的重要组成部分,同时也是传统文化的重要载体之一。2010年7月被批准为市级文物保护单位。通公交车。

范王清代民居 370303-50-B-c04
[Fànwáng Qīngdài Mínjū]

位于沣水镇西南方向,距沣水镇政府0.3千米。房屋因位于范王村而定名为范王清代民居。建成时间为清代。占地面积344平方米,民居东西长10.5米,南北宽6.2米。墙基为石质,东西山墙为石砌,北墙南墙为砖砌,台基为石砌,前有5级踏步,正脊砖雕不存,垂脊保存较好,木构件有朽折,其主要建筑特点为台基进深大、屋脊高,显得十分宽敞。这些传统聚落和民居所承载的文化特质是地域文化的重要组成。2010年7月被批准为市级文物保护单位。有公路经此。

炒米村民居建筑群 370303-50-B-c05
[Chǎomǐcūn Mínjū Jiànzhùqún]

位于沣水镇东北方向,距沣水镇政府2.7千米。因位于炒米村而得名。建成时间为明代。占地面积250平方米,建有三间房屋,抬梁式砖木结构,硬山顶,共三间,面阔21.6米,进深10.2米,台基为9层条石砌成,台基中有一间砖砌碹顶房,成半地下室。门前原为垂带踏步,20世纪60年代改造为月台。屋檐下有砖制仿木斗拱装饰，正脊垂脊上砖雕保存基本完整，檐下勾头、滴水大部分保存。门窗上部砖砌起券为拱形，并饰有莲瓣纹砖雕，为一处保存较好又具有鲜明特点的明清时期民居。是地域文化的重要组成部分。2010 年 7 月被批准为市级文物保护单位。有公路经此。

房家遗址 370303-50-B-c06
[Fángjiā Yízhǐ]

位于傅家镇正北方向，距傅家镇政府3.3 千米。因在房家村村庄范围内发现东周时期文化遗迹，故定名为房家遗址。形成时间为东周。2007 年 6 月至 7 月中旬，山东省考古研究所曾进行过抢救性发掘。面积约 12 万平方米。东西长 500 米，南北宽240 米。文化层堆积厚约 1.8 米，采集标本有罐、鼎、鬲、豆等器物残片，陶以质灰陶为主，其次为夹砂褐陶。具有重要的历史、艺术和文化价值。2010 年 7 月被批准为市级文物保护单位。有公路经此。

张店侵华日军战俘集中营旧址
370303-50-B-c07
[Zhāngdiàn Qīnhuárìjūn Zhànfújízhōngyíng Jiùzhǐ]

位于和平街道东北方向，距和平街道办事处 1.2 千米。因侵华日军在此设置战俘集中营而得名。民国时期建成。抗日战争时，日军曾将此处作为战俘集中营。占地面积306 平方米，为近现代建筑，是一处两层带门楼的建筑物，坐西向东，南部是门楼，南北长 42.6 米，东西宽 7.2 米，面积为 306平方米。砖石结构，硬山灰瓦顶，结构完整，为张店区较少有的一处近现代建筑。是淄博市第一批古建筑、近现代优秀建筑和纪念性建筑，是进行革命教育、历史文化教育的场所。2010 年 7 月被批准为市级文物保护单位。有公路经此。

孟家炉神姑庙 370303-50-B-c08
[Mèngjiā Lúshéngū Miào]

位于中埠镇正西方向，距中埠镇政府2.5 千米孟家村东部。因纪念炉神姑得名孟家炉神姑庙。相传始建于明朝，今炉神姑庙为社会集资，于 1993 年在原址上重建。原有风貌保存较好，并有乾隆、嘉庆、道光、光绪年间重修时的庙碑。占地面积 2 800 平方米，建筑面积 600 平方米，包括大殿（北殿）三间，西侧殿三间，东侧殿三间，南厢房两间，王灵官庙一间。主要建筑全部采用砖木、水泥结构，琉璃瓦盖顶。大殿面阔 9.8 米，进深 7 米，面积为 68.6 平方米，在东西殿壁上有彩绘炉神姑神话传说。是弘扬孝文化和中国铁冶文化的重要场所。2010 年 7 月被批准为市级文物保护单位。有公路经此。

九圣阁 370303-50-B-c09
[Jiǔshèng Gé]

位于傅家镇东北方向，距傅家镇政府2.1 千米。阁中原有塑像九尊，正中塑陈光蕊神像，左右两侧分别是他的四个儿子和儿媳，故得名九圣阁。康熙初年建成。据《孙氏族谱》记载，为孙氏六世孙孙文灿所建。占地面积 83.2 平方米，主体建筑为二层，一层为砖石结构，二层为砖木结构。一层为青砖起碹，二层为抬梁式，四梁十二柱，每梁下立三柱，前四柱下为花墙，高约 1.2米。阁上梁、斗拱、脊桁原有彩绘，后墙原有 8 幅壁画，现皆不存。具有重要的历史、艺术和文化价值。2010 年 7 月被批准为市级文物保护单位。有公路经此。

傅永墓 370303-50-B-c10
[Fùyǒng Mù]

位于傅家镇西南方向，距傅家镇政府1.2 千米。因墓主人而得名。初建于北魏时期，现墓碑落成于 1986 年。墓前原有石碑 1 通，上刻有"北魏名臣傅永墓"，故得名，1963 年失落，占地面积 155 平方米，墓封土略呈圆形，直径 12 米，高约 4 米，占地约 155 平方米。对研究北魏历史起到促进作用。1984 年 6 月被批准为市级文物保护单位。有公路经此。

风景名胜区

黑铁山风景名胜区 370303-50-C-b01
[Hēitiěshān Fēngjǐngqū]

位于张店区东北部。东至玉皇山东邻，西至柳毅山西邻，南至 309 国道，北至蟠龙山公园北邻。总面积 10.57 平方千米。景区因依黑铁山开发建设而得名。2009 年经省政府批准设立省级风景名胜区。包括黑铁山、花山、蟠龙山、九顶山、玉皇山、牧龙山和四宝山 7 个景区。黑铁山景区有山东省著名的黑铁山抗日武装起义纪念地起义指挥部旧址、纪念碑和纪念馆，是山东省爱国主义教育基地。黑铁山古称商山。山上现存有 2 000 多年历史的古代冶铁遗迹，是中国冶铁文化发源地之一。黑铁山又是红色之山，20 世纪 30 年代这里曾爆发了闻名全国的黑铁山抗日武装起义，现为省级革命传统教育基地。黑铁山景区不仅是宜于游赏的景区，更是中心城区绿地生态系统的重要组成部分，是淄博市生态恢复的示范项目。通公交车。

重要景点和一般名胜古迹

淄博玉黛湖生态乡村庄园
370303-50-D-a01
[Zībó Yùdàihú Shēngtàixiāngcūn Zhuāngyuán]

位于湖田街道东北方向，距湖田街道

办事处驻地 3.2 千米。以玉黛湖命名。庄园内有淄博动物园，占地 200 亩，内有百鸟园、狮虎山、熊山、猴山、食草动物区、哺乳动物区、海豹表演馆等；乐垦农园由"热带果林、百瓜艺园、特种蔬园、高科栽培区"等高科展区组成，采用智能化、无土化、立体化、异形化等科技手段集中展示了现代设施农业的较高发展水平；现代游乐园有过山车、激流勇进等 30 多个项目；庄园内的海棠园是省级海棠培育基地，也是淄博市最大的海棠示范园区，集游览、科普、教育为一体，有西府、垂丝、王族、绚丽、凯尔斯、红丽、贴梗、木瓜等十几个品种、几千株名贵海棠供游客观赏；采摘园占地 3 000 平方米，以桃树为主。围绕采摘园，每年四月举行大型的桃花赏花节活动，八月中旬有仙桃采摘节活动。是一处集休闲度假、农业生态观光、游乐、餐饮服务为一体，融合了自然和人文景观的旅游胜地。2007 年被评为国家 AAAA 级旅游景区。通公交车

花山庙 370303-50-D-c01
[Huāshān Miào]

位于四宝山街道东南部的花山上。因花山而得名。始建于元朝大德元年（1297）。自明朝至清朝，在花山北麓又增建了三皇阁（"三皇"系指天皇、地皇和人皇）、无极殿、李三姑殿、百子殿 4 处。花山庙坐落于华山西北角，整座院庙包括殿、阁、廊坊等建筑。1949 年后，整个花山庙宇已荡然无存。改革开放后，恢复原来的庙宇建筑，并恢复了以前的庙会。现王母台建于 1993 年，碧霞祠建于 1995 年，玉皇阁建于 1999 年。花山庙会香火十分旺盛，每年三月三、九月九各三天。丰富了市民的休闲娱乐生活。通公交车。

博山区

重点文物保护单位

颜文姜祠 370304-50-B-a01
[Yánwénjiāng Cí]

位于山头街道西北，距山头街道办事处 0.8 千米。因祠中纪念人物而得名。始建于北周，唐天宝五年（746）修建，宋熙宁八年（1075）扩建，清康熙十一年（1672）增建。1981 年后，国家、地方两次修葺后对外开放。该祠旧曾称颜神庙、灵泉庙、顺德夫人祠，俗称大庙。以齐国孝妇颜文姜远汲新泉事婆母，而感动神明，泉涌室内，汇流成河的故事而出名。共有二进四个院落，由山门、香亭、正殿、寝殿、土地祠、火神祠、三公祠、王爷殿、公婆殿、爷娘殿、郭公祠、百子殿、东西配庑、左右配院共四个院落、83 间房屋组成，为淄博市现存规模最大的古建筑群。2006 年 5 月被批准为国家级文物保护单位。有公路经此。

赵执信故居 370304-50-B-b01
[Zhàozhíshēn Gùjū]

位于城东街道后乐桥以南，范河东岸。由范公祠、准提庵、魏公祠和因园组成，占地面积为 15 460 平方米。其中范公祠和魏公祠建于明代，清代有重修。准提庵和因园建于清代。因园是著名诗人赵执信晚年居信地。1994 年，博山区人民政府在原址重建因园，原在马行街的赵执信故居改建在院内。为后人瞻仰起到重要作用。2006 年 12 月被批准为省级重点文物保护单位。有公路经过。

范公祠 370304-50-B-b02
[Fàngōng Cí]

位于城东街道西南部。因祠中所纪念的人物而得名。建于明代，1994 年重修。占地面积 300 平方米。相传宋代范仲淹幼时，由长白山醴泉寺到此省亲，曾寄迹于此，后人为了纪念他，建范公祠。主要建筑物有范公祠、范公亭、敬一堂、须弥座卧碑、范泉池等。起到了"景仰前贤，示范后世"的作用。2013 年 10 月被批准为省级文物保护单位。有公路经此。

孙廷铨故居 370304-50-B-b03
[Sūntíngquán Gùjū]

位于城东街道大街中段。因故居原主人而得名。建于明清时期。是明清风格的古建筑群，故居自西向东，现保存二进院落，由大门、接官厅、卧龙厅、南厅、北厅、过厅、藏书楼等组成。两个四合院，东西长 46 米、南北宽 26 米。是近现代重要史迹及代表性建筑。2013 年 10 月被批准为省级文物保护单位。有公路经此。

原山碧霞元君祠 370304-50-B-b04
[Yuánshān Bìxiáyuánjūncí]

位于城西街道凤凰山顶东侧。因祠所在地而得名。始建于明万历三十年（1602），清代、民国多次重修。该庙宇为三进院落，有石坊、山门、正殿、配殿及钟鼓楼等共 48 间，占地 18 亩。山门坐北朝南，面阔 3 间，进深 1 间，单檐琉璃瓦。山门前露台上建有四柱一层式石牌坊 1 座。殿内祀碧霞元君。大殿左右钟鼓楼对峙，东西配殿各 3 间。中院主体建筑为观音殿，面阔 3 间，进深 1 间，东西也各有配殿 3 间。后院有玉皇殿，殿前有影壁 1 座，东西配殿各 3 间。是淄博地区最大、最完整的碧霞元君建筑群，是研究当地民俗宗教与地方史的重要实物资料。2013 年 10 月被批准为省级文物保护单位。交通便利。

原山玉皇宫 370304-50-B-b05
[Yuánshāns Yùhuánggōng]

位于博山区城西街道颜山公园路4号。为宋代大观三年（1109）张道源所建，经元泰定，明正德、嘉靖、万历，清康熙、乾隆、道光、同治，民国等年间十余次重修。中华人民共和国成立前，在战乱中遭到破坏。1957年建原山林场后，作为林场办公地和职工宿舍。1995年4月共修复古建筑485平方米，挖掘整理古石碑25块。山门坐北向南，面阔三间，进深一间，左右各衬钟鼓楼一座，掖门一个。北大殿面阔三间，进深一间，硬山，穹庐式砖卷屋顶，上覆琉璃瓦，旧时祀太上老君。是研究当地民俗宗教与地方史的重要实物资料。2013年10月10日被批准为省级文物保护单位。有公路经此。

炉神庙 370304-50-B-b06
[Lúshén Miào]

位于孝妇河西岸的琉璃园。因建筑群主要庙宇而得名。始建于明万历三十九年（1611），乾隆元年（1736）、道光四年（1824）、道光十一年（1831）先后扩建修葺，清咸丰二年（1852）二月与清同治十二年（1873）又进行了修补。炉神庙坐西朝东，由山门、神母殿、文昌殿、五福殿组成四合院，东西宽30米，南北长35米，大殿及配殿为三开间带前檐廊、单檐硬山小瓦平房。庙中原有古碑多通，记载了历史修建情况。是研究当地民俗宗教与地方史的重要实物资料。2006年12月被批准为省级文物保护单位。有公路经此。

焦裕禄故居 370304-50-B-c01
[Jiāoyùlù Gùjū]

位于源泉镇北崮山村。因故居原主人而得名。建于民国时期。是革命烈士、干部楷模、县委书记的好榜样焦裕禄同志的诞生地。是北崮山村中一座典型的北方农家四合院，始建于清末民初，青砖、灰瓦、粉墙、苍门。东西长18米，南北宽23米，现保存北屋、南屋、西屋各3间，均为单檐硬山平房。故居展出了焦裕禄生前所用的农家物品和生平事迹图片，为后人瞻仰提供了场所。2010年7月被批准为市级文物保护单位。通公交车。

刘德培起义军营居处 370304-50-B-c02
[Liúdépéi Qǐyìjūnyíng Jūchù]

在博山区池上镇杨家村。因刘德培起义军营原址而得名。刘德培于同治元年（1862）春成立"信和团"，在博山福山顶建立据点。该旧址东西长58米，南北宽28米，二进院落。原有殿房二十余间，抗战爆发后，庙宇遭受严重破坏，仅存坍塌庙宇残迹及石券山门。刘德培起义是历史上淄博地区发起的最大、最有影响的一次农民起义。该旧址为后人学习了解当地农民起义历史起到了重要作用。1984年6月被批准为市级文物保护单位。有公路经此。

王让故居 370304-50-B-c03
[Wángràng Gùjū]

位于八陡镇北河口村南部，五龙溪北岸。因故居原主人而得名。建于明朝。是明初帝师、吏部右侍郎王让居住地，故名。占地面积300平方米。是淄博不多见的明代古建筑。故居尚有明代砖石楼1座，墙厚1米有余，月台石窗，顶部虽已破坏，仍不失高古风貌。主楼后为花园，另有书房、厢房等配套建筑。由于年久失修，建筑大多已坍塌、拆除。是近现代重要史迹及代表性建筑。2006年6月被批准为市级文物保护单位。有公路经此。

博山大街民居建筑群 370304-50-B-c04
[BóshānDàjiēmínjū Jiànzhùqún]

位于城东街道报恩寺居委会。因其地理位置而得名。建于清代。该建筑群大门坐西向东。南院落大门进门左拐，是一人高的青砖圈门，圈门南是南院东屋北山墙，山墙中出檐下有一青砖砌嵌的方形"福"字，字体秀美。从圈门左拐南行到南院，此院有一东向大门，大门往里分南北两院，主要居室未变。是博山城区仅存的古民居，对研究清代典型民居建筑具有重要意义。1997年6月被批准为市级文物保护单位。交通便利。

山头明清民居建筑群 370304-50-B-c05
[Shāntóu Míngqīngmínjū Jiànzhùqún]

位于山头街道河南东村。因所在地和初建年代而得名。建于清朝宣统元年（1909），现存三处院落。其一是位于北头井胡同的敦睦堂刘家大门。其二是位于河南东街10号的穀德堂刘家大院，是三座大院中规模最大、保存最好的建筑，共有四进院落，有房屋40余间。其三是由刘澍滨等合用的刘家大门，进大门后有南北两厢房共6间。2006年6月被批准为市级文物保护单位。交通便利。

观音寺 370304-50-B-c06
[Guānyīn Sì]

位于池上镇韩庄村东部，摩诃山山腰处。因建筑群主要庙宇而得名。始建于唐代，后经宋代至清代几次修复。占地面积2 000平方米，建筑面积1 000平方米。坐北朝南，建筑由北大殿向南延伸至山脚，有大雄宝殿、观音阁等十几座殿宇，主要景点有古银杏树、九层石塔、古柏、和尚泉、和尚禅房，其中石塔为八棱形，棱边长70厘米，塔高7.45米，是淄博市仅存的宋代石塔。

是研究当地民俗宗教与地方史的重要实物资料。2010年7月被批准为市级文物保护单位。交通便利。

兴隆观 370304-50-B-c07
[Xīnglóng Guàn]

位于城东街道后峪社区秀水河畔。因建筑群主要殿宇而得名。建于宋元时期。占地面积500平方米。坐北朝南，砖木结构，大殿、配殿为带檐廊、单檐硬山小瓦平房。从残留的碑文中得知，该观北宋初年已初具规模。整个观内屋宇布局有序，古朴壮观。兴隆观前临秀水河，观后两株古银杏树是淄博市最大的银杏树。是研究当地民俗宗教与地方史的重要实物资料。2014年3月被批准为市级文物保护单位。交通便利。

瑚山庙 370304-50-B-c08
[Húshān Miào]

在博山经济开发区辛庄村。因所在地而得名。始建于宋代，现存建筑为明清建筑。坐北朝南，二进院落，由山门、玉皇殿、钟亭、佛爷塔等组成。玉皇宝殿坐北朝南，东西长8.2米，南北宽5.8米，为青石结构，三开间带前檐廊、单檐、屋顶发券、硬山平屋。整个建筑全用雕琢青石砌成，石门、石窗、石柱、石椽、石拱券殿顶保存完好。是研究当地民俗宗教与地方史的重要实物资料。2014年3月被批准为市级文物保护单位。交通便利。

北万山寺 370304-50-B-c09
[Běiwànshánsì]

位于白塔镇北万山村北大奎山脚下。因其所在政区而得名。始建于元朝，后不断扩建，2001年9月修复。原寺院有前后两进院落和一个西跨院组成，有山门、北大殿、香雪楼、配殿、东西厢房和钟楼等40余间，占地10余亩。1951年，寺院改做学校。2001 年 9 月,由村民修复。是研究当地民俗宗教与地方史的重要实物资料。2011 年 3 月被批准为市级重点文物保护单位。交通便利。

金牛山庙群 370304-50-B-c10
[Jīnniúshān Miàoqún]

位于石马镇南沙井村北。因庙群建在金牛山上而得名。始建于清代,民国初年,南沙井村赵京柳等人在原庙宇基础之上重新设计、修缮、建设庙宇。占地面积 4 000 平方米,建筑面积 3 000 平方米。当时,山上庙宇、道房、社屋达 100 余间。庙群由三洞三亭、太平观、泰山殿、唤龙门、玉皇宫等组成。多点分布,依山傍势,非常壮观。是研究当地民俗宗教与地方史的重要实物资料。2014 年 3 月被批准为市级文物保护单位。有公路经此。

南坪石城遗址 370304-50-B-c11
[Nánpíng Shíchéng Yízhǐ]

位于石马镇南沙井村南坪山顶。因所在地而得名。建于清代。此石城墙随山顶地势,南北长约千米,东西宽约 200 米。石城有四门,北门系上山主门,高 4 米。城墙顺山势起伏,一般高 3 米,上厚 1 米,下厚 1.5 米,离地两米有一错台,人可在上面走动防守,墙顶有垛口。寨内有石房三百余间,大小不等,全为干砌。房内有石桌、石凳、石炕。是研究当地民俗宗教与地方史的重要实物资料。2014 年 3 月被批准为市级文物保护单位。有公路经此。

源泉二郎山庙群 370304-50-B-c12
[Yuánquán Èrlángshān Miàoqún]

位于源泉镇源泉村南。因建筑群主要庙宇而得名。建于明清时期,1992 年进行了恢复性修建。建筑面积 580 多平方米,风格古朴。庙群有玉皇大殿、后土真君大

殿、泰山行宫、二郎神殿、龙王殿、财神殿、地藏王殿、阎罗殿、王母宫、马师傅洞等,共计 70 余间,二郎山上现存碑刻文物主要有泰山行宫感应碑、马师傅洞摩崖石刻、赵师傅洞内刻字及晚清至民国碑碣数通。是研究当地民俗宗教与地方史的重要实物资料。2014 年 3 月被批准为市级文物保护单位。通公交车。

泉河头青龙山古建筑群 370304-50-B-c13
[Quánhétóu Qīnglóngshān Gǔjiànzhùqún]

位于源泉镇泉河头村东侧青龙山上。因所在位置而得名。建于明朝。从下到上依次是大圣庙、龙王庙、十大夫庙、三官庙、泰山行宫、观音庙、玉帝庙、白衣阁、无生老母庙、马师傅庙等。因山势陡峭,顶部庙宇依崖而建,如悬半空,小巧精细、错落有致。是研究当地民俗宗教与地方史的重要实物资料。1997 年 6 月被批准为市级文物保护单位。有公路经此。

顺德夫人祠 370304-50-B-c14
[Shímǎ Shùndécí]

位于石马镇政府东北部。祠内供奉顺德夫人即颜文姜塑像,故名。初建于明末清初,历代皆有修葺,2011 年重建。占地面积 500 平方米,建筑面积 300 平方米,坐北朝南,三进院落,砖木结构,有大殿、配殿等。是研究当地民俗宗教与地方史的重要实物资料。1997 年 6 月被批准为市级文物保护单位。有公路经此。

五阳山明清建筑群 370304-50-B-c15
[Wǔyángshān Míngqīng Jiànzhùqún]

位于石马镇东石村村北。因建筑群主要庙宇而得名。建于明清时期。大部分建筑为砖木结构、单檐硬山小瓦平房。山门门楼雄踞于大钟顶腰间,西依悬崖陡壁,东临百丈深渊。门匾书"小蓬莱"三个鎏

金大字。进山门左侧有石碑数通。庙群有吕祖阁、望月亭、藏龙碑、会仙桥、摩崖石刻、仙景院、三官殿、三霄祠、伏龙池、佛阁、石佛崖、老君庙、龙泉洞、杨家楼、志公殿、玉皇宫、醉酒台等建筑和古迹。是研究当地民俗宗教与地方史的重要实物资料。1997 年 6 月被批准为市级文物保护单位。有公路经此。

兴隆山碧霞元君祠 370304-50-B-c16
[Xīnglóngshān Bìxiáyuánjūn Cí]

位于白塔镇饮马村东 1 千米处。因所在地而得名。建于明清时期，1994 年 3 月起陆续修复。祠堂依山而建，由山门、碧霞元君殿、配殿、香亭等组成。碧霞元君殿为砖木结构、三开间、斗拱、单檐硬山琉璃瓦平屋。是研究当地民俗宗教与地方史的重要实物资料。2014 年 3 月被批准为市级文物保护单位。有公路经此。

邀兔三官庙群 370304-50-B-c17
[Yāotù Sānguān Miàoqún]

位于博山镇邀兔村村南，淄河岸边。因供有天官、地官、水官塑像，故名。始建于明朝嘉靖年间。碑载明朝万历三年（1575）重建。占地面积 800 平方米。庙中最具特色的是康熙九年（1670）建的斗拱建筑声闻阁、罕见的砖雕麒麟壁等。是研究当地民俗宗教与地方史的重要实物资料。2014 年 3 月被批准为市级文物保护单位。有公路经此。

禹王山庙 370304-50-B-c18
[Yǔwángshān Miào]

位于博山城西 9 千米处的禹王山上。因建筑群主要庙宇而得名。建于清朝。人们为感念大禹治水的功德，在此建庙。占地面积 780 平方米。禹王祠现仅存遗址，长 8 米，宽 5.5 米。向南 10 米左右有小龙王殿一处，长宽分别为 4.4 米、3.5 米。是研究当地民俗宗教与地方史的重要实物资料。2014 年 3 月被批准为市级文物保护单位。有公路经此。

岳阳山明清建筑群 370304-50-B-c19
[Yuèyángshān Míngqīng Jiànzhùqún]

位于源泉镇北崮山村以北岳阳山山顶。以建筑群所在地而得名。建于明清时期。占地面积 1 000 平方米，建筑面积 850 平方米。建筑群有三个院落，山门雄伟。建筑中有 50 多块石刻碑碣，文化价值较高。庙群周围有垣墙，临崖向阳处有长洞，传为唐赛儿驻扎处。是研究当地民俗宗教与地方史的重要实物资料。2010 年 7 月被批准为市级文物保护单位。有公路经此。

大南峪八宝灵山寺 370304-50-B-c20
[Dànányù Bābǎolíngshān Sì]

位于池上镇大南峪村西南方向，在燕尾山中部平坦的山岭上。因寺中传说而得名。建于明清时期。占地面积 20 000 平方米，建筑面积 3 500 平方米。传说八宝（金马、金鹿、金鸟、金狮、金蝉、金羊、金兔、金龟）在此山齐聚，修炼成仙，村民遇事有求必应，故该山名为八宝山，该寺名为八宝灵山寺。寺之东北峰上有志公祠，相传初建于梁代，清朝末年重修。由山门、天王殿、大雄宝殿、藏金阁、药师殿、地藏殿、念佛堂、观音殿、珈蓝殿、祖师殿等组成，南坡上有新建的九龙壁。是研究当地民俗宗教与地方史的重要实物资料。2014 年 3 月被批准为市级文物保护单位。有公路经此。

大海眼钢叉楼 370304-50-B-c21
[Dàhǎiyǎn Gāngchā Lóu]

位于白塔镇大海眼村中，东临张博路，是一处兵防瞭望楼。因所在地而得名。建于明代。此楼为砖石结构，高 17.6 米，南北宽 8 米，东西长 12.6 米，共有四层，入口处在二层，一层至三层无梁、无柱，均为砖石所砌，楼墙厚度达半米。一层为暗室，环四周墙壁有七个通风换气洞口。二层正面两窗，背面一窗。三层正面三窗，东西墙和背面各有一窗。该建筑当时主要用于防御和瞭望。2014 年 3 月被批准为市级文物保护单位。有公路经此。

白石洞明清建筑群 370304-50-B-c22
[Báishídòng Míngqīng Jiànzhùqún]

位于域城镇西域城村。因白石洞而得名。建于明清年代，后嘉庆、道光、同治、光绪、民国均有重修记载。现存庙宇 29 间。主体建筑有玉皇阁、团圆殿、三官殿、龙王祠、观音庙、碑阁、道房等。有古碑碣 10 多块。山崖上有 1917 年摩崖石刻"土"字，尤有意义。是研究当地民俗宗教与地方史的重要实物资料。2010 年 7 月被批准为市级文物保护单位。有公路经此。

风景名胜区

博山风景名胜区 370304-50-C-a01
[Bóshān Fēngjǐngmíngshèngqū]

位于博山区中部。东至源泉镇，南至池上镇，西至山头街道，北至域城镇。面积 73 平方千米。以所在地命名。2002 年 5 月被批准为国家级风景名胜区。由颜山公园景区、白石洞景区、石门景区、樵岭前景区、五阳山景区、泉河头景区、鲁山景区以及金牛山景区八大景区组成，大小景点 200 余处，景区内有国家级森林公园两处，有中国第一长城——齐长城，有大自然奇迹——石海，有高耸入云的望海楼，有鲁中第一高山——鲁山，有被誉为山东第一洞的开元溶洞、江北第一溶洞的博山溶洞。博山风景名胜区人文景观十分丰富，是中国孝文化的发祥地之一。有公路经此。

重要景点和一般名胜古迹

开元溶洞 370304-50-D-a01
[Kāiyuán Róngdòng]

位于源泉镇高庄村东南部。洞内发现有唐朝开元年间钟乳石刻，刻有"开元年王佺，淄州"等字样，故名。洞体大而高，最高处达 30 余米，宽处 20 余米，长 1 100 米。洞内发现有新石器时期、唐宋等时期摩崖石刻和西汉、北魏、隋唐时期的陶片、铁器、兵器等文物。开元溶洞分六个大厅。第一厅叫"水帘洞厅"，洞内钟乳石造型形态各异，石幔、石旗、石笋赏心悦目。石狮状石笋上依稀可辨的"李""女""遇"等字，经专家鉴定，证实为宋代石刻，已有近千年历史。第二厅是"龙脊厅"，总长 45 米，从一厅到六厅几乎全有龙脊构造。洞壁上大大小小的白色圆形钟乳石，组成"迷途水母"景。此厅石笋表面有"开元年"三个清晰可辨的石刻。经专家认定为唐开元年间所刻。第三厅是"珍珠厅"，此厅顶部也有许多印痕，它们有的是岩石裂隙被方解石充填而成，有许多是中国汉朝石刻。第四厅是"聚仙厅"，此厅中各种形态的大小石笋、小石瀑布、小水母珊瑚、石葡萄、石旗比比皆是。第五厅是"长寿厅"，雄伟高大，高约 25 米，钟乳石奇多。第六厅是"观音厅"，厅中南海观音状钟乳石端坐洞壁，栩栩如生。厅顶部有长约 25 米的龙脊上钟乳石，形似佛龛。为博山区主要景点之一，是当地及周边群众游玩休闲之处，具有一定考古价值。2012 年 1 月被评为国家 AAAA 级景区。有公路经此。

樵岭前风景区 370304-50-D-a02
[Qiáolǐngqián Fēngjǐngqū]

位于山头街道樵岭前村。总面积 9 平方千米。因地理位置而得名。景区主要由博山溶洞、王母池、天星湖和淋漓湖组成。博山溶洞被誉为"北国第一洞天";王母池、天星湖素有"鲁中山水画廊"之美誉;淋漓湖被游客称为"凤凰天池"。是一处集山、水、林、泉、洞、瀑、亭为一体的休闲旅游胜地。为博山区主要景区之一,是当地及周边群众游玩休闲之处。2006 年 12 月被评为国家 AAA 级旅游景区。有公路经此。

原山国家森林公园 370304-50-D-a03
[YuánshānGuójiāsēnlín Gōngyuán]

在区境西南部。东至城东街道,南至山头街道,西至莱芜区,北至域城镇。占地面积 1.9 平方千米。因原山而得名。群山起伏,层峦叠嶂,景象万千,海拔最高处 800 米。分为凤凰山景区、禹王山景区、望鲁山景区、薛家顶景区和夹谷台景区五大景区。凤凰山景区是主要景区,汇集林、泉、洞、谷于一体,历史上曾是重要的宗教活动场所,也是历代兵家争战之要地。有宋代玉皇宫、明代泰山行宫、清代吕祖庙、岩画等文物古迹。中国最早的长城 - 齐长城遗址,贯穿景区东西,还有喀斯特地貌形成的石海。禹王山景区因山得名,以自然景观为主。禹王山连绵淄博、莱芜、章丘境内,长约一百公里,主峰海拔 797.8 米。南面山势陡峭,山的阴面,岩缝中积雪较长时期不化,故有"禹山积雪阴无日"之称,为博山八大景之一。山上残存的古长城遗址斑驳可辨,上面马耳关、虎牢关,均为长城要塞。望鲁山景区因山得名,以山川自然景观为主。山势绵亘高耸,是齐长城经过的山岭之一,而今遗迹尚存。薛家顶景区因山得名,以高山、怪石等自然景观为主。石夹谷台景区因位置得名,以历史故事和传说为主。四面环山,为博山名胜。夹谷台有三层台,每层均被悬崖峭壁所断,每层中间是草坡。山顶峭壁上有清代摩崖石刻:"夹谷台"。相传夹谷台为春秋时期齐鲁会盟之地。景区丰富了市民的休闲娱乐生活。2003 年被评为国家 AAAA 级旅游景区。有公路经此。

白石洞景区 370304-50-D-c01
[Báishídòng Jǐngqū]

位于域城镇西域城村。因景区内有白石洞而得名。景区占地 20 余亩,现存庙宇 29 间。进山门沿青石曲径拾级而上,自然植被交错遮日,千年银杏沐浴金风,白石洞悬于百丈悬崖,洞口白石镶嵌,长寿泉细流涌出,祠殿台阁依崖而立,建筑独特,实为天然仙境。是当地及周边群众游玩休闲之处。有公路经此。

五阳湖生态旅游度假区 370304-50-D-c02
[Wǔyánghú Shēngtàilǚyóu Dùjiǎqū]

位于石马镇西南部。因度假区中的五阳湖湿地公园而得名。核心区为占地 1 500 亩的五阳湖湿地公园,另分布有五阳山、五凤山、凤凰山、金牛山等十几座山体,植被良好,物种丰富;还有齐长城、齐鲁桥(接境桥)等历史遗址。为博山区主要景区之一,是当地及周边群众游玩休闲之处。2011 年被批准为第十一批国家水利风景区。有公路经此。

临淄区

纪念地

管仲纪念馆 370305-50-A-c01
[Guǎnzhòng Jìniànguǎn]

在临淄区齐陵街道北山西村，南依牛山，北停淄河。因纪念馆纪念人物而得名。2004年建成。占地面积20万平方米，分为馆区和园区两部分，馆区占地面积5万平方米，园区占地面积15万平方米。该馆整体设计采用中轴对称与园林分散相结合的方式。整体建筑采用挺拔、简洁的仿汉代风格造型，使其具有传统美的同时，更赋予了现代建筑文化的气息。整个纪念馆展厅总面积539平方米，由五厅（管鲍之交、桓公拜相、管仲治齐、首霸春秋、光照千古）、一祠（管仲祠）、一馆（中国宰相馆）组成。整个展厅内装形式采用写真景观与汉风格展示构件相结合的手法，运用浮雕壁画等多种展示手段。馆区有青瓦、黄墙、红门、青石台阶，正门采用阙门式，16立柱，门柱上方采用覆斗形结构，覆斗上伸出5个棱翅，左右对称，极像振翅欲飞的鲲鹏。门阔6米，门楣书有"管仲纪念馆"的匾额。进门即为第一进院，正中轴线上为被礼亭，两侧通过回廊连接钟楼、鼓楼。东侧院落为中国宰相馆，西侧有一渊溪，曰"三浴渊"，临渊处是一个8柱式飞檐憩亭。第一、二展厅呈"l"形，将之环绕。管仲纪念馆以管仲墓为依托，以管子思想为基础，以管仲的生平为脉络，通过多种艺术手段，在展现天下第一相辉煌一生的同时，全面展示博大精深的管子思想，并综合展示宰相文化及历代名相对社会的贡献。有公路经此。

临淄中国古车博物馆 370305-50-A-c02
[Línzī Zhōngguó Gǔchē Bówùguǎn]

在临淄区齐陵街道后李官庄村西北。因展览内容而得名。1990年5月，山东省考古工作队对其进行了全面发掘。1994年9月，建成以春秋车马坑为依托，以中国古车文化为主题，集中全国各地出土的不同类型、不同时期的车马进行复制、陈列的博物馆。占地1.36公顷，建筑面积3 600平方米。该馆内集中国古车研究成果之大成，充分展示了中国车乘的悠久历史和造车技术在世界车辆发展史上的领先地位。包括春秋殉马车展厅和中国古车陈列展厅两部分：地下春秋殉车马展厅为后李春秋殉车马的发掘现场，就地保护在跨度为15米的高速路道桥之下，车马坑南北列两排，有战车10辆，马32匹。后李春秋殉车马，规模之大、配套之齐全、马饰之精美为当代中国之冠，列中国十大考古发现之一。古车陈列展厅以时代先后为序，用大量的文物实物、模型、古车复原、照片、图片和文字，展示了车、轿、辇的产生、发展以及在战争、交通、生活中的作用。具有重要的考古价值，是中国第一家最完整、最系统、集考古发掘现场与文物陈列于一体的展示古车发展史的博物馆。有公路经此。

重点文物保护单位

西天寺造像 370305-50-B-a01
[Xītiānsì Zàoxiàng]

在临淄区齐都镇西关北村。佛像因寺名而得名。为北朝时期造像，中华人民共和国成立后，国家对其进行了建房保护。佛像身高5.6米，宽1.8米，厚1米。头饰螺髻，面庞丰满，身披通肩袈裟，袒胸赤足，直立于覆莲座上，手施无畏与愿印、左右有残。风雨盘剥，历尽沧桑，致口部与左手有残。为研究北朝时期鲁中地区的佛教传播历史、北朝佛教造像艺术，提供了实物资料。2006年5月被批准为国家级文物保护单位。有公路经此。

田齐王陵 370305-50-B-a02
[Tiánqíwáng Líng]

在临淄齐故城东南8千米的齐陵街道郑家沟和青州东高镇一带。因王陵主人而得名。建于战国时代。是战国时期齐国田氏国王及王室、贵族、大臣的墓葬区。包括二王冢、四王冢以及附近的100多座大小墓冢，面积30多平方千米，是目前我国现存规模最大的先秦诸侯王陵古墓群，堪称战国王陵的典型代表。陵区最著名的有二王冢和四王冢。为研究战国时期齐国、齐都历史，各齐王生平事迹，以及战国时期齐国国王陵寝制度提供了实物佐证，对传承弘扬齐威王、齐宣王等齐国历史名人的思想、精神、品德、智慧，提供了物质载体。1988年1月被批准为国家级文物保护单位。有公路经此。

临淄墓群 370305-50-B-a03
[Línzī Mùqún]

在临淄区齐国故城周围。因墓群所在地而得名。建于春秋至秦汉时期。面积20平方千米。现存有封土的墓葬和台基共159座，无封土的墓葬数量巨大，难以计数。墓主有国君、王侯、贵族、大夫、将军、名士等。墓的形制多为高大的封土墓，状如山丘。该遗址为研究周代至汉代齐国、齐都的历史，以及文物、墓葬制度提供了大量佐证。对传承弘扬齐文化提供了物质载体。2013年3月被批准为国家级文物保护单位。有公路经此。

后李遗址 370305-50-B-a04
[Hòulǐ Yízhǐ]

在临淄区齐陵街道后李官庄村。因地处后李村而得名。为新石器时代遗址。1988—1990年，先后对其进行4次发掘。遗址面积约20公顷，文化堆积厚达2米～5米，共12层。其中，10层～12层为新石器时代早期的后李文化遗存。其中的大型春秋车马坑被列为1990年中国十大考古发现。2006年5月被批准为国家级文物保护单位。有公路经此。

临淄齐国故城 370305-50-B-a05
[Línzī Qíguó Gùchéng]

在临淄城区北7.5千米处。因遗址历史称谓而得名。建于周代。临淄齐国故城包括大城和小城两部分，大城东临淄河，小城位于大城西南部，总周长约21.3千米，总面积达16平方千米。大城南北长近4 500米，东西宽3 500多米，是官吏、平民及商人居住的城郭。小城南北长2 000多米，东西宽近1 500米。主要景点为10号宫殿遗址、手工业作坊遗址、孔子闻韶处、稷下学宫遗址、韩信岭、殉马坑。城内道路纵横交错，多与城门相通，已探明10条主要交通干道。故城保存完整，地上地下文物古迹十分丰富，在中国文化史上占据着重要地位。1961年3月被批准为国家级文物保护单位。有公路经此。

董褚遗址 370305-50-B-b01
[Dǒngchǔ Yízhǐ]

在临淄区稷下街道董褚村西南。因该遗址位于董褚村而得名。为新石器时代、商周时代遗址。1984年，全省文物普查时发现。1986年、2003年先后两次发掘。遗址中主要包含北辛文化、大汶口文化、龙山文化、周代文化、秦汉及宋金元时期的遗存，前后延续时间长，文化层较厚。为研究龙山文化时期临淄地区先民的居住、生产、生活状态提供了佐证。1992年6月被批准为省级文物保护单位。有公路经此。

高阳故城遗址 370305-50-B-b02
[Gāoyáng Gùchéng Yízhǐ]

在临淄区朱台镇南高阳村西。因遗址所在地而得名。建于北魏时期。面积446 000平方米。遗址地势较高，中部隆起，四周低洼，城址为长方形，东西长750米，南北宽约590米。城址高出地面两米左右，四周残垣痕迹清晰可辨。城内耕土层下建筑遗迹颇多，并时有战国时期瓦当出土。为研究周代齐国葵丘（或渠丘）邑历史、汉代西安县历史、南北朝高阳郡历史，以及贾思勰任侨置高阳郡守并创作《齐民要术》的经过，提供了历史现场和文物资料。2013年10月被批准为省级文物保护单位。有公路经此。

尧王庄遗址 370305-50-B-b03
[Yáowángzhuāng Yízhǐ]

在临淄区稷下街道尧王庄北。因地处尧王庄北而得名。为商代遗址。1965年10月，北京大学考古系师生在临淄实习时发现并进行了发掘。遗址地势高凸，大体呈东西长、南北窄的长方形，占地面积约8 000平方米。文化层厚1.5米左右，出土遗物有夹砂红陶甗及陶鬲、罐、盆、鼎、鬶、甑等器物残片。器壁较厚，器身多饰粗绳纹，腰部饰附加堆纹。为研究商代的居住、生产、生活状态提供了佐证。2013年10月被批准为省级文物保护单位。有公路经此。

稷山墓群 370305-50-B-b04
[Jìshān Mùqún]

在临淄齐故城东南10千米处的稷山。因地处稷山而得名。建于西汉时期。1983年9月发现。墓道深10米，墓室高194厘米，长388厘米，宽370厘米，全部由人工开凿而成。从陪葬的器物分析，此墓为汉代墓葬。文物部门实地考察，发现稷山顶还有多处墓葬共同构成了稷山墓群。为研究汉代临淄地区的墓葬文化，特别是西汉临淄的石质洞室墓，提供了实物佐证，极具研究价值。1992年6月被批准为省级文物保护单位。有公路经此。

薛家庄遗址 370305-50-B-b05
[Xuējiāzhuāng Yízhǐ]

在齐陵街道薛家庄西1千米的淄河东岸。因遗址所在地而得名。为新石器时代的遗址。1965年发现并试掘。从出土文物看，属大汶口晚期文化，距今约5 000年，且保存完好，未经过大规模动扰。为研究先齐时期临淄聚落遗址、齐地东夷文化，深入了解临淄先民的生产生活状态提供了资料。2013年10月被批准为省级文物保护单位。有公路经此。

金岭清真寺 370305-50-B-b06
[Jīnlǐng Qīngzhēn Sì]

在临淄区金岭回族镇金南居委会。因所在地而得名。建于明代。面积4 250平方米。院落南北宽58米，东西长70米，大门东向。祈主大殿是该寺的主体建筑，大殿坐东朝西，前出厦，重梁起架，悬山顶，青砖灰瓦，略出飞檐。殿顶三基相连，衔为一体。金岭清真寺并非传统的穆斯林风格建筑，而是中国传统的楼阁式建筑，在山东省的清真寺建筑中独树一帜。为研究明清时期鲁中地区的伊斯兰教传播历史、临淄金岭回族镇历史、临淄金岭回族历史提供了实物资料。2013年10月被批准为省级文物保护单位。有公路经此。

范家遗址 370305-50-B-c01
[Fànjiā Yízhǐ]

在临淄区稷下街道范家新村以北约200米处范家新村。因遗址所在地而得名。为商周时代遗址。2013年1月发现，2013年9—12月进行试掘。该遗址为商代晚期的城址，为研究西周时期齐国的历史，特别是研究齐国早期都城"营丘"的地望问题，提供了重要线索。2014年3月被批准为市级文物保护单位。有公路经此。

石佛堂遗址 370305-50-B-c02
[Shífótáng Yízhǐ]

在临淄区齐都镇石佛堂村北侧。因殿中有石质佛像而得名。20世纪90年代重建。共有正殿3间，两端耳殿各两间，东西配房及库室各8间，并建有仿古大门和钟鼓楼，大门外有放生池一座。殿内原存佛像4尊。其中，一组3尊，雕刻在一块高2.10米、宽1.35米、厚0.20米的莲瓣状石屏上，石屏背面刻有35个佛像。正面顶端左右雕立式飞天和蟠龙，头后浮雕弦纹和缠枝牡丹纹。中间一佛像身着宽带褒衣，着长裙，跣脚立于圆形石座上。两胁各雕一菩萨，头均残缺，背饰弦纹，背光，身着宽带褒衣，手残，跣脚立于圆形石座上。弥勒佛像背刻"大魏永安三年……敬造弥勒佛一躯"字样，永安三年即530年。为研究北朝时期鲁中地区的佛教传播历史及北朝佛教造像艺术提供了实物资料。1997年6月被批准为市级文物保护单位。有公路经此。

齐都王氏庄园 370305-50-B-c03
[Qídū Wángshì Zhuāngyuán]

在临淄区齐都镇南门村原临淄县城东南部南门大街东侧。因庄园原主人而得名。最早为明代就藩于临淄的朱姓藩王玉田王家族所建，建造时间约为明嘉靖元年

（1522）。清顺治八年（1651），清政府屠戮明玉田王族，查抄玉田王府。清乾隆十七年（1752），皇帝将此王府赐给临淄进士、南门村人王曰赓，此庄园遂为王氏庄园。2006年6月被批准为市级文物保护单位。有公路经此。

临淄县衙大堂 370305-50-B-c04
[Línzī Xiànyá Dàtáng]

在临淄区齐都镇西门村城里大街中部染织厂内。因遗址原为县衙而得名。建于明代，内用12根圆木支撑，重梁木椽，前出厦，出飞檐，硬山顶，前面为雕木隔扇。布局协调，庄重朴实，系明代风格。明朝末年，县衙毁于兵乱，清顺治十八年（1661），知县于芳复修。原大堂两翼各建有曹吏房，堂前建有戒石亭。大堂正南是县衙大门，门上有谯楼。东边建有土地祠，西边是监狱，大堂后有"退思亭"，再后为知县住宅。知县宅左边是县丞宅，右边是主簿宅、典吏宅等。中华人民共和国成立后，旧县衙一直为临淄县治所在地。1974年县治移往辛店后改建为临淄色织布厂。为研究明清临淄历史及明清临淄官署建筑艺术，提供了实物资料。2006年6月被批准为市级文物保护单位。有公路经此。

安平故城 370305-50-B-c05
[Ānpíng Gùchéng]

在临淄区皇城镇皇城营、张家庄、油坊村、石槽村周边。因故城原地名而得名。建于春秋战国时期，1973、1981年先后发掘。面积3 570 000平方米。遗址南北2 000米，东西1 800米，面积3.6平方千米，基本呈长方形，唯东南角向内凹进。城垣大部夷为平地，仅东北角稍有残存，高出地面2米，长50米。系夯土建筑，夯层厚20厘米，夯窝直径5.5厘米。当地群众曾在遗址东部挖出石基，在田单墓东南挖出汉瓦，上有

花纹，长约 1 米，发现漏孔陶井圈，直径 1 米，高 0.6 米，还曾出土过青铜器。安平故城今地表多为汉代遗迹，为研究周代纪国历史、战国田氏代齐历史、齐国名将田单历史以及秦汉东安平县、北朝安平县的建制沿革提供了实物资料。1984 年 6 月被批准为市级文物保护单位。有公路经此。

金陵寺石佛造像 370305-50-B-c06
[Jīnlíngsì Shífózàoxiàng]

在临淄区朱台镇南高阳村。因寺名而得名。建于北魏时期。1998 年在原址修建大殿一座，重新塑造佛头，并将佛身通体鎏金。2000 年后撤除大殿，重新建设大雄宝殿、观音殿、地藏殿、藏经阁、念佛堂、斋堂各一座，建设男寮房两座、女寮房一座。面积 300 平方米。石佛造像坐北朝南，东西排列，间距约 8 米，均结跏趺坐于束腰莲座上，通高 2 米。头饰螺髻，身披袈裟，袒右肩，内着僧祇支，赤足，手施无畏与愿印。莲座里面上刻有浮雕力士像。头、手缺失，莲花座有残损。为研究北朝时期鲁中地区的佛教传播历史、北朝佛教造像艺术，提供了实物资料。1984 年 6 月被批准为市级文物保护单位。有公路经此。

业旺西村王氏楼 370305-50-B-c07
[Yèwàngxīcūn Wángshì Lóu]

在临淄区金山镇业旺西村。因所在地和修建者姓氏得名。建于清代。为二进四合院建筑，由大门、正房、两侧厢房及倒座组成四合院。王氏楼及厢房梁架为抬梁式，正房坐北向南，为单檐硬山三开间楼房，前有月台。为研究清代临淄历史及清代临淄民居建筑艺术提供了实物资料。2010 年 7 月被批准为市级文物保护单位。有公路经此。

风景名胜区

临淄齐故城风景名胜区 370305-50-C-b01
[Línzī QíGùchéng Fēngjǐngmíngshèngqū]

在区境中部。范围包括齐故城景区、淄河景区、田齐王陵景区、公泉峪景区、金山景区、天堂寨景区、高阳故城、桐林田旺遗址和安平故城。总面积为 66.7 平方千米。因风景区内历史遗迹年代而得名。1998 年经山东省人民政府批准设立的省级风景名胜区。重要的人文资源有周代齐国都城遗址、春秋古车馆、殉马坑、孔子闻韶处、稷下学宫等历史古迹。春秋车马馆坐落在后李文化遗址上，是我国第一家以考古发掘现场与文物陈列融为一体的中国古车博物馆，于 1994 年 9 月 9 日建成，后李春秋殉车马规模大、配套齐全、马饰精美，列全国十大考古发现之一，充分展示了我国车乘的悠久历史和造车技术在世界车辆发展史上的领先地位。东周殉马坑是一处春秋时期的齐国君主和大贵族墓地，主墓周围发现了大规模的殉马坑，分布在墓室的东、西、北三面，三面自然连接，成为一体。按殉马排列密度平均每米地段 2.8 匹以上计算，全部殉马当在 600 匹以上，数量之多，规模之大，前所未有。风景名胜区内的自然资源丰富，植被完好，景色秀丽。田齐王陵景区以田齐六王墓葬得名，与淄河相邻。其中的马莲台沟壑纵横，山丘环绕，台岭高耸，地势险要；石海处块块青石卧在那里，大都呈波浪形，有几块则呈怪兽、乌龟之状，每块都形神兼备，惟妙惟肖。临淄齐故城风景名胜区是一处组群型风景区，以齐文化发源地为依托，以历史故城遗址、遗迹、古陵墓群为主题，集遗址参观、历史探究、文化体验、自然风光于一体的省级风景名胜区，拥有全国重点文物保护单位 5 处，省级文物保护单位 4 处，市级文物保护单位 36 处，区级文物保护单位 26 处，是研究当地民俗宗教与地方史的重要实物资料。交通便利。

周村区

纪念地

淄博市革命烈士陵园 370306-50-A-c01
[Zībó Shì Gémìnglièshì Língyuán]

位于周村城区东南大埠山北麓。因陵园内安葬有革命烈士而得名。1948 年始建，1999 年迁建。原八路军山东纵队第三支队司令员马耀南、八路军渤海军区第六分区副司令员马晓云、八路军山东纵队第三支队独立营营长马天民等烈士安葬于此。是爱国主义教育基地，对更好地弘扬烈士精神、进行爱国主义教育起到了重要的促进作用。2000 年 3 月，市政府正式批准更名为淄博市革命烈士陵园。通公交车。

重点文物保护单位

千佛阁古建筑群 370306-50-B-b01
[Qiānfógé Gǔjiànzhùqún]

位于周村区新建中路 1 号。阁内墙壁上的无数神龛中塑有一座座形态各异的佛像，因数目众多，故称"千佛阁"。建筑群中的关帝祠始建于清康熙四年（1665），清康熙三十四年（1695）重修，扩大了规模，并加建三义殿。清乾隆十五年（1785）建成罗汉堂。占地 5 000 平方米，由千佛阁、关帝祠、三义殿、罗汉堂、弥勒殿、观音殿等组成，体现了浓厚的古建筑文化，是周村现存最完整的宗教古建筑群。千佛阁古建筑群楼阁殿堂错落有致，雕梁画栋韵味悠长，对研究中国的宗教文化、古商业

文化及鲁中地区经济发展提供了宝贵的实物资料，具有重要的考古价值。2006 年 12 月被批准为省级文物保护单位。通公交车。

毕自严故居 370306-50-B-b02
[Bìzìyán GùJū]

位于王村镇西铺村。原为明朝崇祯年间户部尚书毕自严府邸，故名。该建筑始建于明朝天启年间，续建止清康熙早期。包括住宅区、祭祀区、花园，南北长 200 余米，东西宽 100 余米，占地面积 25 亩。现尚存影壁墙、老家庙、花园后门、振衣阁、绰然堂以及部分住宅。因蒲松龄在此坐馆 30 余年，1984 年被改建为蒲松龄书馆。是淄博市爱国主义教育基地、淄博市关心下一代教育基地、省级重点历史文化旅游景区，具有重要的考古价值。2006 年 12 月被批准为省级文物保护单位。通公交车。

李家疃古建筑群 370306-50-B-b03
[Lǐjiātuǎn Gǔjiànzhùqún]

在周村区王村镇李家疃村。因所在村庄而得名。建于清朝。该建筑群以王氏大庄园为主体，占地面积约 4 万平方米，核心区建筑面积 2.1 万平方米。现存明清古建筑 300 余间，主要包括"九门一庄"、亚元府、解元府等；传统街巷主要有南北大街、酒店胡同、盐店胡同、牌坊街等。古村落建筑布局严整、规模宏大、风貌独特，文化内涵丰富，具有极高的清朝建筑艺术研究价，具有重要的考古价值。2013 年 10 月被批准为省级文物保护单位。通公交车。

爱国遗址 370306-50-B-c01
[Àiguó Yízhǐ]

位于周村区大街街道爱国社区鹤子窝南。因所在政区而得名。为新石器时代至秦汉时期遗址。20 世纪 80 年代发掘。南北较长，约两公里，略呈葫芦形，北部略宽，

总面积约 5 000 平方米，东西 1 公里范围内，在 1958 年修建水库、1964 年农田改造中发现大量文物。20 世纪 80 年代，淄博市博物馆对 8 万平方米区域进行挖掘，探明了一个 2 万平方米的古人类集中聚居区，以及同样面积的墓葬区。文化层厚 2 米左右，文物上限龙山文化早期，中经商周时期，下限达秦汉时期。出土了一些陶器、石器、人类及动物骨骼等。墓葬区有许多陶棺葬，遗址充分展示了中国古代文化的多样性。作为人类历史发展的载体，对于考古工作的发掘整理和人类文明的进化研究具有非常重要的意义。1984 年 6 月被批准为市级文物保护单位。通公共汽车。

马耀南故居 370306-50-B-c02
[Mǎyàonán Gùjū]

位于北郊镇北旺村南部。为八路军山东纵队第三支队司令员马耀南同志故居，故名。建于清代，2005 年、2014 年改扩建。占地面积 390 平方米，建筑面积 800 平方米。院落主体为四合院，包括两个展厅，主要展示马耀南、马晓云、马天民三位烈士的英勇事迹和革命斗争历史。是进行革命传统教育、爱国主义教育的基地。2006 年 6 月被批准为市级文物保护单位。交通便利。通公交车。

石氏庄园 370306-50-B-c03
[Shíshì Zhuāngyuán]

位于周村区北郊镇大七村内。因是石氏家族所建，故名。建于清末民初。现存大门两个，房屋 48 栋，100 余间，占地 16 亩。曾是中共长山县委、县政府驻地，20 世纪 60 年代周村粮所在此办公。石氏庄园以其庞大规模的古建筑组群，真实地反映了清末民初淄博周村、邹平长山地区农民发展工商业的盛况，是当地经济由农耕向资本工商业发展过渡的缩影。2006 年 6 月被批

准为市级文物保护单位。交通便利。通公交车。

毕自严墓 370306-50-B-c04
[Bìzìyán Mù]

位于王村镇黄埠村西。因墓主人而得名。建于明代。坟墓封土高 5 米，底周长 45 米。墓地面积 100 官亩，石牌坊面南，上刻"光禄大夫太子太保户部尚书毕公之墓"。石牌坊顶部镌刻"赐阡茔"。进牌坊十步列二碑楼，镌刻墓主人生平。再北，有盘龙石柱二立于左右，全柱以一条青石雕琢而成。又入里，依次为石羊、石虎、石马各一对，石翁仲四，文武各二。墓内松柏树蓊蓊郁郁，皆二人合抱粗，遮天蔽日。对了解与研究明代陵墓、丧葬文化具有重要意义和考古价值。2006 年 6 月被批准为市级文物保护单位。交通便利。通公交车。

商家遗址 370306-50-B-c05
[Shāngjiā Yízhǐ]

位于南郊镇商家村东部。因所在政区而得名。为新石器时代到汉代遗址。遗址中心为台地，向南逐级递减，中部东西、南北两处断崖将遗址自然分割，总分布面积约 37 000 平方米，略呈方形，文化层堆积厚约 2 米。采集的遗物有龙山文化泥质褐陶鼎足，西周泥质灰陶罐、夹砂灰陶鬲，东周泥质灰陶盆，汉代泥质灰陶瓦当、灰陶鼎、绳纹砖等器物残片。该遗址对考古研究和人类文明的进化研究具有重要意义。1984 年 6 月被批准为市级文物保护单位。通公交车。

逄陵故城遗址 370306-50-B-c06
[Pánglínggùchéng Yízhǐ]

位于周村区王村镇。逄伯陵氏是炎帝的一支后裔在此，姜姓，历史上也称为"有逄伯陵"，西汉再次在古逄陵城旧址设立

土鼓县治，故名。为商周至东汉时期遗址。遗址中心南北长810米，东西宽720米，约58万平方米。该遗址对于考古工作的发掘整理和人类文明的进化研究具有现实的指导意义。1997年6月被批准为市级重点文物保护单位。通公交车。

船沟遗址 370306-50-B-c07
[Chuángōu Yízhǐ]

位于周村区南郊镇凤凰山。因此处有一条深阔的雨淋沟形似木船，故名。为龙山文化时期到汉代遗址。自南向北，生活、生产、墓葬区域分工明确。在北部发现大型窑址一处，窑炉壁经多年烧烤，红土层达半米厚。在南部生活区域，上千平方米的二级台地上，随处可见龙山文化蛋壳陶器、陶豆、陶鬲、陶鬶、新石器生产生活用品和秦汉时期的绳纹陶片。在北部淦河东岸凤凰山黄土崖塌陷断面上，发现有数具古代人类遗骸，显然为墓葬区。其遗址北部为邹平县台头村地界，文化层已经被取土烧砖破坏殆尽。该遗址对考古研究和人类文明的进化研究具有重要意义。2006年6月被批准为市级文物保护单位。通公交车。

炳灵公庙 370306-50-B-c08
[Bǐnglínggōng Miào]

位于王村东门里大街路北。因庙内供奉炳灵公而得名。建于元朝初年，明清两代都曾多次重修。炳灵公庙坐北朝南，占地6亩，二进院落。主殿5间，供奉炳灵公神像。殿前东西廊各4间，塑有十八罗汉、七十二地煞。东南角为三宫阁楼，西与关帝庙相临。主要建筑于中华人民共和国成立前后损毁，现留存的有大殿一座，东南角的三宫阁楼一座。三宫阁楼为砖石结构，二层方形，长宽各4米。炳灵公庙为研究元代以来道教文化提供了重要的实物资料，

具有重要的考古价值。2006年6月被批准为市级文物保护单位。通公交车。

灯塔清真寺 370306-50-B-c09
[Dēngtǎ Qīngzhēn Sì]

位于周村区永安街街道灯塔社区。因所在政区而得名。始建于清道光初年，后经多次修建。现保存清真寺大殿一座，大殿门楼一座和附带两个便门，阿訇宿舍一栋，占地面积约1 200平方米。大殿东西长17.3米，南北宽13.5米。大殿门楼上悬"清真寺"匾额，大门一明两暗，坐西朝东，东西长11米，南北宽4.3米，按照古代状元府的形式建造，门两侧有一对石狮，原雕有牡丹花图案的上马石已不见，建筑均为砖石木结构，石基砖墙硬山顶。灯塔清真寺在全面贯彻党的宗教信仰自由政策，依法管理宗教事务，促进民族融合方面具有十分重要的意义。2010年7月被批准为市级文物保护单位。交通便利。

重要景点和一般名胜古迹

周村古商城 370306-50-D-a01
[Zhōucūn Gǔshāngchéng]

位于周村城区西部。以所在地命名。现有古建筑遗存约5万平方米，是山东省境内唯一保存完好的明清古建筑群，主要景点有千佛寺、民俗展览馆、周村烧饼博物馆、状元府、票号展览馆、杨家大院、大染坊、魁星阁、淄博艺术博物馆等。周村古商城古商业文化内涵丰富，人文历史源远流长，充分展现了周村悠久深厚的历史文化，为研究周村商埠文化提供了丰富翔实的历史资料。古商城旅游拉动了地域经济发展，取得了良好的经济社会效益。2007年被评为国家级AAAA级旅游景区。通公交车。

桓台县

重点文物保护单位

四世宫保坊 370321-50-B-a01
[Sìshìgōngbǎo Fāng]

在新城镇城南村，张田公路西侧。因万历皇帝诰赠王氏家族四世为"光禄大夫柱国太子太保兵部尚书"，故该坊称为"四世宫保坊"。建于明万历四十七年（1619），先后维修 3 次。是为表彰当时兵部尚书王象乾保卫明朝有功，晋爵太子太保，追封三代而建的。它融建筑、雕塑、书法、绘画等艺术于一体，既有很高的观赏价值，又有重要的史研价值，充分体现了桓台精湛、高超的建筑艺术。2013 年 3 月被批准为国家级文物保护单位。有公路经此。

王渔洋故居 370321-50-B-b01
[Wángyúyáng Gùjū]

位于新城镇城南村。因故居原主人而得名。建于清康熙二十四年（1685），2009—2013 年修复。是王渔洋在其曾祖王之垣所建长春园故址上修缮而成，又名西城别墅。故居展陈被验收组专家称为"优质精品工程，名人故居现代典范之作"。对研究典型民居建筑具有重要意义。2006 年 12 月被批准为省级文物保护单位。有公路经此。

忠勤祠 370321-50-B-b02
[Zhōngqín Cí]

位于新城西南隅的教场村。因纪念王士禛的高祖王重光的优秀品质而得名。建于明代。明末清初祠盛时，占地 30 多亩，有厅台、碑廊、制门、碑亭等，碑碣成群，松柏参天，翠盖浓荫，肃穆庄严。记述着王氏家族的兴起、功德、人物传记以及墓志和当代名人颂词等。1992 年 6 月被批准为省级文物保护单位。通公交车。

小庞遗址 370321-50-B-b03
[Xiǎopáng Yízhǐ]

位于桓台县中部，田庄镇小庞村北约 50 米处。因遗址所在地而得名。为新石器时代遗址。该遗址南北宽约 200 米，东西长约 300 米，采集标本有龙山鼎足、红陶器沿、商周陶器残片、汉豆柄，其中以商周陶器较多。具有重要的考古价值。1977 年 12 月被批准为省级文物保护单位。通公交车。

风景名胜区

马踏湖风景名胜区 370321-50-C-b01
[Mǎtàhú Fēngjǐngmíngshèngqū]

位于桓台县起凤镇。马踏湖位于桓台北部，北接博兴，西北与高青隔河为邻。面积 96 平方千米。相传，春秋战国时期，齐国称霸六国时，齐桓公会盟各路诸侯，聚兵列阵，平地马踏成湖，因此而得名马踏湖。主要景点有马踏湖、五贤祠、徐夜书屋。湖上公园东西长 12 千米，南北宽 8 千米。湖区碧水滢滢，河道纵横，交织成网，芦苇荡、荷花塘一望无垠，乘船湖上游，蒲苇夹道，曲径通幽，波浪随风起伏，岸边杨柳婀娜多姿、水中荷叶高擎、玉莲亭亭而立；鱼虾竞游、鸟翔于天、蛙鸣于池。湖中盛产 40 余种鱼、鳖、虾、蟹，栖息着 70 余种野生鸟类。五贤祠位于马踏湖青丘，是一组中轴对称的四合院式仿古建筑。大门南向，东南、西南两角分别高筑角亭。由大门向里，左右两侧为厢房，正面为祠堂，皆台厦廊檐，古朴典雅。院落南北长 55 米，东西宽 45 米，占地 3.71 亩。祠内设有鲁仲连、苏东坡、诸葛亮、颜阖、辕固先贤塑像。

祠堂匾额书"五贤祠"。堂前厦柱题联:"异姓五贤英名传万古;数代一堂功业垂千秋"。祠堂门柱及东西两厢房门厦各柱也多有题咏。徐夜书屋位于华沟村北马踏湖青丘上,面仰冰山,背靠大泽,取"水深鱼极乐,山秀任鸥翔"之意境。自成小院,面积144平方米,1990年重建。丰富了市民的休闲娱乐生活。2006年被评为国家AAA级旅游区。通公交车。

高青县

重点文物保护单位

陈庄–唐口遗址 370322-50-B-a01
[Chénzhuāng Tángkǒu Yízhǐ]

在高青县花沟镇唐口村西南600米处。因该遗址位于陈庄村、唐口村之间而得名。建于西周时期。2008年10月—2010年1月进行发掘。遗址保存较好。西周城址的发现,填补了早期齐文化的历史空白,六项遗迹是国内和省内首次发现,城址被学者认为是齐国初都营丘,祭坛被认为是天坛的始祖,对研究早期齐国文化及周人东征具有重大意义。2013年3月被批准为国家级文物保护单位。交通便利。

青城文昌阁 370322-50-B-a02
[Qīngchéng Wénchāng Gé]

在高青县西部。因位于青城镇并纪念文昌神而得名。清乾隆元年(1736)始建,清乾隆二十年(1755)建成。占地面积116.64平方米,建筑面积225平方米。其建筑为砖木结构,三重檐,塔式。基座为正方形,高7米,边长10.8米,用大青砖砌成。基座下为宽4米、高5.3米的十字形卷拱门洞。第一层以圆柱支撑飞檐,二层为暗层,中间以砖砌四壁直达三层。楼高20米,斗拱飞檐,釉绿瓦,四脊有石兽,栩栩如生,檐下挂有铜铃,微风徐动,声音清脆,顶端冠以木质铅灰色圆宝顶,雄伟壮观。青城八景之一"高阁晴霞"即此。具有重要的考古价值。2013年3月被批准为国家级文物保护单位。有公路经此。

鲁仲连墓 370322-50-B-b01
[Lǔzhònglián Mù]

在高青县高城镇。因埋葬有战国名士鲁仲连而得名。建于战国时期。墓冢东西直径8米,高1.8米,占地面积14.4平方米。省、县两级重点文物保护碑立于墓冢两侧。1945年,基尚为方圆数十丈、高约三丈的土冢。到20世纪60年代,冢高约4米。20世纪80年代,遗迹仅为一高地。鲁仲连墓承载了千百年历史对于名士的纪念,蕴含着丰富的精神象征及文化内涵,是当地人文历史的重要标志。2006年12月被批准为省级文物保护单位。通公交车。

店子南遗址 370322-50-B-b02
[Diànzinán Yízhǐ]

在高青县唐坊镇以南,距镇驻地4千米的店子村南。因该遗址位于店子村正南而得名。建于战国时期。遗址东西长、南北宽,呈长方形,面积约6万平方米,地势平坦。修挖杜姚沟时遗址受到破坏,大量遗物翻露河堤表面。该遗址文化层堆积较厚,可达2米,内含大量草木灰、红烧土颗粒等。出土有彩陶、蛋壳陶、红陶等残片,年代早至大汶口文化中期,是高青县发现的最早的人类活动遗址。2013年10月被批准为省级文物保护单位。有公路经此。

沂源县

纪念地

沂源县烈士陵园 370323-50-A-b01
[Yíyuán Xiàn Lièshì Língyuán]

　　位于沂源县城振兴路以北、胜利山之阳。因所在政区得名。1952年始建，后经过历次修葺改建。占地面积4公顷。园内安葬着2 073名烈士。陵园有一塔、一像、一馆、两碑亭、两无名烈士公墓及新迁建烈士墓群、两广场。陵园名由迟浩田将军题写。陵园广场5 000平方米，广场中心设半径7米的花坛，四周有4个长方形花坛包围。广场东侧是高7米、用大理石雕刻的何万祥烈士雕像，广场西侧与英雄连长何万祥塑像对应的是革命历史纪念馆，高耸的革命烈士纪念塔坐落在陵园北端。1990年2月被省政府列为省级重点纪念建筑物保护单位。交通便利。

沂源县第一个中共支部旧址
370323-50-A-c01
[Yíyuán Xiàn Dìyīgè Zhōnggòngzhībù Jiùzhǐ]

　　位于沂源县东里镇政府驻地。因原单位而得名。1928年11月，中共沂水县委派李清潍、黄简斋、刘铁英到东里店小学任教。12月初，建立沂源县第一个中共支部，给灾难深重的人民群众带来了希望和光明，为沂蒙山抗日革命根据地的建立和壮大奠定坚实的群众基础。该旧址的建立是为了纪念东里店小学党支部重要的历史地位、缅怀革命先烈贡献，是爱国主义教育基地。交通便利。

重点文物保护单位

沂源猿人遗址 370323-50-B-a01
[Yíyuán Yuánrén Yízhǐ]

　　位于沂源县南鲁山镇芝芳村骑子鞍山东麓。因所在政区而得名。建于旧石器时代。沂源猿人遗址是人类的发源地之一，有迄今为止山东省境内发现的最早的古人类化石。"沂源猿人"化石的发现，不仅填补了我国猿人地理分布的空白，而且对于了解北京猿人、安徽和县猿人同东北古人类之间的关系提供了珍贵的实物资料。2006年5月被批准为国家级文物保护单位。交通便利。

栖真观 370323-50-B-b01
[Qīzhēn Guàn]

　　位于沂源县鲁村镇安平村。名称来历不可考。建于元初。占地30余亩。极盛时道众40余人，庙地160余亩，成为闻名四方的全真道观。观内尚存千年"祖孙银杏树"和300年"姊妹松"，属珍贵保护树木。栖真观东南崖壁有至元二十五年(1288)《栖真宫常住地土四至下顷》摩崖石刻，详细记载了当时栖真观扩张土地的情况。栖真观每年的农历三月三日都举办栖真观庙会。是研究当地民俗宗教与地方史的重要实物资料。2013年10月被批准为省级文物保护单位。交通便利。

上崖洞遗址 370323-50-B-b02
[Shàngyádòng Yízhǐ]

　　位于沂源县南鲁山镇芝芳村柏平山。因洞得名。建于旧石器时代。1982年发掘。洞内遗址分布面积2 000平方米，洞高约10余米，宽7米，深1 000多米。1982年局部调查发掘，地层堆积厚约4~10米，分11层，采集遗物有人类使用过的石英石片及动物骨骼化石，属旧石器时代晚期。具有重要的考古价值。1992年6月被批准为省级文物保护单位。交通便利。

西鱼台遗址 370323-50-B-b03
[Xīyútái Yízhǐ]

位于沂源县南麻街道西鱼台村南姑子坪。因所在地得名。建于新时期时代。分布面积约13 000平方米，遗址西靠王家山、荆山，东邻历山、螳螂河，遗址中有一环城公路穿过，将其分为东西两个台地，东台地已发掘，西台地保存相对较好。遗址包含了龙山文化、岳石文化、周代文化和延续至汉代的文化遗存。2006年12月被批准为省级文物保护单位。交通便利。

北桃花坪遗址 370323-50-B-b04
[Běitáohuāpíng Yízhǐ]

位于沂源县张家坡镇北桃花坪北围子山。因所在地得名。建于新石器时代。遗址位于北围子山西北侧的一处洞穴内，洞穴面积约60平方米，洞口宽20米，高约7米，洞口路微倾斜，文化堆积基本布满了整个洞厅，洞口部分被破坏。该遗址由中国科学院古脊椎动物与古人类研究所、山东省考古研究所先后进行了三次考古发掘，根据采集人头骨残片和兽骨的年代检测，属于新石器时代早期遗址。具有重要的考古价值。2006年12月被批准为省级文物保护单位。交通便利。

唐山摩崖造像 370323-50-B-b05
[Tángshān Móyázàoxiàng]

位于沂源县东里镇唐山南麓罗汉崖。因所在地得名。建于隋唐时期。摩崖造像属唐山寺附属文物，原寺已毁圮，现为重建。摩崖造像共7个佛龛、503尊佛像，分布面积约计16平方米。佛像高20~25厘米，宽约10厘米，进深3~8厘米不等。其中高浮雕497尊，阴刻1尊，单独一组5尊。佛像多盘膝而坐，有的着宝冠头饰，有的呈球状及袒胸者，有的端坐参悟，有的对坐说法，神情姿态各不相同，因"文革"期间遭破坏，其面部多已被毁。专家评价其造像数量、规模、文物价值诸方面沂源数第一，全省亦罕见，具有重要的考古价值。2006年12月被批准为省级文物保护单位。交通便利。交通便利。

东安古城遗址 370323-50-B-b06
[Dōng'ān Gǔchéng Yízhǐ]

位于沂源县东里镇东安村。因所在地得名。古城自龙山文化时期开始筑城。遗址中有商代、春秋、汉代城墙，汉代东安郡的设置仅仅是因其城而设，并不是设城建城，比历史记载的汉代郡城提前了2 500年，古城的历史至今已达4 500余年。古城文化源远流长，可以概括为"五千年的文化，四千年的城"。丰富的历史文化遗存对研究东安古城的历史、古城的变迁、郡城的布局及当时社会的政治、经济、文化、军事等方面具有十分重要的学术价值。2006年12月被批准为省级文物保护单位。交通便利。

织女洞 370323-50-B-b07
[Zhīnǚ Dòng]

位于沂源县燕崖镇牛郎官庄大贤山东北麓。因牛郎织女传说而得名。始建于唐，兴盛于宋元，后经明、清历次重修。洞门系二层楼阁式嵌镶在石壁上，青砖碧瓦造就，朱门绿窗巧夺天工，门楣上镌有"织女仙洞"四个大字。洞呈裂隙状，为寒武纪矽质岩溶洞穴。洞高8米，宽7米，深10米许。洞中有洞，左右相连。完美结合故事传说与自然景观，惟妙惟肖，匠心独具，为我国非物质文化遗产中的优秀之作。2006年12月被批准为省级文物保护单位。

交通便利。

院峪墓群 370323-50-B-b08
[Yuànyù Mùqún]

位于沂源县东里镇院峪村西。因所在地得名。建于新石器时代至战国时代。墓群东西窄、南北长，分布面积约 94 000 平方米。在墓群的西南有大汶口时期的墓葬暴露，距地表深 0.5~1.5 米。采集的器物标本有大汶口时期的高柄杯、钵形鼎、红陶罐、石纺轮、骨针等器物，陶质有泥质、夹砂两种，陶色有红、黑、灰等，纹饰有弦纹、划纹、镂空等，在其北部有战国墓出土，深约 35 米，出土器物有铜器、玉器、陶器等，个别墓葬有殉人现象。战国墓为东西向，有一棺一椁及三棺两椁等。2013 年 10 月被批准为省级文物保护单位。交通便利。

西顾庄遗址 370323-50-B-b09
[Xīgùzhuāng Yízhǐ]

位于沂源县大张庄镇西顾庄村南坪之上。因所在地得名。建于新石器时代。1989 年文物普查时发现。遗址现被村民果园所覆盖，分布面积约 4 000 平方米，文化层深 0.5~1 米，采集标本有石器、陶器等，石器为石矛，砂岩制成，陶器器型有鬲、甗、鼎、盆、罐、杯、鬲等，陶质多为夹砂，陶色分灰、黑、红三色，纹饰有绳纹、弦纹、素面等，分属龙山、春秋、战国等不同历史时期。具有重要的考古价值。2013 年 10 月被批准为省级文物保护单位。交通便利。

苗家河西遗址 370323-50-B-c01
[Miáojiāhéxī Yízhǐ]

位于沂源县中庄镇苗家河西村北，因所在地得名。为汉至唐遗址。遗址属平地遗址，分布面积约 13 700 平方米，地表散见大量的汉代陶器碎片及汉代墓砖，墓砖多带有绳纹和菱形花纹，遗址地表未见有明显的文化层暴露。据调查，文化层分布应在耕土层以下，距地表深 1~2 米。曾出土陶罐、碗等器物。具有重要的考古价值。2010 年 7 月被批准为市级文物保护单位。交通便利。

荆山寺遗址 370323-50-B-c02
[Jīngshānsì Yízhǐ]

位于沂源县南麻街道荆山园艺场。因所在地得名。建于隋开皇十年（590），金大定三年（1163）、2002 年、2011 年改扩建。据史料记载，荆山普安禅寺原名"无相寺"，整个寺院布局合理，错落有序，具有明清建筑风格。寺旁古银杏树龄 1 400 余年。具有重要的考古价值。2010 年 7 月被批准为市级文物保护单位。交通便利。

神清宫 370323-50-B-c03
[Shénqīng Gōng]

位于沂源县燕崖镇。据清乾隆五年（1740）修《沂水县神清万寿宫》碑载："神清宫者，沂水之仙区宅，元、明圣地也。宫在鲁山之阳，沂城西北百四十里。山叠水曲、人宗罕至。殿宅巍峨。"宋始建，明、清两代几经重修扩建，民国时期又进行多次重修。为道教圣地，宫长 80 米，宽 50 米，占地面积 6 亩。院内现存千年虎皮松 1 株，覆盖面积 314 平方米。神清宫是沂源境内最大的道教宫观建筑群，整个建筑布局严谨，构思精巧，倚山临水，曲折迷离，多阁组合、彼此连通、独居匠心的建筑风格，为山东少见的古建筑组合群体。从外观看，金碧辉煌，气势凝重，肃穆壮观。院内碑碣林立，更显清古幽雅，古为"沂阳八景"之一。是研究当地民俗宗教与地方史的重要实物资料。1997 年 6 月被批准为市级文物保护单位。交通便利。

中儒林遗址 370323-50-B-c04

[Zhōngrúlín Yízhǐ]

位于沂源县历山街道中儒林村北 20 米台地。因所在地得名。建于大汶口时期。遗址为丘陵台地遗址，黄土层深厚 4~5 米，为红色土质，地表采集有鼎足、罐等器物残片。具有重要的考古价值。1997 年 6 月被批准为市级文物保护单位。交通便利。

千人洞遗址 370323-50-B-c05

[Qiānréndòng Yízhǐ]

位于沂源县南鲁山镇黄崖村。因能容纳千人而得名。形成于旧石器时代。1965 年发现洞穴，并做了局部的发掘清理工作。属于石灰岩自然而成洞穴，亦称"山东第一号洞"。洞口高 10 米，宽 10~20 米，洞深 90 米。外围面积 10 194 平方米，海拔高度 469 米。文化堆积层 10 米，分为四层。洞内发掘和洞口采集石器共 38 件，主要有削刮器、石片、石核等，采集动物化石有野猪、马、驴的臼齿及鹿的下颌骨、肢骨等，还发现大量的烧土和灰烬等。具有重要的考古价值。1997 年 6 月被批准为市级文物保护单位。交通便利。

南庄遗址 370323-50-B-c06

[Nánzhuāng Yízhǐ]

位于沂源县中庄镇南庄村西高台平地。因所在地得名。建于周朝至汉朝。遗址大体分为三级，分布面积约 101 400 平方米，东部及南部有古墓葬暴露，为土坑竖穴式，距地表深 1.2~2.5 米。地表常见散落的汉代墓砖，曾出土有铜剑、铜戈、汉五铢铜钱及陶罐、碗等器物，尤以出土战国时期的"国之公戈"最为出名。具有重要的考古价值。2006 年 6 月被批准为市级文物保护单位。交通便利。

北曹遗址 370323-50-B-c07

[Běicáo Yízhǐ]

位于沂源县鲁村镇北曹家庄村北，属山间高台遗址。因所在地得名。建于龙山文化时期。分布面积约 23 500 平方米。在遗址中部有大量的龙山文化堆积，文化层厚 0.5~1 米，伴有鹿角等出土。采集标本有陶杯、鼎、罐等器物，陶质分为夹砂与泥质，陶色有灰、红、黑三种，纹饰有附加堆纹、镂空、素面、弦纹，亦见有蛋壳黑陶出土。具有重要的考古价值。2006 年 6 月被批准为市级文物保护单位。交通便利。

东升遗址 370323-50-B-c08

[Dōngshēng Yízhǐ]

位于沂源县西里镇东升村东北。以所在地得名。建于新石器时代。属丘陵土台地遗址，面积 17 219 平方米，地表上含有少量的陶片。采集的陶片有夹砂灰陶和红陶，尤其是泥质黑陶偏多。采集的标本器型有陶罐、鼎、杯、鬶、豆等，纹饰有绳纹、素面磨光等。具有重要的考古价值。2010 年 7 月被批准为市级文物保护单位。交通便利。

马庄遗址 370323-50-B-c09

[Mǎzhuāng Yízhǐ]

位于沂源县石桥镇马庄村东南的临河高台地上。因所在地得名。为新石器时代至春秋古遗址，民间俗称"南楼"。分布面积约 3 346 平方米，文化层堆积厚约 1.2 米，遗址的北部暴露较为明显。采集有石器、陶器、骨器、兽骨等器物残片，陶片颜色有灰、红两种，陶质分为夹砂、泥质两种，纹饰有绳纹、素面、压纹、附加堆纹等，器形有鬲、罐、壶等，骨器有卜骨。具有重要的考古价值。2010 年 7 月被批准为市级文物保护单位。交通便利。

北辽军埠遗址 370323-50-B-c10
[Běiliáojūnbù Yízhǐ]

位于沂源县悦庄镇北辽军部村西北的"杜家"。因所在地得名。为新石器时代至春秋古遗址。分布面积约 18 100 平方米，属山间高台坡地，大体分为二级。在遗址的西北、东北有大面积的文化层暴露，深约 3 米，曾出土石器、陶器和铜器及动物骨骼。陶器有豆、鬲、甗、罐等，陶色有灰、红、黑三种，陶质分夹砂和泥质，纹饰有素面、粗细绳纹、弦纹、附加堆纹、几何纹等。具有重要的考古价值。2010 年 7 月被批准为市级文物保护单位。交通便利。

亳坪遗址 370323-50-B-c11
[Háopíng Yízhǐ]

位于沂源县张家坡镇亳坪村侧。因所在地得名。为新石器时代至春秋古遗址。2005 年 5 月发现。分布面积约 4 200 平方米，属山间高台平地遗址，黄土发育深厚。文化层堆积厚约 1~1.5 米，出土器物有石斧（残）、制陶石质工具等，陶器有鬲、罐、豆、鼎等器物碎片，陶质多为夹砂，陶色有灰、红、褐色各色，纹饰有附加堆纹、素面、弦纹、绳纹等。具有重要的考古价值。2010 年 7 月被批准为市级文物保护单位。交通便利。

田峪遗址 370323-50-B-c12
[Tiányù Yízhǐ]

位于沂源县悦庄镇田峪村西的八亩台。因所在地得名。为新石器时代至春秋古遗址。分布面积约 15 000 平方米，属山前高台平地，黄土发育深厚，东部有灰坑暴露，地表采集器物有石器、陶器等，石器为磨制的"双孔"石镰（残），陶器有罐、豆、鬲、壶等，陶色分灰、红两种，陶质多夹砂，也有泥质，纹饰有粗细绳纹、附加堆纹、素面等。具有重要的考古价值。2010 年 7

月被批准为市级文物保护单位。交通便利。

北鲍庄遗址 370323-50-B-c13
[Běibàozhuāng Yízhǐ]

位于沂源县悦庄镇北鲍庄村西北的黑山台。因所在地得名。为新石器时代至春秋古遗址。分布面积约 24 000 平方米，属山间高台平地遗址，地表散见大量的陶器碎片，器型有鬲、豆、罐、壶等，陶质分泥质与夹砂两种，陶色有灰、红两种，纹饰有粗细绳纹、素面及戳纹等。具有重要的考古价值。2010 年 7 月被批准为市级文物保护单位。交通便利。

南村遗址 370323-50-B-c14
[Náncūn Yízhǐ]

位于沂源县大张庄镇南村。因所在地得名。为新石器时代至春秋古遗址。遗址大体呈东西窄、南北长的长方形，面积约 2 万平方米。曾有汉代墓葬出土，地表散见大量汉、隋、宋等不同历史时期的器物碎片，多为灰陶，部分夹砂，纹饰有绳纹、弦纹、素面等。采集标本有陶罐、汉砖、瓷碗等器物残片。文化层未暴露，其具体文化堆积不详。具有重要的考古价值。2010 年 7 月被批准为市级文物保护单位。交通便利。

后西里遗址 370323-50-B-c15
[Hòuxīlǐ Yízhǐ]

位于沂源县西里镇后西里村西北。因所在地得名。为新石器时代至汉代遗址。属台地遗址，东西宽约 10 米，南北长约 180 米，分布面积 24 000 平方米，地表未见有明显的文化层暴露，但散见大量的龙山、商、西周、春秋、汉代等不同历史时期的陶器碎片，器型有罐、豆、鼎、缸等，陶片以灰陶为主，分为夹砂与泥质两类，纹饰有绳纹、弦纹、素面等。具有重要的考古价值。2010 年 7 月被批准为市级文物保护单位。交通便利。

大桑树遗址 370323-50-B-c16
[Dàsāngshù Yízhǐ]

位于沂源县大张庄镇大桑树村北即黄岭处。因所在地得名。为商至汉古遗址。属山间丘陵高台地，面积 3 856 平方米。民众取土经常塌出墓葬，并伴有器物。1996 年，县文管所到此地做过抢救性发掘，出土 10 余件西周红彩陶。经过采集标本，鉴定器物有罐、盘、盂、碗、鬲、豆等。陶质主要以泥质为主，纹饰为绳纹，部分有彩绘。具有重要的考古价值。2010 年 7 月被批准为市级文物保护单位。交通便利。

虎头遗址 370323-50-B-c17
[Hǔtóu Yízhǐ]

位于沂源县悦庄镇黄家宅村南虎头山顶部。因所在地得名。为周至春秋古遗址。分布在东西约 60 米、南北约 40 米的台地上，面积 2 239 平方米。文化堆积深厚，约 1~2 米，并伴红烧土，经过鉴定标本，器物有陶罐、壶、盂、鬲、甑等，纹饰有绳纹、弦纹等，陶质主要以泥质为主。具有重要的考古价值。2010 年 7 月被批准为市级文物保护单位。交通便利。

东小水遗址 370323-50-B-c18
[Dōngxiǎoshuǐ Yízhǐ]

位于沂源县悦庄镇东小水村东南的虎山底台子地。因所在地得名。为周至春秋古遗址。分布面积约 4 300 平方米，属典型的山间高台地。在遗址的西部，文化层清晰可见，深 1~1.2 米，出土器物有陶罐、鬲、盘等，陶色有灰、红两种，陶质分夹砂和泥质，纹饰有粗、细绳纹、附加堆纹、素面等。具有重要的考古价值。2010 年 7 月被批准为市级文物保护单位。交通便利。

苗家河西遗址 370323-50-B-c19
[Miáojiāhéxī Yízhǐ]

位于沂源县中庄镇苗家河西村北。因所在地得名。为汉至唐遗址。遗址属平地遗址，分布面积约 13 700 平方米，地表散见大量的汉代陶器碎片及汉代墓砖，墓砖多带有绳纹和菱形花纹，遗址地表未见有明显的文化层暴露。据调查，文化层分布应在耕土层以下，距地表深 1~2 米，曾出土陶罐、碗等器物。具有重要的考古价值。2010 年 7 月被批准为市级文物保护单位。交通便利。

儒林集遗址 370323-50-B-c20
[Rúlínjí Yízhǐ]

位于沂源县悦庄镇儒林集村西北的杜家林。因所在地得名。建于明代。墓群内有杜泽墓。杜泽墓原有御赐碑碣、石马、石人，气势非凡，有"千顷杜家林，万丈马嘶沟"之说。具有重要的考古价值。2010 年 7 月被批准为市级文物保护单位。交通便利。

桐峪墓群 370323-50-B-c21
[Tóngyù Mùqún]

位于沂源县中庄镇桐峪村东。因所在地得名。建于新石器时代。墓群位于桐峪村东的驴鞍子地，属山前坡地，黄土发育深厚，大体分为二级，分布面积约 7 700 平方米，曾出土有铜器、玉器及陶器，铜器有剑、戈、矛、环等，玉器有璧、串饰，陶器有罐、壶、器物座、鼎等。具有重要的考古价值。2010 年 7 月被批准为市级文物保护单位。交通便利。

高庄战国墓群 370323-50-B-c22
[Gāozhuāng Zhànguó Mùqún]

位于沂源县南麻街道高庄村北 50 米处。因所在地得名。建于战国时期。分布在约 46 000 平方米的丘陵坡地上。东临村红旗岭水渠，南临沂源东风路，北靠沂源环城公路，一条村间公路贯穿其中，整个墓群坟茔都已平整，上面种植果树，整个丘陵地表被果树覆盖，采集标本有罐、碗等残片。具有重要的考古价值。2010 年 7 月被批准为市级文物保护单位。交通便利。

葛庄宋代墓群　370323-50-B-c23
[Gězhuāng Sòngdài Mùqún]

位于沂源县石桥镇葛庄村村西。因所在地得名。建于宋代。墓群属黄土高台，分布面积约 7 640 平方米。在墓群南部的黄土断崖有多处宋代墓葬暴露，多为石质墓葬，距地表深 1.5~3 米，多南北向，出土有宋代崇宁通宝铜钱及宋代白瓷碗、高柄瓷杯、瓷碗等。具有重要的考古价值。2010 年 7 月被批准为市级文物保护单位。交通便利。

东里明清墓群　370323-50-B-c24
[Dōnglǐ Míngqīng Mùqún]

位于沂源县东里镇东里西村。因所在地得名。建于明清时期。墓群属山前平地，面积约 2 500 平方米，为江氏家族墓地。墓地现存明清墓碑两块，均为圆首、方座，青石材质，正面磨光，一为江孔燧墓碑，一为其父母墓碑。从墓地残存的龟趺碑可知，其墓原有神道。曾出土墓志铭等，后来丢失。具有重要的考古价值。2010 年 7 月被批准为市级文物保护单位。交通便利。

石楼明清墓群　370323-50-B-c25
[Shílóu Míngqīng Mùqún]

位于沂源县石桥镇石楼村。因所在地得名。建于明清时期。墓群地势较为平坦，属临河平地，面积 16 036 平方米，海拔高度是 254 米。整个墓区分为：中间是明代的坟茔，两侧是清代的坟茔，东北角是民

国时期的，西南角有近代的坟丘。几乎每个坟冢前都有墓碑、供桌、香炉设施，碑碣林立，气势恢宏。具有重要的考古价值。2010 年 7 月被批准为市级文物保护单位。交通便利。

高庄遗址　370323-50-B-c26
[Gāozhuāng Yízhǐ]

位于沂源县南麻街道东高庄村南。因所在地得名。建于新石器时代。分布面积约 9 000 平方米。北、东两面靠沂河。在 2007 年种地挖沟时，曾在该遗址距地表约 0.5 米处发现有石器 1 件及陶器（黑陶、红陶残片）。采集标本有龙山文化器物残片，多为夹砂红陶。具有重要的考古价值。2014 年 3 月被批准为市级文物保护单位。交通便利。

地淤沟遗址　370323-50-B-c27
[Dìyūgōu Yízhǐ]

位于沂源县大张庄镇地淤沟村东南。因所在地得名。为新石器时代到战国时期遗址。具有重要的考古价值。2014 年 3 月被批准为市级文物保护单位。交通便利。

盖冶墓群　370323-50-B-c28
[Gàiyě Mùqún]

位于沂源县中庄镇盖冶村北。因所在地得名。建于战国、汉代。面积约 137 600 平方米，地表之上偶见汉代陶片及汉代的墓砖，在墓群的西北角曾出过土坑，为竖穴式的战国墓，距地表深约 2.5 米，出土器物有铜剑、陶罐、陶壶等。2014 年 3 月被批准为市级文物保护单位。交通便利。

翟家庄墓群　370323-50-B-c29
[Zháijiāzhuāng Mùqún]

位于沂源县西里镇翟家庄村东。因所在地得名。建于汉代。属山间临河高台坡地，

大体分为二级，分布面积约 13 300 平方米，地表散见大量汉代的画像墓砖，长 80~100 厘米，宽约 28 厘米，厚 8 厘米，颜色为灰色，正面多饰有玉璧纹、兽纹，兽为鹿，寓意可能为"福禄吉祥"。有的汉砖带槽沟，应是砖室墓中的构件，在其南部有墓暴露。具有重要的考古价值。2014 年 3 月被批准为市级文物保护单位。交通便利。

丝窝墓群 370323-50-B-c30
[Sīwō Mùqún]

位于沂源县南鲁山镇丝窝村西北。因所在地得名。建于汉代。面积 7 156 平方米，东南暴露墓葬有 3 处，有陶罐、壶等，纹饰基本上是素面，以泥质灰陶为主，有少量夹细砂褐色陶。具有重要的考古价值。2014 年 3 月被批准为市级文物保护单位。交通便利。

陈家庄墓群 370323-50-B-c31
[Chéjiāzhuāng Mùqún]

位于沂源县悦庄镇陈家庄村村北。因所在地得名。建于元代。分布在东西略长的高台地上，土质肥沃，面积 10 164 平方米。墓群的南端，农民取土时有多处墓葬被破坏。经过采集标本鉴定器物来看，残留器物有瓷灯、瓷碗和陶器陶罐等，瓷器基本上是内釉外半釉露胎足。陶器以素面为主，泥质灰陶。具有重要的考古价值。2014 年 3 月被批准为市级文物保护单位。交通便利。

三岔店墓群 370323-50-B-c32
[Sānchàdiàn Mùqún]

位于沂源县南鲁山镇三岔店村西南。因所在地得名。建于西周、春秋以及元代。墓群位于三岔店村西南的"和尚林子"，分布面积约 4 200 平方米，属于山前高台坡地，大体分为二级，东部、南部崖下临河，在其二级台地上，发现有西周、春秋时期

的墓葬，土坑竖穴式，葬式为头东脚西。出土器物有陶罐、陶钵、陶鬲、陶豆等。墓距地表较浅，仅 25~35 厘米深。在墓群地表发现大量陶片，陶多为夹砂，纹饰有绳纹、弦纹、附加堆纹等。地表现立有一通元代基石碑，元代墓封土已平。具有重要的考古价值。2014 年 3 月被批准为市级文物保护单位。交通便利。

璞邱四村墓群 370323-50-B-c33
[Púqiūsìcūn Mùqún]

位于沂源县南鲁山镇璞邱四村东北。因所在地得名。建于东周。分布面积约 2 400 平方米。在其南部、西部均有战国时期墓葬暴露，距地表深 2.5~3 米，墓为土坑竖穴式，东西向。采集陶片可见器物类型有罐、壶、豆等，陶色多为灰色，陶质分夹砂与泥质两种，纹饰有绳纹和素面。整地时曾有铜剑出土。具有重要的考古价值。2014 年 3 月被批准为市级文物保护单位。交通便利。

毫坪墓群 370323-50-B-c34
[Háopíng Mùqún]

位于沂源县张家坡镇毫坪村东。因所在地得名。建于东周。分布面积约 31 600 平方米，属山间高台平地，大体呈北高南低，黄土发育深厚，未见有墓暴露。地表偶见春秋及战国时期的陶器碎片，曾出土铜器有剑、桥形饰、铜削等，陶器有罐、壶等，均为灰色，有夹砂、泥质两种，有绳纹、弦纹、素面三种不同纹饰。具有重要的考古价值。2014 年 3 月被批准为市级文物保护单位。交通便利。

东安墓群 370323-50-B-c35
[Dōng'ān Mùqún]

位于沂源县东里镇东安村北。因所在地得名。建于东周、秦汉时期。墓群属山

前坡地，地势相对平坦而开阔，分布面积约93 000平方米。在其东部、北部的黄土断崖上，有土坑竖穴墓和砖石墓暴露，其东部因破坏相对较为严重，地表采集的墓砖式样较多，可分为绳纹砖、素面砖、铭文砖、菱形花纹砖等，出土器物有铜戈、铜剑、铜钱、陶罐等。具有重要的考古价值。2014年3月被批准为市级文物保护单位。交通便利。

西村簸箕洼墓群 370323-50-B-c36
[Xīcūn Bòjiwā Mùqún]

位于沂源县东里镇西村村西簸箕洼。因所在地得名。建于春秋、汉代。墓群大体呈东西长、南北宽的长方形，分布面积14 600平方米。属山间高台，南部黄土发育深厚，5~7米深。断崖有墓葬暴露，距地表3~5米。有汉代器物坑，出土器物有罐、瓦、盘、壶等，纹饰有弦纹、素面等。具有重要的考古价值。2014年3月被批准为市级文物保护单位。交通便利。

毫山墓群 370323-50-B-c37
[Háoshān Mùqún]

位于沂源县石桥镇毫山村南的丘陵坡地上。因所在地得名。建于战国时期。分布面积约11 200平方米。第二次全国文物普查记录曾在1981年清理一座土坑竖穴墓，出土有铜剑、铜戈等器物，收集遗物有陶鼎、罐、壶、盆等。具有重要的考古价值。2014年3月被批准为市级文物保护单位。交通便利。

院峪西寺遗址 370323-50-B-c38
[Yuànyùxīsì Yízhǐ]

位于沂源县东里镇院峪村东北。因所在地得名。为五代古遗址，原为闵子书院，即闵子祠，距今千年。此地原曾建有文庙、大雄宝殿、罗汉堂、三官庙、神堂厨社等，

占地约5 800平方米，虽经历代重修，规模不断扩大，却几经劫难，目前仅存闵仲祠、佛爷殿及晒书台、墨池等名胜，其余已倾圮，不可复见。原来有明崇祯年间女诗人高玉章的诗作碑刻多处，后在"文革"期间毁掉。具有重要的考古价值。2014年3月被批准为市级文物保护单位。交通便利。

福禄坪西寺遗址 370323-50-B-c39
[Fúlùpíngxīsì Yízhǐ]

位于沂源县东里镇福禄坪村西。因所在地得名。为清代遗址。分布面积约8 000平方米，与院峪西寺一山之隔，原称东寺，从现存碑石中的记载可知也称"白兔寺"。原有前殿、后殿、东西厢房等，现残存有光绪二十八年（1902）龟跌碑、塔基，乾隆二年（1737）《重修三大士庙记碑》等碑刻及石雕，做工精细，雕刻精美，气势恢宏。具有重要的考古价值。2014年3月被批准为市级文物保护单位。交通便利。

南安乐遗址 370323-50-B-c40
[Nán'ānlè Yízhǐ]

位于沂源县燕崖镇南安乐村西北。因所在地得名。为新石器时代到汉代遗址。遗址地势属丘陵高台地，面积35 957平方米。从地表上仍然能采集到夹砂灰陶、泥质黑灰陶片和残断石器，时代有龙山文化、岳石文化、商代、西周。遗址的东角处有汉代的墓群。具有重要的考古价值。2014年3月被批准为市级文物保护单位。交通便利。

西孝遗址 370323-50-B-c41
[Xīxiào Yízhǐ]

位于沂源县中庄镇西孝村西。因所在地得名。为新石器时代和汉代遗址。属平地遗址，面积82 810平方米。遗址较为方正，原有的文化堆积1米，现在已不见。

在地表上散布着很多比较碎的小陶片，经过采集标本并鉴定后，器物有陶罐、盂、壶、鼎以及砖、瓦当等。陶质以泥质灰陶为主，有少量夹砂褐色陶，纹饰以素面居多。具有重要的考古价值。2014年3月被批准为市级文物保护单位。交通便利。

北刘庄遗址 370323-50-B-c42
[Běiliúzhuāng Yízhǐ]

位于沂源县中庄镇北刘庄村东。因所在地得名。为新石器时代和汉代遗址。属山间临河高台坡地，分布面积约24 100平方米，地表散见大量的西周、春秋与战国时期的陶器碎片，未见有明显的文化层暴露。陶片多为夹砂，有红、灰两色，纹饰有粗细绳纹、弦纹、素面等，器型有陶鬲、豆、罐等。具有重要的考古价值。2014年3月被批准为市级文物保护单位。交通便利。

王家坪遗址 370323-50-B-c43
[Wángjiāpíng Yízhǐ]

位于沂源县鲁村镇王家坪村北。因所在地得名。为西周到汉代遗址。分布面积约28 000平方米，文化层不明显，地表散见大量的西周、春秋、战国及汉代的陶器碎片。陶片有灰、红两色，以灰为主，纹饰有素面、绳纹、弦纹，陶质有夹砂及泥质，器物类型有罐、豆、瓮等，偶见有汉代饰有太阳纹的灰色墓砖。具有重要的考古价值。2014年3月被批准为市级文物保护单位。交通便利。

东孝遗址 370323-50-B-c44
[Dōngxiào Yízhǐ]

位于沂源县中庄镇东孝村北。因所在地得名。为西周和春秋时期遗址。属临河高台地遗址，分布在南北160米、东西60米的台地上，面积9 946平方米。地表上陶片丰厚，还有红烧土凝结的板块。经过采

集标本，鉴定器物有陶罐、壶、鬲、簋、盆等，纹饰有绳纹、弦纹、素面等，陶质主要以泥质为主，也有少量砂褐色陶，陶色有灰色和褐色。具有重要的考古价值。2014年3月被批准为市级文物保护单位。交通便利。

鲁村沙沟遗址 370323-50-B-c45
[Lǔcūn Shāgōu Yízhǐ]

位于沂源县鲁村镇沙沟村东南。因所在地得名。为春秋战国时期遗址。属丘陵坡地，分布面积33 200平方米，未见有明显的文化层暴露。地表见部分陶片，有灰、红两色，陶质有夹砂与泥质两种，纹饰有素面、粗细绳纹，器物类型有罐、豆等。具有重要的考古价值。2014年3月被批准为市级文物保护单位。交通便利。

上高遗址 370323-50-B-c46
[Shànggāo Yízhǐ]

位于沂源县南麻街道上高村北。因所在地得名。为春秋战国时期遗址。遗址地势南高北低，有二级台地。东南角是村民的预制场，地表覆盖着果树。采集的标本有罐、瓦等陶器残片。根据对采集标本特征的分析，判断为战国、汉代器物。具有重要的考古价值。2014年3月被批准为市级文物保护单位。交通便利。

北店子遗址 370323-50-B-c47
[Běidiànzi Yízhǐ]

位于沂源县张家坡镇北店子村北。因所在地得名。为唐宋时期遗址。属平地遗址，面积14 820平方米。经农民常年耕种和整理地形，没有见到文化堆积层，但地表上有很多陶片和瓷片。经普查人员采集标本，鉴定器物有陶罐、陶壶、瓷罐、瓷碗等。陶器主要以泥质灰陶为主，年代为唐、宋时期。瓷器以碗器居多，单色釉，分属唐、

宋时期。具有重要的考古价值。2014 年 3 月被批准为市级文物保护单位。交通便利。

赵家峪墓群 370323-50-B-c48
[Zhàojiāyù Mùqún]

位于沂源县悦庄镇赵家峪村北北岭之阳的丘陵台地上。因所在地得名。建于西周、春秋时期。面积约 4 200 平方米。在墓群的东部断崖处有土坑竖穴墓和灰坑暴露，距地表深 1.5~2 米不等。出土陶器有鬲、豆、罐等，陶色分灰、红两色，陶质有夹砂与泥质两种，纹饰有粗细绳纹和素面，铜器有铜剑等。具有重要的考古价值。2014 年 3 月被批准为市级文物保护单位。交通便利。

李家新村墓群 370323-50-B-c49
[Lǐjiāxīncūn Mùqún]

位于沂源县鲁村镇李家新村东北。因所在地得名。建于西周、春秋时期。分布在山坡台地中，面积约 5 400 平方米，曾有墓葬出土。在其东部地堰边有灰坑暴露，堆积深 0.5~ 1.3 米。采集器物以陶器为主，有壶、罐、鬲等，分为夹砂与泥质两类，颜色有灰、褐、红，纹饰有粗细绳纹、素面等。具有重要的考古价值。2014 年 3 月被批准为市级文物保护单位。交通便利。

六一八战备电台旧址 370323-50-B-c50
[Liùyībā Zhànbèidiàntái Jiùzhǐ]

位于沂源县鲁村镇峨峪村。因原单位得名。建于 20 世纪 60 年代。原为山东人民广播电台战备台，华东地区规模最大、保存最完整的一处战备电台。六一八战备电台旧址海拔高度 400 米，相对高度 200 米，占地面积 229 亩，发射功率 50 千瓦，覆盖淄博、临沂、潍坊、泰安等 13 个市县。电台机房设在山中坑道内。坑道总长 470 米，施工面积 2 820 平方米。幽深的山中坑道、老式的广播设备、浓郁的军事战备色彩、

神秘的洞中生活，成为省内独一无二的红色文化旅游资源。被评为国家 AAA 级旅游景区。2014 年 3 月被批准为市级文物保护单位。交通便利。

风景名胜区

沂源猿人遗址溶洞群风景名胜区
370323-50-C-b01

[Yíyuán Yuánrén Yízhǐ Róngdòngqún Fēngjǐngmíng shèngqū]

位于沂源县境内。范围东至猿人遗址东侧山体山脊线，西至 231 省道东侧山体边缘，南至九会村北侧山体，北至鲁山顶峰与博山搭界处。因风景区内遗址内容而得名。2000 年 12 月被山东省人民政府批准列为省级风景名胜区。由石龙洞、养神洞、珊瑚洞、玄云洞、千人洞、神仙洞、灵芝洞、九天洞等溶洞组成。石龙洞，位于南鲁山镇黄崖村西，洞口海拔 550 米，以洞内石龙得名。全长 180.5 米，于 1986 年开放。养神洞，以景观神奇而得名。原始洞口朝天，长 9.5 米，宽 9 米。由洞口直下 8 米，达水平洞巷。洞长 348 米，有 4 个大洞厅，主要景观 30 多处。洞内温度摄氏 12 度，当地人称冷洞，于 1986 年开放。千人洞，以高大宽广得名。位于千人洞山北麓，山以洞名。原始洞口高 15 米，宽 20 米。此洞穿山而过，主洞长 105 米，高 15 米，宽 16 米。考古文献上称千人洞为"山东一号洞"。神仙洞为千人洞的一个支洞，全长 77.4 米，宽 5 米，高 3 米。因该洞在明清两代塑有神像而得名。珊瑚洞，位于千人洞东北部的大佛山，1986 年 3 月发现。因洞内多珊瑚状钟乳石而得名，该洞穿山而过，全长 350 米。玄云洞，发现于 1986 年 12 月，1988 年开放。洞口海拔 650 米，以云蒸雾漫而得名，位于旋风峪北山坡。入

洞口比出洞口低 22 米，洞长 355 米。灵芝洞，1991 年发现，以洞内多灵芝状钟乳石而得名。位于小佛山西侧，已探明是穿山洞，全长约 400 米。九天洞位于小罗泉山底部，因是县内发现的第九个天然洞穴而得名。该洞全长 800 米。沂源猿人遗址溶洞群风景名胜区的设立以及规划有利于风景资源保护和合理利用。依据国家、省风景名胜区有关法律法规要求，贯彻落实"科学规划、统一管理、严格保护、永续利用"的方针，在古人类遗址、岩溶景观、森林植被等重要景源得到优先保护的前提下，发展科普、科研、观光旅游等活动，有利于提高风景区知名度和促进地方经济发展。231 省道经此。

沂河源风景名胜区 370323-50-C-b02

[Yíhéyuán Fēngjǐngmíngshèngqū]

位于沂源县境内。北起圣佛山水库东南防火通道，南至唐山景区下柳沟村南，西起织女洞林场木口峪片区西石板河，东至圣佛山景区人头山东行政边界，面积 59.00 平方千米。因风景区内自然地理实体而得名。2008 年被山东省人民政府批准列为省级风景名胜区。牛郎织女景区包括五个片区，大贤山织女洞山体区域、及沂河、白马河片区，青牛山神清宫片区，红旗水库片区，木口峪片区，石佛院片区。牛郎织女景区包括五个片区，大贤山织女洞山体区域、及沂河、白马河片区，青牛山神清宫片区，红旗水库片区，木口峪片区，石佛院片区。景区以牛郎庙、织女洞等人文景观和大贤山、织女泉、情人谷等自然景观为特色。翠屏山景区主要包括翠屏山主山东大坪、西大坪、坐盘顶、摩天岭等山峰等主要山体，以及翠屏山周边万亩高档果品示范园等采摘园和社庄水库、上庄水库周边休闲旅游区域。翠屏山景区是以自然山水、林果观

光和田园村落为景观特色。唐山景区位于东里镇唐山（九顶莲花山）区域，包括唐山摩崖造像、九顶莲花山、弥陀寺等著名景点。圣佛山景区包括两个片区，圣佛山区域和毫山区域。圣佛山景区自然景观资源比较集中，汇集了圣佛山的险峰怪石，如圣佛山、毫山、九子山、怪石峪、石林、石海等。景区以优良的森林植被、遍布的怪石峡谷、灵动的溪流瀑布等自然景观为特色，突出展现其"山之秀""水之韵""石之怪"等景观特征。沂河源风景名胜区牛郎织女景区已组织十二届七夕情侣节，还经常组织相亲节、赏花节、登山节、自驾游、织女洞祈福等各种大型森林生态文化活动，在资源利用和旅游方面开发价值较高，带动了沂源县旅游及相应产业的发展。交通便利。

重要景点和一般名胜古迹

牛郎织女景区 370323-50-D-a01

[Niúlángzhīnǚ Jǐngqū]

位于沂源县东南部的燕崖镇境内。因牛郎织女传说而得名。景区拥有国内唯一一处传说与实景相对应并存有古建筑遗址的珍稀景观——建于唐代的织女洞和明代的牛郎庙。二者隔沂河东西相对，一河两岸的山水格局，与天上"牵牛星—银河—织女星"遥相呼应，有着惊人的相似，形成天人合一、天地神奇的独特景观，显现了"天上银河，地上沂河""在天成像，于地成形"奇观，被专家称为"中国爱情文化源地"。景区有织女洞、牛郎庙、世界爱情邮票博物馆、牛郎织女民俗展览馆、情人谷、织女泉、叶籽银杏、祈愿阁、九重塔、玉皇阁、八路军兵工厂遗址和石刻碑林等景观。"叶籽银杏"被称为植物活化石，国内绝无仅有。"角度不整合面"地质现象，为国内乃至

全球极为珍贵的地质地貌。景区内古树名木资源丰富，有山东省面积最大的古侧柏林。景区每年在农历七月七日举办中国（沂源）七夕情侣节，在国内外有较大影响。2012 被评为国家 AAAA 级旅游景区。交通便利。

翠屏山景区 370323-50-D-a02
（Cuìpíngshān Jǐngqū）

位于沂源县中庄镇境内，西与蒙阴县相邻。因景区内翠屏山形如孔雀开屏而得名。总面积 20 平方千米。山巅有 1 333 公顷的以赤松为主的生态公益林，青松翠柏郁郁葱葱，林密草丰，四季常绿。山腰拥有 2 万亩的苹果园，为山东省内海拔最高的林果观光带。山间峰峦叠翠，树木葱郁，森林覆盖率达 91.5%，湖泊溪流点缀，清凉秀丽清新，大气负氧离子含量高，有"大自然天然氧吧"称号。峡谷幽深秀丽。景区内大小村落古朴典雅，山乡民俗特征醇厚浓郁。2010 年 12 月被评为国家 AA 级旅游区。有公路经此。

青龙湖景区 370323-50-D-a03
（Qīnglónghú Jǐngqū）

位于沂源县悦庄镇北部。以青龙湖为中心打造的旅游景区而得名。景区内有青龙湖、青龙山、青龙湖瀑布、巨型雕龙喷泉等景点，碧水青山，两座明代古庙点缀其中。传说姜太公曾经过此地，停留赏景。青龙湖瀑布宽约 10 米，落差约 50 米，有"飞流直下三千尺，疑是银河落九天"瀑布意境之震撼，使人触景生情。巨型雕龙位于青龙湖坝堤中间潜水地带，高 10 米，造型为底部水花、中部祥云、上部青龙雕塑，水柱从青龙口中喷出，象征其守护青龙山、青龙湖、庇护一方平安之寓意。2013 年 6 月被评为国家 AA 级景区。有公路经此。

六　农业和水利

淄川区

水利枢纽

桐古渡槽 370302-60-E01
[Tónggǔ Dùcáo]

在淄川区太河镇同古村南。因位于东、西同古之间，故名。1974年破土动工，1975年11月竣工。渡槽横跨淄河东西，为石拱桥，是太河水库总干渠最大的水利建筑工程之一，为太河水库总干渠的咽喉。为砌石礅双曲拱钢筋混凝土矩形封闭式结构，设计流量25立方米/秒，槽身全长481米，桥面宽约6米，建筑最大高度27米，共12孔，每孔净跨30米。顶部用混凝土板覆盖，两侧设护栏。槽下可行洪，槽身引水兴利，顶部可供行人与一般人力车通行。有辛泰铁路经此，通公交车。

水库、灌区

太河水库 370302-60-F01
[Tàihé Shuǐkù]

在淄川区城区东南20千米处。以太河惨案纪念地更名。1959年动工兴建，1966年开始蓄水，1976年基本建成。集水面积780平方千米，总库容1.8亿立方米，兴利库容1.1亿立方米。由大坝、副坝、溢洪道、输水洞、泄洪洞等组成。设计灌溉面积2.7万公顷，有效灌溉面积1万公顷。水库配套设施有总干渠1条、干渠3条、支渠6条。是一座由淄博市管理的大型水库。有辛泰铁路经此，通公交车。

万米山洞 370302-60-F02
[Wànmǐ Shāndòng]

在淄川区东部山区。因地下隧洞全长逾万米而得名。1975年12月动工，1978年3月建成。全长10千米，洞身高3.8米，宽4.3米。山洞的建成，解决了寨里镇、罗村镇26个村庄5万人历史性缺水之难，并为沿渠乡镇村发展工副业生产提供了部分用水。实现了东水西调、三河（淄河、孝妇河、范阳河）相通、两库（太河水库、萌山水库）相连的目标。有省道胶王公路经此，通公交车。

张店区

水库、灌区

大河南村水库 370303-60-F01
[Dàhénáncūn Shuǐkù]

在张店区东北部。因地处大河南村而得名。2011年开始修建，2012年建成，2013年投入使用。库区水面面积67公顷，平均水深6米，总库容28万立方米。主要水源为汛期雨水，主要功能为抗洪防汛、蓄洪抗旱。通公交车。

太平水库　370303-60-F02
［Tàipíng Shuǐkù］

在张店区东北部。因位于太平村而得名。1962 年修建，1964 年建成。库区水面面积 50 公顷，平均水深 3 米，总库容 27 万立方米。主要水源为河道上游雨水积累，主要功能为农田灌溉。通公交车。

军屯水库　370303-60-F03
［Jūntún Shuǐkù］

在张店区东北部。因邻军屯村，故名。1962 年修建。坝高 12 米，溢洪道底宽 4.7 米，库区水面面积 135 公顷，设计库容量 50 万立方米。主要功能用于农田灌溉。通公交车。

萌山水库黄土崖灌区　370303-60-F04
［Méngshān Shuǐkù Huángtǔyá Guànqū］

在张店区西部。该灌区因邻近黄土崖，水源来自萌山水库，故名。1958 年始建，1961 年建成，1971 年至 1976 年进行了重建和改建。灌区面积 26 平方千米，属于中型灌区。主要用于农田灌溉。通公交车。

太河水库二干灌区　370303-60-F05
［Tàihé Shuǐkù 'èrgàn Guànqū］

在张店区东南部。因主要水源来自太河水库，排序为二干渠而得名。一期工程 1975 年 12 月开工，1977 年 9 月完工。灌区面积 33.3 平方千米，属于大型灌区。灌区建有二干渠一条，全长 14 千米；一分干一条，全长 10 千米；支渠 13 条，全长 53 千米；干、支渠及干斗渠上共有建筑物 647 座。主要用于供应生产、生活用水。通公交车。

博山区

水库

花林水库　370304-60-F01
［Huālín Shuǐkù］

在池上镇花林村东南 1 千米处。因花林村得名。1974 年 10 月开工建设，1975 年 2 月建成。属小（二）型水库。水库为混合坝，主坝为浆砌石拱坝，副坝为灰土心墙砂壳坝。控制流域面积 1.5 平方千米。坝高 14 米，最大蓄水量 15.98 万立方米，最大蓄水深度 13 米。正常蓄水量 10.48 万立方米，正常蓄水深度 12 米，灌溉面积 1160 亩。水库主要作用为防洪、蓄水、农田灌溉、水产养殖、旅游等。有简易公路经此。

淋漓湖水库　370304-60-F02
［Línlíhú Shuǐkù］

在山头街道樵岭前村西 2 千米处。因坐落于淋漓沟而得名淋漓沟水库，后更名为淋漓湖水库。一期工程 1970 年 11 月开工，1977 年完工。二期工程 1991 年 11 月开工，1993 年 5 月竣工。属小（一）型水库。坝型为浆砌石重力坝，控制流域面 7.25 平方千米，坝高 43.9 米，最大蓄水量 138.2 万立方米，最大蓄水深度 42 米，正常蓄水量 106.2 万立方米，正常蓄水深度 40 米。冬、春季蓄水量少，夏、秋季蓄水量多。主要作用是防洪、农业灌溉、水产养殖，兼有生态风景区功能。有公路经此。

胜天水库　370304-60-F03
［Shèngtiān Shuǐkù］

在白塔镇国家村东侧孝妇河的一条小支流上。取人定胜天之意命名。1957 年开工建设，1958 年 7 月建设完成，1979 年、

2000 年、2006 年、2008 年、2010 年五次进行除险加固工程。属小（一）型水库。控制流域面积 9.7 平方千米，坝高 18 米，最大蓄水量 193.13 万立方米，最大蓄水深度 17 米，正常蓄水量 90 万立方米，正常蓄水深度 15 米。水质良好。溢洪道位于大坝右侧，为开敞式。水库主要作用为防洪、蓄水、农田灌溉、水产养殖、旅游等。有公路经此。

石马水库 370304-60-F04
[Shímǎ Shuǐkù]

在石马镇桥东村南 1 千米处，距博山城区 15 千米。因处于石马镇，遂命名为石马水库。1959 年 11 月开工建设，1960 年 8 月完成第一期工程，之后开展了二、三期工程建设。大坝高程加高至 351 米，顶宽 6 米。1963 年重点实施溢洪道工程，完成溢洪道右岸导流墙 105 米，墙顶宽 0.6 米。该水库属中型水库，坝型为黏土心墙砂砾石坝，控制流域面积 75 平方千米，坝高 18.9 米，最大蓄水量 0.184 亿立方米，最大蓄水深度 17 米，正常蓄水量 0.090 5 亿立方米，正常蓄水深度 16 米。溢洪道位于大坝右端，由进水渠、控制段、泄槽、消能防冲设施和出水渠等组成。放水洞位于大坝左端的山体内，结构为廊道式浆砌石拱涵。水库主要用于防洪、农业灌溉、水产养殖、旅游等。2011 年 11 月被批准为国家级水利风景区。有公路经此。

天星湖水库 370304-60-F05
[Tiānxīnghú Shuǐkù]

在山头街道樵岭前村西南 1.5 千米处。因水库修建在天星峪口得名。1995 年 10 月开工，1997 年 5 月竣工。属小（二）型水库。坝型为浆砌石重力坝，控制流域面积 5.25 平方千米，坝高 20.2 米，坝顶长 78 米，最大蓄水量 21.24 万立方米，最大蓄水深度 19 米，正常蓄水量 12.4 万立方米，正常蓄水深度 18 米。溢洪道位于大坝右岸，为开敞式宽顶堰，放水洞位于大坝左侧。有防洪、农业灌溉、水产养殖、旅游等作用。有简易公路经此。

汪溪水库 370304-60-F06
[Wāngxī Shuǐkù]

在域城镇汪溪村东南，距镇政府驻地 5 千米。因位于汪溪村，故名。1959 年 12 月开工建设，1960 年 8 月建成，2004 年、2009 年两次实施除险加固工程。属小（二）型水库。坝型为均质黏土心墙坝，控制流域面积 11.35 平方千米，坝高 8.7 米，最大蓄水量 50 万立方米，最大蓄水深度 7 米，正常蓄水量 16.2 万立方米，正常蓄水深度 6 米。溢洪道位于大坝右侧，为开敞式宽顶堰，放水洞位于大坝左侧，为坝内埋管式。水库主要用于防洪、农业灌溉及旅游、垂钓等。有公路经此。

五老峪水库 370304-60-F07
[Wǔlǎoyù Shuǐkù]

在博山镇五老峪村北 300 米处。因建在五老峪村而得名。1970 年开工建设，1972 年 8 月建成，2004 年、2008 年和 2009 年三次进行除险加固工程。属小（一）型水库。大坝为混合坝，主坝为浆砌石重力坝，副坝为灰土心墙砂壳坝，控制流域面积 4.2 平方千米，坝高 22 米，最大蓄水量 147.39 万立方米，最大蓄水深度 21 米，正常蓄水量 98.7 万立方米，正常蓄水深度 18 米。溢洪道位于大坝右岸，为开敞式。放水洞位于主坝左右两侧。五老峪水库是博山镇最大的水库，瓦峪、下庄、郑家庄均可受益，周围山色秀美，旅游资源丰富。有公路经此。

临淄区

水库

边河水库 370305-60-F01
[Biānhé Shuǐkù]

在金山镇西南部。因该水库坐落于金山镇边河村，故名。1966年兴建，1967年建成。集水面积4公顷。总库容45万立方米。该水库坝长89米，高14米，顶宽5米，为红黏土心墙结构。防洪能力为10年一遇。溢洪闸设在大坝南端，两孔，高6米，宽3米。溢洪道深4.14米，底宽6米，为土底土墙梯形断面，最大泄洪量44立方米/秒。主要功能为农业灌溉，灌溉面积330公顷。是一座以防洪为主，兼有灌溉、水产养殖等综合利用的中型水库。有公路经此。

西刘水库 370305-60-F02
[Xīliú Shuǐkù]

在金山镇。因该水库坐落于金山镇西刘村，故名。1977年10月兴建，1978年11月建成。集水面积4900平方米，总库容10.85万立方米。坝长96米，高14米，顶宽6米，坝体为均质红黏土构筑。溢洪道设在大坝西端，设计泄洪量7.5立方米/秒。汇水面积100公顷。水库北侧有三干渠放水阀门，由太河水库水源补给。主要功能为农业灌溉，灌溉面积为4900平方米。是一座以防洪为主，兼有灌溉、水产养殖等综合利用的中型水库。有公路经此。

徐旺水库 370305-60-F03
[Xúwàng Shuǐkù]

在金山镇。因该水库坐落于金山镇徐旺村，故名。1969年兴建，1970年建成。集水面积100公顷，总库容120万立方米，水库流域面积1300公顷。有太河水库总干渠尾水泄入。坝体为均质红黏土结构。迎水面用片石干砌护坡，坝高15.7米，长106米，顶宽7米。溢洪道长182米，设计泄洪闸4孔，每孔宽4米，高7米，最大溢洪量605立方米/秒。主要功能为农业灌溉，灌溉面积为100公顷。是一座以防洪为主，兼有灌溉、水产养殖等综合利用的中型水库。有公路经此。

周村区

水库、灌区

文昌湖 370306-60-F01
[Wénchānghú]

在周村区萌山西南。因位于萌山西南，故名。1958年始建，1966年7月建成。2010年，淄博市成立文昌湖旅游度假区，萌山水库改称文昌湖。在夏侯庄南筑坝截范阳河水，坝址以上控制流域面积288平方千米，水库设计总库容0.9025亿立方米，灌溉面积9.68万亩，每年供水量510万立方米。是一座以防洪、灌溉和工农业供水为主的中型水库。通公交车。

萌山水库灌区 370306-60-F02
[Méngshānshuǐkù Guànqū]

在周村区南偏东。因萌山水库而得名。1962年3月动工修建，1975年底完成续建配套工程。灌区由三部分组成：北干渠、东干渠、黄土崖灌区。萌山水库灌区服务于周村、张店、淄川3区13处乡镇，实际灌溉面积8.9万亩。通公交车。

桓台县

水库

新城水库 370321-60-F01
[Xīnchéng Shuǐkù]

在新城镇与马桥镇交界处。因水库坐落在新城镇，故名。1993 年 4 月始建，2001 年 9 月投入运行。是（Ⅱ）型平原水库，由围坝、放水洞、进水管、截水沟、坝后排水沟、观测设施、提水泵站、引水渠、放水渠等部分组成。水库总库容 1 186 万立方米。最高蓄水位 19 米，坝顶宽度 8.0 米。水库为淄博市引黄供水工程的调蓄水库，是引黄工程的重要组成部分，主要功能是当出现不可抗力不能直接从黄河引水时，通过放水洞放水保证引黄供水系统的连续生产，提高供水保证率，为引黄工程可靠运行提供原水保证。高淄路经此。

高青县

灌区

刘春家引黄灌区 370322-60-F01
[Liúchūnjiā Yǐnhuáng Guànqū]

在高青县境东部。因地处刘春家而得名。1957 年建成。设计灌溉面积 32 530.3 公顷，设计引水量 37.5 立方米 / 秒，内设有大型河道及排水沟 7 条，长度 100.5 千米，干级渠道 8 条，长度 54.9 千米。灌区土地面积 65.99 万亩，耕地面积 30.69 万亩。灌区自 1957 年投入运行以来，提高水利用率，改善用水秩序，节约水资源，在工农业生产生活、居民生活用水、城市绿化等方面发挥了较大的作用。有公路经此。

马扎子引黄灌区 370322-60-F02
[Mǎzhāzi Yǐnhuáng Guànqū]

在高青县境西部。因地处马扎子而得名。1958 年建成。属大型引黄灌区。设计灌溉面积 31 567.8 公顷。设计引流量 27.8 立方米 / 秒，内有大型河道及排水沟 7 条，长 93.1 千米，干级渠道 9 条，长 56.3 千米。灌区土地面积 54.69 万亩，耕地面积 34.69 万亩。灌区自 1958 年投入运行以来，提高水利用率，改善用水秩序，节约水资源，为工农业生产、改善农民生活、城镇居民生活用水等方面提供了巨大保障。有公路经此。

沂源县

林场

沂源县鲁山林场 370323-60-C01
[Yíyuán Xiàn Lǔshān Línchǎng]

属国有林场，隶属沂源县林业局管理。在沂源县南鲁山镇。总面积 2 546.67 公顷。因位于鲁山而得名。1957 年建场，2001 年界定为生态公益型林场。林业用地面积 2 528 公顷，活立木总蓄积 8 万立方米。1993 年 1 月，山东省林业厅批准成立省级森林公园。通公路。

沂源县毫山林场 370323-60-C02
[Yíyuán Xiàn Háoshān Línchǎng]

属国有林场，隶属沂源县林业局管理。在沂源县城东部。总面积 761.3 公顷。因位于毫山而得名。1959 年始建。林场分为上峪、错石、里沟、马栏、唐山 5 个林区，林场乔木主要是松类和刺槐。通公路。

沂源县织女洞林场　370323-60-C03
[Yíyuán Xiàn Zhīnǚdòng Línchǎng]

属国有林场，隶属沂源县林业局管理。在沂源县城东南部，距县城15千米。林场面积353公顷。因林场内有织女洞景点而得名。林业用地325.7公顷，非林业用地27.3公顷，林木蓄积量13 147立方米。有被称为活化石的叶籽银杏树。林场茂密的森林资源对当地起到了调节气候、防风固沙、涵养水源作用，减少了自然灾害。通公路。

沂源县松山林场　370323-60-C04
[Yíyuán Xiàn Sōngshān Línchǎng]

属国有林场，隶属沂源县林业局管理。在沂源县大张庄镇老松山。总面积382.33公顷。因位于松山而得名。1959年建场。公益林面积378.87公顷，下辖松山、水营、闲场、土眉峪4个林区。主要树种有刺槐、赤松、麻栎等，现活立木总蓄积1万立方米。通公路。

水库、灌区

田庄水库　370323-60-F01
[Tiánzhuāng Shuǐkù]

在沂源县政府驻地西4千米处。因地处田庄村而得名。1958年10月兴建，1960年5月竣工，后多次加固。兴利库容6 840万立方米，防洪库容6 511万立方米，死库容173万立方米，相应水位293.64米。为淮河流域沂河上游一座以防洪为主，结合工业用水、水力发电、风景旅游等的综合性大（2）型山区水库。通公路。

红旗水库　370323-60-F02
[Hóngqí Shuǐkù]

在沂源县燕崖镇冯家峪村南。以国旗颜色命名。1966年10月动工兴建，1967年5月竣工。水库流域面积27.4平方千米，设计总库容1 151万立方米，兴利库容770万立方米，死库容量40万立方米，为中（二）型水库。大坝东南、西北走向，全长207米，顶宽6.2米，最高处为33.2米。为黏土心墙、沙壳坝。水库有效灌溉面积5000亩。水库以蓄水、防洪为主。通公路。

芦芽水库　370323-60-F03
[Lúyá Shuǐkù]

在沂源县南鲁山镇境西部芦芽村西侧。以地处芦芽村得名。1959年8月动工兴建。属沂河水系，为小（1）型水库，集水面积10.5平方千米。设计库容177万立方米，兴利库容61万立方米，死库容12万立方米。大坝呈南北走向，高24米，长198米，顶宽4.5米。坝北端溢洪道深6.97米，底宽9米。有效灌溉面积3 000亩。水库以蓄水、灌溉、防洪为主。通公路。

北营水库　370323-60-F04
[Běiyíng Shuǐkù]

在沂源县悦庄镇北部，地处饮马河上游。因靠近北营村而得名。1959年10月建。属沂河水系，为小（1）型水库。设计总库容541万立方米，兴利库容284万立方米。大坝东西走向，长370米，顶宽4米，高27.8米。大坝东端设有开敞式溢洪道，最大泄洪量为282.62立方米/秒。水库灌区设3条子渠，42条支渠，设计灌溉面积1.2万亩，有效灌溉面积8 000亩，受益村庄28个。水库以蓄水、灌溉、防洪为主。通公路。

社庄水库　370323-60-F05
[Shèzhuāng Shuǐkù]

在沂源县中庄镇西南部，社庄村西南侧。因靠近社庄村边，故名。1966年8月兴建, 1979年加固。属沂河水系, 为小(1)型水库。集水面积7.5平方千米。大坝呈东西走向, 高29米, 长268米, 顶宽6米。溢洪道深5米, 底宽20米。设计灌溉面积0.6万亩, 有效灌溉面积1 000亩。水库以蓄水、灌溉、防洪为主。通公路。

曹宅水库 370323-60-F06
[Cáozhái Shuǐkù]

在沂源县西里镇中部, 曹宅村西1千米处。以库区在曹宅村边而得名。1966年10月建。属沂河水系, 为小(1)型水库。设计总库容551万立方米, 兴利库容316万立方米, 死库容30万立方米。大坝南北走向, 长437米, 顶宽5米, 高30.8米, 为黏土心墙沙壳坝。坝南端设有底宽25米的溢洪道, 最大泄洪量为412立方米/秒。水库干渠长16千米, 有效灌溉面积0.4万亩。水库以蓄水、灌溉、防洪为主。通公路。

北店子水库 370323-60-F07
[Běidiànzi Shuǐkù]

在沂源县张家坡镇北部。因北子店村得名。1966年10月建。属沂河水系, 为小(1)型水库。设计库容423万立方米, 兴利库容192万立方米, 死库容21万立方米。大坝呈东西走向, 长380米, 顶宽5米, 高21.85米, 为黏土心墙沙壳坝。大坝两端各有底宽40米的开敞式溢洪道, 最大泄洪量为1 040立方米/秒。设干渠1条, 长6千米, 设计灌溉面积1.5万亩, 有效灌溉面积0.3万亩, 受益村庄8个。水库以蓄水、灌溉、防洪为主。通公路。

青杨圈水库 370323-60-F08
[Qīngyángquān Shuǐkù]

在沂源县鲁村镇西南部。以库区村青杨圈得名。1966年11月建。属沂河水系, 为小(1)型水库。水库设计总库容442万

立方米, 兴利库容263万立方米, 死库容25万立方米。大坝呈东西走向, 长186米, 顶宽5米, 高20米, 为黏土心墙沙壳坝。大坝两端设有底宽36米开敞式溢洪道, 最大泄洪量为328立方米/秒。设干渠1条, 长10千米, 设计灌溉面积1.2万亩, 有效灌溉面积0.4万亩。水库以蓄水、灌溉、防洪为主。通公路。

刘家庄水库 370323-60-F09
[Liújiāzhuāng Shuǐkù]

在沂源县鲁村镇刘家庄村。因地处刘家庄村而得名。1970年10月动工兴建, 1982年除险加固。属沂河水系, 为小(1)型水库。集水面积5.4平方千米。设计库容286万立方米, 兴利库容150万立方米, 死库容20.7万立方米。大坝呈南北走向, 高24米, 长237米, 顶宽4.5米。溢洪道深3.5米, 底宽20米。设计灌溉面积0.8万亩, 有效灌溉面积2 000亩。水库主要以蓄水、灌溉、防洪为主。通公路。

石门水库 370323-60-F10
[Shímén Shuǐkù]

在沂源县鲁村镇西部石门村北。以库区石门村命名。1976年10月建。设计库容394万立方米, 兴利库容283万立方米, 死库容34万立方米。大坝东西走向, 长358米, 顶宽4.5米, 高22米, 为黏土心墙砂壳坝。坝底建有放水洞, 两端有开敞式溢洪道, 最大泄洪量271立方米/秒。库区设有两条干渠, 全长13.45千米, 设计灌溉面积1.5万亩, 有效灌溉面积0.3万亩, 受益村庄17个。水库以蓄水、灌溉、防洪为主。通公路。

璞邱水库 370323-60-F11
[Púqiū Shuǐkù]

在沂源县南鲁山镇璞邱村西北侧。以

地处璞邱村得名。1978 年 8 月动工兴建。属弥河水系，为小（1）型水库。集水面积 7 平方千米。设计库容 103 万立方米，兴利库容 51 万立方米，死库容 13.5 万立方米。大坝呈南北走向，高 25 米，长 185 米，顶宽 5 米。溢洪道深 5 米，底宽 19 米。设计灌溉面积 0.2 万亩，有效灌溉面积 1500 亩。水库以蓄水、灌溉、防洪为主。通公路。

李家沟水库 370323-60-F12
[Lǐjiāgōu Shuǐkù]

在沂源县东里镇东部李家沟村西。以地处李家沟村边得名。1966 年 10 月动工兴建。属沂河水系，为小（2）型水库。集水面积 4.5 平方千米。设计库容 69.5 万立方米，兴利库容 40 万立方米，死库容 3 万立方米。大坝呈南北走向，高 16 米，长 168 米，顶宽 4.3 米。有效灌溉面积 2000 亩。水库以蓄水、灌溉、防洪为主。通公路。

田庄水库灌渠 370323-60-F13
[Tiánzhuāngshuǐkù Guànqú]

因主要水源地为田庄水库而得名。

1966 年动工兴建，1974 年开始灌溉。工程由北干渠、南干渠、沿河提灌和库区提灌四部分组成，设计灌溉保证率 50%。北干渠原设计长度 50 千米，开通 31.2 千米。南干渠原设计长度 17 千米，开通 6 千米；沿河提灌 31 处；库区提灌 19 处，装机 531.5 千瓦，灌溉面积 0.8 万亩。北干渠主要建有暗渠 17 条，总长 2.65 千米；电灌站 20 处，装机 440.5 千瓦。引田庄水库水源灌溉沿线土地，增加水浇田面积。通公路。

天湖 370323-60-F14
[Tiānhú]

在沂源县城西 4 千米处。因沂源为牛郎织女爱情文化发祥地，且田庄水库为山东省海拔最高的大型水库而得名。1960 年建成。集水面积 424 平方千米。最大库容 1.227 亿立方米。为黏土心墙砂壳坝，长 1 100 米，高 31 米，顶宽 6 米。有溢洪闸 8 孔，干渠 2 条，水电站装机容量 1 890 千瓦。具有防洪、灌溉、发电和养殖等作用。泰薛公路经此。

词目拼音音序索引